全国中等职业教育物流专业课程改革规划教材

物流信息处理

——图解手册

主　编　毕丽丽

副主编　李小龙

中国财富出版社

图书在版编目（CIP）数据

物流信息处理：图解手册/毕丽丽主编．—北京：中国财富出版社，2013.7
（全国中等职业教育物流专业课程改革规划教材）
ISBN 978－7－5047－4742－6

Ⅰ.①物…　Ⅱ.①毕…　Ⅲ.①物流—信息处理—中等专业学校—教学参考资料
Ⅳ.①F253.9

中国版本图书馆 CIP 数据核字（2013）第 152511 号

策划编辑　马　军　　　**责任印制**　何崇杭
责任编辑　王　琳　杨　璐　　　**责任校对**　饶莉莉

出版发行　中国财富出版社（原中国物资出版社）
社　　址　北京市丰台区南四环西路 188 号 5 区 20 楼　　**邮政编码**　100070
电　　话　010－52227568（发行部）　010－52227588 转 307（总编室）
　　　　　010－68589540（读者服务部）　010－52227588 转 305（质检部）
网　　址　http://www.cfpress.com.cn
经　　销　新华书店
印　　刷　中国农业出版社印刷厂
书　　号　ISBN 978－7－5047－4742－6/F·1979
开　　本　787mm×1092mm　1/16　　**版　　次**　2013 年 7 月第 1 版
印　　张　21.5　　**印　　次**　2013 年 7 月第 1 次印刷
字　　数　497 千字　　**定　　价**　38.00 元

出版说明

本书是中职中专物流服务与管理专业系列教材《物流信息处理》的辅助性教材，主要包括物流业务档案的建立、物流票务接单、物流账务信息处理、客户返单处理、物流信息监控和物流信息系统报表导出6个项目和其中17个任务的系统操作图解及相关训练题，通过本手册可以使学生更好地完成课程任务，巩固所学知识。

本书可作为中等职业学校物流服务与管理专业、物流信息管理专业及其他相关专业的教材，也可作为相关人员学习参考用书。

本书采用北京络捷斯特科技发展有限公司开发的第三方综合物流系统作为任务教学的软件载体。

序　言

一、实训手册简介

模拟从物流信息系统初始化到整个物流业务活动结束的过程中，企业信息系统操作人员所进行的操作。主要包括下列几类岗位和系统模块。

（一）基础信息管理——系统管理员

信息系统上线伊始，需进行系统初始化工作，在系统中输入企业的基础资料，包括站点、人员、车辆、库房、设备等信息。按照实际物流企业的组织结构，站点、人员等通用信息一般由总公司系统管理员录入和维护，自有人员、运力、库房、设备等信息由各分公司系统管理员录入和维护。

系统运作过程中，遇到上述信息的变更或增减也需由各级管理员操作。

（二）客户管理——商务人员

物流企业的商务部门主要负责项目客户的开发、谈判、签约和信息维护，要实现信息化，需在系统“基础信息管理”→“客户管理”维护客户合同信息；在“仓储管理”→“货品管理”维护货品信息；而针对该客户的计费标准应在“商务结算”系统→“费用管理”中录入和维护。有关“费用管理”有时也由财务部门人员进行维护。

（三）供应商管理——分供方管理人员

实际的物流企业一般不会自营所有业务，因为全部自购车辆会投入大量资金并带来空驶压力。因而物流企业或多或少会与其他货运企业或社会运力合作，将部分业务，尤其是运输业务分包出去。企业可能会单独设置分供方管理部门，在系统中需在“基础信息管理”→“供应商管理”中录入并维护分供方的信息。

（四）订单管理——客服人员

在第三方物流系统中将“订单管理”作为一个单独模块，这是符合物流企业实际的。物流企业一般设有专门对应项目客户具体运营工作的部门——客服部，有些公司将其与商务部合并称为××项目部，主要负责运营过程中与客户的沟通、接受客户指令转化为作业计划单、接受客户查询、处理突发事件等。

（五）仓储作业管理——仓储管理员

当信息系统对仓储业务的管理细化到具体储位、设备、人力时，需由仓储调度人员在系统中为每单作业计划（包括出库、入库、移库、盘点等）指定储位、作业设备和人力，以便指令人力进行准确操作，并在操作完成后向系统反馈实际操作结果。而对于那些信息系统仅记录和统计出入库数量和库存量的仓库，一般不需要设置仓储调度。

库房每天作业完成后要制作库房日总账或明细账，在信息化后，即是在系统的“仓储管理”模块进行日结，统计每日的作业量以便财务计算费用。

（六）运输管理和配送管理——运输和配送人员

实际物流企业中的运输部门肯定会设置调度岗，针对每笔运单指令，合理安排路由和运力，以求又快又经济的完成运输和配送作业。信息管理员则应对运单进行签收、查询等，有时还需接受客户的查询。

（七）商务结算——财务人员

物流企业的财务人员首先要审核服务合同中的价格条款，确认客户的计费标准，在运营中则需定期生成应收应付、统计作业量等。

（八）综合实训——所有角色

学生扮演不同的角色进行实训练习。有实训基地的，实训岗位可设为：客服（订单录入）、理货员、搬运工、保管员、分拣员、补货员、包装员、加工员、调度员、驾驶员等。如没有实训基地，只有第三方物流信息系统的，可将实训岗位设置为：客服（订单录入）、搬运工（出入库反馈）和调度员等。

二、实训目标

该系统主要以国内外大型第三方物流企业的JIT配送模式为核心模型，突出3PL企业面向其大型公司在采购物流、生产物流、销售物流等领域的服务模式。系统按照国际标准定义业务规范和操作流程，可以通过角色的定制分配，模拟商务管理、仓储管理、配送管理、运输管理、统计报表、商务结算、全球客户服务等核心业务环节的执行过程，让学生（学员）进行充分练习从客户需求、商务解析、货物入库、在库、出库、配送作业操作、车辆调度处理等流程的实际演练，理解物流各个环节的操作原理和逻辑关系。同时系统提供每个业务环节的过程演示，以加深用户对物流管理流程、系统设计思想和企业业务模式的理解。

通过第三方物流的实训练习，我们可以理解第三方物流公司的操作流程，熟练掌握第三方物流公司的业务操作方法。通过实训演练，使第三方物流企业员工和物流专业学生能够了解企业的各种资源和整个运输、仓储过程，实现对企业的物流、资金流和信息流的全面集成和统一管理。

三、第三方物流系统的功能

第三方物流系统是根据第三方物流企业实际的业务需求和特点，围绕三流（物流、资金流、信息流）运作的，其资源的调配与整合是该系统的核心运作和管理目标。

通过第三方物流软件信息系统的应用，将物流网络与资源进行高效整合，实现信息流的高速与准确传递，保证企业快速反应与处理能力，利用资金流的管理与控制，提供系统内在推动力并提供经营分析和考核数据，通过分析与监控工具结合管理方法为物流体系资源配备提出依据并保证体系良性运作。

第三方物流系统主要功能包括基础信息管理、订单管理、仓储管理、运输管理、商务结算管理、统计分析管理、客户网上服务管理。综合实现并能够满足整个第三方物流各个执行环节的业务运作和管理决策的需要，各系统能独立使用，又能集成使用。

第三方物流系统的各个子模块：

本系统运用平台化、组件化、集成化思想，开发的集运输管理、仓储配送、客户服务、财务结算、决策分析于一体的综合物流管理信息系统。子系统既可以单独运行，也可以通过组合，形成功能更为强大的系统。允许客户、客户供应商、客户的客户、物流专业学生等多种角色使用系统。客户可以进行网上下单、进出货历史统计、当前库存统计、订单执行状态查询等。

前　言

随着信息技术在物流企业的普及与物流信息密度的不断提高，加强物流从业人员信息技术操作能力成为企业提高物流服务水平的关键。因此，物流信息技术操作技能被列为物流专业学生的核心技能之一，也是后续进行顶岗实习时必须具备的能力。

物流服务与管理专业要求学生不仅要熟悉各种物流理论知识，更要掌握物流设备的操作和物流现场的作业流程，对学生的动手实操能力要求非常高。为了使学生通过工学交替、实践教学提高实践能力，在教学过程中将工作过程设计成学习过程，实现工作与学习的结合，达到促进学生就业、为社会提供合格人才的目的，校企共同研讨开发了本套指导教材。

本教材围绕物流企业信息维护、管理、操作、采集工作进行教学。课程以任务为引领，通过典型工作任务操作和训练使学生掌握知识、技能，同时各任务包含相关拓展知识，力求在教学过程中不但让学生掌握本课程内容，还能提高对物流信息处理的整体认识，培养举一反三的能力，使学生入职后能很快适应不同物流信息岗位的业务要求，为学生未来职业发展、成为基层管理人才储备知识、技能。

依据物流业务信息相关岗位典型职业能力划分，本教材分为物流资源维护、客户信息维护、供应商信息维护、库房信息维护、入库接单、在库制单、出库接单、运输制单、费用管理、费用结算、运单补录复核与返单处理、运输残损记录表制作、条码数据采集、RFID 数据采集、仓库明细表的制作、物流业务信息统计、物流业务信息查询 17 个典型的工作任务。在该基础上，按照物流企业中的物流信息流转实际业务流程进行设计，共分为 6 个项目：物流业务档案的建立、物流票务接单、物流账务信息处理、客户返单处理、物流信息监控、物流信息系统报表导出。

具体的教学内容与建议课时分配如下：

<table>
<tr><th colspan="2">教学内容</th><th>建议课时</th></tr>
<tr><td rowspan="4">物流业务档案的建立</td><td>实训任务一　物流资源维护</td><td>5</td></tr>
<tr><td>实训任务二　客户信息维护</td><td>5</td></tr>
<tr><td>实训任务三　供应商信息维护</td><td>5</td></tr>
<tr><td>实训任务四　库房信息维护</td><td>5</td></tr>
<tr><td rowspan="4">物流票务接单</td><td>实训任务一　入库接单</td><td>6</td></tr>
<tr><td>实训任务二　在库制单</td><td>10</td></tr>
<tr><td>实训任务三　出库接单</td><td>6</td></tr>
<tr><td>实训任务四　运输制单</td><td>8</td></tr>
<tr><td rowspan="2">物流账务信息处理</td><td>实训任务一　费用管理</td><td>6</td></tr>
<tr><td>实训任务二　费用结算</td><td>6</td></tr>
<tr><td rowspan="2">客户返单处理</td><td>实训任务一　运单补录复核与返单处理</td><td>6</td></tr>
<tr><td>实训任务二　运输残损记录表制作</td><td>4</td></tr>
<tr><td rowspan="2">物流信息监控</td><td>实训任务一　条码数据采集</td><td>8</td></tr>
<tr><td>实训任务二　RFID 数据采集</td><td>8</td></tr>
<tr><td rowspan="3">物流信息系统报表导出</td><td>实训任务一　仓库明细表的制作</td><td>6</td></tr>
<tr><td>实训任务二　物流业务信息统计</td><td>6</td></tr>
<tr><td>实训任务三　物流业务信息查询</td><td>8</td></tr>
<tr><td colspan="2">合计</td><td>108</td></tr>
</table>

本书由北京市商业学校毕丽丽担任主编，李小龙担任副主编。汝知骏、李洋、贾桂花、解凌竣、于寅虎、孙明燕、任义娥等人参与了编写工作。

本书在编写过程中，得到了北京市络捷斯特科技有限公司、祥龙物流集团、北京福田物流有限公司、西南物流中心、中国财富出版社的大力支持和帮助，同时还参阅、借鉴了许多专家和同行的成果，在此一并表示感谢。

由于能力、水平和编写时间有限，书中难免有不足之处，敬请广大读者提出宝贵意见和建议，以便进一步修订和完善。

毕丽丽

2013 年 5 月

目　　录

项目一　物流业务档案的建立

实训任务一　物流资源维护

任务引入

北京速达物流有限公司（以下简称速达物流）是一家现代化物流企业，物流服务网络及业务范围已遍及全国，现能提供的物流服务主要包括仓储、运输、流通加工等。

位于北京市石景山区辛中邑村的蓝港 1 号仓库是速达物流的主要库房之一。2012 年 12 月初，速达物流要求蓝港 1 号仓库的相关人员在 2012 年 12 月 31 日 18:00 之前完成物流资源数据的维护工作。物流资源维护的基本内容是根据实际业务变化，在物流信息系统内完成仓储、人力、运力等物流相关数据的维护工作。

蓝港 1 号仓库主管在接到通知后，根据公司的要求，安排库管人员王飞对蓝港 1 号仓库的物流资源进行了盘点和统计，物流资源统计内容如下。

一、设备资源

根据设备统计数据，完成物流信息系统内设备资源的数据维护工作。速达物流蓝港 1 号仓库的 FD 柴油叉车统计数据如表 1－1－1 所示。

表 1－1－1　　FD 柴油叉车统计

型号	单位	FD15A	FD20A
驱动方式		柴油	柴油
动力类型		内燃机	内燃机

续 表

型号	单位	FD15A	FD20A
额定载荷	公斤*	1500	2000
起升高度	毫米	3000～6000	3000～6000
可载货长	毫米	2000	2500
可载货宽	毫米	1100	1100
可载货高	毫米	2500	2500
底盘高度	毫米	150	150
生产厂家		南通西林搬运设备有限公司	南通西林搬运设备有限公司
价值	万元	10	12
功率	千瓦	5	7
数量	台	2	2
所属类型		本公司	本公司

速达物流蓝港1号仓库的手动托盘车统计数据如表1－1－2所示。

表1－1－2　　手动托盘车统计

型号	单位	JS20S	JS20L
额定载重	公斤	2000	2000
货叉最高高度	毫米	190	190
货叉最低高度	毫米	75	75
货叉长度	毫米	1150	1220
货叉外挡宽度	毫米	540	680
单只货叉宽度	毫米	160	160
净重	公斤	75	78
所属类型		本公司	本公司

速达物流蓝港1号仓库的检验检测仪器设备统计数据如表1－1－3所示。

* 注：1公斤=1千克。

表 1－1－3　　检验检测仪器设备统计

序号	设备名称	规格型号	数量（台）	单价（套/件）	品牌
1	电子分析天平	FB224	1	8100	上海恒平
2	电子精密天平	JA5003N	1	4897	上海精科
7	紫外可见分光光度计		1	15000	
8	农药残留速侧仪		1	3500	

速达物流蓝港 1 号仓库的辅助设备统计数据如表 1－1－4 所示。

表 1－1－4　　辅助设备统计

设备名称	规格型号	数量（套）	单价（套/件）	品牌
稳压电源	SG－100KVA	2	20	变郎
变压器	SBK－10KVA	2	500	变郎

二、人力资源

根据人力资源统计数据，完成物流信息系统内人力资源数据维护工作。速达物流蓝港 1 号仓库的人力资源统计数据如表 1－1－5 所示。

表 1－1－5　　人力资源统计

预设岗位	司机姓名	区别码	身份证号	出生日期	工作日期	电话	住址	所属类型
库管员	张天羽	F000120	110217198004096905	1980 年 4 月 9 日	2010 年 1 月 10 日	18678239834	北京市朝阳区朝阳北路 31 号	本公司
搬运工	董峰	F000121	130135197609284501	1976 年 9 月 28 日	2009 年 2 月 12 日	13939028579	北京市朝阳区北路 13 号	本公司
理货员	张云	F000122	370403197603224858	1976 年 3 月 22 日	2008 年 10 月 24 日	15245489023	北京市朝阳区学院路 90 号	本公司
拣货员	丁军	F000123	330102197611082304	1976 年 11 月 8 日	2009 年 5 月 12 日	15946785467	北京市丰台区兴丰北路 2 号	本公司
叉车司机	王风	F000123	120104196512183847	1965 年 12 月 18 日	2007 年 10 月 3 日	13445987630	北京市大兴区黄村 5 号	本公司

三、车辆资源

1. 车辆信息

根据车辆资源统计数据，完成物流信息系统内车辆资源数据维护工作。速达物流蓝港1号仓库的车辆资源统计数据如表1－1－6所示。

表1－1－6　车辆资源统计

车牌号	品牌	车　型	长（米）	宽（米）	高（米）	体积（立方米）	核载（吨）
京 HU7831	东风	9.6米单桥，全封闭	9.6	2.4	3	69	10
京 HPV562	解放	12.5米双桥，全封闭	12.5	2.4	2.7	80	28
粤 SAE653	解放	9.6米单桥，全封闭	9.6	2.3	2.7	60	25
粤 M93836	东风	9.6米单桥，全封闭	9.6	2.4	3	69	10
沪 US6725	江铃	17.5米双桥，全封闭	17.5	2.4	2.7	110	35
沪 LP5216	东风	厢式货车	4.2	1.9	1.8	12	2.5

2. 车辆维修

根据表1－1－7所示速达物流蓝港1号仓库车辆维修信息，完成系统内车辆维修信息的维护更新工作。

表1－1－7　车辆维修信息统计

项　目	内　容
资源编码	0000010029
车牌号	京 HU7831
维修日期	2013年2月4日
自修耗时（时）	2
维修费用（元）	5000
维修内容	补漆
维修方式	4S店
修理人员	刘云飞
责任人	尤家达
维修原因	划伤

3. 车辆保险

根据表 1－1－8 所示速达物流蓝港 1 号仓库车辆保险信息，完成系统内车辆保险信息的维护更新工作。

表 1－1－8　　车辆保险信息统计

项　目	内　容
资源编码	0000010029
保险公司	中国平安
保险金额（元）	500000
投保日期	2010 年 2 月 1 日
车牌号	京 HU7831
保险开始日期	2010 年 2 月 1 日
保险结束日期	2015 年 2 月 1 日
司机	尤家达
被保险人	尤家达
车辆使用性质	公用
费率系数	5

四、路由管理

1. 运力

速达物流蓝港 1 号仓库的干线运力资源统计数据如表 1－1－9 所示。

表 1－1－9　　干线运力资源统计

运力类型	运力来源	目的站	车牌号	车辆类型	司机
公路	自有	上海站	京 HU7831	9.6 米单桥，全封闭 （长×宽×高：9.6 米×2.4 米×3 米，10 吨）	王志明
公路	自有	大连站	京 MK8921	9.6 米单桥，全封闭 （长×宽×高：9.6 米×2.4 米×3 米，10 吨）	刘立新
公路	自有	西安站	京 LC2893	9.6 米单桥，全封闭 （长×宽×高：9.6 米×2.3 米×2.7 米，25 吨）	葛玉东
公路	自有	成都站	京 AP45681	12.5 米双桥，全封闭 （长×宽×高：12.5 米×2.3 米×2.7 米，28 吨）	王志明

2. 取/派运力

速达物流蓝港 1 号仓库的取/派运力资源统计数据如表 1－1－10 所示。

表 1－1－10　取/派运力资源统计

运力来源	车牌号	司机	车辆类型	最大单项尺寸（米）
本公司	京 JU7823	刘家麒	厢式货车（长×宽×高：7.2 米×2.3 米×2.7 米，10 吨）	8
本公司	京 BHU321	梁春伟	厢式货车（长×宽×高：4.2 米×1.9 米×1.8 米，2.5 吨）	5
本公司	京 MH3462	王明	9.6 米单桥，全封闭（长×宽×高：9.6 米×2.4 米×3 米，10 吨）	10

3. 路由

根据路由统计数据，完成物流信息系统内路由维护工作。速达物流蓝港 1 号仓库的路由资源统计数据如表 1－1－11 所示。

表 1－1－11　路由资源统计

项目名称	始发站	目的站	运输方式	路由描述	里程（公里*）
速达物流	北京	上海	公路	北京到上海	1490
速达物流	北京	石家庄	公路	北京到石家庄	285
速达物流	北京	广州	公路	北京到广州	2479
速达物流	北京	成都	公路	北京到成都	2170
速达物流	北京	重庆	公路	北京到重庆	2164
速达物流	北京	厦门	公路	北京到厦门	2517

库管人员王飞对蓝港 1 号仓库的物流资源进行仔细盘点，核对无误后，将相关统计信息交予信息管理员刘琦，由刘琦在物流信息系统中进行物流资源维护管理。

* 注：1 公里＝1 千米。

任务实施

以第三方综合业务平台软件为例，说明物流资源维护的方法和流程。

步骤一：设备资源信息维护

设备资源是物流资源的首要资源，因此首先进行设备资源信息的维护。

以表 1－1－12 中数据为例，进行设备资源数据的维护，相关设备资源信息维护的方法和流程同本例。

表 1－1－12　　设备资源实例

类型	单位	FD 柴油叉车
型号		FD15A
驱动方式		柴油
动力类型		内燃机
额定载荷	公斤	1500
起升高度	毫米	3000～6000
可载货长	毫米	2000
可载货宽	毫米	1100
可载货高	毫米	2500
底盘高度	毫米	150
生产厂家		南通西林搬运设备有限公司
价值	万元	10
功率	千瓦	5
数量	台	2
所属类型		本公司

登录到物流综合业务平台，以给定的账号进入第三方物流信息管理系统中的“基础管理”系统，在“基础信息管理”模块下的“设备资源管理”内，进行相关设备资源数据的维护操作。具体的维护过程如表 1－1－13 至表 1－1－14 所示。

表 1－1－13　　　设备资源维护操作指导（基本信息设定）

具体操作
点击页面下部“新增”，进行新增设备资源。根据相关信息填制表格，录入结束后点击“提交”
图　　示

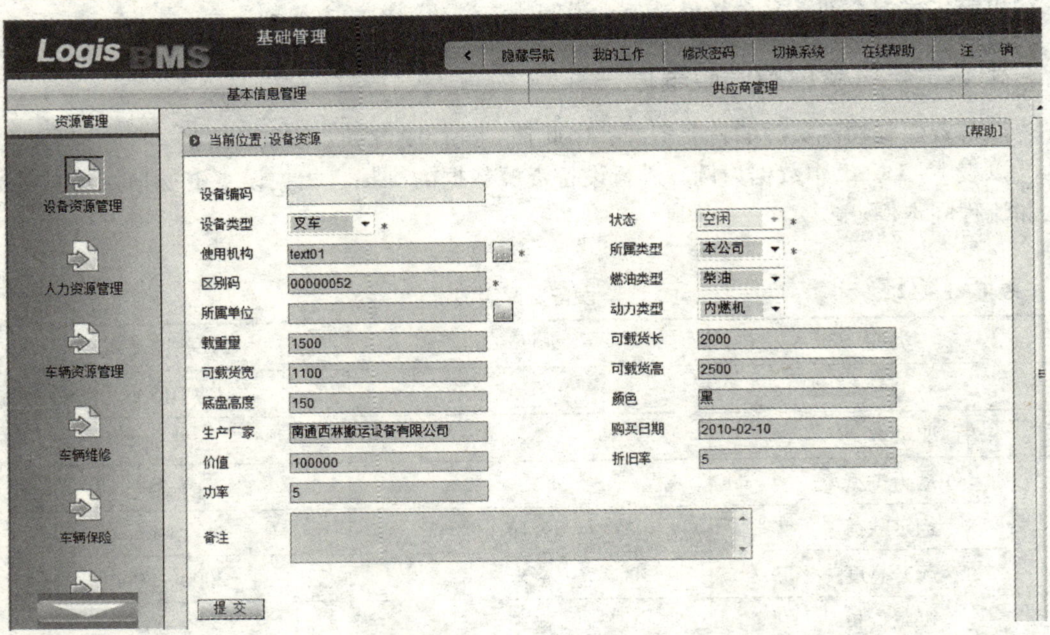

表 1－1－14　　　设备资源维护操作指导（设备信息查询）

具体操作
对于已经录入的设备信息，可以返回“设备资源管理”界面，可进行修改、查看、删除等操作
图　　示

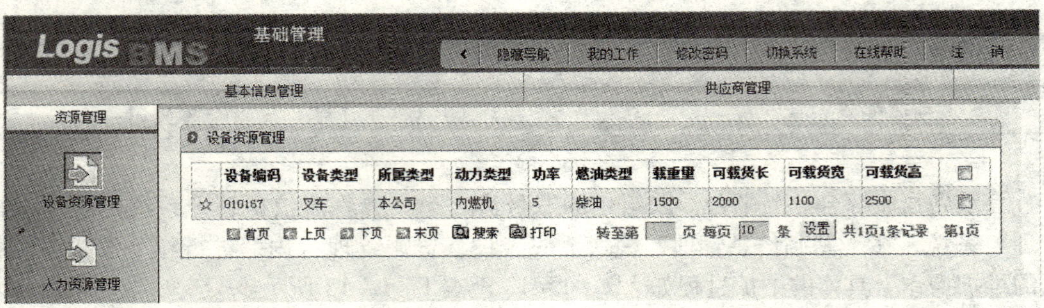

续　表

图　示

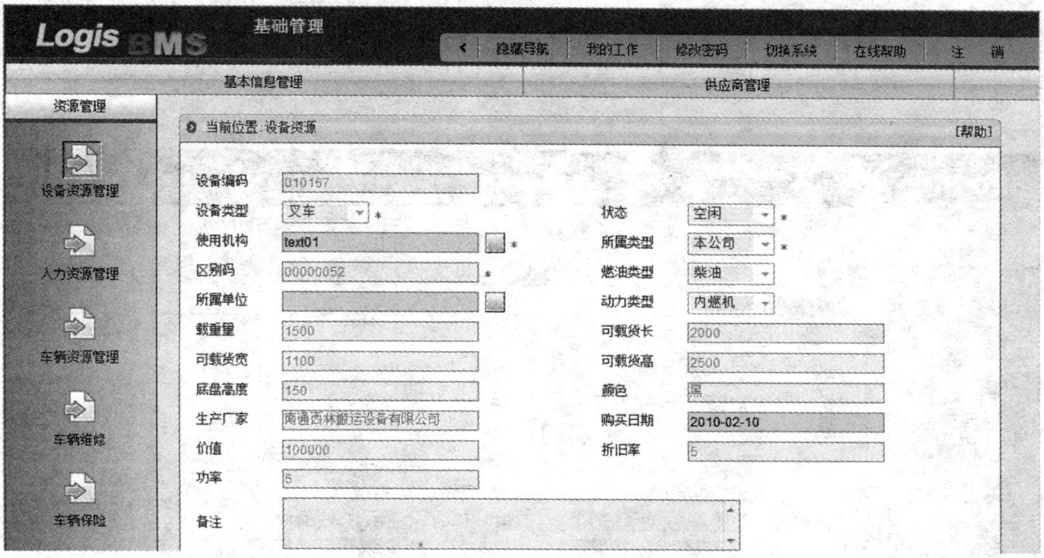

步骤二：人力资源信息维护

以表 1－1－15 中数据为例，进行人力资源数据的维护，相关人力资源信息维护的方法和流程同本例。

表 1－1－15　　　　人力资源实例

预设岗位	司机姓名	区别码	身份证号	出生日期	工作日期	电话	住址	所属类型
库管员	张天羽	F000120	110217198004096905	1980 年 4 月 9 日	2010 年 1 月 10 日	18678239834	北京市朝阳区朝阳北路 31 号	本公司

登录到物流综合业务平台，以给定的账号进入第三方物流信息管理系统中的“基础管理”系统，在“基础信息管理”模块下的“人力资源管理”内，进行相关人力资源数据的维护操作。具体的维护过程如表 1－1－16 至表 1－1－18 所示。

表 1-1-16　　人力资源维护操作指导（基本信息设定）

具体操作

点击页面下部“新增”，进行新增人力资源信息维护。根据相关信息填制表格，录入结束后点击“提交”

图　示

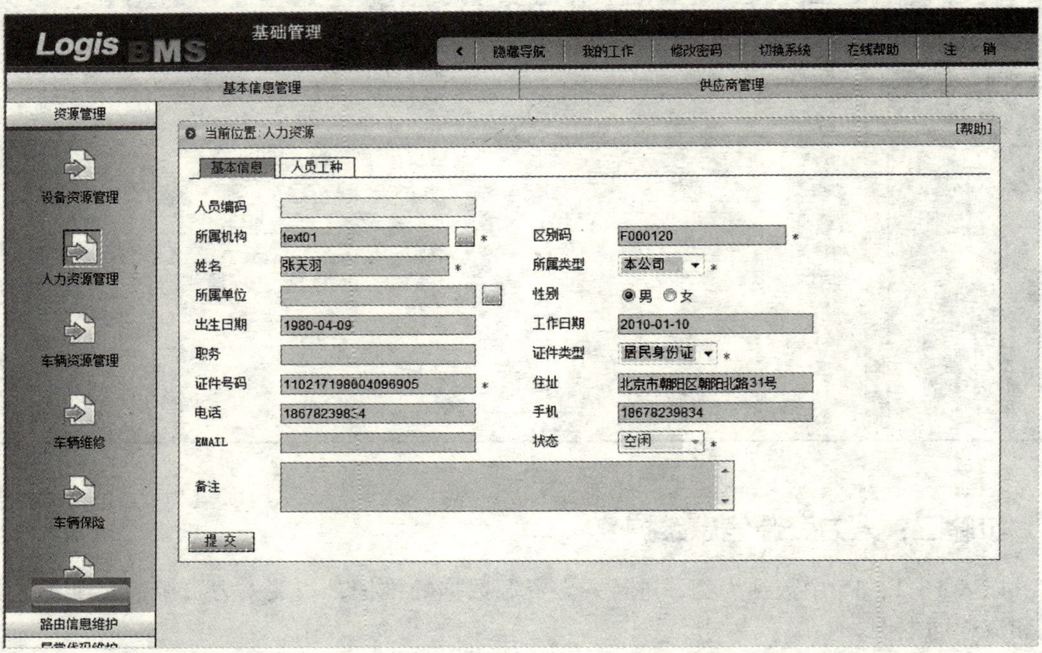

表 1-1-17　　人力资源维护操作指导（人员工种设定）

具体操作

基本信息录入结束后，选择“人员工种”点击“增加”，进行人员工种维护

完成工种类型的维护，点击“工种类型”，选择下拉单选菜单中的“库管员”，工种证件号、验本日期、经验可以不填写

完成员工的经验类型的维护，点击“经验”，选择下拉单选菜单中的“好”

全部设置完成后，点击“确定”，即可完成工种类型设定

续　表

图　示

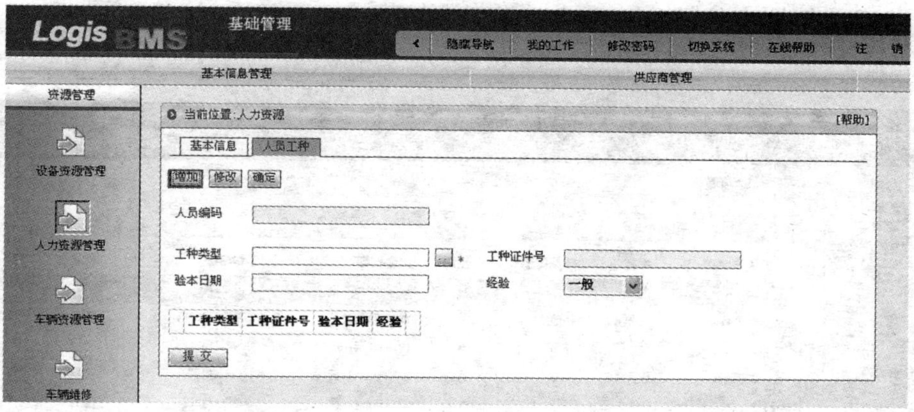
Logis BMS
基础管理
隐藏导航
我的工作
修改密码
切换系统
在线帮助
注　销
基本信息管理
供应商管理
资源管理
设备资源管理
人力资源管理
车辆资源管理
车辆维修
当前位置:人力资源
[帮助]
基本信息
人员工种
增加
修改
确定
人员编码
工种类型
工种证件号
验本日期
经验
一般
工种类型
工种证件号
验本日期
经验
提 交

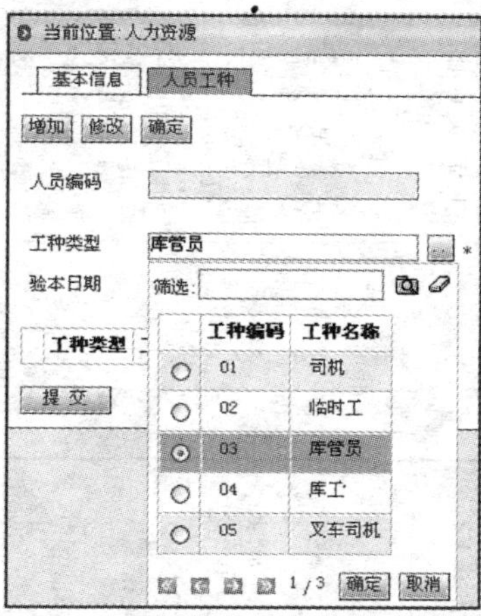
当前位置:人力资源
基本信息
人员工种
增加
修改
确定
人员编码
工种类型
库管员
验本日期
筛选:
工种编码
工种名称
01
司机
02
临时工
03
库管员
04
库工
05
叉车司机
1/3
确定
取消
提 交

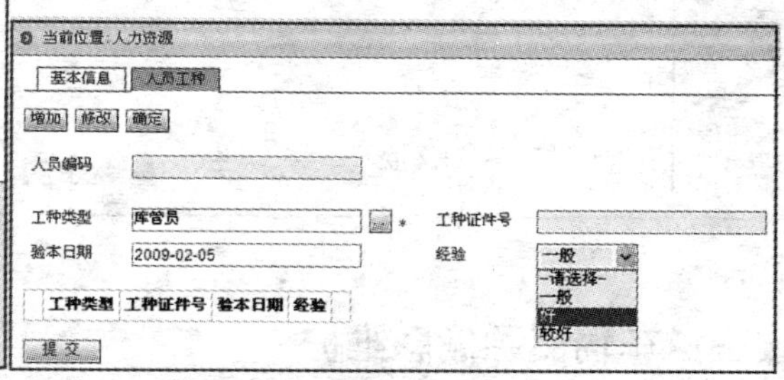
当前位置:人力资源
基本信息
人员工种
增加
修改
确定
人员编码
工种类型
库管员
工种证件号
验本日期
2009-02-05
经验
一般
-请选择-
一般
好
较好
工种类型
工种证件号
验本日期
经验
提 交

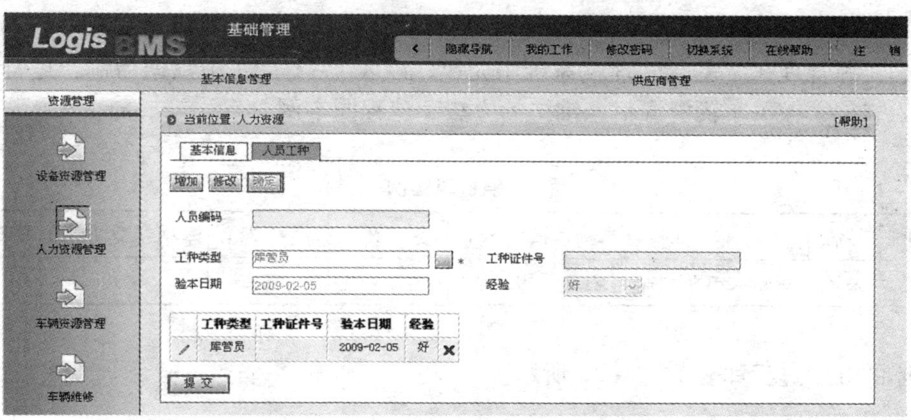
Logis BMS
基础管理
隐藏导航
我的工作
修改密码
切换系统
在线帮助
注　销
基本信息管理
供应商管理
资源管理
设备资源管理
人力资源管理
车辆资源管理
车辆维修
当前位置:人力资源
[帮助]
基本信息
人员工种
增加
修改
确定
人员编码
工种类型
库管员
工种证件号
验本日期
2009-02-05
经验
好
工种类型
工种证件号
验本日期
经验
库管员
2009-02-05
好
提 交

表 1－1－18　　人力资源维护操作指导（人力信息查询）

具体操作
对于已经录入的人员信息，可以返回“人力资源管理”界面，进行查询、修改等操作
图　示

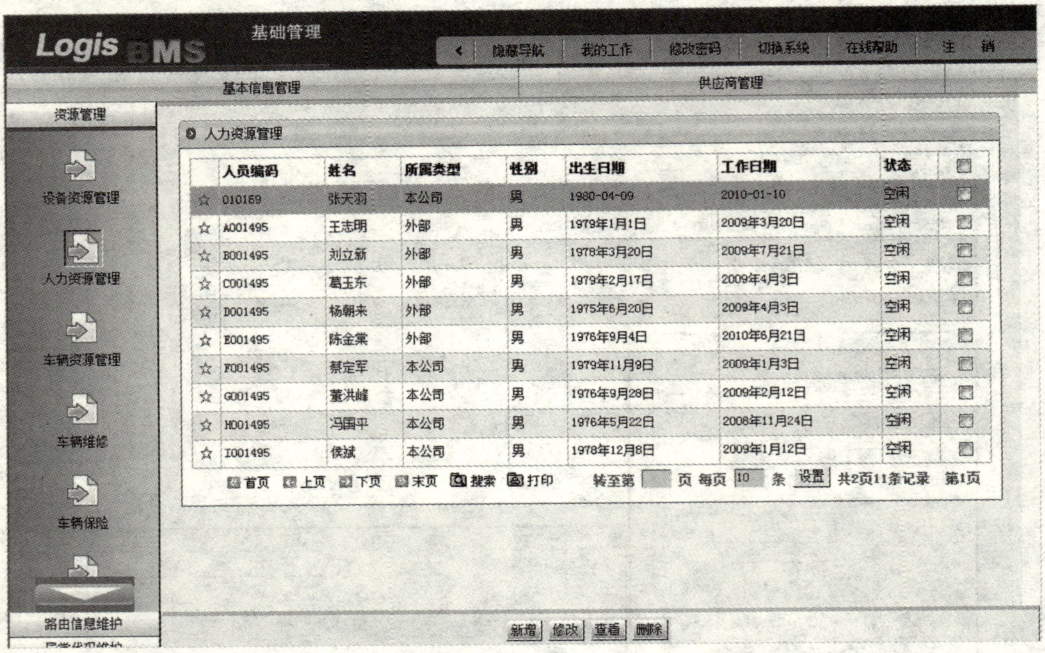

步骤三：车辆资源信息维护

1. 车辆资源管理

车辆资源管理在“基础管理”系统中完成，以表 1－1－19 中数据为例，进行车辆资源数据的维护，相关车辆资源信息维护的方法和流程同本例。

表 1－1－19　　车辆资源实例

车牌号	品牌	车型	长（米）	宽（米）	高（米）	体积（立方米）	核载（吨）
京 HU7831	东风	9.6 米单桥，全封闭	9.6	2.4	3	69	10

具体的维护过程如表 1－1－20 所示。

表 1－1－20　　　　车辆资源维护操作指导（车辆信息维护）

<table>
<tr><th>具体操作</th></tr>
<tr><td>在“车辆资源管理”下点击“新增”，录入新增加货运车辆的信息。例如，车牌号京 HU7831，东风，可载货长宽高为 9.6 米×2.4 米×3.0 米，载重吨 10 吨，体积 69 立方米，9.6 米双桥，全封闭货车
车辆信息录入完毕点击“提交”，返回车辆管理界面，可对输入的车辆信息进行查询、修改等操作</td></tr>
<tr><th>图　　示</th></tr>
<tr><td>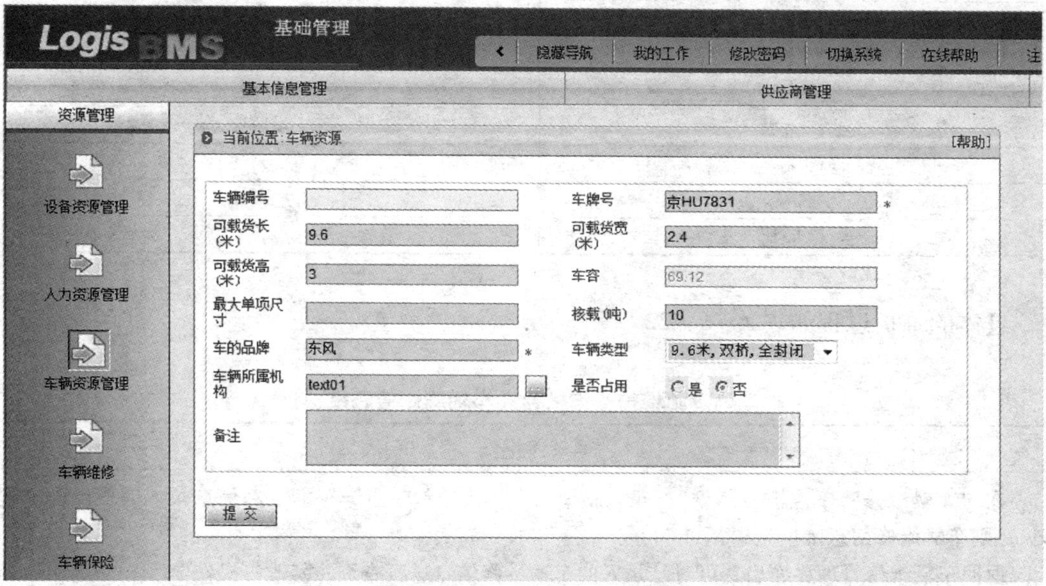

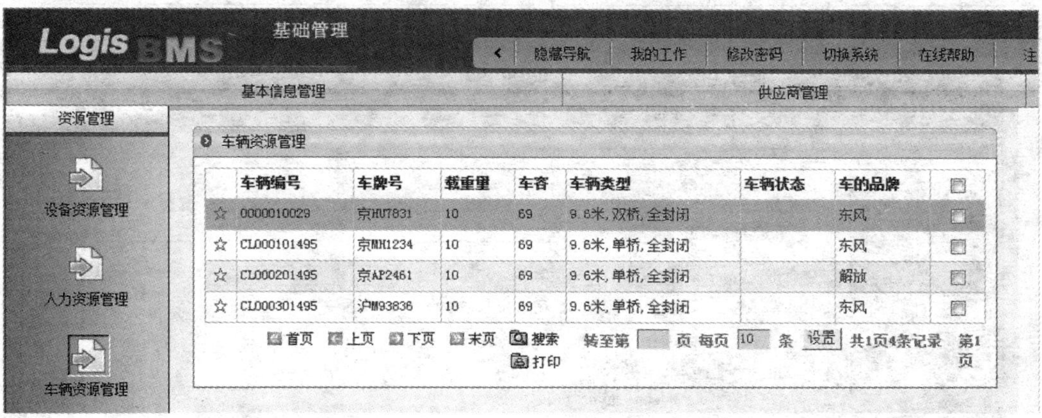
</td></tr>
</table>

2. 车辆维修

车辆维修信息管理在“基础管理”系统内，“资源管理”菜单下的“车辆维修”栏目中完成，以表 1－1－21 中数据为例，进行车辆维修信息的维护，相关车辆维修信息维护的方法和流程同本例。

表 1－1－21　　车辆维修实例

项　目	内　容
资源编码	0000010029
车牌号	京 HU7831
维修日期	2013 年 2 月 4 日
自修耗时（时）	2
维修费用（元）	5000
维修内容	补漆
维修方式	4S 店
修理人员	刘云飞
责任人	尤家达
维修原因	划伤

具体的维护过程如表 1－1－22 所示。

表 1－1－22　　车辆资源维护操作指导（车辆维修信息维护）

具体操作

在“车辆维修”下点击“新增”，录入新增加车辆维修的信息，车辆维修信息录入完毕点击“提交”，则车辆维修信息维护完毕

返回车辆维修管理界面后，可对已录入的车辆维修信息进行查询、修改等操作

图　示

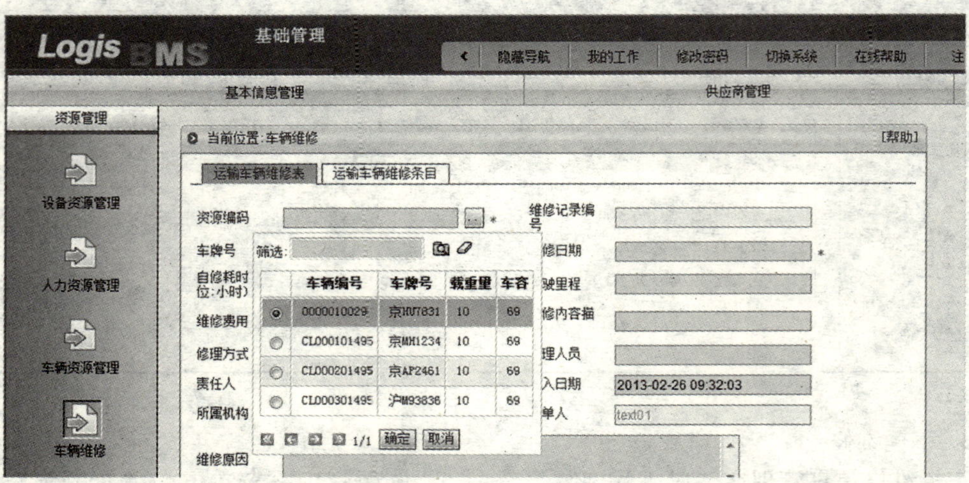

续 表

图 示

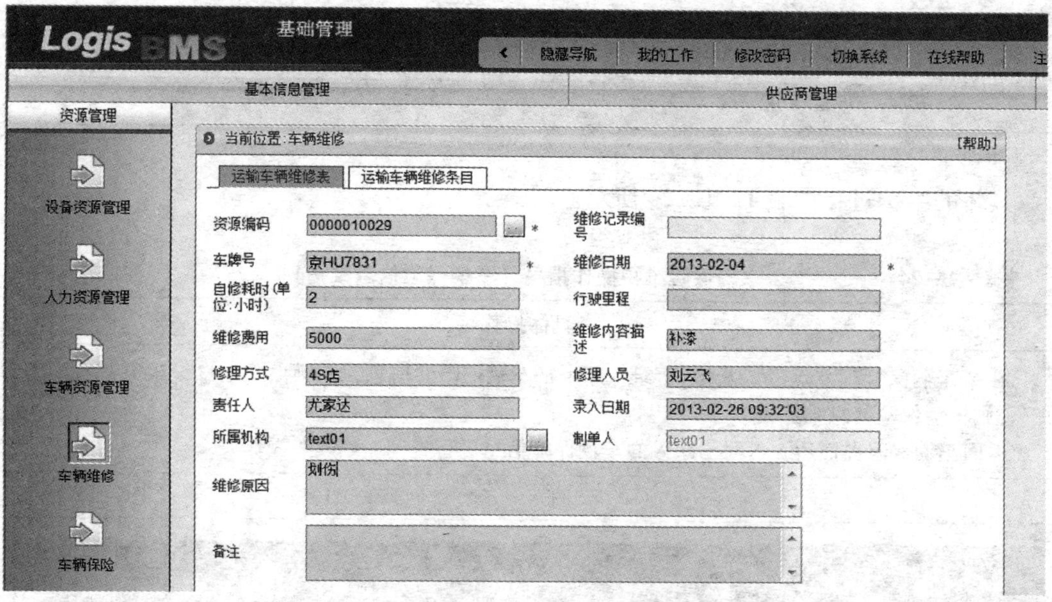

3. 车辆保险

车辆维修信息管理在“基础管理”系统内，“资源管理”菜单下的“车辆保险”栏目中完成，以表 1－1－23 中数据为例，进行车辆保险信息的维护，相关车辆保险信息维护的方法和流程同本例。

表 1－1－23　　车辆保险实例

项　目	内　容
资源编码	0000010029
保险公司	中国平安
保险金额（元）	500000
投保日期	2010 年 2 月 1 日
车牌号	京 HU7831
保险开始日期	2010 年 2 月 1 日
保险结束日期	2015 年 2 月 1 日
司机	尤家达

续 表

项 目	内 容
被保险人	尤家达
车辆使用性质	公用
费率系数	5

具体的维护过程如表 1－1－24 所示。

表 1－1－24　　车辆保险维护操作指导（车辆保险信息维护）

具体操作
在“车辆保险”下点击“新增”，录入新增加车辆保险的信息，车辆保险信息录入完毕点击“提交”，则车辆保险信息维护完毕 返回车辆保险界面后，可对已录入的车辆保险信息进行查询、修改等操作
图　　示

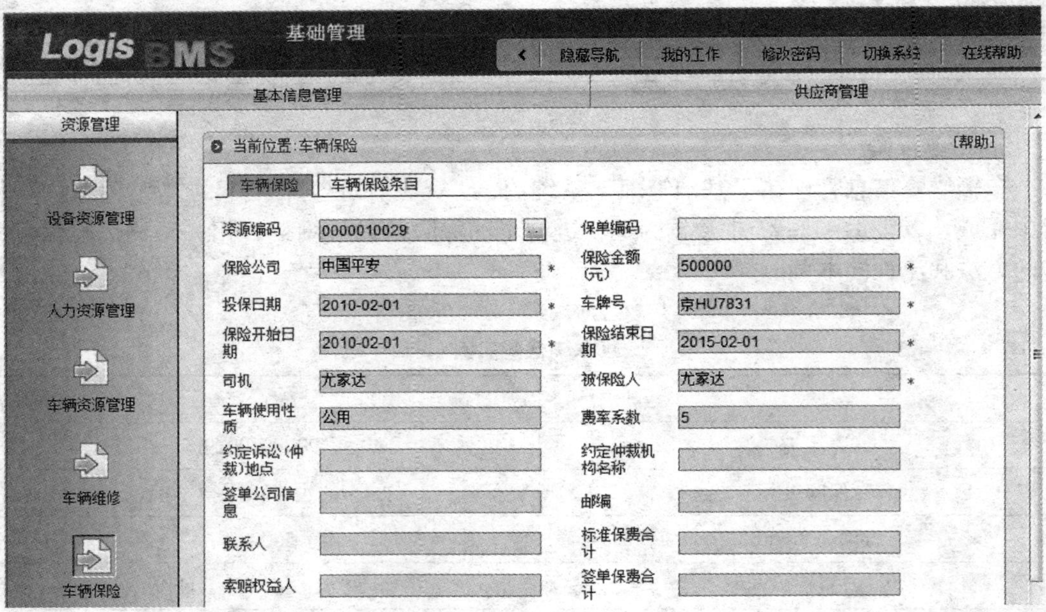

续　表

图　示

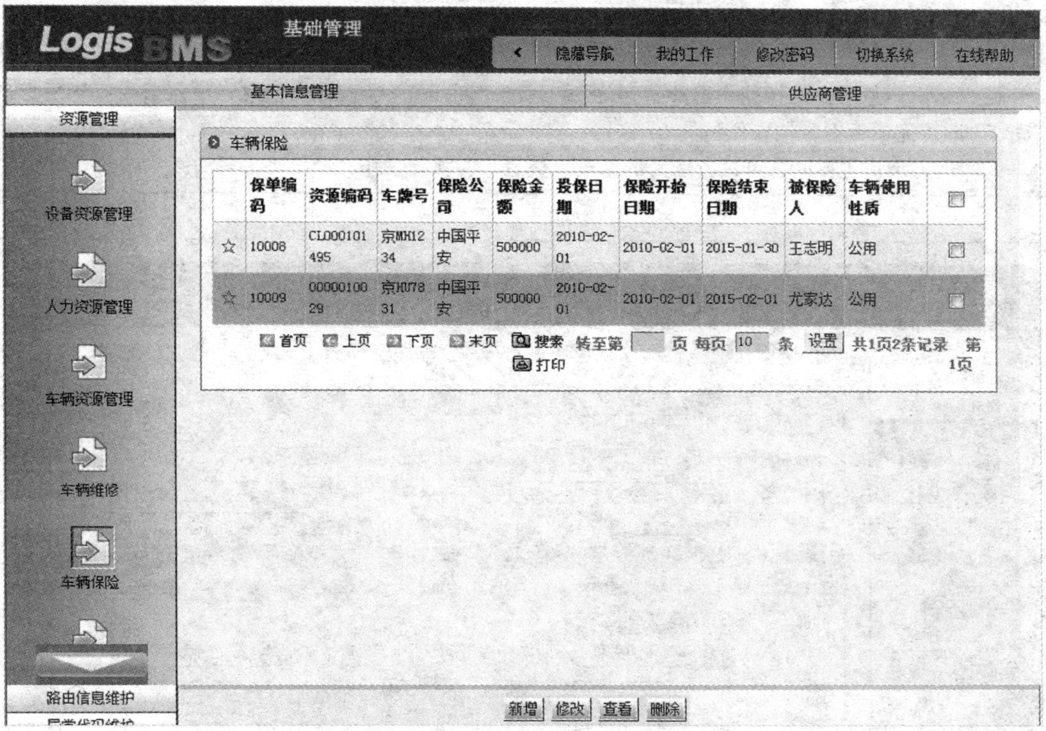

步骤四：路由资源信息维护

1. 运力信息维护

以表 1－1－25 中数据为例，进行干线运力资源维护，相关干线运力资源维护的方法和流程同本例。

表 1－1－25　　　　干线运力实例

运力类型	运力来源	目的站	车牌号	车辆类型	司机
公路	自有	上海站	京 HU7831	9.6 米单桥，全封闭 （长×宽×高：9.6 米×2.4 米×3 米，10 吨）	王志明

登录到物流综合业务平台，以给定的账号进入第三方物流信息管理系统中的“基础管理”系统，在“路由信息维护”模块下的“运力”内，进行相关干线运力数据的维护

操作，具体的维护过程如表 1－1－26 所示。

表 1－1－26　　路由维护操作指导（干线运力维护）

具体操作
在“路由信息维护”模块中选择“运力”，点击“新增”，录入运力信息，信息录入完毕后点击“提交”即可完成运力维护操作 返回运力维护主界面，可进行运力的修改、查看、删除等操作
图　示

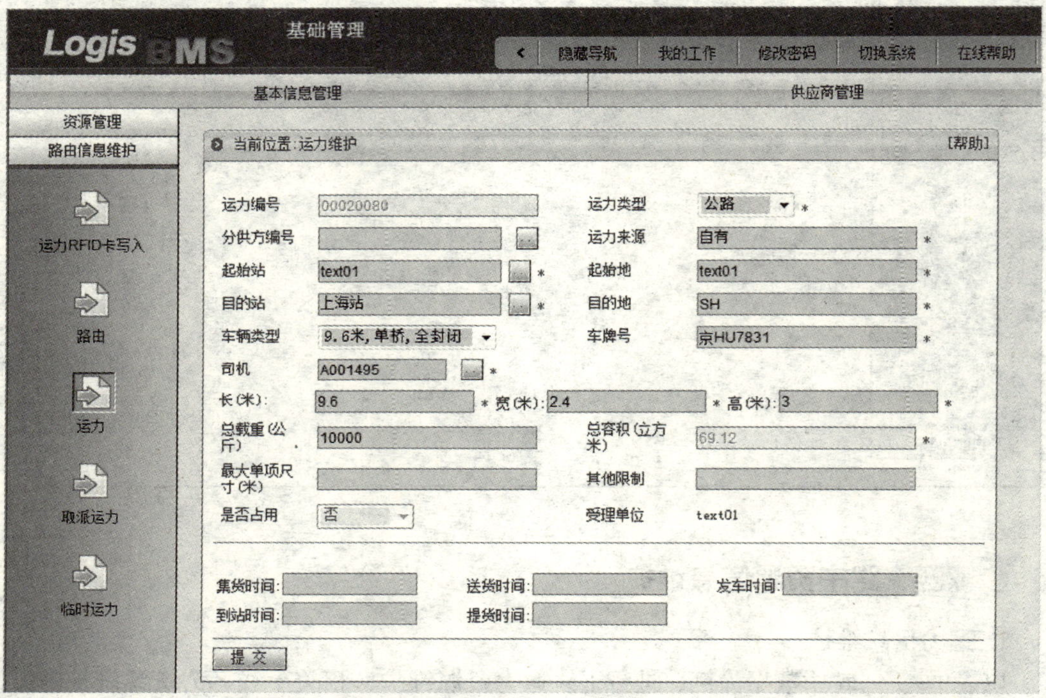

2. 取/派运力维护

以表 1－1－27 中数据为例，进行取/派运力资源维护，相关取/派运力资源维护的方法和流程同本例。

表 1－1－27　　取/派运力实例

运力来源	车牌号	司机	车辆类型	最大单项尺寸（米）
本公司	京 JU7823	刘家麒	厢式货车 （长×宽×高：7.2 米×2.3 米×2.7 米，10 吨）	8

登录到物流综合业务平台，以给定的账号进入第三方物流信息管理系统中的“基础管理”系统，在“路由信息维护”模块下的“取/派运力”内，进行相关取/派运力数据的维护操作，具体的维护过程如表 1－1－28 所示。

表 1－1－28　　路由维护操作指导（取/派运力维护）

具体操作
在“路由信息维护”模块中选择“取/派运力”，点击“新增”，录入短途取货送港运力的信息，信息录入完毕后点击“提交”即可完成取/派运力维护操作
图　　示

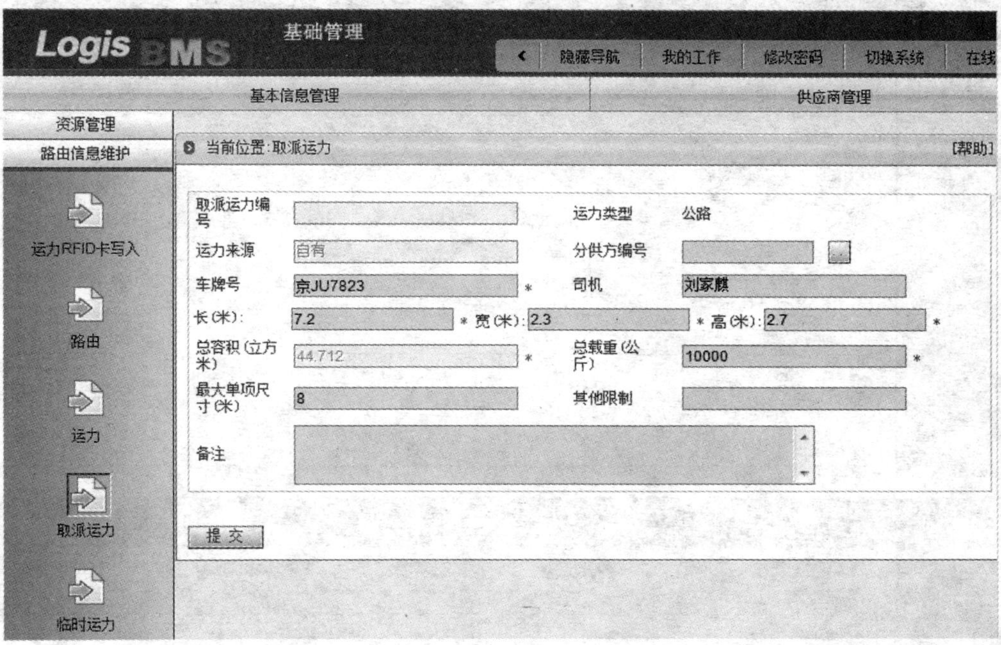

3. 路由维护

路由维护的操作在第三方物流系统的“基础管理”系统中“路由信息维护”模块操作完成。以表 1－1－29 中数据为例，进行路由资源数据的维护，相关路由资源信息维护的方法和流程同本例。

表 1－1－29　　路由资源实例

项目名称	始发站	目的站	运输方式	路由描述	里程（公里）
速达物流	北京	上海	公路	北京到上海	1490

具体的维护过程如表 1－1－30 所示。

表 1－1－30　　　　路由资源维护操作指导（路由信息维护）

具体操作
通过“基础管理”进入“路由信息维护”，点击“新增”可以增加北京到上海站的路由信息。选择始发站、目的站、运输方式，点击“增加”添加运输项目名称。信息添加完毕后，点击“提交”就可以完成此次路由信息维护任务 返回路由维护界面，可以对路由信息进行查看、修改等操作
图　示
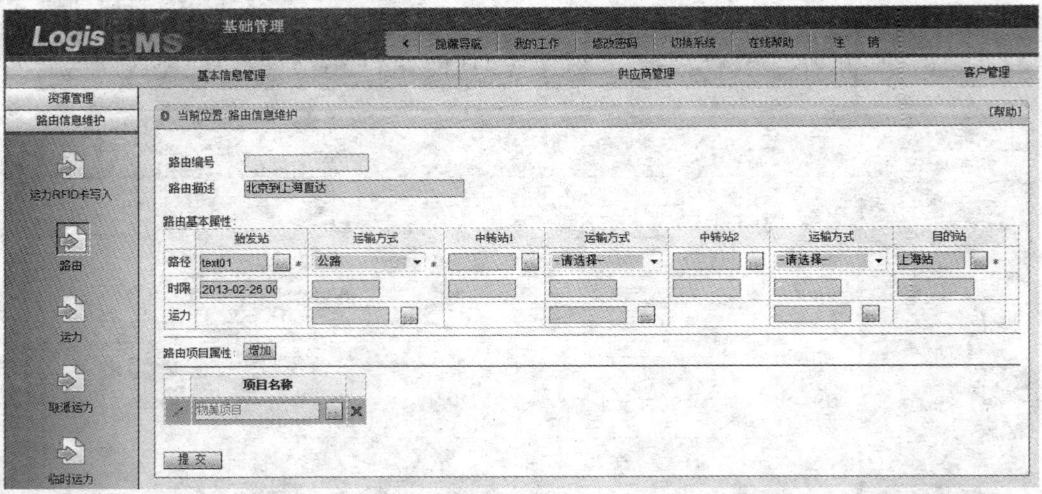 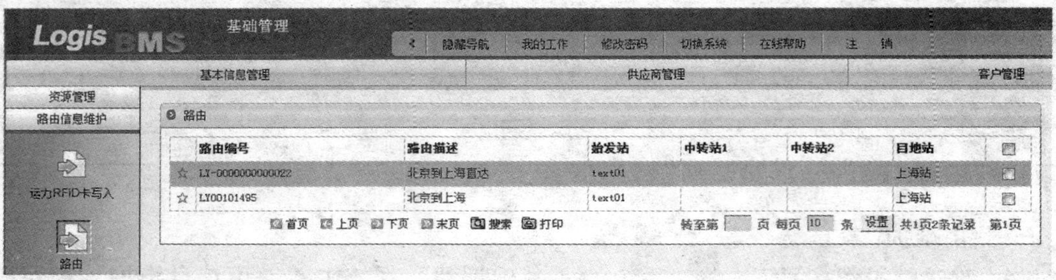

技能训练

根据下列数据完成速达物流公司上海站的物流资源信息维护。

一、设备资源

以装卸与搬运设备为例，完成物流信息系统内装卸搬运设备的数据维护工作。速达物流上海站的装卸搬运设备统计数据如表 1－1－31 所示。

表 1－1－31　　　　**装卸搬运设备统计**

类型	单位	FD 柴油叉车	FD 柴油叉车
型号		FD25/FD25A	FD30/FD30A
驱动方式		柴油	柴油
动力类型		内燃机	内燃机
额定载荷	公斤	2500	3000
起升高度	毫米	3000～6000	3000～6000
可载货长	毫米	3000	3500
可载货宽	毫米	1150	1205
可载货高	毫米	3000	3000
底盘高度	毫米	150	150
生产厂家		捷能	捷能
价值	万元	15	20
功率	千瓦	10	15
数量	台	1	1

速达物流上海站的手动托盘车统计数据如表 1－1－32 所示。

表 1－1－32　　　　**手动托盘车统计**

型号	单位	JS25S	JS25L
额定载重	公斤	2500	2500
货叉最高高度	毫米	190	200
货叉最低高度	毫米	75	80
货叉长度	毫米	1150	1220
货叉外挡宽度	毫米	540	680
单只货叉宽度	毫米	160	160
净重	公斤	77	80

速达物流上海站的检验检测仪器设备统计数据如表 1－1－33 所示。

表 1－1－33　检验检测仪器设备统计

序号	设备名称	规格型号	数量（台）	单价（套/件）	品牌
1	电子精密天平	JA31002	1	5175	上海精科
2	电子精密天平	JA21001	1	1890	上海越平

速达物流上海站的辅助设备统计数据如表 1－1－34 所示。

表 1－1－34　辅助设备统计

设备名称	规格型号	数量（台）	单价（套/件）	品牌
真空泵	X－100	2	2000	公牛
电脑	530U3C－A01	10	5000	三星

二、人力资源

根据人力资源统计数据，完成物流信息系统内人力资源数据维护工作。速达物流上海站的人力资源统计数据如表 1－1－35 所示。

表 1－1－35　人力资源统计

岗位	人员	区别码	身份证号	出生日期	工作日期	电话	住址	所属类型
库管员	张飞	F00129	367267196609273672	1966 年 9 月 27 日	2009 年 3 月 17 日	15278736789	北京市朝阳区黑庄户 28 号	本公司
搬运工	刘军	F00131	519863197706268237	1977 年 6 月 26 日	2011 年 12 月 20 日	13467298736	北京市丰台区六里桥东街	本公司
理货员	冯平	F00132	370403197605224858	1976 年 5 月 22 日	2008 年 11 月 24 日	15243599300	北京市海淀区学院路 90 号	本公司
拣货员	侯斌	F00133	330102197812082304	1978 年 12 月 8 日	2009 年 1 月 12 日	15928957475	北京市海淀区学院北路 2 号	本公司
叉车司机	刘云良	F00134	120104197612183847	1976 年 12 月 18 日	2007 年 11 月 3 日	13428595890	北京市大兴区黄村 5 号	本公司

续　表

岗位	人员	区别码	身份证号	出生日期	工作日期	电话	住址	所属类型
干线司机	王航	F00135	309867197902152674	1979 年 2 月 15 日	2010 年 6 月 23 日	15927836763	北京市房山区世纪大道 1 号	本公司
送货司机	葛玉东	F00136	110217197706184007	1977 年 6 月 18 日	2009 年 4 月 3 日	13710035479	北京市怀柔区河北路 10 号	本公司
送货司机	李风	F00137	510705197303176542	1973 年 3 月 17 日	2008 年 6 月 2 日	18676542238	北京市东城区解放路 21 号	本公司
送货司机	张川	F00138	309821197907237645	1979 年 7 月 23 日	2011 年 5 月 1 日	18190987654	北京市通州区东风路 36 号	本公司

三、车辆资源

1. 车辆信息

根据车辆资源统计数据，完成物流信息系统内车辆资源数据维护工作。速达物流上海站的车辆信息统计数据如表 1－1－36 所示。

表 1－1－36　　车辆信息统计

车牌号	品牌	车型	长（米）	宽（米）	高（米）	体积（立方米）	核载（吨）
沪 GD5623	解放	12.5 米双桥，全封闭	12.5	2.4	2.7	80	28
沪 HU6723	威铃	厢式货车	6.2	2.0	2	30	5
沪 LP5216	东风	厢式货车	4.2	1.9	1.8	12	2.5

2. 车辆维修

根据表 1－1－37 所示速达物流上海站车辆维修信息，完成系统内车辆维修信息的维护更新工作。

表 1－1－37　　车辆维修信息统计

项　目	内　容
车牌号	沪 HU6723
维修日期	2013 年 1 月 1 日

续 表

项　目	内　容
自修耗时（时）	3
维修费用（元）	6000
维修内容	补漆
维修方式	个体店
修理人员	李风
责任人	刘云飞
维修原因	划伤

3. 车辆保险

根据表 1－1－38 所示速达物流上海站车辆保险信息，完成系统内车辆保险信息的维护更新工作。

表 1－1－38　　车辆保险信息统计

项　目	内　容
保险公司	中国平安
保险金额（元）	500000
投保日期	2010 年 5 月 1 日
车牌号	沪 HU6723
保险开始日期	2010 年 5 月 1 日
保险结束日期	2015 年 5 月 1 日
司机	张川
被保险人	张川
车辆使用性质	公用
费率系数	5

四、路由管理

根据路由统计数据，完成物流信息系统内路由维护工作。

1. 干线运力

速达物流上海站干线运力信息如表 1－1－39 所示。

表 1－1－39　　干线运力信息

运力类型	运力来源	目的站	车辆类型	司机
公路	速达物流上海站	北京站	9.6 米单桥，全封闭 （长×宽×高：9.6 米×2.4 米×3 米，10 吨）	王航
公路	速达物流上海站	广州站	12.5 米双桥，全封闭 （长×宽×高：12.5 米×2.3 米×2.7 米，28 吨）	王航
公路	速达物流上海站	重庆站	17.5 米双桥，全封闭 （长×宽×高：17.5 米×2.4 米×2.7 米，35 吨）	王航

2. 取/派运力

速达物流上海站取/派运力信息如表 1－1－40 所示。

表 1－1－40　　取/派运力信息

运力来源	车牌号	司机	车辆类型	最大单项尺寸（米）
速达物流上海站	沪 HD6542	葛玉东	9.6 米单桥，全封闭 （长×宽×高：9.6 米×2.4 米×3 米，10 吨）	10
速达物流上海站	沪 HU6723	李风	厢式货车 （长×宽×高：6.2 米×2.0 米×2 米，5 吨）	8
速达物流上海站	沪 LP5216	张川	厢式货车 （长×宽×高：4.2 米×1.9 米×1.8 米，2.5 吨）	5

3. 路由

速达物流上海站的路由资源统计数据如表 1－1－41 所示。

表 1－1－41　　路由资源统计

项目名称	始发站	目的站	运输方式	路由描述	里程（公里）
速达物流上海站	上海	北京	公路	上海到北京	1490
速达物流上海站	上海	天津	公路	上海到天津	1380
速达物流上海站	上海	锦州	公路	上海到锦州	1850
速达物流上海站	上海	沈阳	公路	上海到沈阳	2084
速达物流上海站	上海	长春	公路	上海到长春	2399
速达物流上海站	上海	哈尔滨	公路	上海到哈尔滨	2759
速达物流上海站	上海	齐齐哈尔	公路	上海到齐齐哈尔	3106
速达物流上海站	上海	牡丹江	公路	上海到牡丹江	2949

实训任务二　客户信息维护

任务引入

2012 年 3 月 12 日，速达物流与北京利德曼科技发展有限公司（以下简称利德曼科技）签订了第三方物流服务合同，约定由速达物流承揽利德曼科技的仓储、配送等物流业务，合同的具体信息如下。

合同名称：北京利德曼科技

合同类型：个体车辆

业务代表人：马德江

联系方式：010－51689756

客户账号：北京利德曼科技发展有限公司

结算方式：托运人月结

截至日期：2013 年 4 月 20 日

客户利德曼科技基本信息如表 1－2－1 所示。

表 1－2－1　利德曼科技基本信息

项　目	内容（托运人）
客户单位名称	北京利德曼科技发展有限公司
客户简称	北京利德曼
拼音码	BJLDM
客户经理	陈鑫
客户经理电话	15911052836
联系人	汝志彬
联系人电话	13882536503
联系人 E－mail	ruzhibing@ 163. com
联系人传真	010－2237210
客户地址	北京市丰台区亦庄科技开发区 36 号

续　表

项　目	内容（托运人）
客户等级	A
客户邮编	100024
行业属性	制造业
企业规模	较大

同时利德曼科技有一个经常进行业务往来的客户，需要经常为其发货，具体信息如下。

客户：上海创维科技发展有限公司

地址：上海市长宁区法华镇路 63 号

收货人：郑洪新

联系电话：13411072672

速达物流对客户信用等级评估的项目设置如表 1－2－2 所示。

表 1－2－2　　客户信用等级评估项目

序号	评估项目	备　　注
1	不良记录	如果客户曾经有过不良记录，如曾经欠款不还等，信用等级应降低
2	支付能力	有些客户尽管回款率高，但由于其支付能力有限而必须降低信用等级
3	贡献度	对客户公司的贡献能力
4	销售额	周期时间内的销售额，资金能力
5	声誉度	在市场以及客户中的口碑

经全面权衡后，速达物流对客户利德曼科技信用等级评估的项目设置详情为：不良记录 92 分，支付能力 93 分，贡献度 90 分，销售额 92 分，声誉度 90 分。

接下来，速达物流信息员须将客户的基本信息、合同信息、取货地址信息录入到公司的物流信息管理系统，并对客户进行信用评估。

任务实施

步骤一：登录客户信息维护界面

客户信息维护要在“基础信息管理”系统中操作实现。进入综合业务平台的“基础信息管理”系统的“客户管理”模块进行客户相关信息维护操作，具体操作步骤如表1－2－3所示。

表1－2－3　　登录客户信息维护界面

具体操作
登录到综合业务平台，利用账号和密码进入“基础信息管理”系统 选择上侧工具栏的“客户管理”标签，进行客户信息的维护
图　示
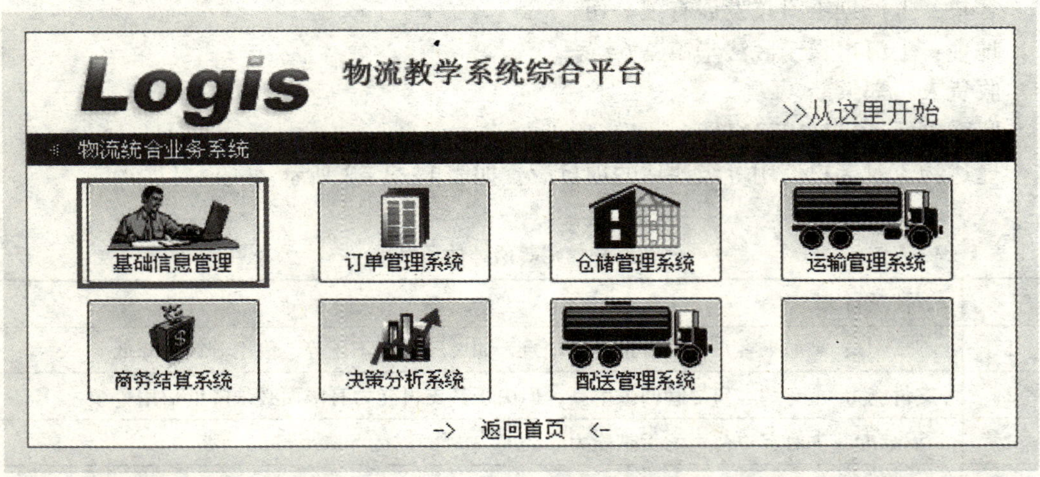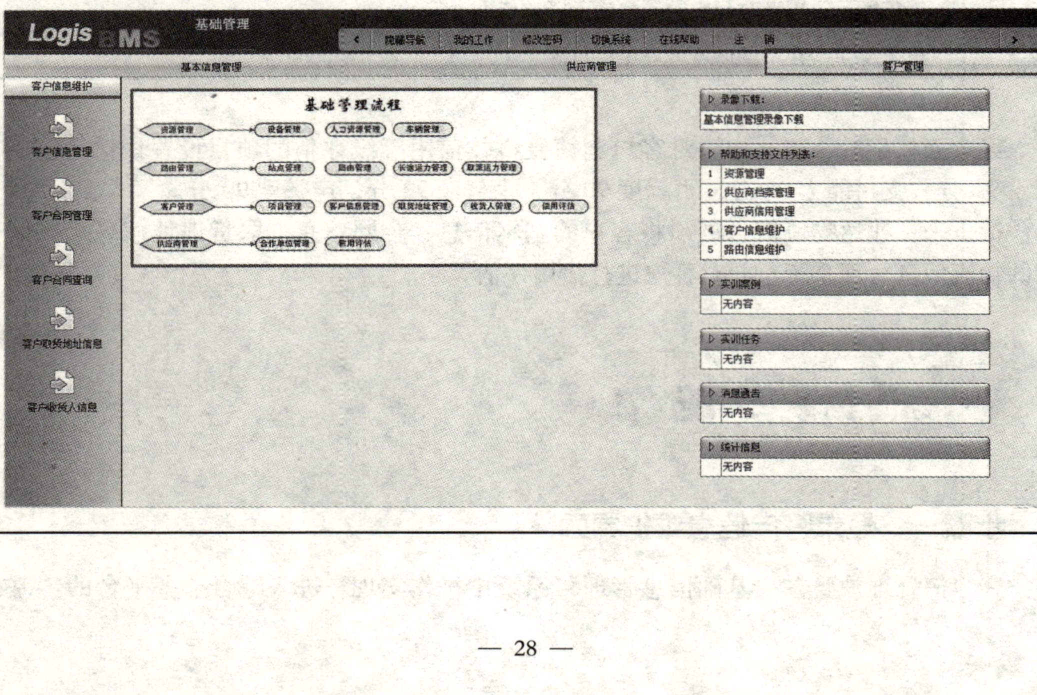

步骤二：客户基本信息维护

具体的维护过程如表 1－2－4 所示。

表 1－2－4　　客户基本信息维护

具体操作
点击“客户信息维护”模块下的“客户信息管理”，进行客户基本信息的维护操作 点击页面下部“新增”，进行新增客户信息操作。根据客户的资料填制表格，录入结束后点击“提交”，系统自动生成客户账号 返回客户列表界面，选中客户条目，点击“查看”或“修改”，可以查看或修改客户信息

图　示

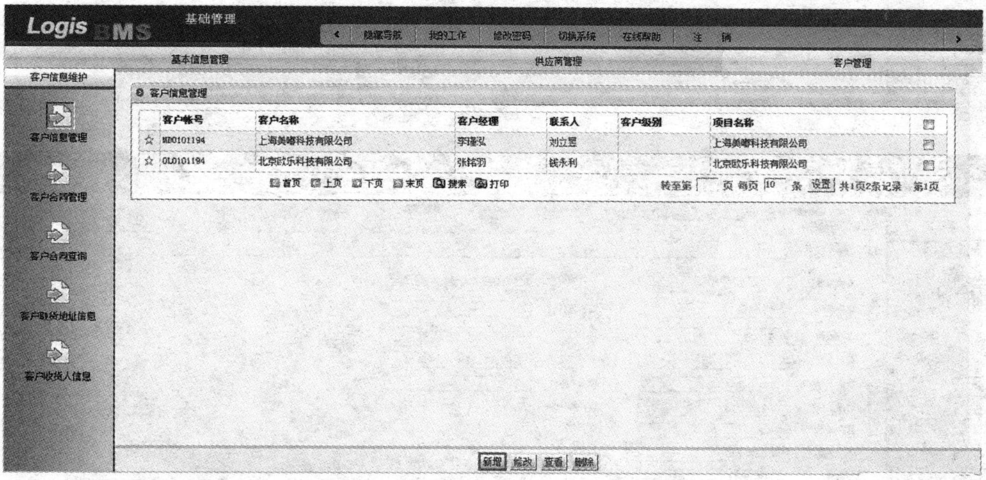

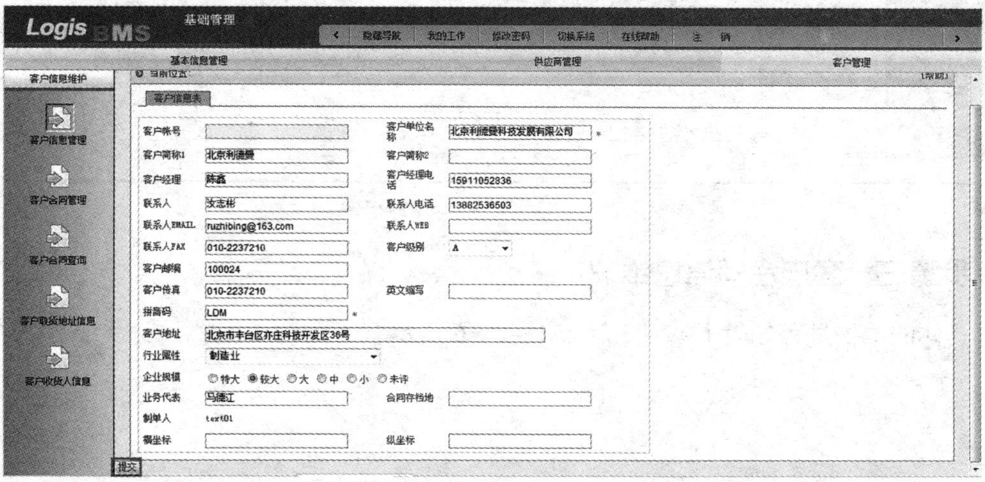

续 表

图 示

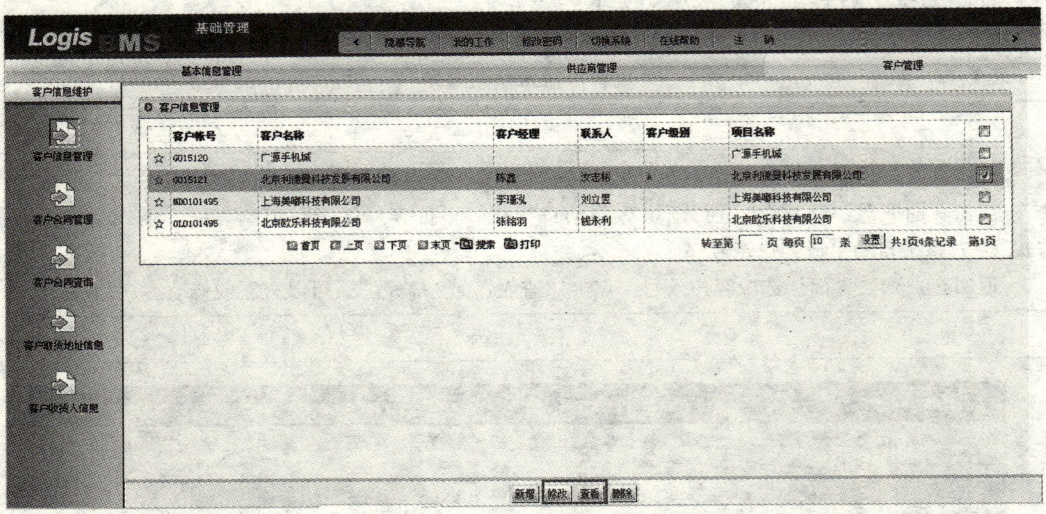

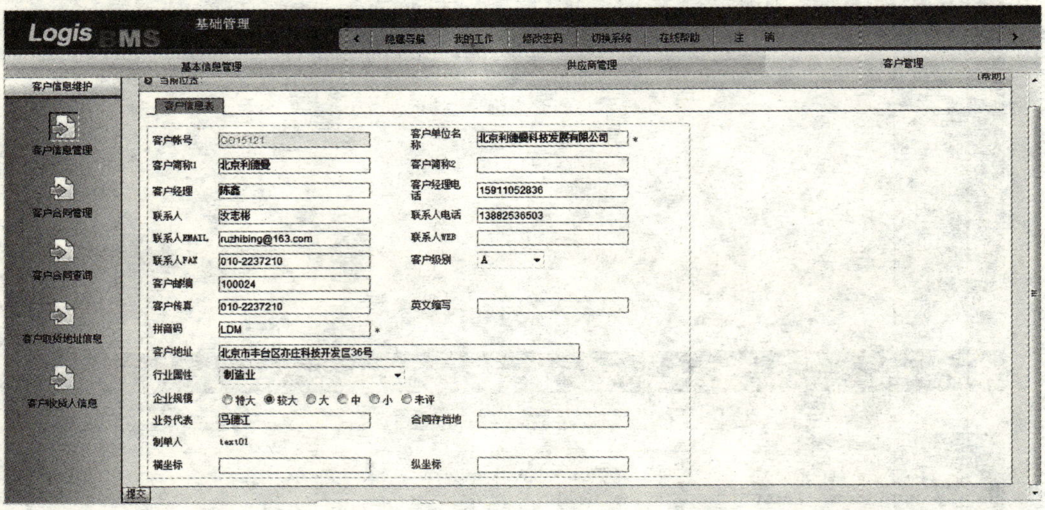

步骤三：客户合同信息维护

具体的维护过程如表 1－2－5 和表 1－2－6 所示。

表1-2-5　　**客户合同信息维护**

具体操作

点击“客户信息维护”模块下的“客户合同管理”，进入客户合同列表界面，进行客户合同信息的维护操作

点击页面下部“新增”，进行新增客户合同操作。根据客户的资料填制表格，录入结束后点击“提交”

返回客户合同列表，勾选该客户合同条目的选框，点击“提交复核”

图　　示

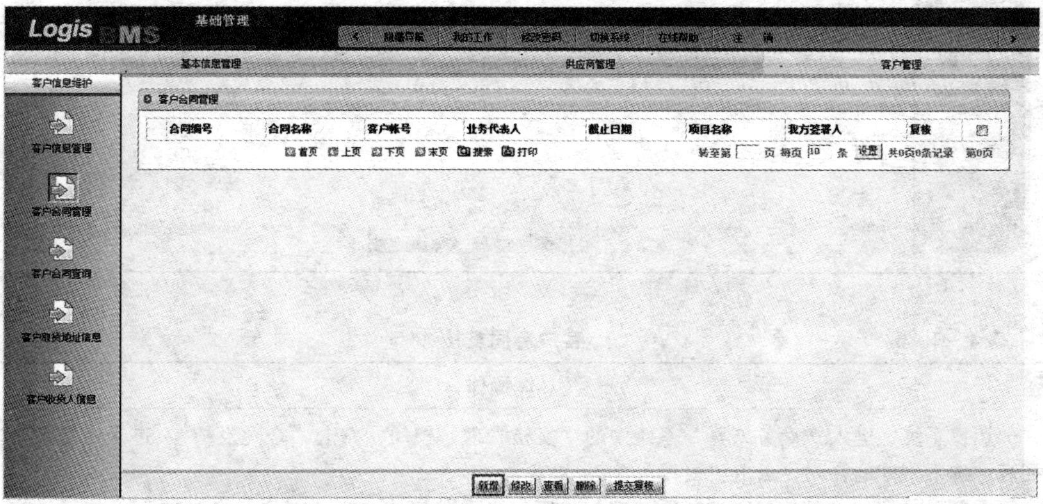

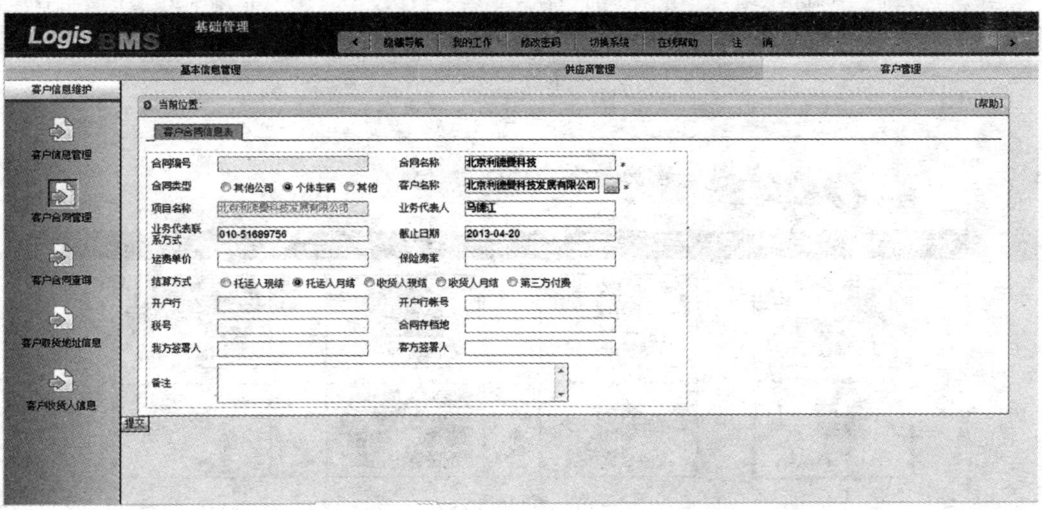

续 表

图 示

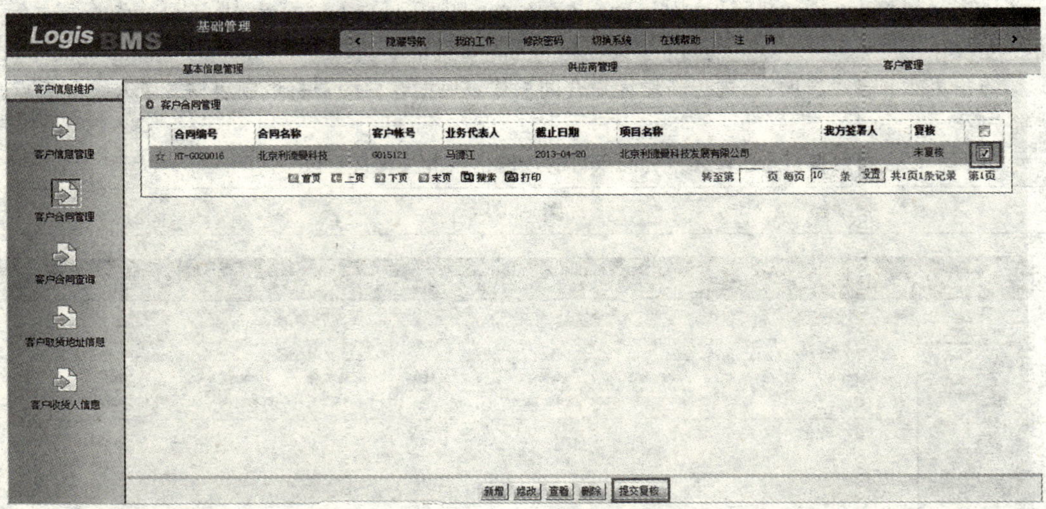

表 1-2-6　　客户合同复核

具体操作
切换系统，进入“商务结算”系统中的“复核管理”模块，点击“合同复核”，进入待复核合同列表，选中刚才的合同，点击“复核” 重新登录到“基础信息管理”系统中的“客户管理”模块，在“客户信息维护”下的“客户合同查询”中可以看到复核后的合同
图 示

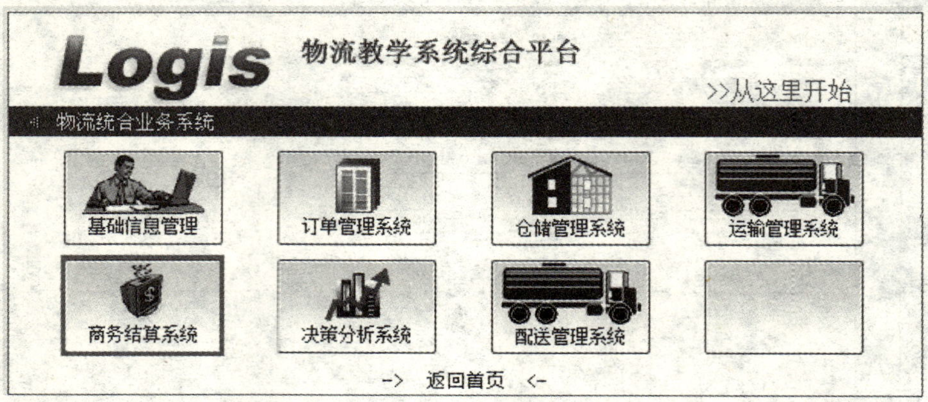

续 表

图 示
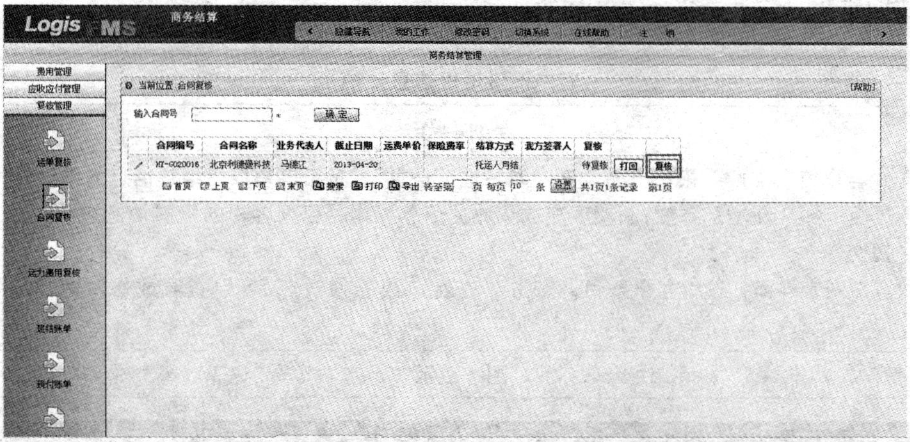Logis BMS 商务结算 商务结算管理 费用管理 应收应付管理 复核管理 运单复核 合同复核 当前位置:合同复核 输入合同号 确 定 合同编号 合同名称 业务代表人 截止日期 运费单价 保险费率 结算方式 我方签署人 复核 HT-GO20016 北京利捷捷科技 马德江 2013-04-20 托运人月结 待复核 打回 复核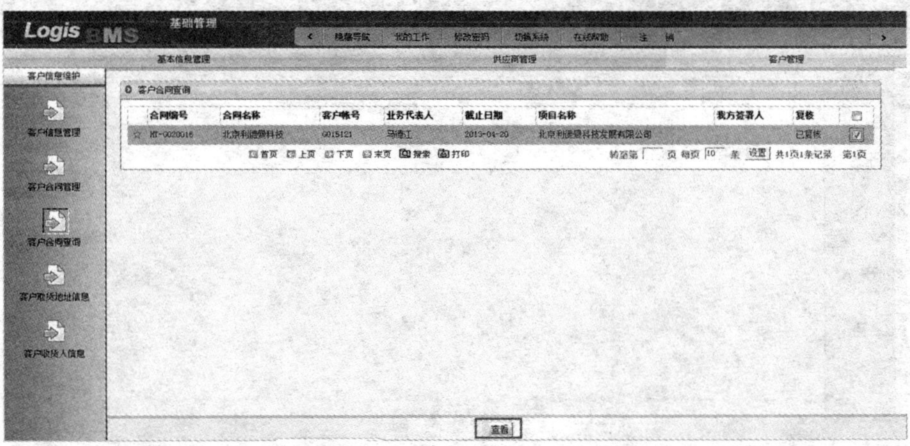Logis BMS 基础管理 基本信息管理 供应商管理 客户管理 客户信息维护 客户信息管理 客户合同管理 客户合同查询 客户合同查询 合同编号 合同名称 客户帐号 业务代表人 截止日期 项目名称 我方签署人 复核 HT-GO20016 北京利捷捷科技 GO15121 马德江 2013-04-20 已复核 查看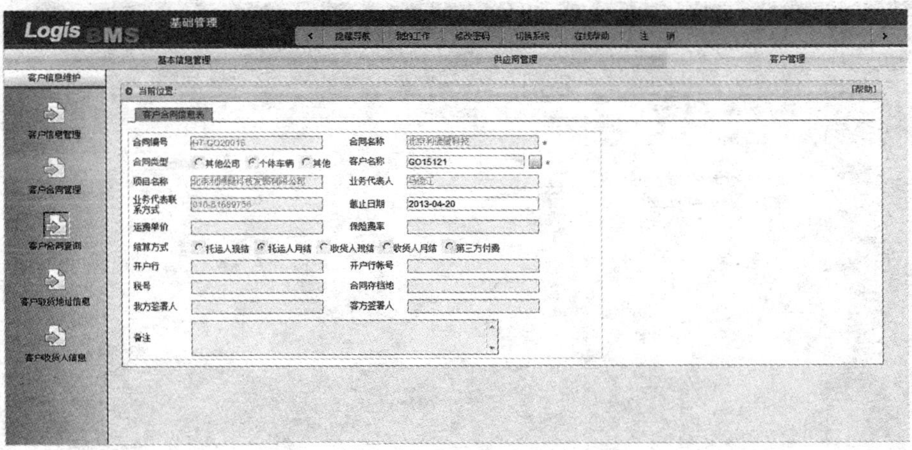Logis BMS 基础管理 基本信息管理 供应商管理 客户管理 客户合同信息表 合同编号 合同名称 合同类型 客户名称 GO15121 项目名称 业务代表人 截止日期 2013-04-20 运费单价 保险费率 结算方式 托运人现结 托运人月结 收货人现结 收货人月结 第三方付费 开户行 开户行帐号 税号 合同存档地 我方签署人 客方签署人 备注

步骤四：客户取货地址信息维护

具体的维护过程如表 1－2－7 所示。

表 1－2－7　　客户取货地址信息维护

具体操作
点击“客户信息维护”模块下的“客户取货地址信息”，进行客户取货地址信息的维护操作 点击页面下部“新增”，进行新增客户取货地址信息操作。根据客户的资料填制表格，录入结束后点击“提交” 返回客户列表界面，选中客户条目，点击“查看”或“修改”，可以查看或修改客户取货地址信息
图　示
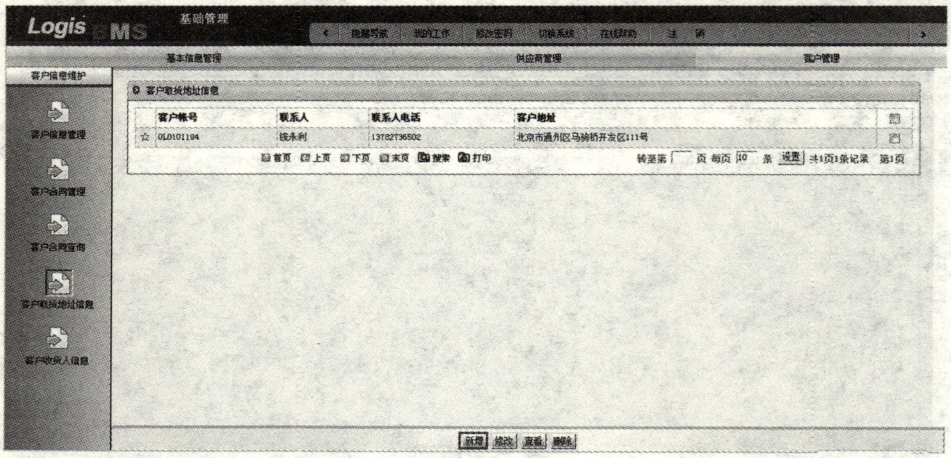
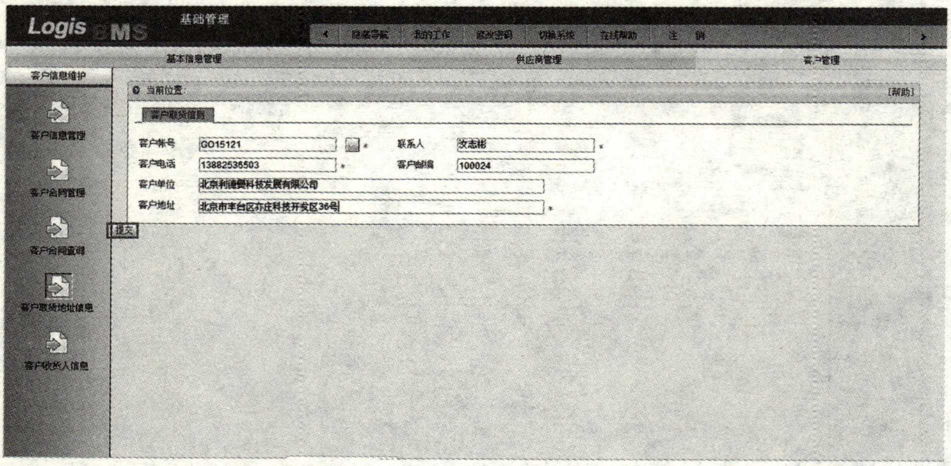

续　表

图　　示
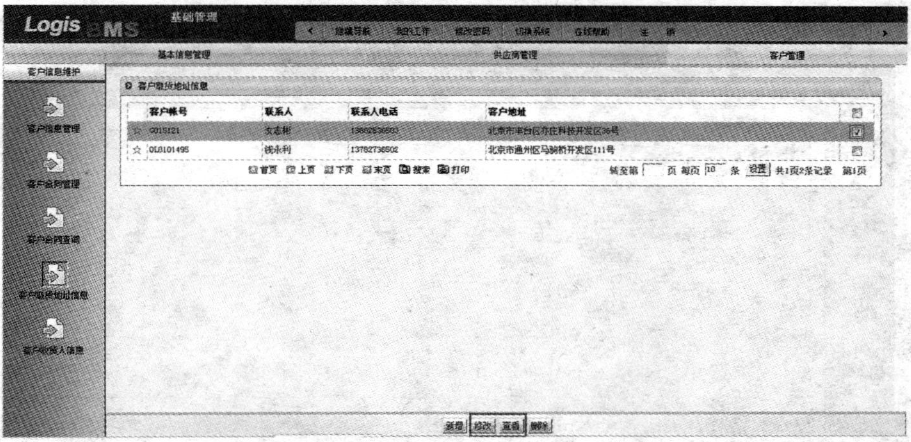

步骤五：客户收货人信息维护

具体的维护过程如表 1－2－8 所示。

表 1－2－8　　客户收货人信息维护

具体操作
点击“客户信息维护”模块下的“客户收货人信息”，进行客户收货人信息的维护操作 点击页面下部“新增”，进行新增客户收货人信息操作。根据客户的资料填制表格，录入结束后点击“提交”
图　　示
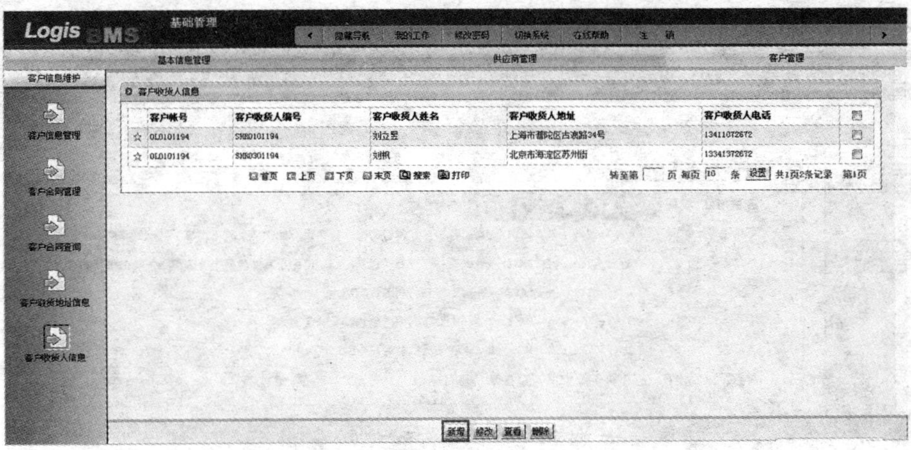

续 表

图　　示
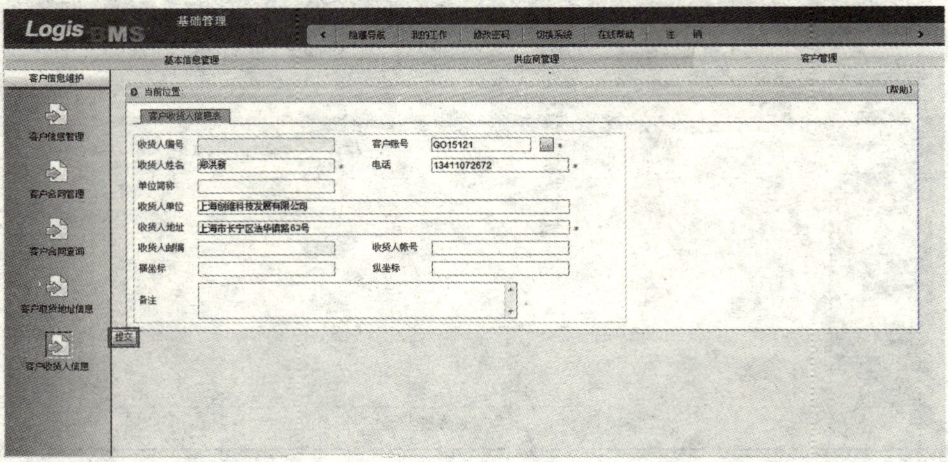

步骤六：进行客户信用评估

客户信用管理主要对客户的支付、销售、声誉等情况进行统计和衡量，速达物流主要从不良记录、支付能力、贡献度、销售额、声誉度这五个方面对客户进行评价，具体的信用评估过程如表 1－2－9 和表 1－2－10 所示。

表 1－2－9　　　　客户信用评估项目设置

具体操作
点击“客户信用管理”模块下的“客户信用评估项目设置”，设置客户信用评估项目
图　　示
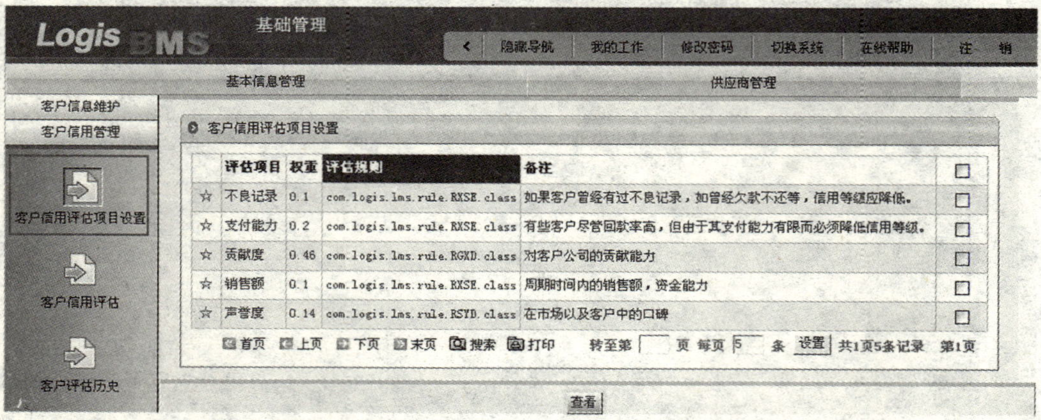

表 1－2－10　　**客户信用评估**

具体操作
根据客户在五项评估指标中的表现情况打分（每一项都是百分制） 点击“提交”，系统自动核算客户的信用评估结果 点击“确定”，评估结果就会显示在列表位置中，系统会提示您的评价成功
图　　示

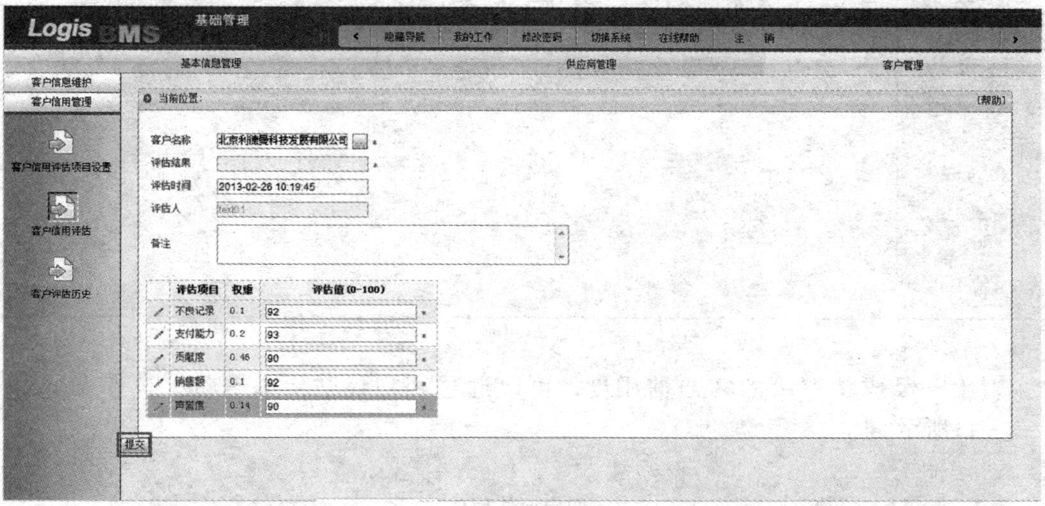

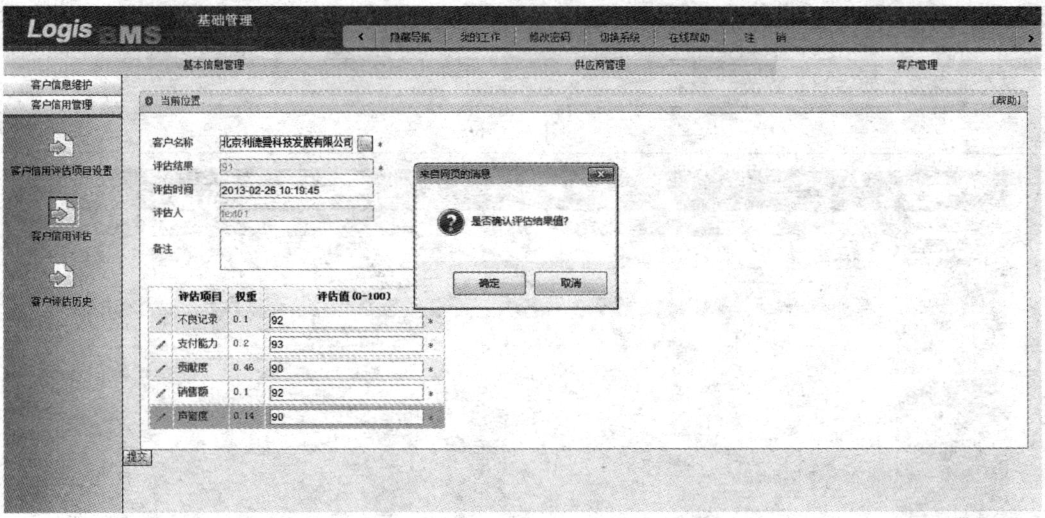

续 表

图　示
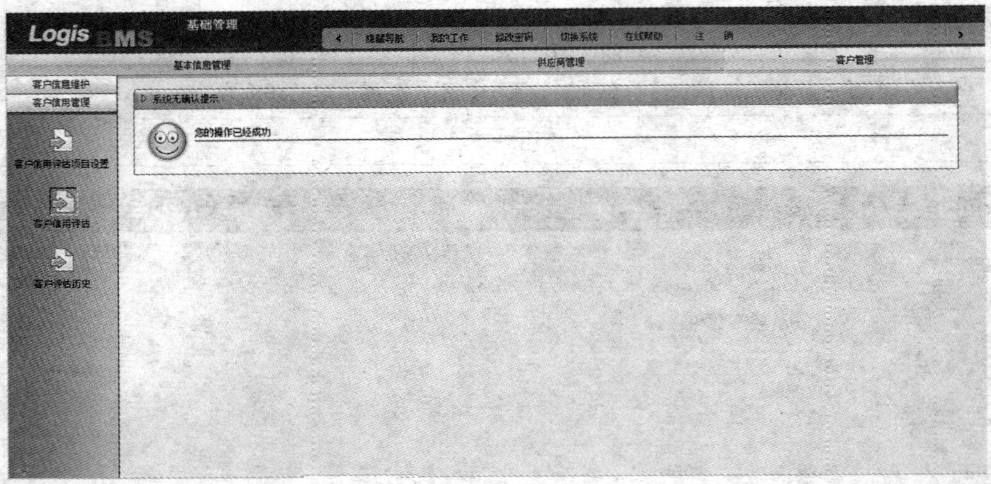

对于已经成功评价的客户信用度，可以通过客户评估历史查询，操作步骤如表1－2－11所示。

表1－2－11　　客户评估历史

具体操作
勾选要查询的客户，点击“查看”
图　示
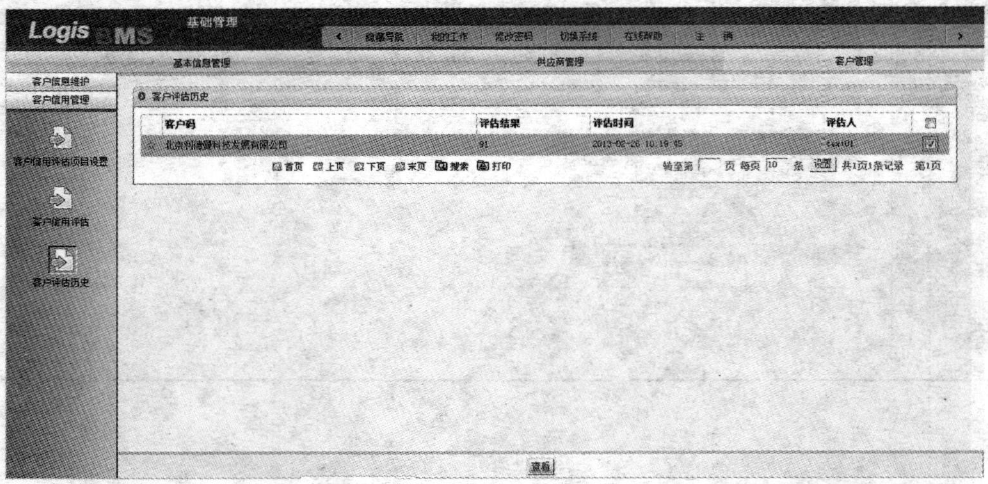

续　表

图　示

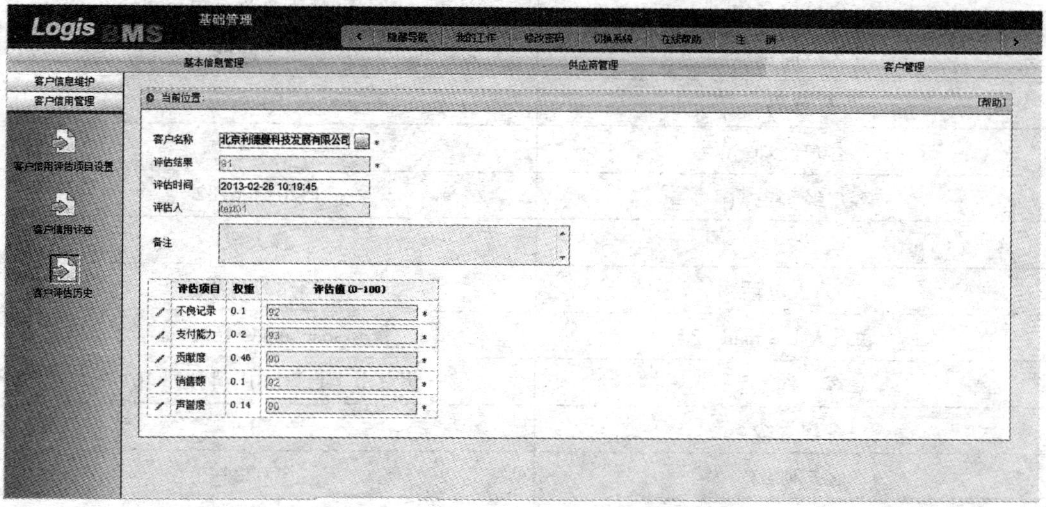

技能训练

2012 年 5 月 21 日，速达物流与北京鼎盛商贸有限公司（以下简称鼎盛商贸）签订了第三方物流服务合同，约定由速达物流承揽鼎盛商贸的仓储、配送等物流业务，合同的具体信息如下。

合同名称：北京鼎盛商贸

合同类型：其他

业务代表人：夏新

联系方式：010－87237612

客户账号：北京鼎盛商贸有限公司

结算方式：托运人现结

截至日期：2013 年 9 月 6 日

客户鼎盛商贸基本信息如表 1－2－12 所示。

表 1－2－12　　鼎盛商贸基本信息

项　目	内容（托运人）
客户单位名称	北京鼎盛商贸有限公司
客户简称	北京鼎盛
拼音码	BJDS
客户经理	张心仪
客户经理电话	15201336732
联系人	魏大成
联系人电话	13782734752
联系人 E－mail	weidacheng@ 163. com
客户地址	北京市丰台区亦庄科技园 101 号
客户等级	B
客户邮编	100224
行业属性	批发、零售业
企业规模	大

同时鼎盛商贸有两个经常进行业务往来的客户，需要经常为其发货，具体信息如下。

客户 1：上海华润服饰公司
地址：上海市闵行区申北路 101 号
收货人：叶宇
联系电话：13767181420

客户 2：天津国都实业有限公司
地址：天津市滨海新区新华路 28 号
收货人：王玉
联系电话：13910028746

如果你是速达物流信息员，请你将客户的基本信息、合同信息、取货地址信息录入到公司的物流信息管理系统，并对客户进行信用评估。

另，打分情况为：不良记录 90 分，支付能力 89 分，贡献度 80 分，销售额 88 分，声誉度 91 分。

实训任务三　供应商信息维护

任务引入

2013 年 1 月初，速达物流更换了一批新的供应商，要求蓝港 1 号仓库主管在 2013 年 1 月 20 日之前完成供应商信息的维护工作。供应商信息维护的基本内容是根据实际情况，在物流信息系统内完成供应商信息的更新和维护工作。

蓝港 1 号仓库主管在接到通知后，根据公司的要求，安排库管人员王飞对蓝港 1 号仓库新供应商的相关信息进行了盘点和统计。供应商统计内容如下。

一、供应商基础信息

表 1－3－1　　供应商基础信息

项　目	内　容
合作单位名称	北京迅捷物流公司
合作单位类型	分供方
合作单位简称	迅捷物流
合作单位结算方式	月结
业务种类	公路
联系人	刘力红
联系人电话	18798374137
传真	010－78293512
邮编	101000
合作单位地址	北京市昌平区昌河物流园区 A 区 32 号

二、供应商信用信息

表1-3-2　　供应商信用评估项目设置

序号	评估项目	备注	权重
1	按时到达率	供应商出货的按时抵达率	0.15
2	货物率合格	供应商货物的合格率	0.2
3	在途及时反馈率	供应商货物在途的反馈给能力	0.25
4	末端交接满意率	客户对供应商的满意度	0.15
5	按时出货率	供应商的按时出货率	0.25

表1-3-3　　供应商信用评估

客　户		北京迅捷物流公司	
序号	评估项目	权重	评估值
1	按时到达率	0.15	89
2	货物率合格	0.2	89
3	在途及时反馈率	0.25	88
4	末端交接满意率	0.15	98
5	按时出货率	0.25	90

三、供应商报价信息

表1-3-4　　供应商报价信息

起始地	目的地	里程（公里）	最低限价（元）	最高限价（元）	分级报价（元/公斤）该报价已复核			
					L1，50	L51，100	L100，1000	L1000，99999
北京	北京	0	150	100000	78	90	120	147
北京	天津	118	150	100000	78	90	120	147
北京	石家庄	285	150	100000	78	90	120	147
北京	保定	147	150	100000	78	90	120	147
北京	邢台	419	150	100000	78	90	120	147
北京	秦皇岛	288	150	100000	78	90	120	147

续 表

起始地	目的地	里程（公里）	最低限价（元）	最高限价（元）	分级报价（元/公斤）该报价已复核			
					L1，50	L51，100	L100，1000	L1000，99999
北京	唐山	183	150	100000	78	90	120	147
北京	邯郸	474	150	100000	78	90	120	147
北京	廊坊	74	150	100000	78	90	120	147
北京	太原	503	150	100000	78	90	120	147
北京	青岛	668	150	100000	78	90	120	147
北京	济南	439	150	100000	78	90	120	147
北京	淄博	448	150	100000	78	90	120	147
北京	潍坊	563	150	100000	78	90	120	147
北京	日照	710	150	100000	78	90	120	147
北京	临沂	668	150	100000	78	90	120	147
北京	烟台	855	150	100000	78	90	120	147
北京	威海	943	150	100000	78	90	120	147
北京	呼和浩特	578	150	100000	78	90	120	147
北京	大连	873	150	100000	78	90	120	147
北京	沈阳	741	150	100000	78	90	120	147
北京	丹东	907	150	100000	78	90	120	147
北京	营口	659	150	100000	78	90	120	147
北京	长春	1065	150	100000	78	90	120	147
北京	哈尔滨	1303	150	100000	78	90	120	147
北京	郑州	722	150	100000	78	90	120	147
北京	包头	741	150	100000	78	90	120	147
北京	西安	1252	150	100000	78	90	120	147
北京	上海	1325	150	100000	95	110	147	185
北京	苏州	1255	150	100000	95	110	147	185
北京	南京	1065	150	100000	95	110	147	185
北京	南通	1163	150	100000	95	110	147	185

续 表

起始地	目的地	里程（公里）	最低限价（元）	最高限价（元）	分级报价（元/公斤）该报价已复核			
					L1，50	L51，100	L100，1000	L1000，99999
北京	昆山	1314	150	100000	95	110	147	185
北京	扬州	1013	150	100000	95	110	147	185
北京	镇江	1032	150	100000	95	110	147	185
北京	常熟	1125	150	100000	95	110	147	185
北京	常州	1116	150	100000	95	110	147	185
北京	无锡	1200	150	100000	95	110	147	185
北京	张家港	1106	150	100000	95	110	147	185
北京	江阴	1065	150	100000	95	110	147	185
北京	宜兴	1200	150	100000	95	110	147	185
北京	杭州	1409	150	100000	95	110	147	185
北京	嘉兴	1394	150	100000	95	110	147	185
北京	绍兴	1475	150	100000	95	110	147	185
北京	义乌	1730	150	100000	95	110	147	185
北京	宁波	1651	150	100000	95	110	147	185
北京	合肥	1085	150	100000	95	110	147	185
北京	武汉	1278	150	100000	95	110	147	185
北京	黄石	1379	150	100000	95	110	147	185
北京	荆州	1408	150	100000	95	110	147	185
北京	襄樊	1208	150	100000	95	110	147	185
北京	宜昌	1459	150	100000	95	110	147	185
北京	南昌	1642	150	100000	95	110	147	185
北京	温州	1867	150	100000	95	110	147	185
北京	广州	2479	150	100000	95	110	147	185
北京	深圳	2642	150	100000	95	110	147	185
北京	东莞	2540	150	100000	95	110	147	185
北京	中山	2573	150	100000	95	110	147	185

续 表

起始地	目的地	里程（公里）	最低限价（元）	最高限价（元）	分级报价（元/公斤）该报价已复核			
					L1，50	L51，100	L100，1000	L1000，99999
北京	佛山	2313	150	100000	95	110	147	185
北京	江门	2254	150	100000	95	110	147	185
北京	惠州	2635	150	100000	95	110	147	185
北京	珠海	2629	150	100000	95	110	147	185
北京	汕头	2411	150	100000	95	110	147	185
北京	肇庆	2589	150	100000	95	110	147	185
北京	湛江	2826	150	100000	95	110	147	185
北京	茂名	2783	150	100000	95	110	147	185
北京	阳江	2386	150	100000	95	110	147	185
北京	清远	2155	150	100000	95	110	147	185
北京	乌鲁木齐	3759	150	100000	115	133	178	220
北京	兰州	1810	150	100000	115	133	178	220
北京	银川	1207	150	100000	115	133	178	220
北京	南宁	3734	150	100000	115	133	178	220
北京	桂林	2251	150	100000	115	133	178	220
北京	成都	2170	150	100000	115	133	178	220
北京	重庆	2164	150	100000	115	133	178	220
北京	长沙	1684	150	100000	115	133	178	220
北京	贵阳	2661	150	100000	115	133	178	220
北京	昆明	3276	150	100000	115	133	178	220
北京	福州	2204	150	100000	115	133	178	220
北京	泉州	2400	150	100000	115	133	178	220
北京	厦门	2517	150	100000	115	133	178	220
北京	海口	3065	150	100000	115	133	178	220

四、供应商路运报价

表 1-3-5　　供应商路运报价信息

起始地	目的地	里程（公里）	最低限价（元）	最高限价（元）	分级报价（元/公斤）该报价已复核			
					L1，50	L51，100	L100，1000	L1000，99999
北京	北京	0	150	100000	100	115	158	197
北京	天津	118	150	100000	100	115	158	197
北京	石家庄	285	150	100000	100	115	158	197
北京	保定	147	150	100000	100	115	158	197
北京	邢台	419	150	100000	100	115	158	197
北京	秦皇岛	288	150	100000	100	115	158	197
北京	唐山	183	150	100000	100	115	158	197
北京	邯郸	474	150	100000	100	115	158	197
北京	廊坊	74	150	100000	100	115	158	197
北京	太原	503	150	100000	100	115	158	197
北京	青岛	668	150	100000	100	115	158	197
北京	济南	439	150	100000	100	115	158	197
北京	淄博	448	150	100000	100	115	158	197
北京	潍坊	563	150	100000	100	115	158	197
北京	日照	710	150	100000	100	115	158	197
北京	临沂	668	150	100000	100	115	158	197
北京	烟台	855	150	100000	100	115	158	197
北京	威海	943	150	100000	100	115	158	197
北京	呼和浩特	578	150	100000	100	115	158	197
北京	大连	873	150	100000	100	115	158	197
北京	沈阳	741	150	100000	100	115	158	197
北京	丹东	907	150	100000	100	115	158	197
北京	营口	659	150	100000	100	115	158	197
北京	长春	1065	150	100000	100	115	158	197
北京	哈尔滨	1303	150	100000	100	115	158	197

续　表

起始地	目的地	里程（公里）	最低限价（元）	最高限价（元）	分级报价（元/公斤）该报价已复核			
					L1，50	L51，100	L100，1000	L1000，99999
北京	郑州	722	150	100000	100	115	158	197
北京	包头	741	150	100000	100	115	158	197
北京	西安	1252	150	100000	100	115	158	197
北京	上海	1325	150	100000	135	140	197	215
北京	苏州	1255	150	100000	135	140	197	215
北京	南京	1065	150	100000	135	140	197	215
北京	南通	1163	150	100000	135	140	197	215
北京	昆山	1314	150	100000	135	140	197	215
北京	扬州	1013	150	100000	135	140	197	215
北京	镇江	1032	150	100000	135	140	197	215
北京	常熟	1125	150	100000	135	140	197	215
北京	常州	1116	150	100000	135	140	197	215
北京	无锡	1200	150	100000	135	140	197	215
北京	张家港	1106	150	100000	135	140	197	215
北京	江阴	1065	150	100000	135	140	197	215
北京	宜兴	1200	150	100000	135	140	197	215
北京	杭州	1409	150	100000	135	140	197	215
北京	嘉兴	1394	150	100000	135	140	197	215
北京	绍兴	1475	150	100000	135	140	197	215
北京	义乌	1730	150	100000	135	140	197	215
北京	宁波	1651	150	100000	135	140	197	215
北京	合肥	1085	150	100000	135	140	197	215
北京	武汉	1278	150	100000	135	140	197	215
北京	黄石	1379	150	100000	135	140	197	215
北京	荆州	1408	150	100000	135	140	197	215
北京	襄樊	1208	150	100000	135	140	197	215
北京	宜昌	1459	150	100000	135	140	197	215
北京	南昌	1642	150	100000	135	140	197	215

续 表

起始地	目的地	里程（公里）	最低限价（元）	最高限价（元）	分级报价（元/公斤）该报价已复核			
					L1，50	L51，100	L100，1000	L1000，99999
北京	温州	1867	150	100000	135	140	197	215
北京	广州	2479	150	100000	135	140	197	215
北京	深圳	2642	150	100000	135	140	197	215
北京	东莞	2540	150	100000	135	140	197	215
北京	中山	2573	150	100000	135	140	197	215
北京	佛山	2313	150	100000	135	140	197	215
北京	江门	2254	150	100000	135	140	197	215
北京	惠州	2635	150	100000	135	140	197	215
北京	珠海	2629	150	100000	135	140	197	215
北京	汕头	2411	150	100000	135	140	197	215
北京	肇庆	2589	150	100000	135	140	197	215
北京	湛江	2826	150	100000	135	140	197	215
北京	茂名	2783	150	100000	135	140	197	215
北京	乌鲁木齐	3759	150	100000	155	163	200	245
北京	兰州	1810	150	100000	155	163	200	245
北京	银川	1207	150	100000	155	163	200	245
北京	南宁	3734	150	100000	155	163	200	245
北京	桂林	2251	150	100000	155	163	200	245
北京	成都	2170	150	100000	155	163	200	245
北京	重庆	2164	150	100000	155	163	200	245
北京	长沙	1684	150	100000	155	163	200	245
北京	贵阳	2661	150	100000	155	163	200	245
北京	昆明	3276	150	100000	155	163	200	245
北京	福州	2204	150	100000	155	163	200	245
北京	泉州	2400	150	100000	155	163	200	245
北京	厦门	2517	150	100000	155	163	200	245
北京	海口	3065	150	100000	155	163	200	245

五、供应商运力信息

1. 干线运力

表 1-3-6 干线运力资源信息

运力类型	车牌	运力来源	目的地	车辆类型	司机
公路	京 KA5678	北京迅捷物流公司	上海站	9.6 米单桥，全封闭（长×宽×高：9.6 米×2.4 米×3 米，10 吨）	王志明
公路	京 SK0032	北京迅捷物流公司	大连站	9.6 米单桥，全封闭（长×宽×高：9.6 米×2.3 米×2.7 米，25 吨）	刘立
公路	京 KL9031	北京迅捷物流公司	西安站	12.5 米双桥，全封闭（长×宽×高：12.5 米×2.3 米×2.7 米，28 吨）	刘立
公路	京 BG6738	北京迅捷物流公司	成都站	17.5 米双桥，全封闭（长×宽×高：17.5 米×2.4 米×2.7 米，35 吨）	刘立

2. 取/派运力

表 1-3-7 取/派运力资源信息

运力来源	车牌号	司机	车辆类型
迅捷物流	京 SD7823	张家驹	9.6 米单桥，全封闭（长×宽×高：9.6 米×2.4 米×3 米，10 吨）
迅捷物流	京 AP2461	张飞云	冷藏车（长×宽×高：7.2 米×2.3 米×2.7 米，10 吨）
迅捷物流	京 KHI782	刘杰	厢式货车（长×宽×高：4.2 米×1.9 米×1.8 米，2.5 吨）

六、供应商人力信息

表 1-3-8 供应商人力资源信息

预设岗位	司机姓名	区别码	身份证号	出生日期	工作日期	验本日期	电话	住址	所属类型
取/派司机	张家驹	XJ0001	110217198307172467	1983 年 7 月 17 日	2010 年 3 月 1 日	2011 年 1 月 1 日	15980263784	北京市海淀区学院路 101 号	迅捷物流

续 表

预设岗位	司机姓名	区别码	身份证号	出生日期	工作日期	验本日期	电话	住址	所属类型
取/派司机	张飞云	XJ0002	110892198907246782	1989年7月24日	2010年8月23日	2012年1月2日	15267836548	北京市朝阳区五里桥一街	迅捷物流
取/派司机	刘杰	XJ0003	110876198609253578	1986年9月25日	2009年2月11日	2012年1月2日	13467852873	北京市海淀区学院路26号	迅捷物流
干线司机	刘立	XJ0010	110217197803204008	1978年3月20日	2009年7月21日	2011年1月2日	13511178436	北京市丰台区颐景园3号	迅捷物流

库管人员王飞对供应商信息进行收集整理，核对无误后，将相关统计信息交予信息管理员刘琦，由刘琦在物流信息系统中进行供应商信息的更新和维护管理。

任务实施

以第三方综合业务平台软件为例，说明供应商信息更新和维护的方法和流程。

步骤一：供应商基础信息维护

以表1－3－9中数据为例，进行供应商基础信息维护，相关供应商信息维护的方法和流程同本例。

表1－3－9　　供应商基础信息实例

项　目	内　容
合作单位名称	北京迅捷物流公司
合作单位类型	分供方
合作单位简称	迅捷物流
合作单位结算方式	月结
业务种类	公路
联系人	刘力红
联系人电话	18798374137
传真	010－78293512
邮编	101000
合作单位地址	北京市昌平区昌河物流园区A区32号

登录到物流综合业务平台，以给定的账号进入第三方物流信息管理系统中的“基础管理”系统，在“供应商管理管理”模块下的“供应商档案管理”内，进行相关供应商资源数据的维护操作。具体的维护过程如表 1－3－10 所示。

表 1－3－10　　供应商维护操作指导（基础信息维护）

具体操作
在“供应商档案管理”界面下，点击“新增”，录入新增供应商信息。信息录入完毕后，点击“提交”则完成供应商信息的新增。另外，已经录入的信息可以在“供应商管理”界面进行查询、修改以及删除等操作
图　　示

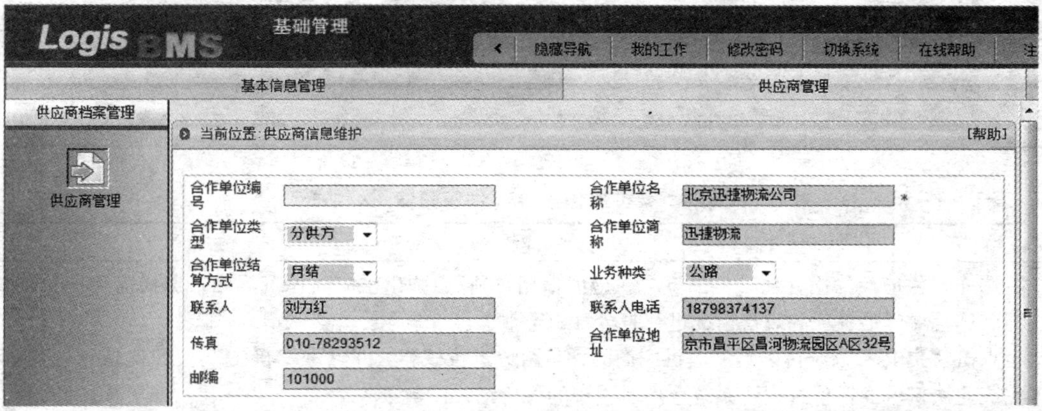

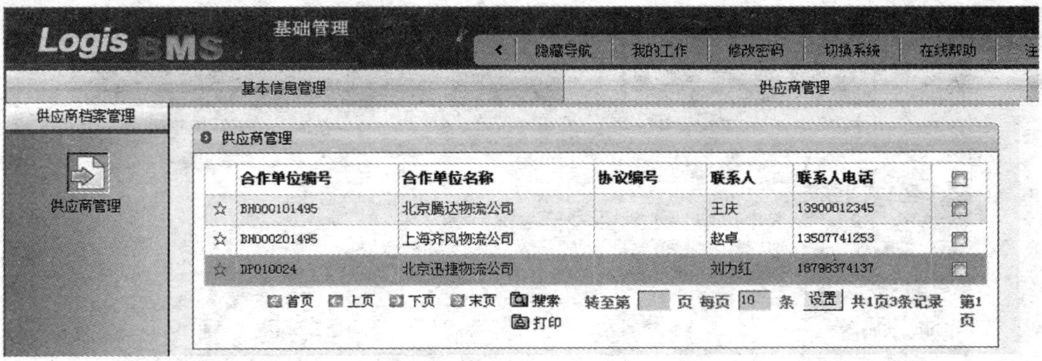

步骤二：供应商信用管理

在“供应商管理”模块下的“供应商信用管理”界面，进行供应商信用管理，具体的管理操作过程如表 1－3－11 和表 1－3－12 所示。

表 1－3－11　　　　供应商维护操作指导（供应商信用评估项目设置）

具体操作
点击“供应商信用管理”模块内的“供应商信用评估项目设置”，可以以查询供应商评价原则和权重设置
图　示

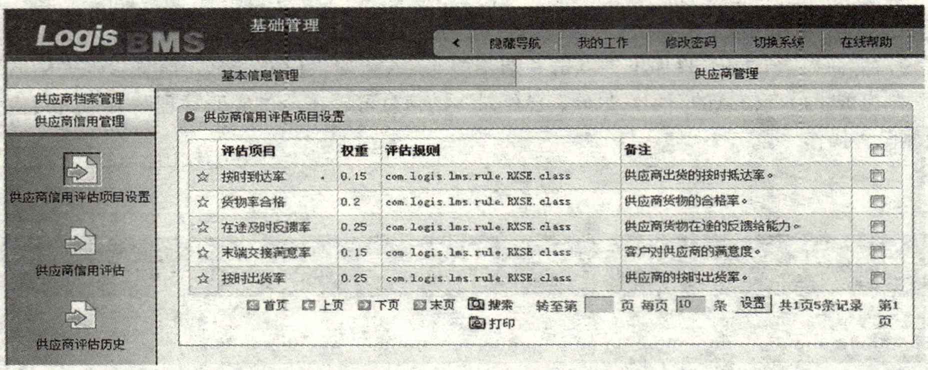

表 1－3－12　　　　供应商维护操作指导（供应商信用评估）

具体操作
选择“供应商信用管理”界面下“供应商信用评估”，弹出供应商评价界面，选择需要评价的供应商名称，对评估各项的表现情况进行打分（百分制） 点击“提交”系统可以自动对供应商的评价得分进行核算，并点击“确定”按钮确认评价得分。即完成此次供应商评价过程，系统会提示用户的评价结果已被录入
图　示

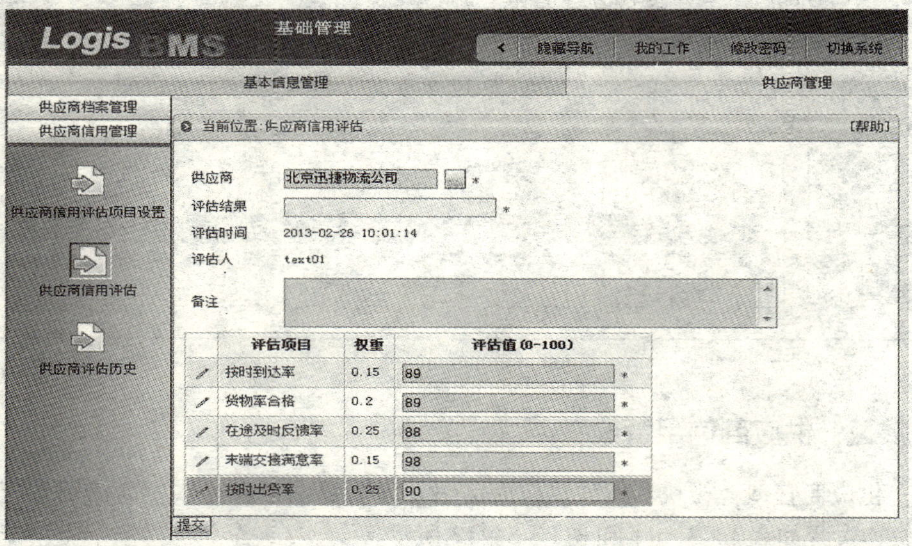

续　表

图　示
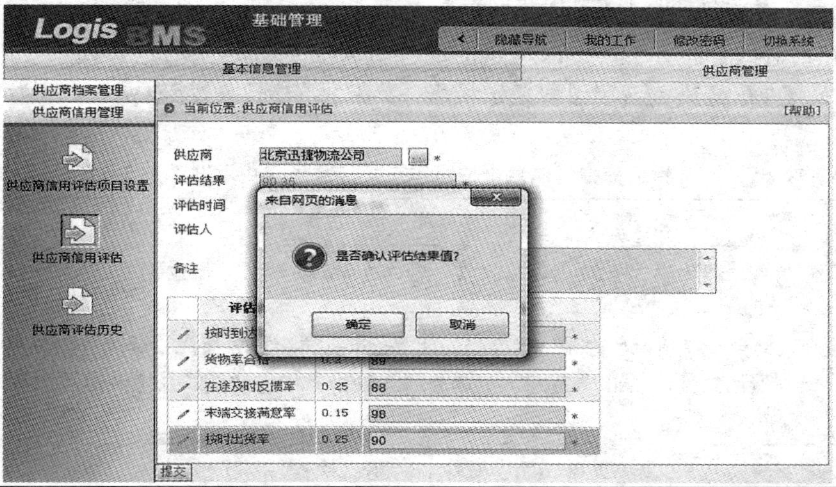

在“供应商管理”模块下的“供应商评估历史”界面，进行供应商评价结果查询。具体的管理操作过程如表 1－3－13 所示。

表 1－3－13　　供应商维护操作指导（供应商评估结果查询）

具体操作
在“供应商信用管理”界面下的“供应商评估历史”中，可以查询曾经录入的供应商评估信息，勾选需要查询的供应商，点击“查看”进入评价结果查看界面
图　示
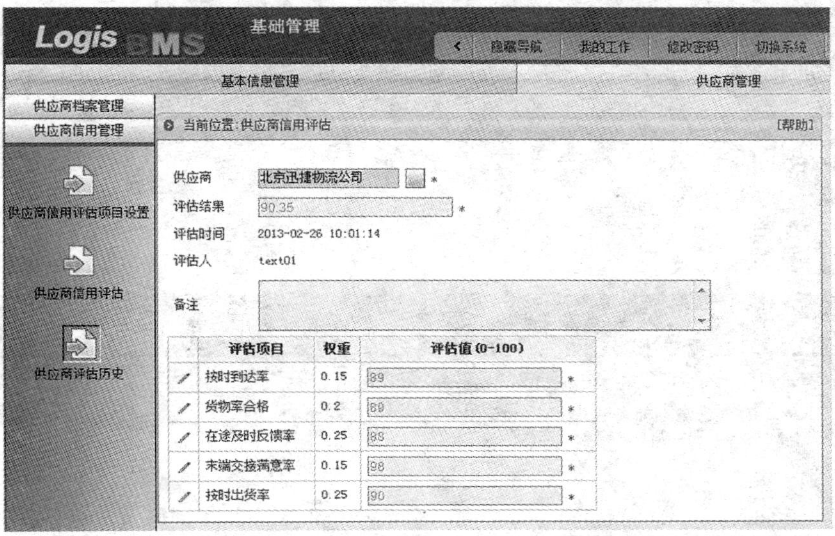

步骤三：供应商报价信息维护

登录到物流综合业务平台，以给定的账号进入第三方物流信息管理系统中的“商务结算”系统，进行分供方费用设置及审核操作。具体的维护过程如表 1－3－14 所示。

表 1－3－14　　供应商报价信息维护操作指导（分供方费用设置）

具体操作
在“商务结算管理”模块下的“费用管理”内，选择“分供方费用设置”，进行分供方费用维护操作 从下拉列表框中选择项目名称、计费方式、计费标准。再根据界面提示导入分供方费用文件，点击“浏览”选择费用文件，点击“上传”至服务器。数据上传成功后，系统弹出界面提示分供方费用设置完成
图　示

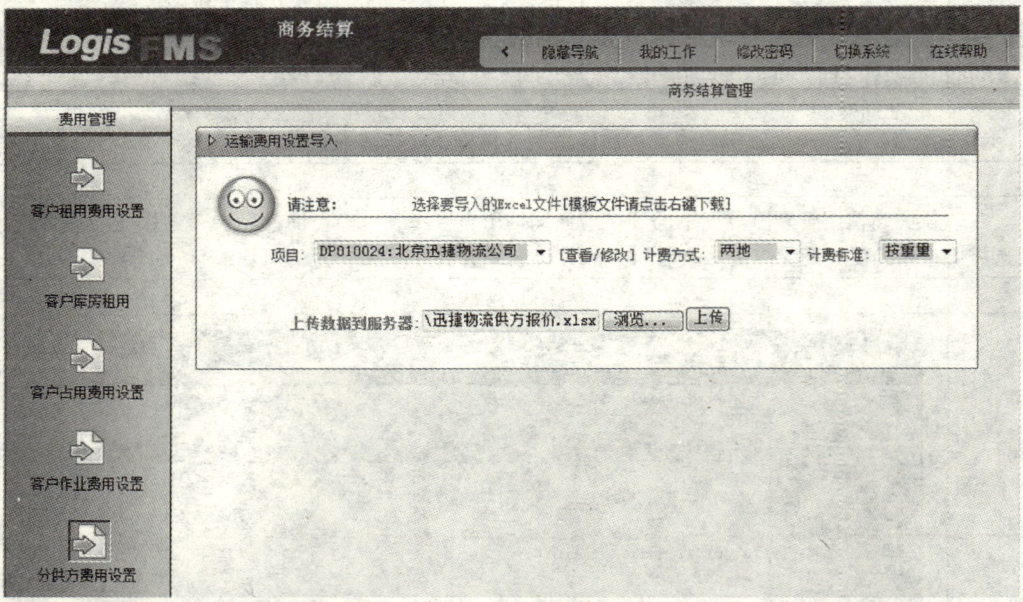

经过上一步操作，将分供方报价上传设置完毕，还需要由商务人员对该报价进行审核，才能完成分供方报价信息的维护工作。

在“商务结算管理”模块下的“复核管理”内，选择“分供方报价审核”项来进行分供方报价审核，具体的审核过程如表1－3－15所示。

表1－3－15　　供应商报价信息维护操作指导（分供方报价审核）

具体操作
在“商务结算管理”模块下的“复核管理”内，选择“分供方报价审核”，进行分供方报价审核操作 在下拉列表框中选择分供方，点击“复核通过”即可完成费用报价的审核工作
图　　示
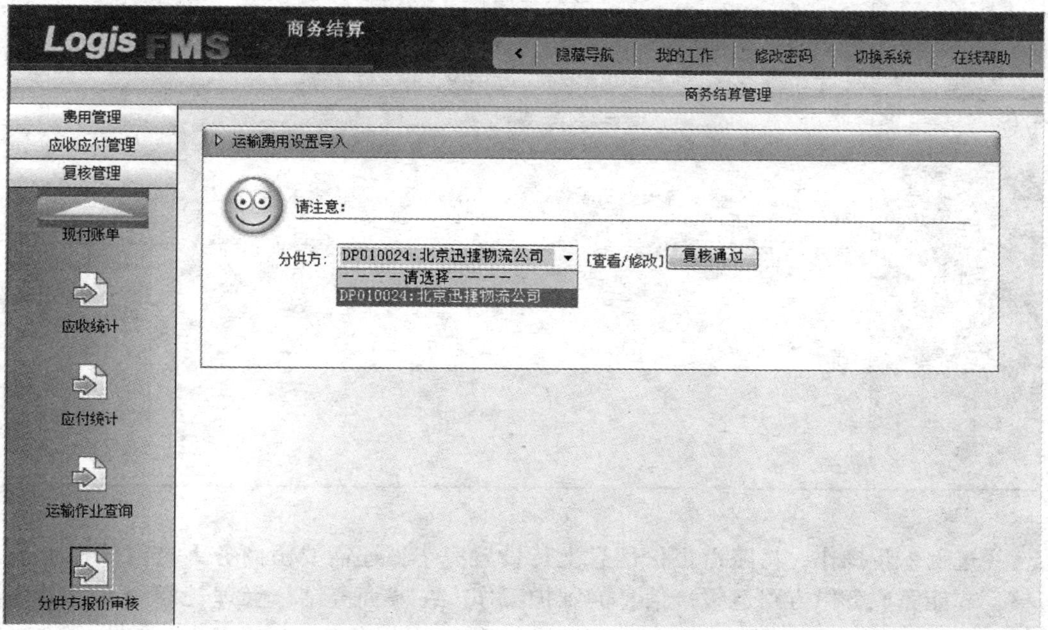

步骤四：供应商路运报价信息维护

登录到物流综合业务平台，以给定的账号进入第三方物流信息管理系统中的“商务结算”系统，进行路运报价信息设置及审核操作，具体的维护过程如表1－3－16所示。

表 1－3－16　　供应商路运报价维护操作指导（路运报价设置）

具体操作
在“商务结算管理”模块下的“费用管理”内，选择“路运报价维护”，进行路运费用设置操作 从下拉列表框中选择项目名称、计费方式、计费标准。再根据界面提示导入分供方费用文件，点击“浏览”选择费用文件，点击“上传”至服务器。数据上传成功后，系统弹出提示界面，则说明路运报价信息设置完成
图　示
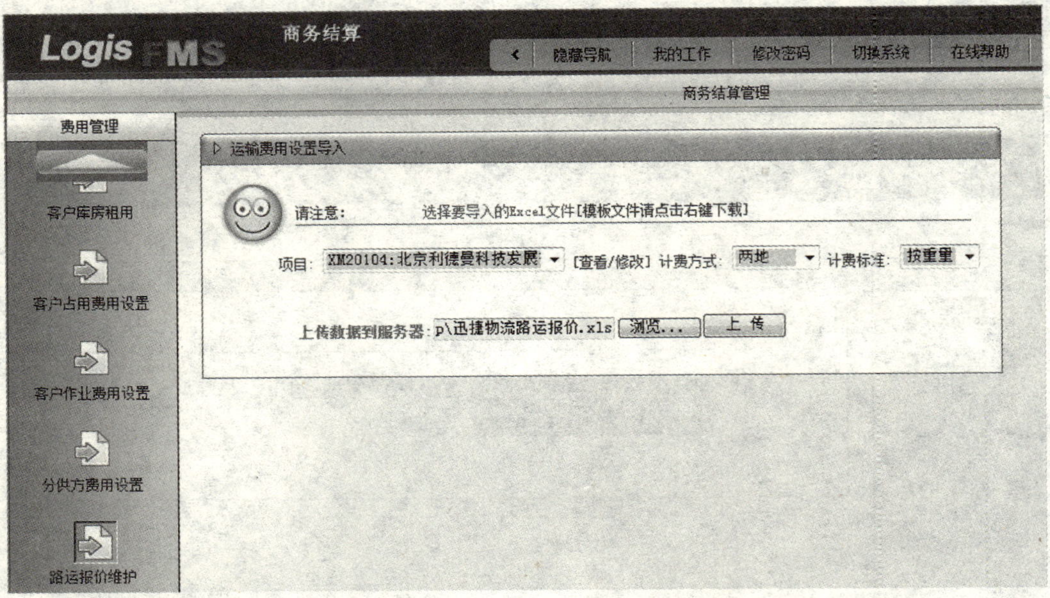

经过上一步操作，将路运报价信息上传设置完毕，还需要由商务人员对该报价进行审核，才能完成分供方路运报价信息的维护工作。在“商务结算管理”模块下的“复核管理”内，选择“路运报价审核”项来进行分供方报价审核，具体的审核过程如表1－3－17所示。

表 1－3－17　　供应商路运报价维护操作指导（路运报价审核）

具体操作
在“商务结算管理”模块下的“复核管理”内，选择“路运报价审核”，进行分供方路运报价审核操作 在下拉列表框中选择分供方，点击“复核通过”即可完成路运费用报价的审核工作

续　表

图　示
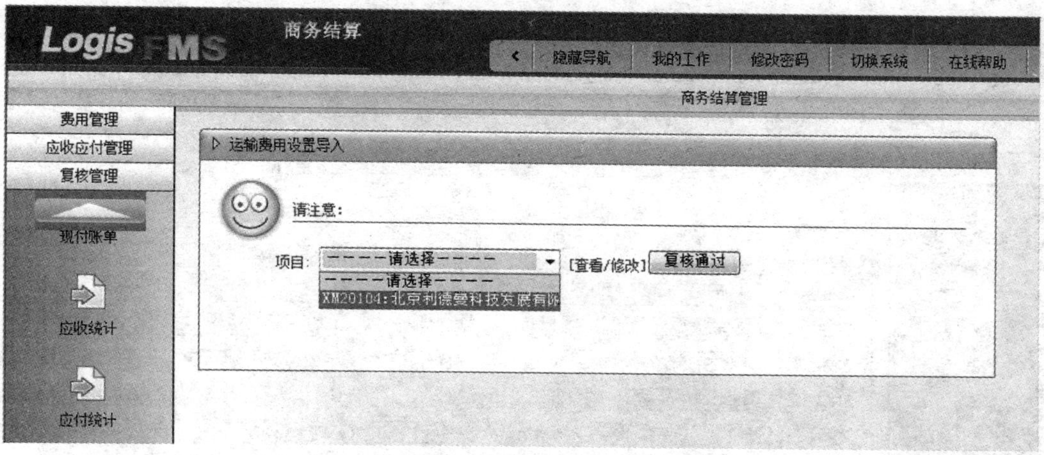

步骤五：供应商运力资源维护

以表 1－3－18 中数据为例，进行供应商干线运力资源维护，相关供应商干线运力资源维护的方法和流程同本例。

表 1－3－18　　供应商干线运力实例

运力类型	车牌	运力来源	目的地	车辆类型	司机
公路	京 KA5678	北京迅捷物流公司	上海站	9.6 米单桥，全封闭（长×宽×高：9.6 米×2.4 米×3 米，10 吨）	王志明

登录到物流综合业务平台，以给定的账号进入第三方物流信息管理系统中的“基础管理”系统，在“路由信息维护”模块下的“运力”内，进行相关供应商运力数据的维护操作。具体的维护过程如表 1－3－19 所示。

表 1－3－19　　供应商运力维护操作指导（干线运力维护）

具体操作
在“路由信息维护”模块中选择“运力”，点击“新增”，录入运力信息，信息录入完毕后点击“提交”即可完成运力维护操作

续 表

图 示
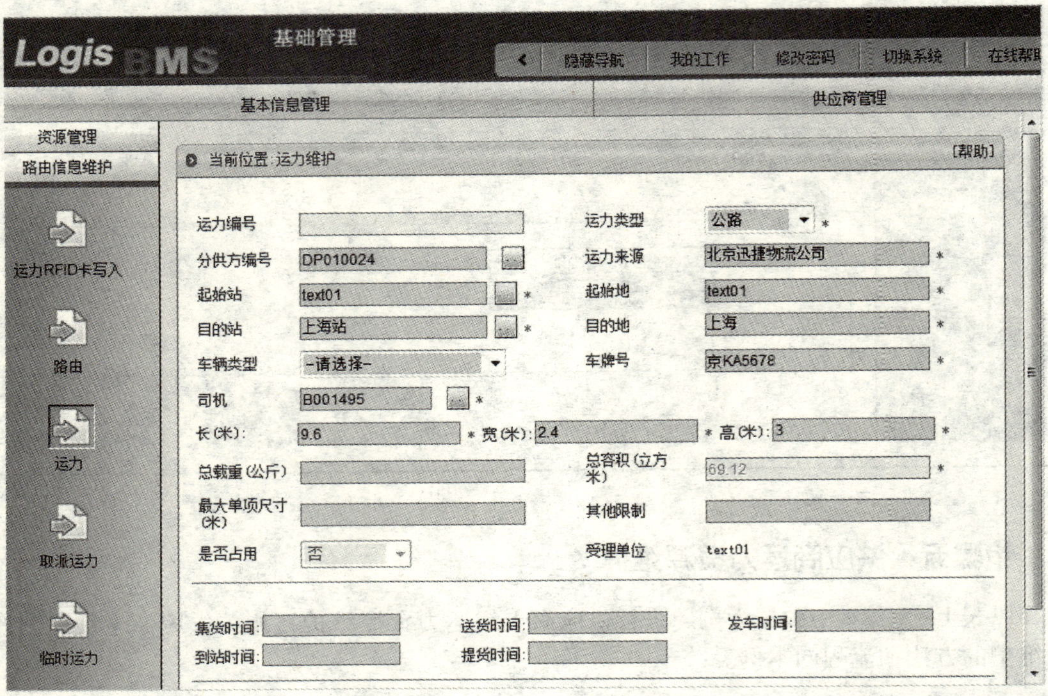

以表 1－3－20 中数据为例，进行供应商取派运力资源维护，相关供应商取派运力资源维护的方法和流程同本例。

表 1－3－20　　　　供应商取/派运力实例

分供方编号	运力来源	车牌号	司机	车辆类型
DP010024	迅捷物流	京 SD7823	张家驹	9.6 米单桥，全封闭 （长×宽×高：9.6 米×2.4 米×3 米，10 吨）

登录到物流综合业务平台，以给定的账号进入第三方物流信息管理系统中的“基础管理”系统，在“路由信息维护”模块下的“取/派运力”内，进行相关供应商取/派运力数据的维护操作，具体的维护过程如表 1－3－21 所示。

表 1-3-21　　供应商运力维护操作指导（取/派运力维护）

具体操作
在“路由信息维护”模块中选择“取/派运力”，点击“新增”，录入短途取货送港运力的信息，信息录入完毕后点击“提交”即可完成取/派运力维护操作
图　示
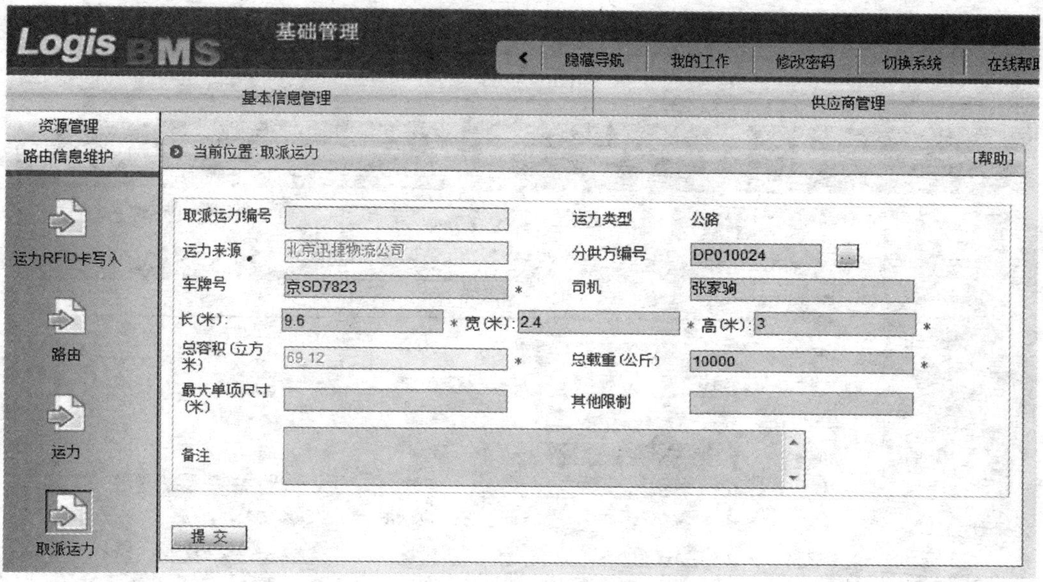

步骤六：供应商人力资源维护

以表 1-3-22 中数据为例，进行供应商人力资源信息维护，相关供应商人力资源信息维护的方法和流程同本例。

表 1-3-22　　供应商基础信息实例

预设岗位	司机姓名	区别码	身份证号	出生日期	工作日期	验本日期	电话	住址	所属类型
取/派司机	张家驹	XJ0001	110217198307172467	1983 年 7 月 17 日	2010 年 3 月 1 日	2011 年 1 月 1 日	15980263784	北京市海淀区学院路 101 号	迅捷物流

登录到物流综合业务平台，以给定的账号进入第三方物流信息管理系统中的“基础管理”系统，在“资源管理”模块下的“人力资源管理”内，进行相关供应商人力资源数据的维护操作，具体的维护过程如表 1-3-23 所示。

表 1－3－23　　　　供应商人力资源维护操作指导

具体操作

在“人力资源管理”界面下，点击“新增”，录入新增供应商人力资源基本信息。基本信息录入完毕后，选择“人员工种”继续添加人员的职位信息

信息录入完毕后，点击“增加”录入的信息以表格的形式体现在下方，点击“提交”则完成供应商人力资源信息的新增

另外，已经录入的信息可以在“人力资源管理”界面进行查询、修改以及删除等操作

图　　示

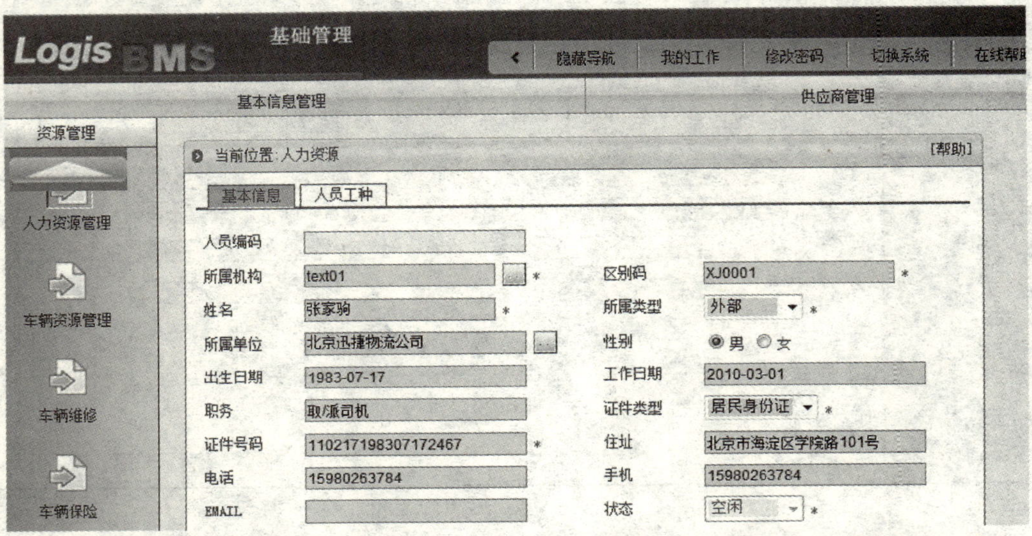

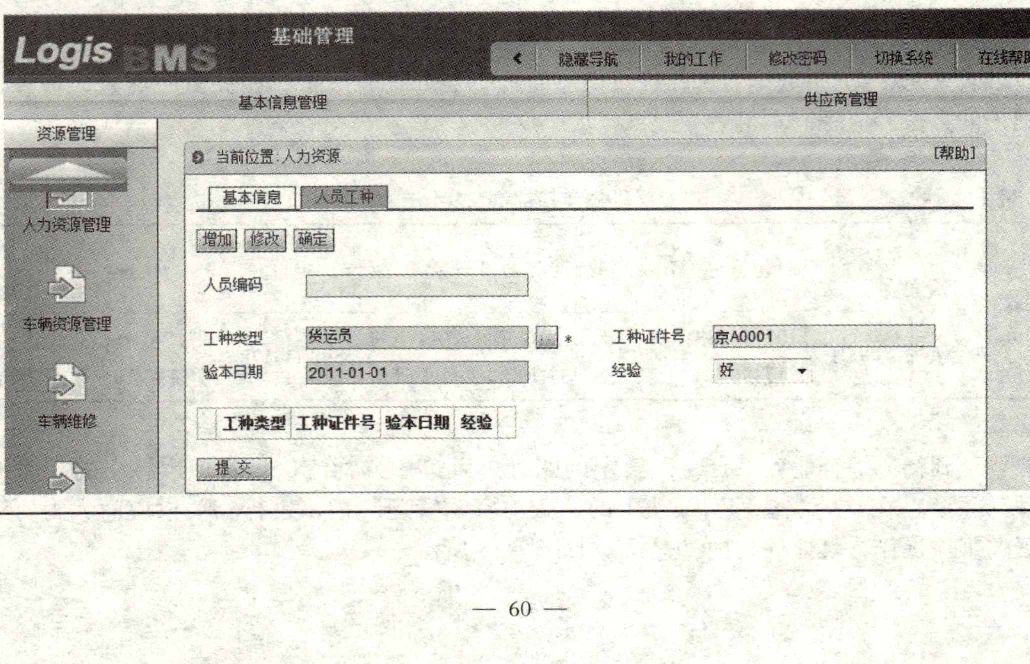

续　表

图　示

技能训练

一、供应商基础信息维护

根据下列数据进行供应商基础信息维护。

表 1-3-24　　　　　　供应商基础信息

项　目	内　容
合作单位名称	上海风行物流公司
合作单位类型	分供方
合作单位简称	风行物流

续 表

项 目	内 容
合作单位结算方式	月结
业务种类	公路
联系人	赵俊熙
联系人电话	13878923784
传真	021-54789234
邮编	200116
合作单位地址	上海市浦东区沿河路28号

二、供应商信用信息维护

根据下列数据进行供应商信用信息维护。

表1-3-25 供应商信用评估项目设置

序号	评估项目	备 注	权重
1	按时到达率	供应商出货的按时抵达率	0.15
2	货物率合格	供应商货物的合格率	0.2
3	在途及时反馈率	供应商货物在途的反馈给能力	0.25
4	末端交接满意率	客户对供应商的满意度	0.15
5	按时出货率	供应商的按时出货率	0.25

表1-3-26 供应商信用评估

客 户		上海风行物流公司	
序号	评估项目	权重	评估值
1	按时到达率	0.15	95
2	货物率合格	0.2	90
3	在途及时反馈率	0.25	85
4	末端交接满意率	0.15	85
5	按时出货率	0.25	95

三、供应商报价信息维护

根据下列数据进行供应商报价信息维护。

表 1－3－27　　供应商报价信息

起始地	目的地	里程（公里）	最低限价（元）	最高限价（元）	分级报价（元/公斤）该报价已复核			
					L1，50	L51，100	L100，1000	L1000，99999
上海	北京	1490	150	100000	78	90	120	147
上海	天津	1380	150	100000	78	90	120	147
上海	锦州	1850	150	100000	78	90	120	147
上海	沈阳	2084	150	100000	78	90	120	147
上海	长春	2399	150	100000	78	90	120	147
上海	哈尔滨	2759	150	100000	78	90	120	147
上海	齐齐哈尔	3106	150	100000	78	90	120	147
上海	牡丹江	2949	150	100000	78	90	120	147
上海	吉林	2509	150	100000	78	90	120	147
上海	丹东	2332	150	100000	78	90	120	147
上海	大连	2270	150	100000	78	90	120	147
上海	济南	1033	150	100000	78	90	120	147
上海	青岛	1006	150	100000	78	90	120	147
上海	徐州	703	150	100000	78	90	120	147
上海	合肥	511	150	100000	78	90	120	147
上海	南京	349	150	100000	78	90	120	147
上海	杭州	213	150	100000	78	90	120	147
上海	南昌	837	150	100000	78	90	120	147
上海	福州	1107	150	100000	78	90	120	147
上海	石家庄	1338	150	100000	78	90	120	147
上海	郑州	1095	150	100000	78	90	120	147
上海	武汉	919	150	100000	78	90	120	147
上海	长沙	1223	150	100000	78	90	120	147
上海	株洲	1182	150	100000	78	90	120	147

续 表

起始地	目的地	里程（公里）	最低限价（元）	最高限价（元）	分级报价（元/公斤）该报价已复核			
					L1，50	L51，100	L100，1000	L1000，99999
上海	广州	1653	150	100000	78	90	120	147
上海	深圳	1814	150	100000	95	110	147	185
上海	柳州	1937	150	100000	95	110	147	185
上海	南宁	2195	150	100000	95	110	147	185
上海	桂林	1728	150	100000	95	110	147	185
上海	西安	1498	150	100000	95	110	147	185
上海	兰州	2189	150	100000	95	110	147	185
上海	西宁	2413	150	100000	95	110	147	185
上海	乌鲁木齐	4227	150	100000	95	110	147	185
上海	拉萨	4303	150	100000	95	110	147	185
上海	成都	2411	150	100000	95	110	147	185
上海	重庆	2150	150	100000	95	110	147	185
上海	贵阳	2121	150	100000	95	110	147	185
上海	昆明	2786	150	100000	95	110	147	185
上海	太原	1562	150	100000	95	110	147	185
上海	呼和浩特	2068	150	100000	95	110	147	185
上海	银川	2178	150	100000	95	110	147	185
上海	二连浩特	2200	150	100000	95	110	147	185

四、供应商路运报价信息维护

根据下列数据进行供应商路运报价信息维护。

表 1－3－28　　供应商路运报价信息

起始地	目的地	里程（公里）	最低限价（元）	最高限价（元）	分级报价（元/公斤）该报价已复核			
					L1，50	L51，100	L100，1000	L1000，99999
上海	北京	1490	150	100000	100	115	158	197
上海	天津	1380	150	100000	100	115	158	197
上海	锦州	1850	150	100000	100	115	158	197

续　表

起始地	目的地	里程（公里）	最低限价（元）	最高限价（元）	分级报价（元/公斤）该报价已复核			
					L1，50	L51，100	L100，1000	L1000，99999
上海	沈阳	2084	150	100000	100	115	158	197
上海	长春	2399	150	100000	100	115	158	197
上海	哈尔滨	2759	150	100000	100	115	158	197
上海	齐齐哈尔	3106	150	100000	100	115	158	197
上海	牡丹江	2949	150	100000	100	115	158	197
上海	吉林	2509	150	100000	100	115	158	197
上海	丹东	2332	150	100000	100	115	158	197
上海	大连	2270	150	100000	100	115	158	197
上海	济南	1033	150	100000	100	115	158	197
上海	青岛	1006	150	100000	100	115	158	197
上海	徐州	703	150	100000	100	115	158	197
上海	合肥	511	150	100000	100	115	158	197
上海	南京	349	150	100000	100	115	158	197
上海	杭州	213	150	100000	100	115	158	197
上海	南昌	837	150	100000	100	115	158	197
上海	福州	1107	150	100000	100	115	158	197
上海	石家庄	1338	150	100000	100	115	158	197
上海	郑州	1095	150	100000	100	115	158	197
上海	武汉	919	150	100000	100	115	158	197
上海	长沙	1223	150	100000	100	115	158	197
上海	株洲	1182	150	100000	100	115	158	197
上海	广州	1653	150	100000	100	115	158	197
上海	深圳	1814	150	100000	100	115	158	197
上海	柳州	1937	150	100000	100	115	158	197
上海	南宁	2195	150	100000	100	115	158	197
上海	桂林	1728	150	100000	135	140	197	215
上海	西安	1498	150	100000	135	140	197	215
上海	兰州	2189	150	100000	135	140	197	215

续 表

起始地	目的地	里程（公里）	最低限价（元）	最高限价（元）	分级报价（元/公斤）该报价已复核			
					L1，50	L51，100	L100，1000	L1000，99999
上海	西宁	2413	150	100000	135	140	197	215
上海	乌鲁木齐	4227	150	100000	135	140	197	215
上海	拉萨	4303	150	100000	135	140	197	215
上海	成都	2411	150	100000	135	140	197	215
上海	重庆	2150	150	100000	135	140	197	215
上海	贵阳	2121	150	100000	135	140	197	215
上海	昆明	2786	150	100000	135	140	197	215
上海	太原	1562	150	100000	135	140	197	215
上海	呼和浩特	2068	150	100000	135	140	197	215
上海	银川	2178	150	100000	135	140	197	215
上海	二连浩特	2200	150	100000	135	140	197	215

五、供应商运力信息

说明：请先维护人力资源信息，再维护运力资源信息。

1. 干线运力

表 1－3－29　　干线运力资源信息

运力类型	车牌	运力来源	目的地	车辆类型	司机
公路	沪 MC7923	风行物流	北京站	9.6 米单桥，全封闭 （长×宽×高：9.6 米×2.4 米×3 米，10 吨）	王航
公路	沪 KP9042	风行物流	广州站	12.5 米双桥，全封闭 （长×宽×高：12.5 米×2.3 米×2.7 米，28 吨）	王航
公路	沪 HS9013	风行物流	重庆站	17.5 米双桥，全封闭 （长×宽×高：17.5 米×2.4 米×2.7 米，35 吨）	王航

2. 取/派运力

始发站取货运力信息：

表 1－3－30 取/派运力资源信息

运力来源	车牌号	司机	车辆类型
风行物流	沪 HD6542	葛玉东	9.6 米单桥，全封闭 （长×宽×高：9.6 米×2.4 米×3 米，10 吨）
风行物流	沪 HU6723	李风	厢式货车 （长×宽×高：6.2 米×2.0 米×2 米，5 吨）
风行物流	沪 LP5216	张川	厢式货车 （长×宽×高：4.2 米×1.9 米×1.8 米，2.5 吨）

六、供应商人力信息

表 1－3－31 供应商人力资源信息

预设岗位	司机姓名	区别码	身份证号	出生日期	工作日期	验本日期	电话	住址	所属类型
取/派司机	葛玉东	X00051	110217197706184007	1977 年 6 月 18 日	2009 年 4 月 3 日	2011 年 1 月 4 日	13710035479	上海市普陀区河北路 10 号	风行物流
取/派司机	李风	X00052	510705197303176542	1973 年 3 月 17 日	2008 年 6 月 2 日	2011 年 1 月 3 日	18676542238	上海市长宁区解放路	风行物流
取/派司机	张川	X00053	309821197907237645	1979 年 7 月 23 日	2011 年 5 月 1 日	2011 年 1 月 2 日	18190987654	上海市静安区东风路	风行物流
干线司机	王航	X00054	309867197902152674	1979 年 2 月 15 日	2010 年 6 月 23 日	2011 年 1 月 2 日	15927836763	上海市浦东区世纪大道 1 号	风行物流

实训任务四　库房信息维护

任务引入

2012 年 2 月 16 日，速达物流要求蓝港 1 号仓库核实库房及其资源信息，并在信息系统中进行库房信息维护。蓝港 1 号仓库接受任务后，按要求开展工作，经过信息核实及实际盘点后，整理出以下资料。

一、仓库基本信息

库房名称：蓝港 1 号库

库管员：张天羽

库房地址：北京市石景山区辛中邑村

电话：010－51866702

库房类型：普通库房

所在区域：华北

规格：长 120 米，宽 55 米，高 8 米

面积：6600 平方米

库房有三个门，分别为出货门（门类型：大门、状态：正常）、出货门（门类型：小门、状态：锁定）、进货门（门类型：大门、状态：正常）。

二、储区类型

表 1－4－1　储区概况

区名称	层数（层）	排数（排）	列数（列）	货位数（个）
立库存储区	4	4	10	160
托盘货架区	3	4	6	72
栈板货架区	3	2	8	48
电子拣选区	2	1	11	22
平堆区	1	6	9	54
补货暂存区	1	3	3	9
赠品存储区	1	3	1	3

三、储位编码

表 1－4－2　　立库存储区—储位—各列正面平视图

A00300	A00301	A00302	A00303	A00304	A00305	A00306	A00307	A00308	A00309
A00200	A00201	A00202	A00203	A00204	A00205	A00206	A00207	A00208	A00209
A00100	A00101	A00102	A00103	A00104	A00105	A00106	A00107	A00108	A00109
A00000	A00001	A00002	A00003	A00004	A00005	A00006	A00007	A00008	A00009
B00300	B00301	B00302	B00303	B00304	B00305	B00306	B00307	B00308	B00309
B00200	B00201	B00202	B00203	B00204	B00205	B00206	B00207	B00208	B00209
B00100	B00101	B00102	B00103	B00104	B00105	B00106	B00107	B00108	B00109
B00000	B00001	B00002	B00003	B00004	B00005	B00006	B00007	B00008	B00009
C00300	C00301	C00302	C00303	C00304	C00305	C00306	C00307	C00308	C00309
C00200	C00201	C00202	C00203	C00204	C00205	C00206	C00207	C00208	C00209
C00100	C00101	C00102	C00103	C00104	C00105	C00106	C00107	C00108	C00109
C00000	C00001	C00002	C00003	C00004	C00005	C00006	C00007	C00008	C00009
D00300	D00301	D00302	D00303	D00304	D00305	D00306	D00307	D00308	D00309
D00200	D00201	D00202	D00203	D00204	D00205	D00206	D00207	D00208	D00209
D00100	D00101	D00102	D00103	D00104	D00105	D00106	D00107	D00108	D00109
D00000	D00001	D00002	D00003	D00004	D00005	D00006	D00007	D00008	D00009

表 1－4－3　　托盘货架区—储位—各列正面平视图

A00200	A00201	A00202	A00203	A00204	A00205
A00100	A00101	A00102	A00103	A00104	A00105
A00000	A00001	A00002	A00003	A00004	A00005
B00200	B00201	B00202	B00203	B00204	B00205
B00100	B00101	B00102	B00103	B00104	B00105
B00000	B00001	B00002	B00003	B00004	B00005
C00200	C00201	C00202	C00203	C00204	C00205
C00100	C00101	C00102	C00103	C00104	C00105
C00000	C00001	C00002	C00003	C00004	C00005

续 表

D00200	D00201	D00202	D00203	D00204	D00205
D00100	D00101	D00102	D00103	D00104	D00105
D00000	D00001	D00002	D00003	D00004	D00005

表 1-4-4　　栈板货架区—储位—正面平视图

A00200	A00201	A00202	A00203	A00204	A00205	A00206	A00207
A00100	A00101	A00102	A00103	A00104	A00105	A00106	A00107
A00000	A00001	A00002	A00003	A00004	A00005	A00006	A00007
B00200	B00201	B00202	B00203	B00204	B00205	B00206	B00207
B00100	B00101	B00102	B00103	B00104	B00105	B00106	B00107
B00000	B00001	B00002	B00003	B00004	B00005	B00006	B00007

表 1-4-5　　电子拣选区—储位—正面平视图

A00100	A00101	A00102	A00103	A00104	A00105	A00106	A00107	A00108	A00109	A00110
A00000	A00001	A00002	A00003	A00004	A00005	A00006	A00007	A00008	A00009	A00010

表 1-4-6　　平堆区—储位—各列正面平视图

A00000	A00001	A00002	A00003	A00004	A00005	A00006	A00007	A00008
B00000	B00001	B00002	B00003	B00004	B00005	B00006	B00007	B00008
C00000	C00001	C00002	C00003	C00004	C00005	C00006	C00007	C00008
D00000	D00001	D00002	D00003	D00004	D00005	D00006	D00007	D00008
E00000	E00001	E00002	E00003	E00004	E00005	E00006	E00007	E00008
F00000	F00001	F00002	F00003	F00004	F00005	F00006	F00007	F00008

表 1-4-7　　补货暂存区—储位—正面平视图

A00000	A00001	A00002
B00000	B00001	B00002
C00000	C00001	C00002

表 1-4-8 赠品存储区—储位—正面平视图

A00000
B00000
C00000

四、货品信息

表 1-4-9 货物基础信息

序号	货物名称	型号/编码	条码	包装规格（立方毫米）	物流单元（箱）	产品规格（个）
1	蒸蛋器	TPHJQ001	9787880642365	600×400×220	30	1×1
2	电磁炉	TPHJQ002	9787883203872	440×240×180	20	1×1
3	咖啡机	TPHJQ003	9787799912714	600×400×220	20	1×1
4	取暖器	TPHJQ004	9787799510521	600×300×220	20	1×1
5	电烤箱	TPHJQ005	9787799912707	450×300×200	25	1×1
6	电炸锅	TPHJQ006	9787885273156	480×320×200	25	1×1
7	电饭煲	TPHJQ007	9787887328253	480×320×200	25	1×1
8	蒸汽拖把	TPHJQ008	9787798966879	700×300×220	10	1×1
9	饮水机	YSJM5038	9787799917542	250×180×1000	10	1×1
10	冰箱	BXSM5091	9787880701203	1500×550×600	10	1×1
11	洗衣机	XYJQ5092	9787798928860	900×500×490	20	1×1
12	3D 电视	3DTV5093	9787799418261	150×40×100	35	1×1
13	热水器	RSHQ5094	9787880452648	350×360×700	20	1×1
14	燃气灶	PRQZ5095	9787799418148	900×360×400	20	1×1
15	文具盒	ZBHJQ001	9787880457681	600×400×220	20	1×5
16	削笔器	ZBHJQ002	9787885163471	600×400×220	20	1×5
17	剪刀	ZBHJQ003	9787885160784	600×400×220	20	1×5
18	胶带	ZBHJQ004	9787885160371	600×400×220	20	1×5
19	尺子	ZBHJQ005	9787885161057	600×400×220	20	1×5
20	橡皮	ZBHJQ006	9787885160715	600×400×220	20	1×5

续 表

序号	货物名称	型号/编码	条码	包装规格（立方毫米）	物流单元（箱）	产品规格（个）
21	胶水	ZBHJQ007	9787885161033	600×400×220	20	1×5
22	文件收纳	ZBHJQ008	9787885160296	600×400×220	20	1×5
23	笔筒	ZBHJQ009	9787885160746	600×400×220	20	1×5
24	订书器	ZBHJQ010	9787885160203	600×400×220	20	1×5
25	笔记本	ZBHJQ011	9787881012322	600×400×220	20	1×5
26	计算器	ZBHJQ012	9787880975901	600×400×220	20	1×5
27	贝壳袖扣	DZJXX001	9787799630021	600×400×220	20	1×5
28	钢质袖扣	DZJXX002	9787880798180	600×400×220	20	1×5
29	珐琅质袖扣	DZJXX003	9787799627281	600×400×220	20	1×5
30	银质袖扣	DZJXX004	9787512503205	600×400×220	20	1×5
31	玛瑙袖扣	DZJXX005	9787888382534	600×400×220	20	1×5
32	铜质袖扣	DZJXX006	9787799436845	600×400×220	20	1×5
33	水晶袖扣	DZJXX007	9787540453770	600×400×220	20	1×5
34	宝石袖扣	DZJXX008	9787101084382	600×400×220	20	1×5
35	钻石袖扣	DZJXX009	9787801653857	600×400×220	20	1×5
36	合金袖扣	DZJXX010	9787540453732	600×400×220	20	1×5
37	珍珠袖扣	DZJXX011	9787511319661	600×400×220	20	1×5
38	镀金领带夹	DZJXY001	9787211064281	600×400×220	20	1×5
39	银质领带夹	DZJXY002	9787508632018	600×400×220	20	1×5
40	铁质领带夹	DZJXY003	9787505418943	600×400×220	20	1×5
41	合金领带夹	DZJXY004	9787300149295	600×400×220	20	1×5
42	自动皮带扣	DZJXZ001	9787561345948	600×400×220	20	1×5
43	针式皮带扣	DZJXZ002	9787543057388	600×400×220	20	1×5
44	手工皮带扣	DZJXZ003	9787543064812	600×400×220	20	1×5
45	湿帘	LKCCM001	9787500697176	600×400×220	20	1×10
46	电机	LKCCM002	9787538557138	600×400×220	20	1×10
47	电机支架	LKCCM003	9787511319623	600×400×220	20	1×10
48	风叶	LKCCM004	9787514600407	600×400×220	20	1×10

续　表

序号	货物名称	型号/编码	条码	包装规格（立方毫米）	物流单元（箱）	产品规格（个）
49	浮球	LKCCM005	9787511319814	600×400×220	20	1×10
50	电路板	LKCCM006	9787538560404	600×400×220	20	1×10
51	显示器	LKCCM007	9787798975703	600×400×220	20	1×10
52	压缩机	LKCCM008	9787799418261	600×400×220	20	1×10
53	感温头	LKCCM009	9787798984361	600×400×220	20	1×10
54	变压器	LKCCM010	9787503952265	600×400×220	20	1×10
55	办公帮手	ZPCCLL01	9787508944361	600×400×220	10	1×1
56	袖扣低端礼盒	ZPCCLL02	9787508944265	600×400×220	10	1×1
57	袖扣中端礼盒	ZPCCLL03	9787503952231	600×400×220	20	1×1
58	袖扣高端礼盒	ZPCCLL04	9787503954958	600×400×220	20	1×1
59	袖扣顶端礼盒	ZPCCLL05	9787503954638	600×400×220	20	1×1
60	领带夹套装	ZPCCLL06	9787503954476	600×400×220	20	1×1
61	皮带扣套装	ZPCCLL07	9787503953256	600×400×220	20	1×1

备注：“办公帮手”、“袖扣低端礼盒”、“袖扣中端礼盒”、“袖扣高端礼盒”、“领带夹套装”、“皮带扣套装”的货品类型为组装品，组装信息如下：

办公帮手：剪刀、胶带、尺子；

袖扣低端礼盒：贝壳袖扣、钢质袖扣、珐琅质袖扣；

袖扣中端礼盒：银质袖扣、玛瑙袖扣、水晶袖扣；

袖扣高端礼盒：宝石袖扣、钻石袖扣、珍珠袖扣；

领带夹套装：镀金领带夹、银质领带夹、合金领带夹；

皮带扣套装：自动皮带扣、针式皮带扣、手工皮带扣；

其他货品的类型默认为：一般品。

接下来，蓝港1号仓库工作人员须根据以上信息在信息系统中进行库房信息的维护。

任务实施

步骤一：登录库房信息维护界面

库房信息维护要在“仓储管理”系统中操作实现。进入综合业务平台的“仓储管理”

系统的“基础管理模块”进行库房相关信息维护操作。具体操作步骤如表 1－4－10 所示。

表 1－4－10　　　　　　　　　　　登录库房信息维护界面

具体操作
登录到综合业务平台，利用账号和密码进入“仓储管理”系统 选择左侧的工具栏的“基础管理”模块，进行库房信息的维护
图　　示

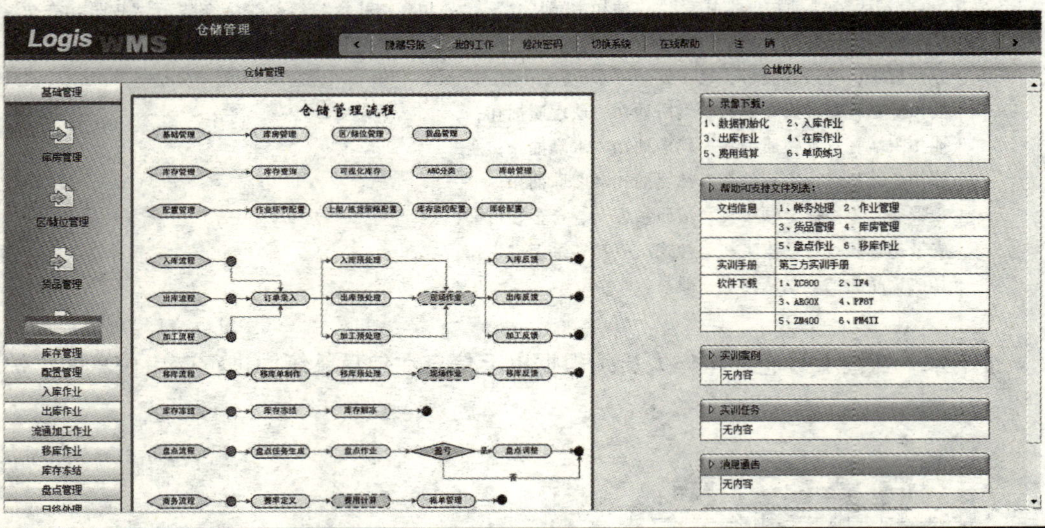

步骤二：仓库基本信息维护

具体的维护过程如表 1－4－11 所示。

表 1－4－11　　仓库基本信息维护

具体操作
点击“基础管理”模块的“库房管理”，进入库房列表界面 点击库房列表界面底部的“新增”按钮，进入到库房基本信息填写界面。在“门信息”页面填写库房所有门的信息，点击“增加”，输入信息后点击“确定”，若库房有多个门重复上述操作即可 在“库管员”页面填写人员信息。点击“增加”，输入维护库管员信息后点击“确定”，会在下方的库管员信息表中显示所维护的具体信息，证明上述操作已被录入 上述操作结束后，点击“提交”即可完成并保存库房信息
图　示

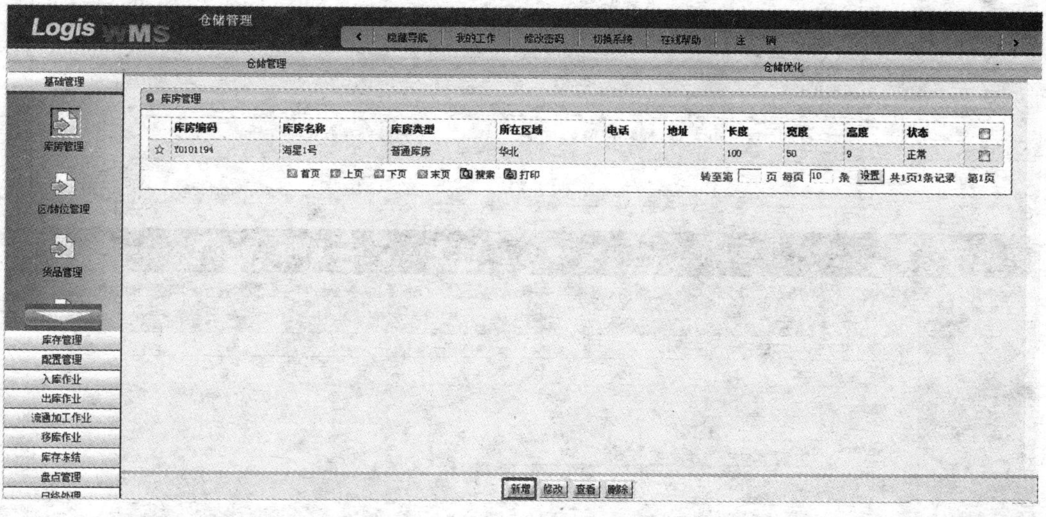

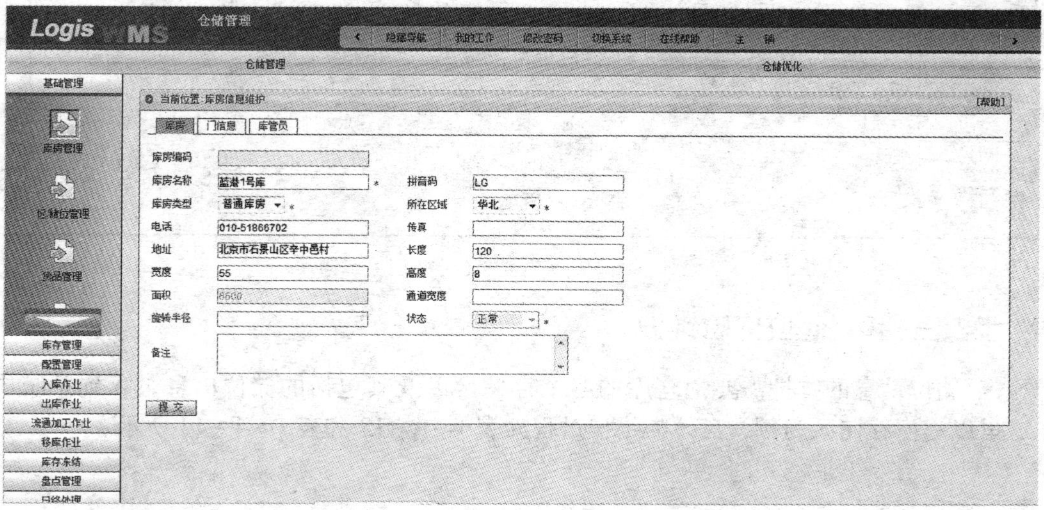

续 表

图 示
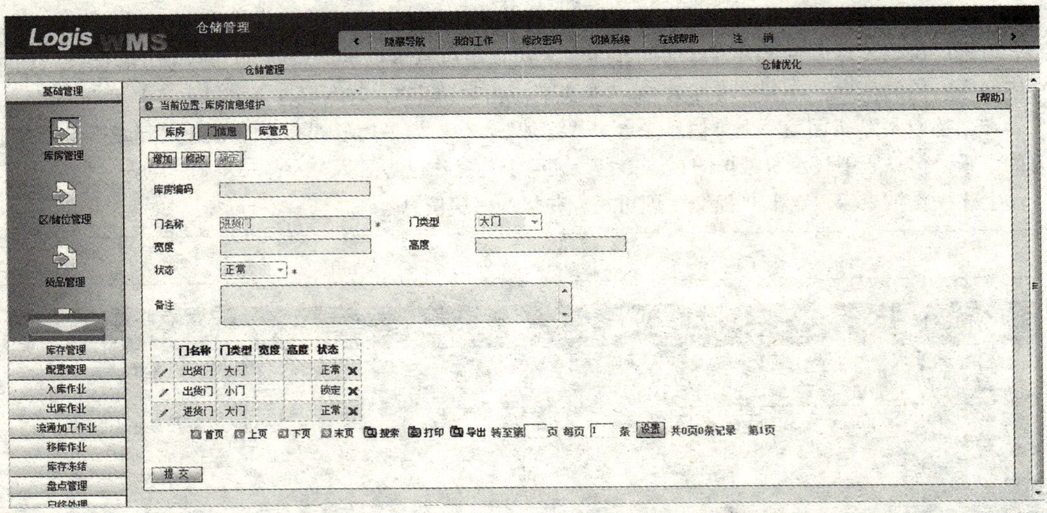 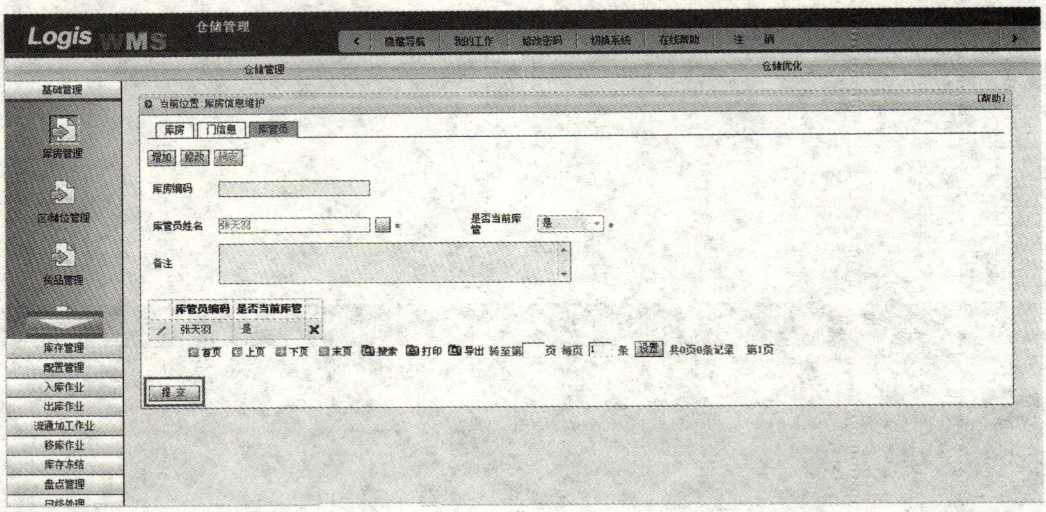

步骤三：区/储位信息维护

区/储位信息的维护需要把仓库的各个存储区以及其包括的储位信息录入到系统中，在这里以立库存储区为例，具体的维护过程如表 1－4－12 和表 1－4－13 所示。

表 1－4－12　　　　　　　　　　　　立库存储区信息维护

具体操作
点击“基础管理”模块的“区/储位管理”，进入区储位列表界面。点击区储位列表界面底部的“新增”按钮，进入到区/储位信息填写界面 信息录入完毕点击“提交”保存储区信息 其他存储区信息的维护即重复上述操作，将所有储区信息全部录入完毕
图　　示
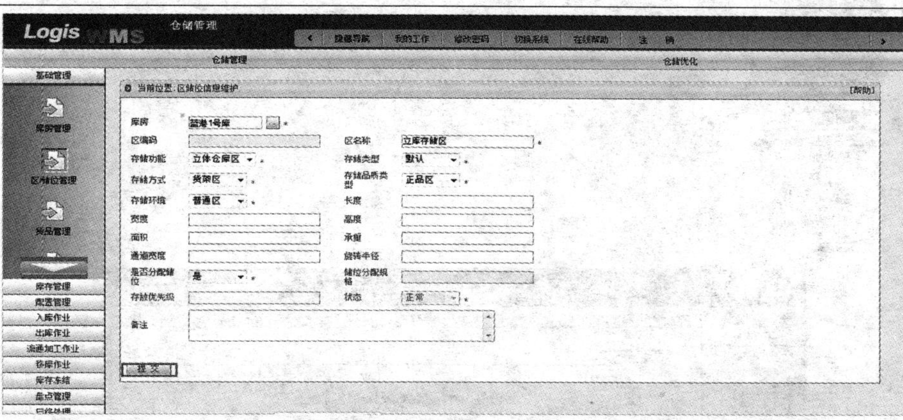

表 1－4－13　　　　　　　　　　　　储位信息维护

具体操作
储位分配就是要根据上一步添加的储区信息，按照各储区的空间、存储产品特点进行库区划分 返回区储区列表界面，勾选立体仓库区的选框，点击“分配储位”，进入储位设置界面 设置货架数（排数）、层数、截面数（列数）的信息 点击“生成”即可完成储位的分配 点击“保存”即可完成储位信息的维护，并返回储位管理界面，可以查看储位分布情况
图　　示
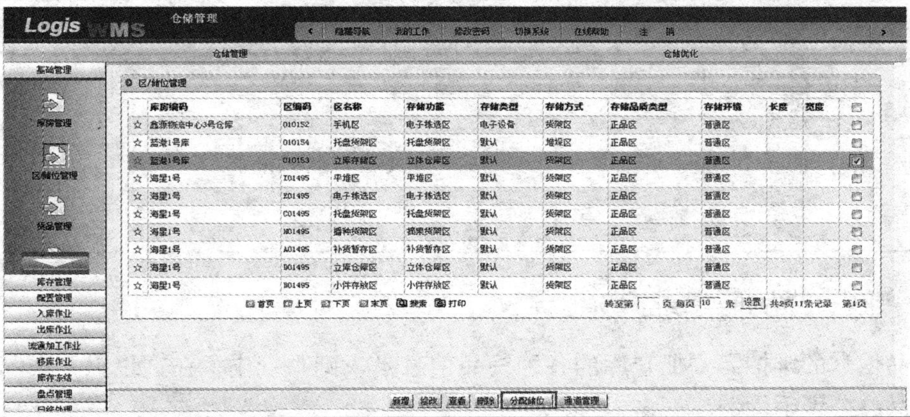

续 表

图　　示
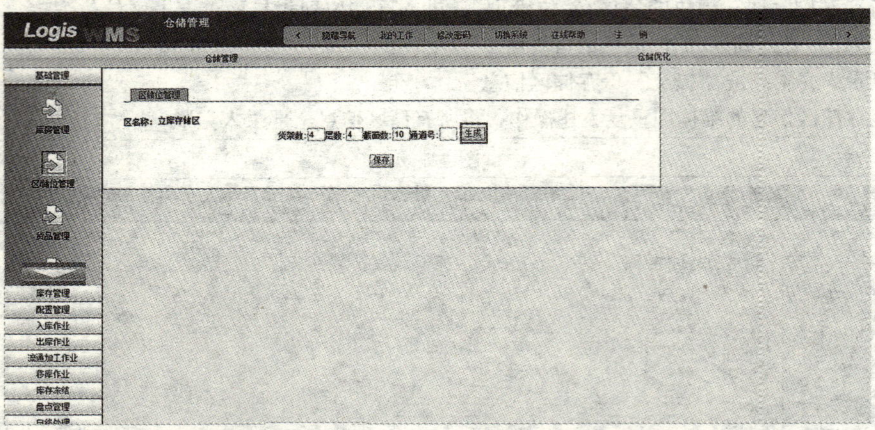 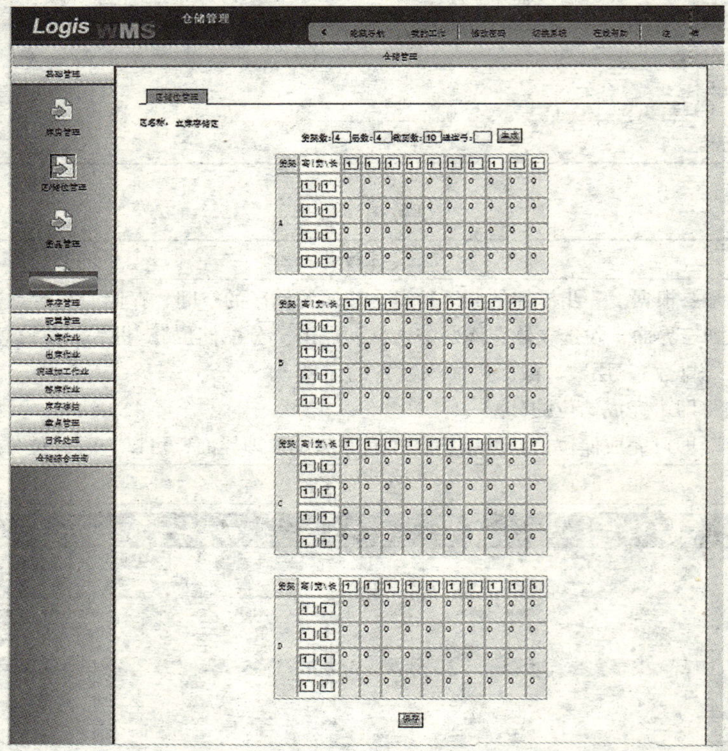

步骤四：货品信息维护

货品信息的维护需要把仓库的各种货品信息录入到系统中，在这里以一般品蒸蛋器和组装品办公帮手为例。

1. 蒸蛋器

具体的维护过程如表 1－4－14 所示。

表 1－4－14　　　　货品信息维护

具体操作
点击“基础管理”模块的“货品管理”，进入货品列表界面。点击货品列表界面底部的“新增”按钮，进入到货品信息填写界面，包含“货品”、“货品数量对照”和“操作策略” 在“货品”界面选择“客户名称”，通过单选框选择需要添加货品的客户名称，点击“确定”完成设置后，录入货品的相关信息 在“货品数量对照”界面点击“增加”，录入数量、长、宽、高信息，并点击“确定” 在“操作策略”界面，选择默认上架策略和默认下架策略 点击“提交”即可保存录入的相应信息
图　　示

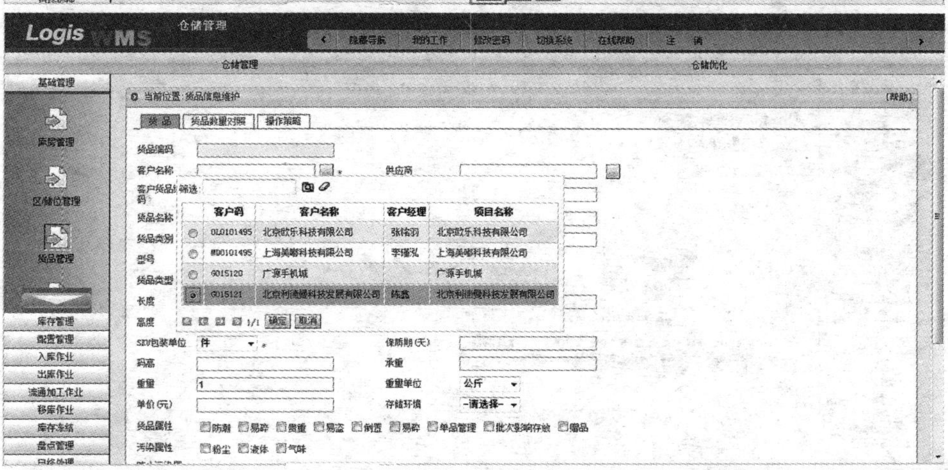

续 表

图　　示
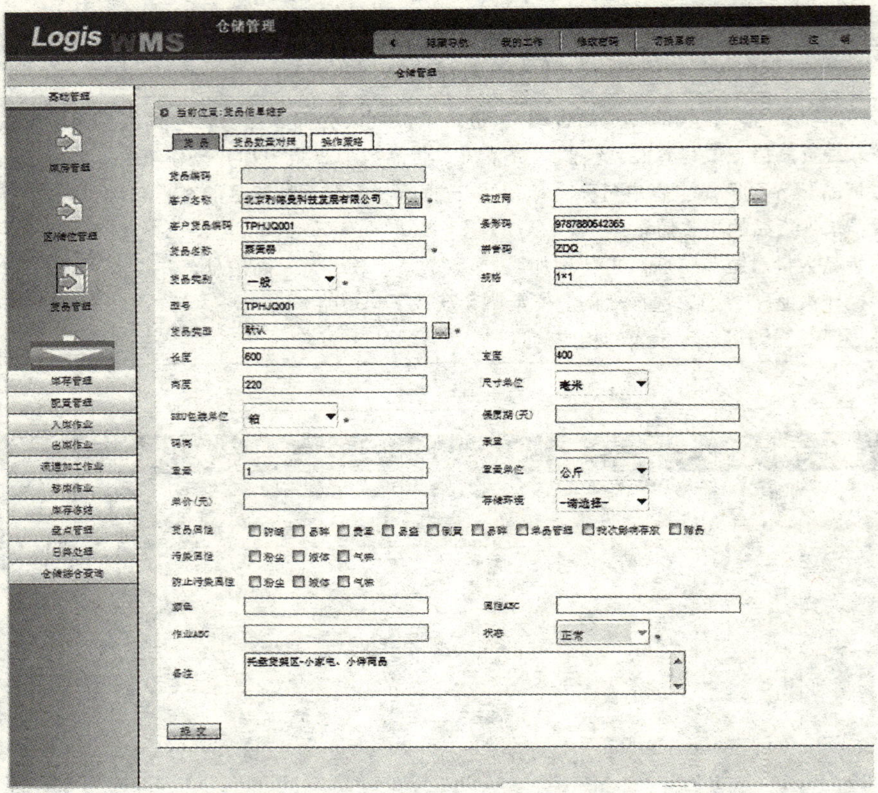

注：上述货品信息中，SKU 包装单位是指最小包装单位，即常见的销售包装。例如，对于蒸蛋器来讲，一个蒸蛋器装在一个箱子里，这个箱子就是最小单位。

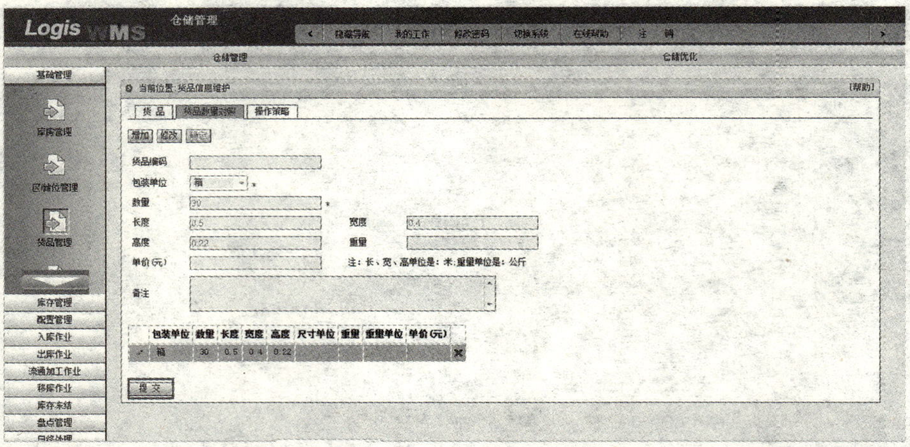

续 表

图 示
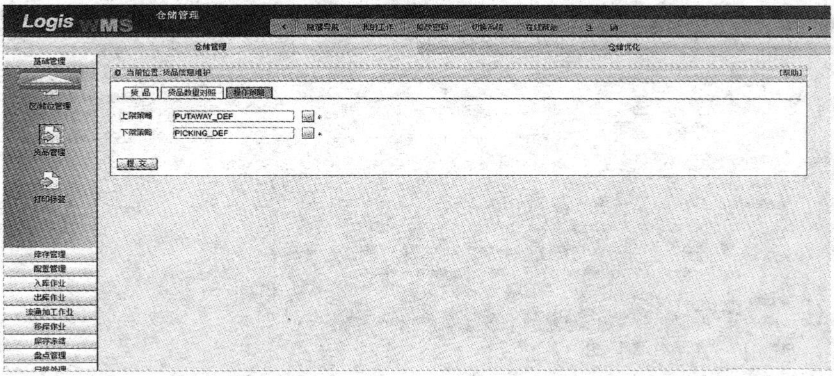

2. 办公帮手

具体的维护过程如表 1－4－15 所示。

表 1－4－15　　货品信息维护

具体操作
点击“基础管理”模块的“货品管理”，进入货品列表界面。点击货品列表界面底部的“新增”按钮，进入到货品信息填写界面 在“货品”界面选择“客户名称”，通过单选框选择需要添加货品的客户名称，点击“确定”完成设置后，录入货品的相关信息 在“货品数量对照”界面点击“增加”，录入数量、长、宽、高信息，并点击“确定” 在“货品组装信息”界面点击“增加”，录入组装货品，并点击“确定” 在“操作策略”界面，选择默认上架策略和默认下架策略 点击“提交”即可保存录入的相应信息
图 示
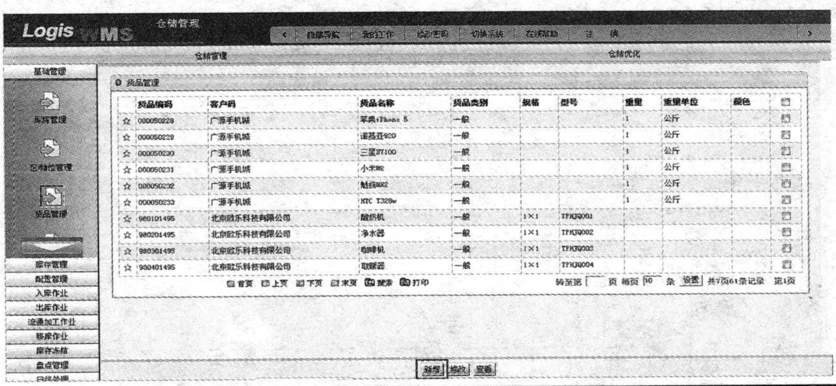

续 表

图 示

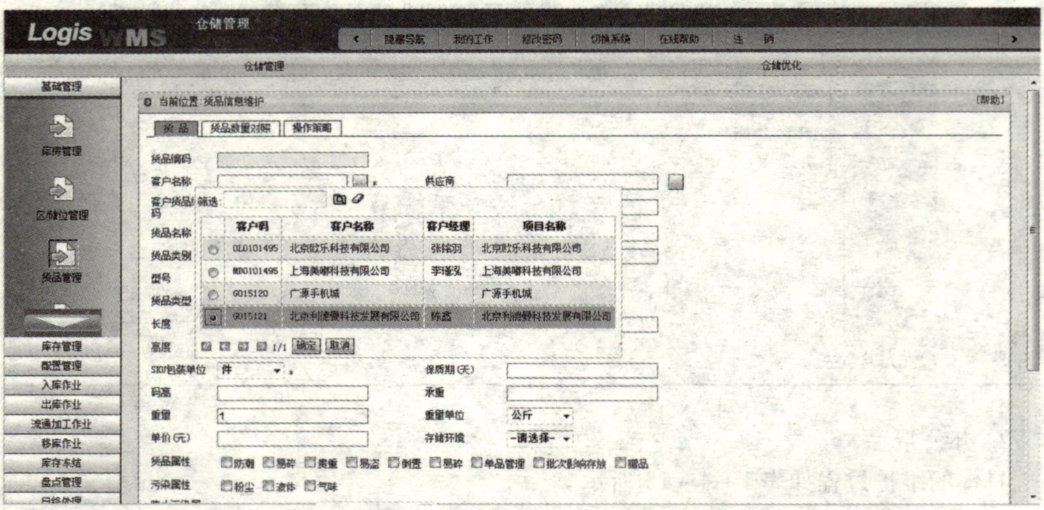

Logis WMS
仓储管理
隐藏导航
我的工作
修改密码
切换系统
在线帮助
注 销
仓储管理
仓储优化
基础管理
库房管理
区/储位管理
货品管理
库存管理
配置管理
入库作业
出库作业
流通加工作业
移库作业
库存冻结
盘点管理
当前位置:货品信息维护
[帮助]
货 品
货品数量对照
操作策略
货品编码
客户名称
供应商
筛选:
客户码
客户名称
客户经理
项目名称
OL0101495
北京欧乐科技有限公司
张梓羽
北京欧乐科技有限公司
MD0101495
上海美嘟科技有限公司
李瑶泓
上海美嘟科技有限公司
G015120
广源手机城
广源手机城
G015121
陈磊
1/1
确定
取消
货品名称
货品类别
型号
货品类型
长度
高度
SKU包装单位
件
保质期(天)
码高
承重
重量
1
重量单位
公斤
单价(元)
存储环境
-请选择-
货品属性
防潮
易碎
贵重
易盗
倒置
易碎
单品管理
批次影响存放
赠品
污染属性
粉尘
液体
气味

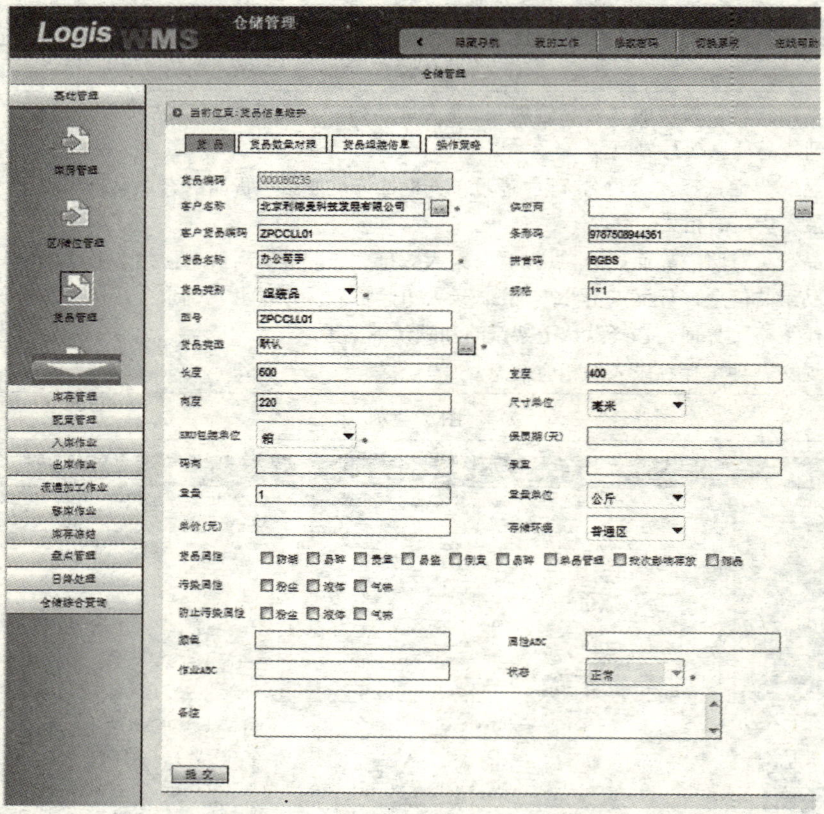

Logis WMS
仓储管理
仓储管理
基础管理
库房管理
区/储位管理
货品管理
库存管理
配置管理
入库作业
出库作业
流通加工作业
移库作业
库存冻结
盘点管理
日常处理
仓储综合查询
当前位置:货品信息维护
货 品
货品编码
000000235
客户名称
供应商
客户货品编码
ZPCCLL01
条形码
9787508944361
货品名称
办公用手
拼音码
BGBS
规格
1*1
型号
ZPCCLL01
长度
600
宽度
400
高度
220
尺寸单位
毫米
SKU包装单位
箱
保质期(天)
码高
承重
重量
1
重量单位
公斤
单价(元)
存储环境
普通区
货品属性
污染属性
防止污染属性
颜色
周转ABC
作业ABC
状态
正常
备注
提 交

续　表

图　　示
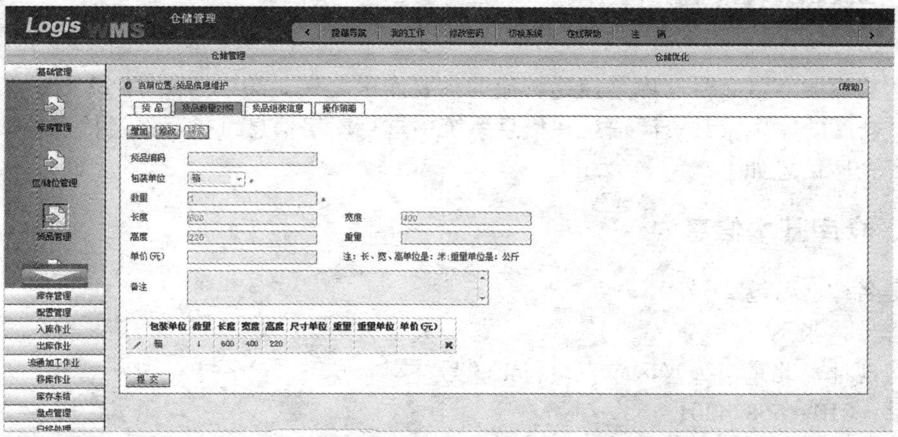Logis WMS
仓储管理
仓储管理
仓储优化
基础管理
库房管理
区/储位管理
货品管理
库存管理
配置管理
入库作业
出库作业
流通加工作业
移库作业
库存冻结
盘点管理
当前位置: 货品信息维护
[帮助]
货 品
货品数量对照
货品组装信息
操作策略
增加
修改
删除
货品编码
包装单位
数量
长度
宽度
高度
重量
单价(元)
注: 长、宽、高单位是: 米; 重量单位是: 公斤
备注
包装单位
数量
长度
宽度
高度
尺寸单位
重量
重量单位
单价(元)
箱
1
600
400
220
提 交 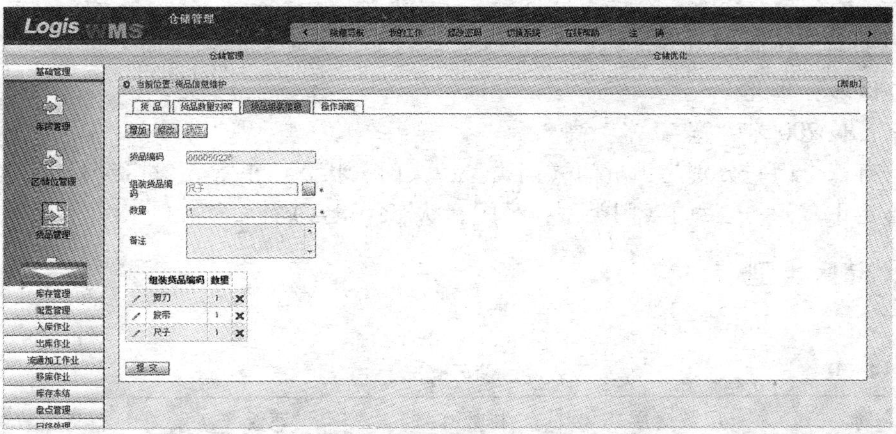Logis WMS
仓储管理
仓储管理
仓储优化
基础管理
库房管理
区/储位管理
货品管理
库存管理
配置管理
入库作业
出库作业
流通加工作业
移库作业
库存冻结
盘点管理
当前位置: 货品信息维护
[帮助]
货 品
货品数量对照
货品组装信息
操作策略
增加
修改
删除
货品编码
组装货品编码
尺子
数量
备注
组装货品编码
数量
剪刀
1
胶带
1
尺子
1
提 交 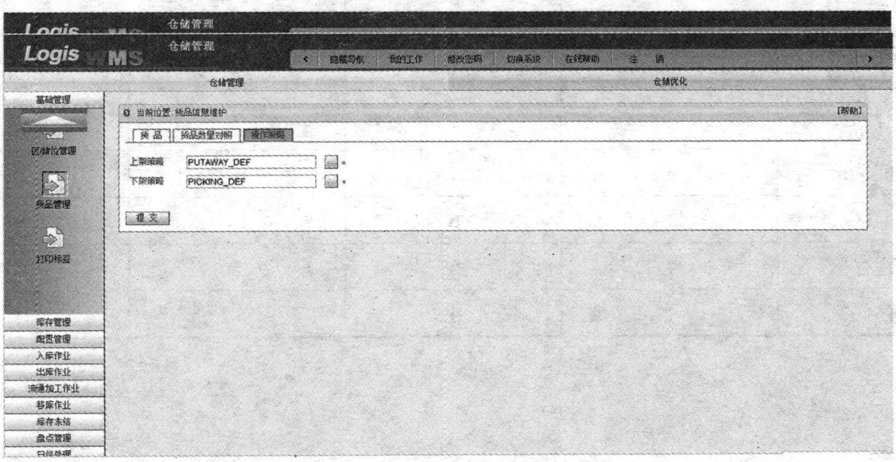Logis WMS
仓储管理
仓储管理
仓储优化
基础管理
区/储位管理
货品管理
打印标签
库存管理
配置管理
入库作业
出库作业
流通加工作业
移库作业
库存冻结
盘点管理
当前位置: 货品信息维护
[帮助]
货 品
货品数量对照
操作策略
上架策略
PUTAWAY_DEF
下架策略
PICKING_DEF
提 交

技能训练

速达物流的蓝港2号仓库是速达物流的主要库房之一。2012年5月12日，公司要对蓝港2号仓库的库房及其资源信息在信息系统中进行库房信息维护。经过信息核实及实际盘点后，仓库信息如下。

一、仓库基本信息

库房名称：蓝港2号库

库管员：张飞

库房地址：北京市大兴区东青口村133号

电话：010－56874201

传真：010－23110011

库房类型：普通库房

所在区域：华北

规格：长200米，宽40米，高8米

库房有三个门，分别为出货门（门类型：大门、状态：正常）、进货门（门类型：大门、状态：正常）、进货门（门类型：小门、状态：正常）。

二、储区类型

表1－4－16　　储区概况

区名称	层数（层）	排数（排）	列数（列）	货位数（个）
立库存储区	5	3	10	150
托盘货架区	3	4	6	72
栈板货架区	2	1	8	16
电子拣选区	2	1	10	20
平堆区	1	6	10	60
补货暂存区	1	5	1	5
赠品存储区	1	4	1	4

三、储位编码

表 1－4－17　　立库存储区—储位—各列正面平视图

A00400	A00401	A00402	A00403	A00404	A00405	A00406	A00407	A00408	A00409
A00300	A00301	A00302	A00303	A00304	A00305	A00306	A00307	A00308	A00309
A00200	A00201	A00202	A00203	A00204	A00205	A00206	A00207	A00208	A00209
A00100	A00101	A00102	A00103	A00104	A00105	A00106	A00107	A00108	A00109
A00000	A00001	A00002	A00003	A00004	A00005	A00006	A00007	A00008	A00009
B00400	B00401	B00402	B00403	B00404	B00405	B00406	B00407	B00408	B00409
B00300	B00301	B00302	B00303	B00304	B00305	B00306	B00307	B00308	B00309
B00200	B00201	B00202	B00203	B00204	B00205	B00206	B00207	B00208	B00209
B00100	B00101	B00102	B00103	B00104	B00105	B00106	B00107	B00108	B00109
B00000	B00001	B00002	B00003	B00004	B00005	B00006	B00007	B00008	B00009
C00400	C00401	C00402	C00403	C00404	C00405	C00406	C00407	C00408	C00409
C00300	C00301	C00302	C00303	C00304	C00305	C00306	C00307	C00308	C00309
C00200	C00201	C00202	C00203	C00204	C00205	C00206	C00207	C00208	C00209
C00100	C00101	C00102	C00103	C00104	C00105	C00106	C00107	C00108	C00109
C00000	C00001	C00002	C00003	C00004	C00005	C00006	C00007	C00008	C00009

表 1－4－18　　托盘货架区—储位—各列正面平视图

A00200	A00201	A00202	A00203	A00204	A00205
A00100	A00101	A00102	A00103	A00104	A00105
A00000	A00001	A00002	A00003	A00004	A00005
B00200	B00201	B00202	B00203	B00204	B00205
B00100	B00101	B00102	B00103	B00104	B00105
B00000	B00001	B00002	B00003	B00004	B00005
C00200	C00201	C00202	C00203	C00204	C00205
C00100	C00101	C00102	C00103	C00104	C00105
C00000	C00001	C00002	C00003	C00004	C00005

续 表

D00200	D00201	D00202	D00203	D00204	D00205
D00100	D00101	D00102	D00103	D00104	D00105
D00000	D00001	D00002	D00003	D00004	D00005

表 1-4-19　　栈板货架区—储位—正面平视图

A00100	A00101	A00102	A00103	A00104	A00105	A00106	A00107
A00000	A00001	A00002	A00003	A00004	A00005	A00006	A00007

表 1-4-20　　电子拣选区—储位—正面平视图

A00100	A00101	A00102	A00103	A00104	A00105	A00106	A00107	A00108	A00109
A00000	A00001	A00002	A00003	A00004	A00005	A00006	A00007	A00008	A00009

表 1-4-21　　平堆区—储位—各列正面平视图

A00000	A00001	A00002	A00003	A00004	A00005	A00006	A00007	A00008	A00009
B00000	B00001	B00002	B00003	B00004	B00005	B00006	B00007	B00008	B00009
C00000	C00001	C00002	C00003	C00004	C00005	C00006	C00007	C00008	C00009
D00000	D00001	D00002	D00003	D00004	D00005	D00006	D00007	D00008	D00009
E00000	E00001	E00002	E00003	E00004	E00005	E00006	E00007	E00008	E00009
F00000	F00001	F00002	F00003	F00004	F00005	F00006	F00007	F00008	F00009

表 1-4-22　　补货暂存区—储位—正面平视图

A00000
B00000
C00000
D00000
E00000

表 1-4-23　　赠品存储区—储位—正面平视图

A00000
B00000
C00000
D00000

四、货品信息

表 1－4－24　　货物基础信息

序号	货物名称	型号/编码	条码	包装规格（立方毫米）	物流单元（箱）	产品规格（个）
1	蒸蛋器	TPHJQ001	9787880622355	500×400×220	24	1×1
2	净水器	TPHJQ002	9787799917542	1000×250×180	20	1×1
3	咖啡机	TPHJQ003	9787799912714	600×400×220	20	1×1
4	取暖器	TPHJQ004	9787799510521	600×300×220	24	1×1
5	电烤箱	TPHJQ005	9787799912707	450×300×200	32	1×1
6	电炸锅	TPHJQ006	9787885273156	480×320×200	28	1×1
7	电磁炉	TPHJQ007	9787883203872	440×240×180	50	1×1
8	蒸汽拖把	TPHJQ008	9787798966879	700×300×220	16	1×1
9	冰箱	BXSM5091	9787880701203	1500×550×600	4	1×1
10	洗衣机	XYJQ5092	9787798928860	900×500×490	1	1×1
11	3D 电视	3DTV5093	9787799418261	150×40×100	2	1×1
12	热水器	RSHQ5094	9787880452648	350×360×700	4	1×1
13	燃气灶	PRQZ5095	9787799418148	900×360×400	5	1×1
14	文具盒	ZBHJQ001	9787880457681	600×400×220	20	1×5
15	削笔器	ZBHJQ002	9787885163471	600×400×220	20	1×5
16	剪刀	ZBHJQ003	9787885160784	600×400×220	20	1×5
17	胶带	ZBHJQ004	9787885160371	600×400×220	20	1×5
18	尺子	ZBHJQ005	9787885161057	600×400×220	20	1×5
19	橡皮	ZBHJQ006	9787885160715	600×400×220	20	1×5
20	胶水	ZBHJQ007	9787885161033	600×400×220	20	1×5
21	文件收纳	ZBHJQ008	9787885160296	600×400×220	20	1×5
22	笔筒	ZBHJQ009	9787885160746	600×400×220	20	1×5
23	订书器	ZBHJQ010	9787885160203	600×400×220	20	1×5
24	笔记本	ZBHJQ011	9787881012322	600×400×220	20	1×5
25	计算器	ZBHJQ012	9787880975901	600×400×220	20	1×5
26	贝壳袖扣	DZJXX001	9787799630021	600×400×220	20	1×5
27	钢质袖扣	DZJXX002	9787880798180	600×400×220	20	1×5
28	珐琅质袖扣	DZJXX003	9787799627281	600×400×220	20	1×5

续 表

序号	货物名称	型号/编码	条码	包装规格（立方毫米）	物流单元（箱）	产品规格（个）
29	银质袖扣	DZJXX004	9787512503205	600×400×220	20	1×5
30	玛瑙袖扣	DZJXX005	9787888382534	600×400×220	20	1×5
31	铜质袖扣	DZJXX006	9787799436845	600×400×220	20	1×5
32	水晶袖扣	DZJXX007	9787540453770	600×400×220	20	1×5
33	宝石袖扣	DZJXX008	9787101084382	600×400×220	20	1×5
34	钻石袖扣	DZJXX009	9787801653857	600×400×220	20	1×5
35	合金袖扣	DZJXX010	9787540453732	600×400×220	20	1×5
36	珍珠袖扣	DZJXX011	9787511319661	600×400×220	20	1×5
37	镀金领带夹	DZJXY001	9787211064281	600×400×220	20	1×5
38	银质领带夹	DZJXY002	9787508632018	600×400×220	20	1×5
39	铁质领带夹	DZJXY003	9787505418943	600×400×220	20	1×5
40	合金领带夹	DZJXY004	9787300149295	600×400×220	20	1×5
41	自动皮带扣	DZJXZ001	9787561345948	600×400×220	20	1×5
42	针式皮带扣	DZJXZ002	9787543057388	600×400×220	20	1×5
43	手工皮带扣	DZJXZ003	9787543064812	600×400×220	20	1×5
44	湿帘	LKCCM001	9787500697176	600×400×220	20	1×10
45	电机	LKCCM002	9787538557138	600×400×220	20	1×10
46	电机支架	LKCCM003	9787511319623	600×400×220	20	1×10
47	风叶	LKCCM004	9787514600407	600×400×220	20	1×10
48	浮球	LKCCM005	9787511319814	600×400×220	20	1×10
49	电路板	LKCCM006	9787538560404	600×400×220	20	1×10
50	显示器	LKCCM007	9787798975703	600×400×220	20	1×10
51	压缩机	LKCCM008	9787799418261	600×400×220	20	1×10
52	感温头	LKCCM009	9787798984361	600×400×220	20	1×10
53	变压器	LKCCM010	9787503952265	600×400×220	20	1×10
54	环保购物袋	ZPCCLL01	—	600×400×220	15	1×50
55	简易名片夹	ZPCCLL02	—	600×400×220	15	1×50
56	办公帮手	ZPCCLL03	9787503952231	600×400×220	20	1×1
57	袖扣礼盒	ZPCCLL04	9787503952232	600×400×220	25	1×1

备注："办公帮手"和袖扣礼盒货品的货品类型为：组装品；上述其他货品的类型默认为：一般品。

项目二　物流票务接单

实训任务一　入库接单

任务引入

2012 年 5 月 12 日，北京速达物流有限公司（以下简称“速达物流”）蓝港 1 号仓库接到客户北京利德曼科技发展有限公司一批货物的入库通知，入库通知单如表 2－1－1 所示。

表 2－1－1　　**入库通知单**

仓库名称：　蓝港 1 号　　　　2012 年 5 月 12 日

<table>
<tr><td colspan="2">批次</td><td colspan="6">1203001</td></tr>
<tr><td colspan="2">采购订单号</td><td colspan="6">201205120001</td></tr>
<tr><td colspan="2">客户指令号</td><td colspan="2">201205120003</td><td>订单来源</td><td colspan="3">E－mail</td></tr>
<tr><td colspan="2">客户名称</td><td colspan="2">北京利德曼科技发展有限公司</td><td>质　　量</td><td colspan="3">正品</td></tr>
<tr><td colspan="2">入库方式</td><td colspan="2">送货</td><td>入库类型</td><td colspan="3">正常</td></tr>
<tr><td>序号</td><td>货品编号</td><td>名称</td><td>单位</td><td>包装规格（立方毫米）</td><td>申请数量</td><td>实收数量</td><td>备注</td></tr>
<tr><td>1</td><td>9787880622355</td><td>蒸蛋器</td><td>箱</td><td>600×400×220</td><td>20</td><td></td><td></td></tr>
<tr><td>2</td><td>9787799917542</td><td>饮水机</td><td>箱</td><td>250×180×1000</td><td>8</td><td></td><td></td></tr>
<tr><td></td><td></td><td></td><td></td><td></td><td></td><td></td><td></td></tr>
<tr><td colspan="5">合　计</td><td>28</td><td></td><td></td></tr>
</table>

制单人：李华　　　　送货员：宋立青　　　　仓管员：

工作人员通过初步了解，并与客户沟通核实此项入库业务的紧急程度为一般，预计入库时间为2012年5月13日15：30：00。

通过查询库存情况，工作人员决定将需要入库的蒸蛋器存放在托盘货架区“A00000”货位上，饮水机存放在平堆区“A00006”货位上。

这时，速达物流的仓储部仓库主管交给工作人员一份新的货卡，以记录平堆区新增货品出入库情况，货品入库后填写此货卡，货卡编号001。蓝港1号库房的空白货卡如表2－1－2所示。

表2－1－2　　蓝港1号库房——货卡

货卡号：

货品名称：　　　　规格：　　　　包装单位：

年		送货（提货）单位	入库	出库	库存	备注	经手人
月	日						

接下来，工作人员须根据上述入库信息完成第三方物流信息管理系统的入库接单业务。

任务实施

步骤一：入库核单

信息管理员收到入库通知单后，查看客户和货物信息并判断是否完整，然后受理此项入库任务。如不完整，需及时与客户沟通后再受理。

步骤二：新增入库订单

根据入库通知单，信息管理员须进入订单管理系统中进行入库订单的录入处理，新增入库业务订单。具体的操作过程如表2－1－3和表2－1－4所示。

表 2-1-3　　　　登录入库订单列表界面

具体操作
登录到综合业务平台，利用账号和密码进入“订单管理”系统 选择左侧的工具栏中“订单录入”并点击“入库订单”，进入入库订单列表界面
图　　示

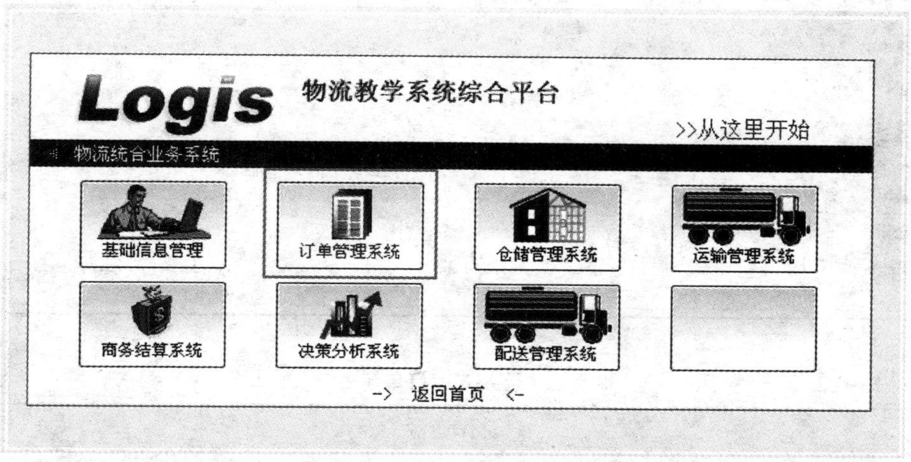

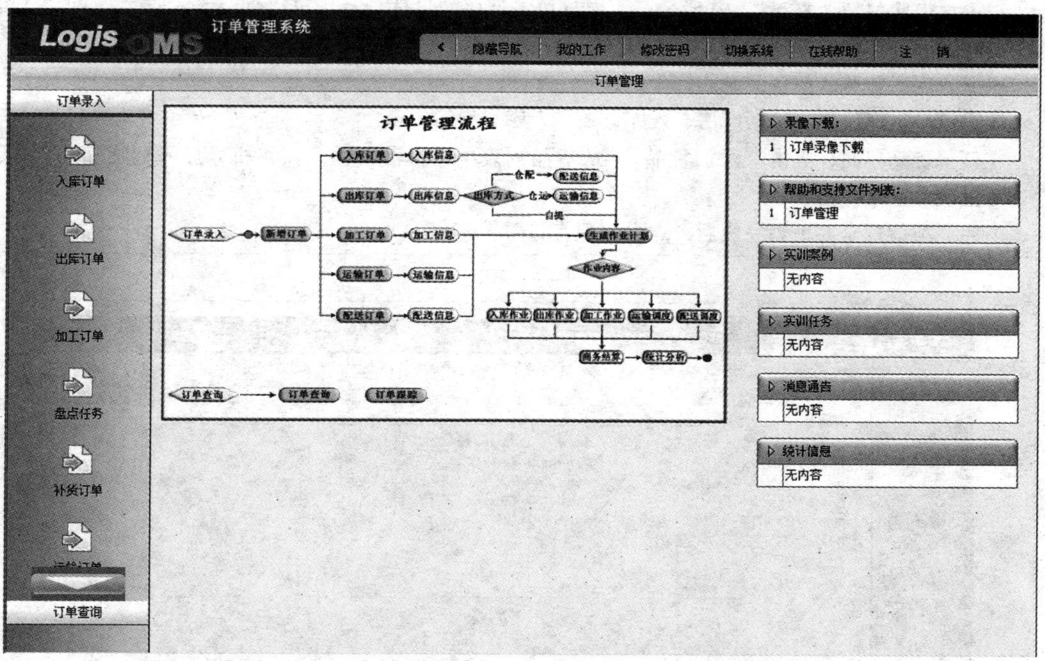

续 表

图 示

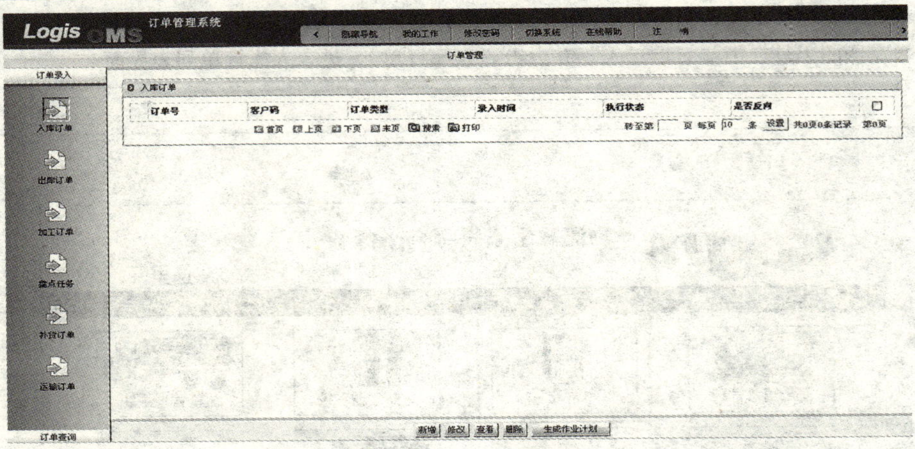

表 2－1－4 **录入入库订单**

具体操作

点击界面底部的“新增”，新增一个入库订单。订单的具体信息，可以划分为：订单信息、订单入库信息、订单货品信息三类

根据入库通知单的信息，录入订单信息

填写订单入库信息，包括库房、入库方式、入库类型等信息

在订单货品界面，点击“添加货品”，从货品列表中选择蒸蛋器和饮水机，加入到货品列表中，并填写批次、数量等信息

上述三项信息全部填写完成后，点击“保存订单”即可

图 示

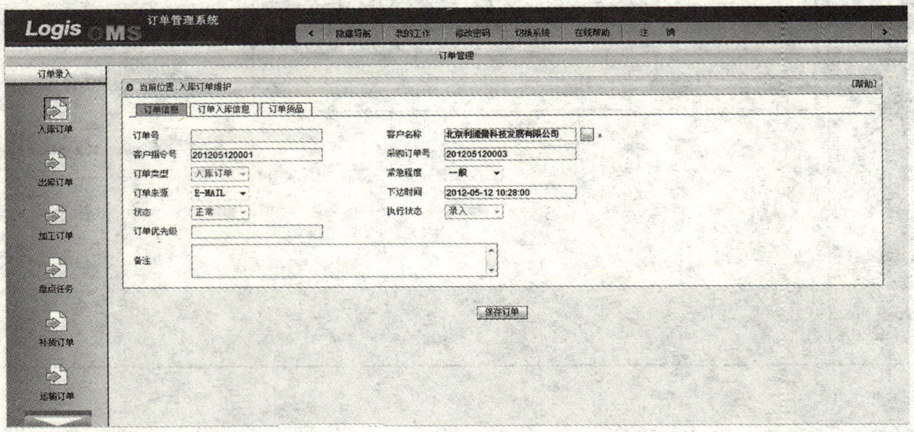

续 表

图 示

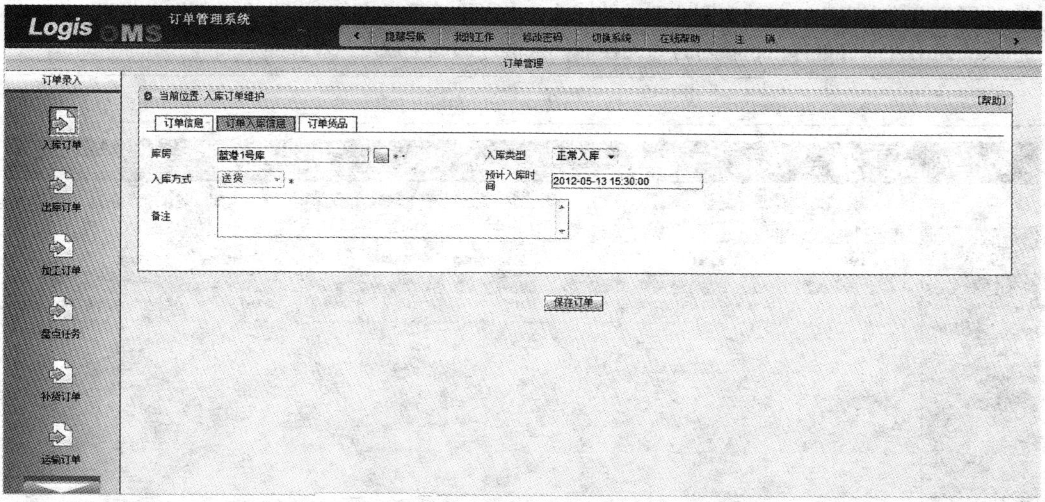

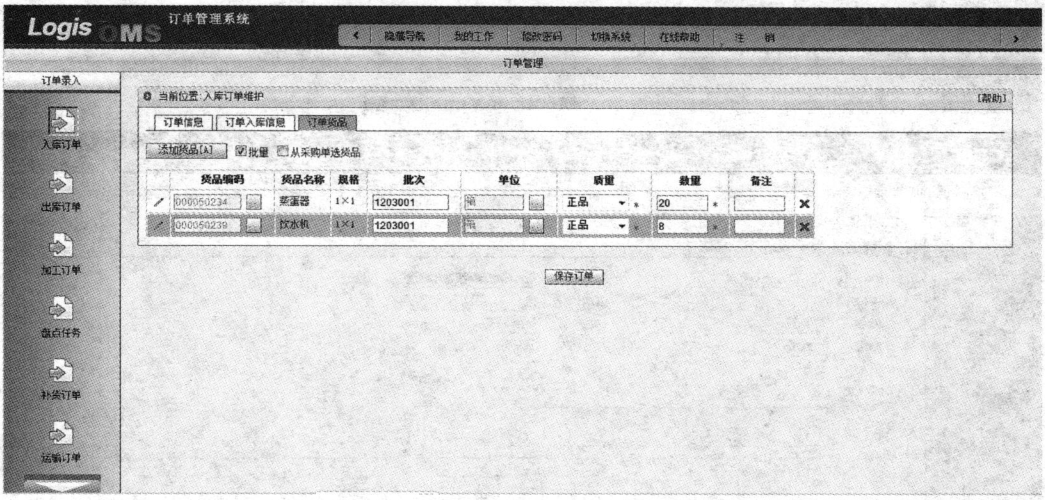

注：信息填写界面中，带有红色星号的信息为必填项。

步骤三：生成作业计划

入库订单保存完毕后，须生成实际的入库作业计划，为货物入库做准备。具体的操作步骤如表 2－1－5 所示。

表 2－1－5　　　　　　　　　　　生成入库作业计划

具体操作
返回到订单列表中，勾选中刚才新增的订单，点击界面底部的“生成作业计划” 系统弹出入库订单界面，核对订单无误后，点击“确认生成”
图　示
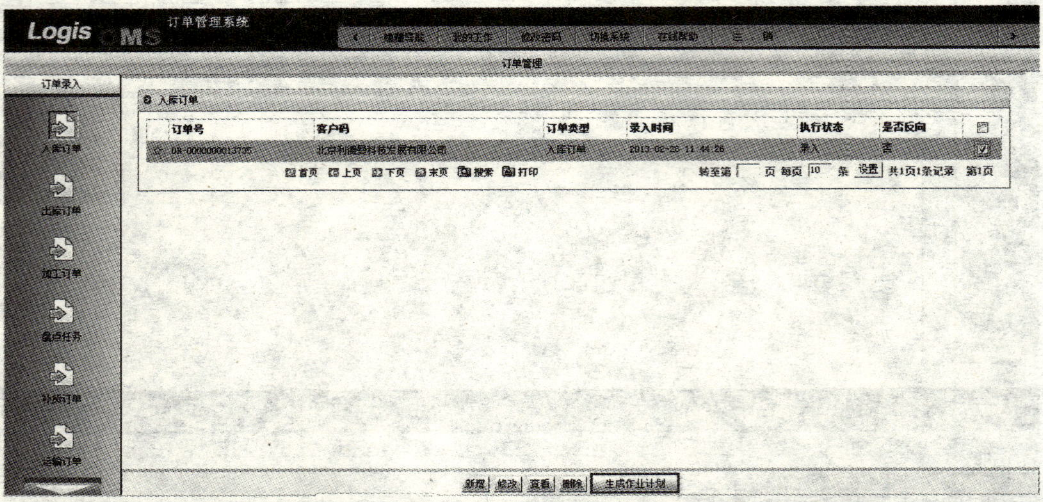
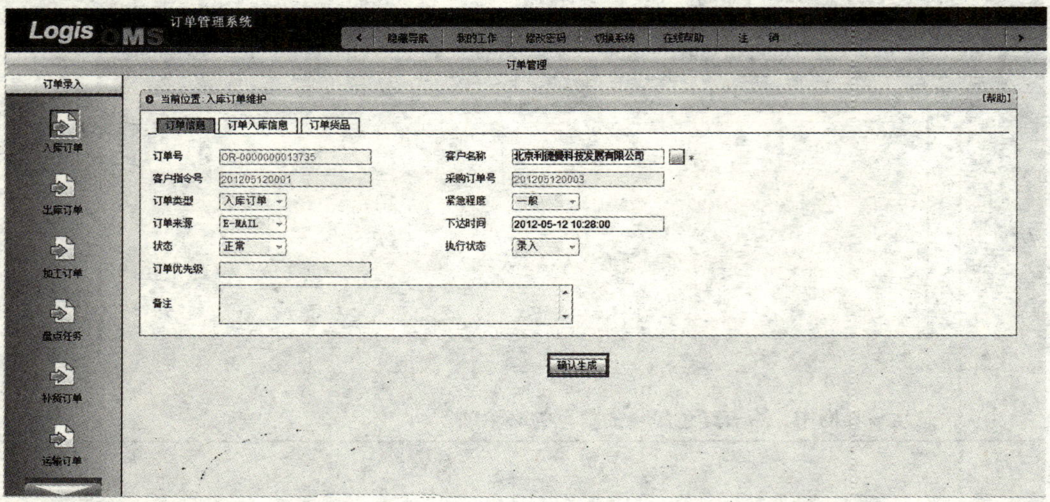

步骤四：入库预处理

作业计划生成后，信息管理员切换到仓储管理系统，为货品分配储位，确定入库储位。具体操作步骤如表 2－1－6 所示。

表 2 –1 –6　　入库储位分配

具体操作
返回综合业务平台，切换到"仓储管理"系统，在左侧作业栏中，选择"入库作业"，进入"入库预处理"界面 选择新生成的入库订单，点击"调度"，进入到入库储位分配界面 在待上架货品中，选中要上架的货品及填写上架的数量，在区编码和储位编码中选择要上架货品的区储位编码，根据入库要求，将蒸蛋器存放在托盘货架区的"A00000"储位上 确定好上架数量后，点击"上架"

图　　示

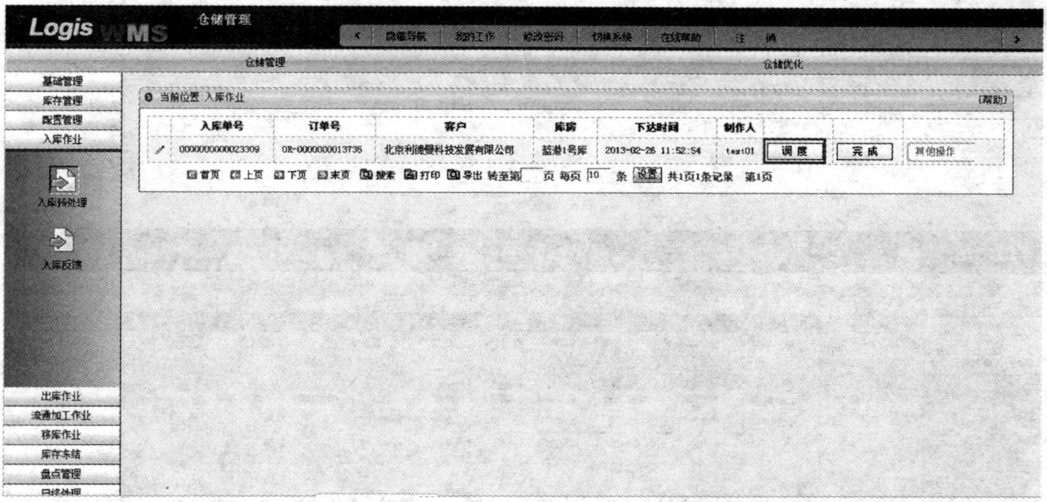

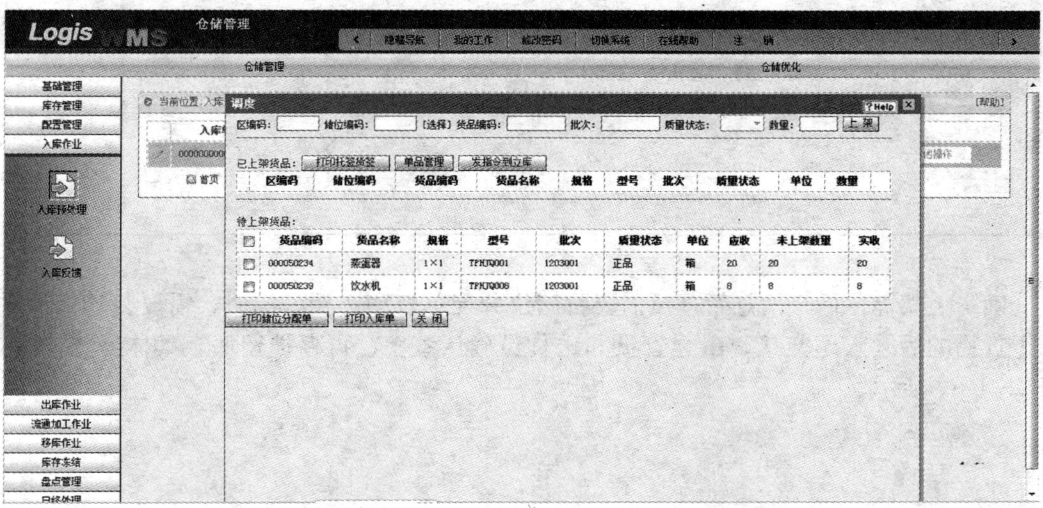

续 表

图 示
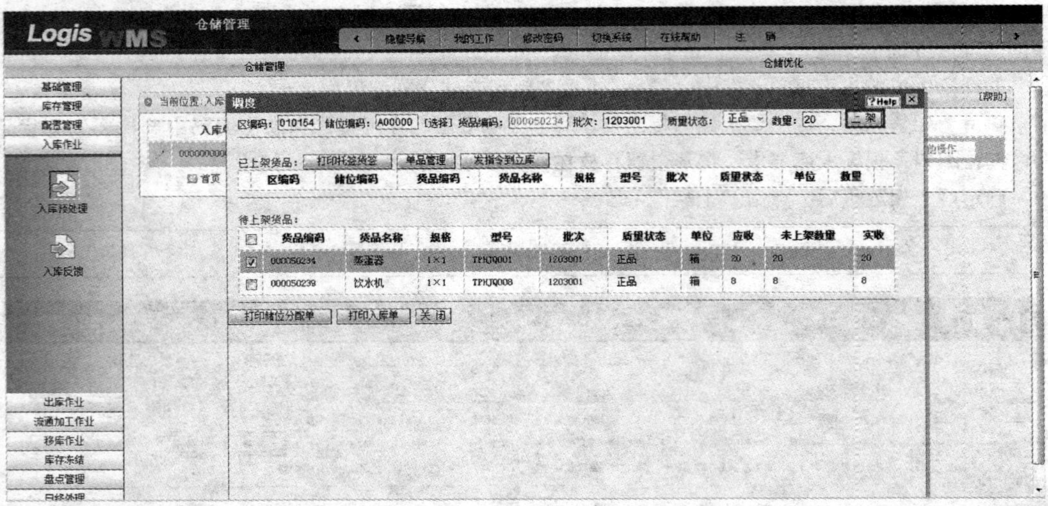 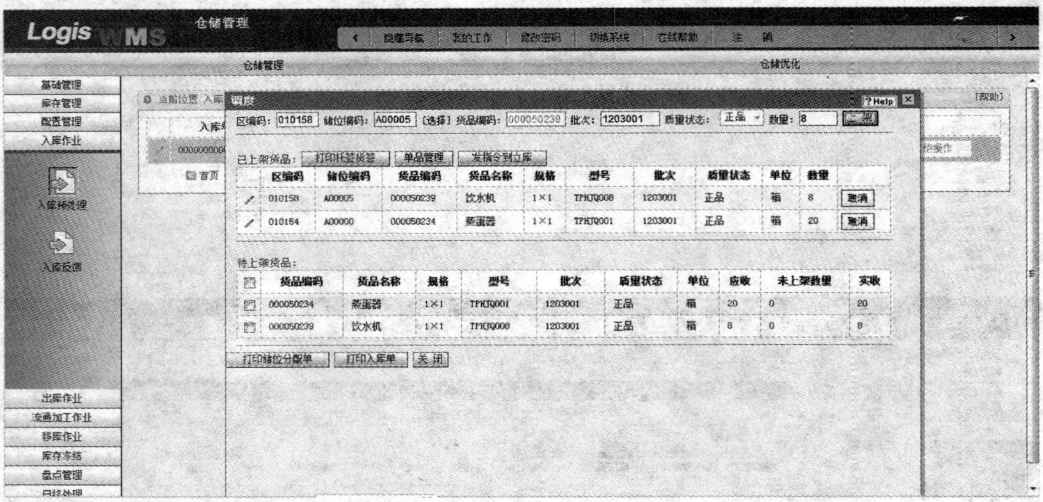

确定上架储位后，信息管理员需要将储位分配单打印存档。同时，需要打印入库单，用于货物的后续入库交接，由仓管员和送货员确认签字，再存档留底，具体操作步骤如表 2 –1 –7 所示。

表 2－1－7　　**准备入库单据**

具体操作
在入库储位分配界面中，分别点击“打印储位分配单”、“打印入库单”，打印入库单据。
图　示

储位分配单

操作编码：0000000000046555

作业单号	0000000000023309			库房	蓝港1号库			
货　品　明　细								
位置	货品编码	货品名称	规格	批次	应放	实放	单位	备注
010158－A00005	9787799917542	饮水机	1×1	1203001	8		箱	
010154－A00000	9787880642365	蒸蛋器	1×1	1203001	20		箱	

打印

续 表

图 示

入 库 单

作业计划单号

000000000023309

text01 配货中心 堂港1号库仓库 应收总数：28.0 实收总数：

客户名称：北京利德曼科技发展有限公司 客户编号:G015121 客户指令号： 日期：

产品名称	条码	规格	单位	应收数量	实收数量	货位号	批号	备注
蒸蛋器	9787880642365	1×1	箱	20				
饮水机	9787799917542	1×1	箱	8				

仓管员(签字)：____________ 送货人(签字)：____________

入库单据准备完成后，完成入库预处理操作，具体操作步骤如表 2－1－8 所示。

表 2－1－8　　完成入库预处理

具体操作
点击入库储位分配界面下方的"关闭"，返回到"入库预处理"界面 选择新增的入库订单，点击"完成"，在弹出的确认调度完成的窗口中点击"确认"，完成入库预处理操作
图　示

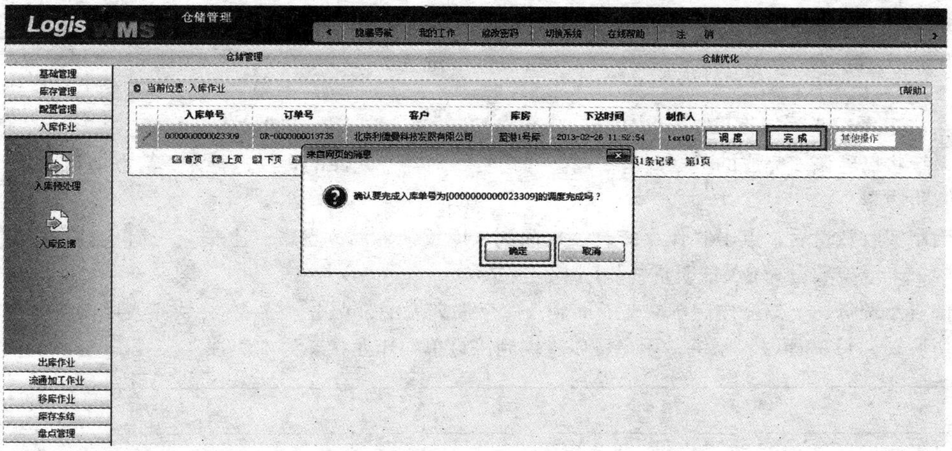

步骤五：货卡填制

货物进行实际的上架操作后，根据仓库内管理规定，填写平堆区的相应货卡，如表 2－1－9 所示。

表 2－1－9　　蓝港 1 号库房——货卡

货卡号：001

货品名称：饮水机　　规格：1×1　　包装单位：箱

2012 年		送货（提货）单位	入库	出库	库存	备注	经手人
月	日						
5	12	北京利德曼科技发展有限公司	8		8		刘忻

货卡填写完毕后放置于货垛指定位置。

步骤六：入库反馈

入库操作完毕后，就应该对将要入库的货品进行理货清点，并根据预处理操作时分配的储位，将货品上架处理，具体操作步骤如表 2－1－10 所示。

表 2－1－10　　入库反馈

具体操作
在“入库作业”操作界面下，选择“入库反馈”，进入到入库反馈操作界面 系统将已经调度完成的单据列出。点击“理货”对需要入库的货物进行入库清点理货操作，填写实际收货数量 确定实收数量后，点击“保存修改”返回到入库反馈界面，点击“上架”，用户会发现在待上架货品中，未上架数量为 0，证明货物均已上架完毕 待货品理货、上架操作完毕后，返回到入库反馈列表中，点击“完成”，货品入库操作完毕 切换到“订单管理”系统，用户可以查询到该订单的作业状态为“完成”
图　示
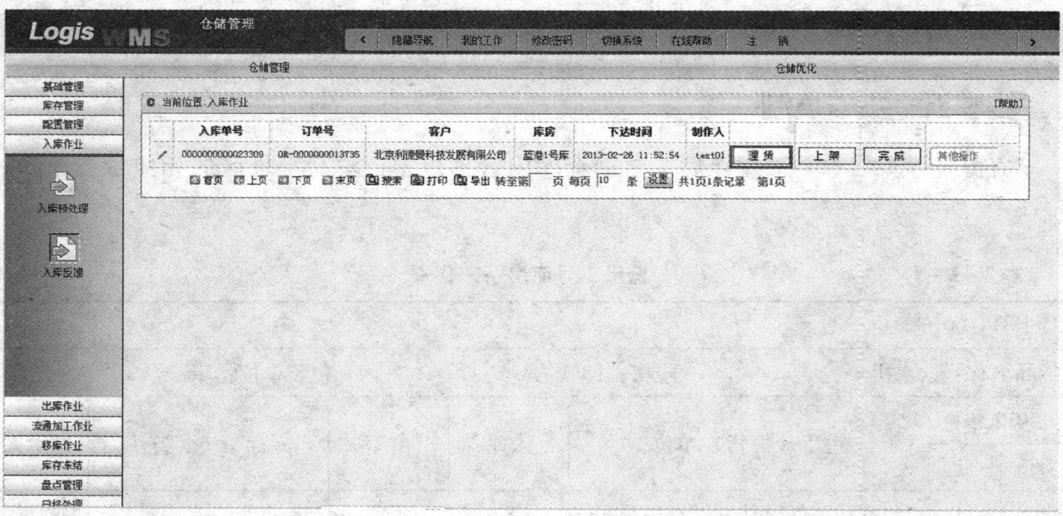

续　表

图　示

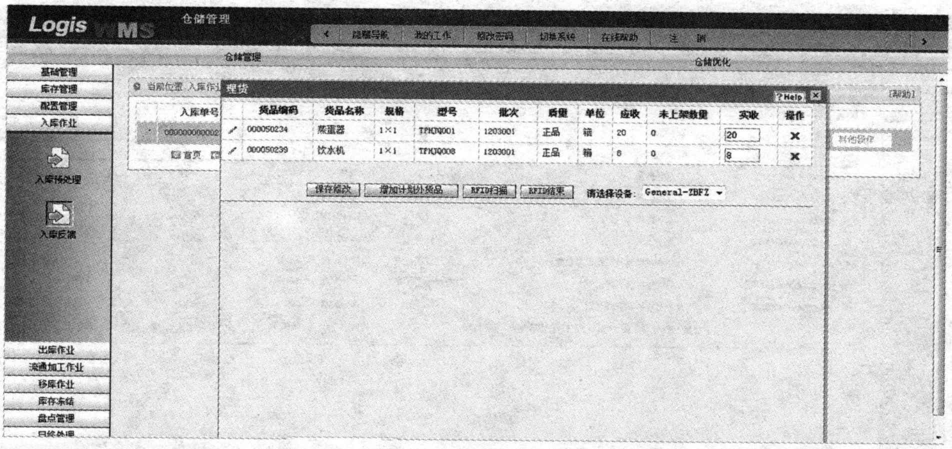
Logis WMS
仓储管理
理货
保存修改
增加计划外货品
RFID扫描
RFID结束
请选择设备：
General-ZBFZ

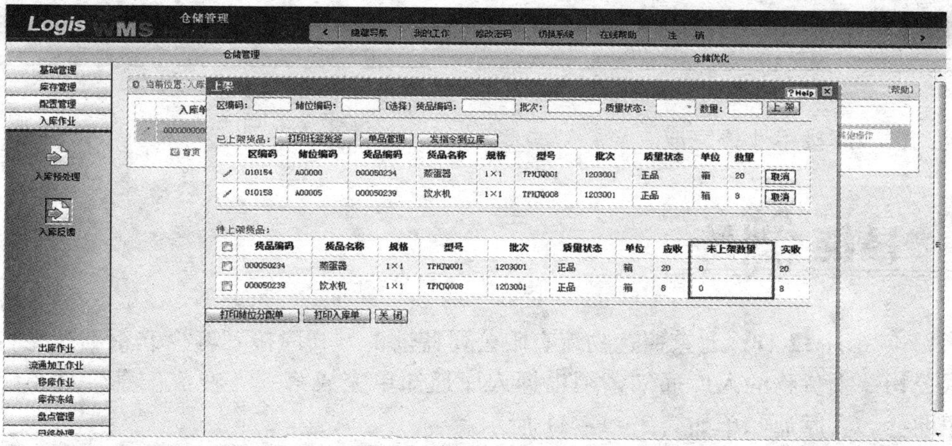
Logis WMS
仓储管理
上架
已上架货品：
打印托盘货签
单品管理
发福令到立库
待上架货品：
打印储位分配单
打印入库单
关 闭

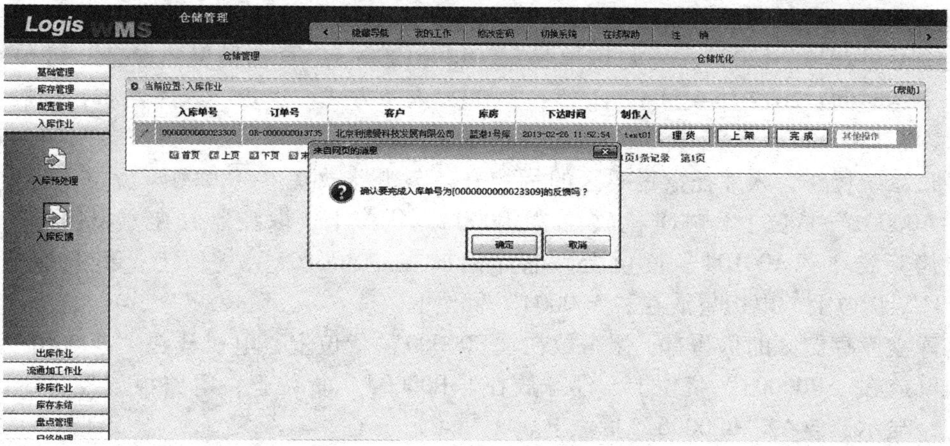
Logis WMS
仓储管理
来自网页的消息
确认要完成入库单号为[0000000000023309]的反馈吗？
确定
取消

续 表

图　示
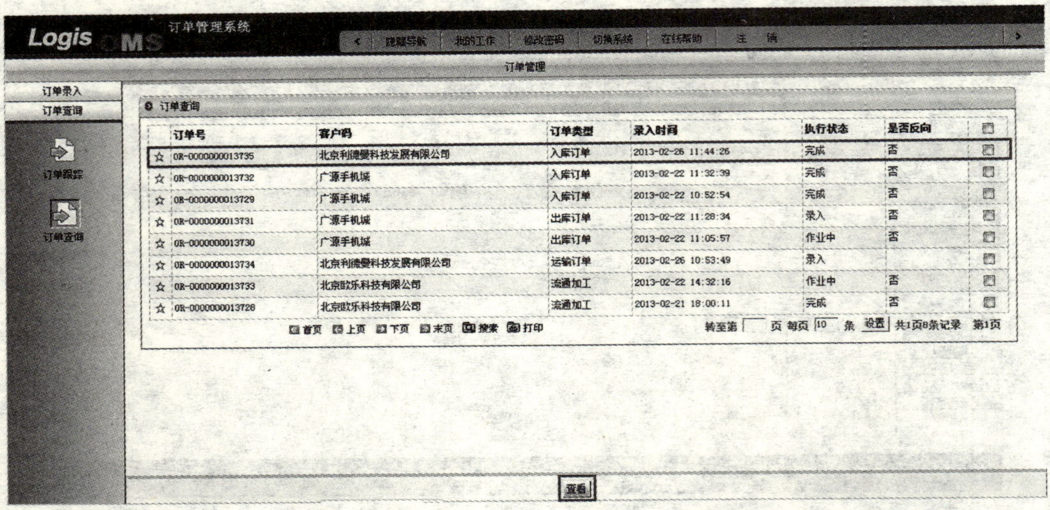

至此，入库接单业务完成。

技能训练

2012 年 6 月 12 日，北京速达物流有限公司蓝港 1 号仓库接到客户北京利德曼科技发展有限公司一批货物的入库通知，须根据入库通知单完成第三方物流信息管理系统的入库接单业务。入库通知单如表 2－1－11 所示。

仓库工作人员刘忻通过初步了解，并与客户沟通核实此项入库业务的具体信息为：客户指令号：20120612003，采购订单号：201206120003，紧急程度：紧急，订单来源：电话，下达时间：2012 年 6 月 12 日 15：12：00，入库方式：送货，入库性质：调拨入库，货品批次：120612。

经过系统操作，入库托盘货架区的货物有：蒸蛋器放在“A00000”货位上；电磁炉放在“A00001”货位上，咖啡机放在“A00002”货位上，取暖器放在“A00103”货位上，电烤箱放在“A00104”货位上，电炸锅放在“A00105”货位上，蒸汽拖把放在“A00003”货位上，电饭煲放在“A00004”货位上。

入库立库存储区的货物有：湿帘放在“B00000”货位上，电机放在“B00001”货位上，风叶放在“B00003”货位上，浮球放在“B00004”货位上，电路板放在“B00005”货位上，显示器放在“B00006”货位上。

表 2－1－11　　入库通知单

仓库名称：蓝港 1 号　　　　2012 年 6 月 12 日

批次	120612						
采购订单号	201206120003						
客户指令号	20120612003			订单来源	E－mail		
客户名称	北京利德曼科技发展有限公司			质　量	正品		
入库方式		送货		入库类型	正常		
序号	货品编号	名称	单位	包装规格（立方毫米）	申请数量	实收数量	备注
1	9787880642365	蒸蛋器	箱	600×400×220	16		
2	9787883203872	电磁炉	箱	440×240×180	15		
3	9787799912714	咖啡机	箱	600×400×220	10		
4	9787799510521	取暖器	箱	600×300×220	12		
5	9787799912707	电烤箱	箱	450×300×200	20		
6	9787885273156	电炸锅	箱	480×320×200	25		
7	9787798966879	蒸汽拖把	箱	700×300×220	14		
8	9787845276156	电饭煲	箱	280×120×90	25		
9	9787500697176	湿帘	箱	600×400×220	20		
10	9787538557138	电机	箱	600×400×220	20		
11	9787514600407	风叶	箱	600×400×220	20		
12	9787511319814	浮球	箱	600×400×220	20		
13	9787538560404	电路板	箱	600×400×220	25		
14	9787798975703	显示器	箱	600×400×220	25		
15	9787880701203	冰箱	箱	1500×550×600	2		
16	9787798928860	洗衣机	箱	900×500×490	2		
17	9787512503205	银质袖扣	箱	600×400×220	20		
18	9787888382534	玛瑙袖扣	箱	600×400×220	20		
19	9787799436845	铜质袖扣	箱	600×400×220	20		
20	9787540453770	水晶袖扣	箱	600×400×220	20		
合　　计					351		

制单人：李华　　　　送货员：宋立青　　　　仓管员：

入库平堆区的货物有：冰箱放在“B00006”货位上，洗衣机放在“C00006”货位上，此时速达物流的仓储部仓库主管交给仓库工作人员刘忻一份新的垛卡，以记录平堆区新增货品出入库情况，货品入库后填写此货卡，货卡编号001和002。蓝港1号库房的空白垛卡如表2－1－12所示。

表2－1－12 蓝港1号库房——货卡

货卡号：

货品名称： 规格： 包装单位：

<table>
<tr><td colspan="2">年</td><td rowspan="2">送货（提货）单位</td><td rowspan="2">入库</td><td rowspan="2">出库</td><td rowspan="2">库存</td><td rowspan="2">备注</td><td rowspan="2">经手人</td></tr>
<tr><td>月</td><td>日</td></tr>
<tr><td></td><td></td><td></td><td></td><td></td><td></td><td></td><td></td></tr>
<tr><td></td><td></td><td></td><td></td><td></td><td></td><td></td><td></td></tr>
<tr><td></td><td></td><td></td><td></td><td></td><td></td><td></td><td></td></tr>
<tr><td></td><td></td><td></td><td></td><td></td><td></td><td></td><td></td></tr>
<tr><td></td><td></td><td></td><td></td><td></td><td></td><td></td><td></td></tr>
</table>

入库电子拣选区的货物有：银质袖扣放在“A00007”货位上，玛瑙袖扣放在“A00008”货位上，铜质袖扣放在“A00009”货位上，水晶袖扣放在“A00010”货位上。

请你以刘忻的身份完成这项入库接单业务。

实训任务二　在库制单

任务引入

北京速达物流有限公司蓝港1号仓库的在库作业包括移库作业、盘点作业及流通加工作业，各项作业均涉及制单作业。

一、移库作业

2012年6月23日，仓管工作人员为了提高出入库速度，根据货物的出入库频率对仓库内各储区的货物进行了优化管理，决定将立库存储区“B00300”储位上名称为湿帘（货品编码为9787500697176，数量为20箱）的货物移至立库存储区“B00000”储位上。接下来，工作人员须根据上述信息完成移库作业制单，为移库作业做准备。

二、补货作业

2012年6月25日上午，速达物流蓝港1号库房的仓库主管查看库存情况时发现，电子拣货区“钻石袖扣”这个货品目前的库存量为10箱，而该货品的补货配置信息如表2-2-1所示。

表2-2-1　　补货配置信息

货品编码	库房	区编码	储位编码	补货点	最大库存	包装单位
钻石袖扣	蓝港1号	电子拣选区	A00007	11	20	箱

仓库主管根据上述信息制订了补货计划，并向仓管员发送了补货指令，如图2-2-1所示。

补货作业的货品需要从托盘货架区分别下架货品，放到补货暂存区拆零，再上架到电子货架进行补货上架操作。

请根上述信息完成托盘货架区的补货作业任务。

仓库：蓝港 1 号　　　　　　　　　　　　　　　　　　　　　　　　时间：2012 年 6 月 25 日

<table>
<tr><td>请 仓管员 按照下列指令完成补货作业：

请根据补货指令的指示，从托盘货架区的相应货位将对应的货品补货下架至补货暂存区，然后从对其中的一箱货品拆零补货上架至电子拣选货架的对应货位。</td></tr>
<tr><td>备注：</td></tr>
</table>

制单人：丁维山　　　　　　　　　　　　　　　　　　　　　　　　仓库主管：

图 2－2－1　补货指令

三、盘点作业

速达物流执行月盘制度，盘点时间为每个月的 27 日和 28 日两天。但近期托盘货架区的货物流通速度较快，为保证库存数量的准确性，2012 年 6 月 28 日，仓库主管交给仓管员葛玉东一份托盘货架区的库存明细，如表 2－2－2 所示。要求仓管员作为盘点人员对托盘货架区进行一次盘点，盘点类型为按区域盘。

表 2－2－2　　　　　　　　　　　　库存明细

托盘货架区库存图

单位：箱

储位	A00200	A00201	A00202	A00203	A00204	A00205
货物名称	蒸蛋器	电磁炉	咖啡机	取暖器	电烤箱	电炸锅
数量	30	20	20	20	25	25
储位	A00100	A00101	A00102	A00103	A00104	A00105
货物名称	蒸蛋器	电饭煲	蒸汽拖把	无	无	无
数量	30	20	10	0	0	0
储位	A00000	A00001	A00002	A00003	A00004	A00005
货物名称	无	无	无	无	无	无
数量	0	0	0	0	0	0

续 表

储位	B00200	B00201	B00202	B00203	B00204	B00205
货物名称	无	无	无	无	无	无
数量	0	0	0	0	0	0
储位	B00100	B00101	B00102	B00103	B00104	B00105
货物名称	胶水	文件收纳	笔筒	订书器	笔记本	计算器
数量	20	20	20	20	20	20
储位	B00000	B00001	B00002	B00003	B00004	B00005
货物名称	文具盒	削笔器	剪刀	胶带	尺子	橡皮
数量	20	20	20	20	20	20
储位	C00200	C00201	C00202	C00203	C00204	C00205
货物名称	无	无	无	无	无	无
数量	0	0	0	0	0	0
储位	C00100	C00101	C00102	C00103	C00104	C00105
货物名称	无	无	无	无	无	无
数量	0	0	0	0	0	0
储位	C00000	C00001	C00002	C00003	C00004	C00005
货物名称	贝壳袖扣	钢质袖扣	珐琅质袖扣	银质袖扣	玛瑙袖扣	铜质袖扣
数量	20	20	20	20	20	20
储位	D00200	D00201	D00202	D00203	D00204	D00205
货物名称	无	无	无	无	无	无
数量	0	0	0	0	0	0
储位	D00100	D00101	D00102	D00103	D00104	D00105
货物名称	水晶袖扣	宝石袖扣	钻石袖扣	合金袖扣	珍珠袖扣	镀金领带夹
数量	20	20	20	20	20	20
储位	D00000	D00001	D00002	D00003	D00004	D00005
货物名称	银质领带夹	铁质领带夹	合金领带夹	自动皮带扣	针式皮带扣	手工皮带扣
数量	20	20	20	20	20	20

接下来，工作人员须根据任务要求准备盘点作业单。

四、流通加工作业

货品袖扣低端礼盒是由贝壳袖扣、钢质袖扣、珐琅质袖扣各一件组成的成套货品。2012 年 6 月 29 日，工作人员发现袖扣低端礼盒这一货品库存不足，需要从电子拣选区下架贝壳袖扣（储位：A00100）、钢质袖扣（储位：A00101）和珐琅质袖扣（储位：A00102）各 2 个来组合成 2 套袖扣低端礼盒，并上架到电子拣选区的 A00008 储位上。

该加工订单的加工指令号：20120629001，采购订单号：201206280012，订单来源：E－mail，紧急程度：一般，下达时间：2012 年 6 月 29 日 09：42：00。

接下来，工作人员须根据上述信息，填制流通加工订单。

任务实施

步骤一：移库作业制单

确定移库作业后，信息管理员须进入仓储管理系统填制并准备移库作业单，具体的操作过程如表 2－2－3 至表 2－2－7 所示。

表 2－2－3　　登录移库作业列表界面

具体操作
利用账号和密码登录到综合业务平台，进入“仓储管理”系统 选择左侧的工具栏的“移库作业”模块并点击“移库作业单”，进入移库作业列表界面
图　示
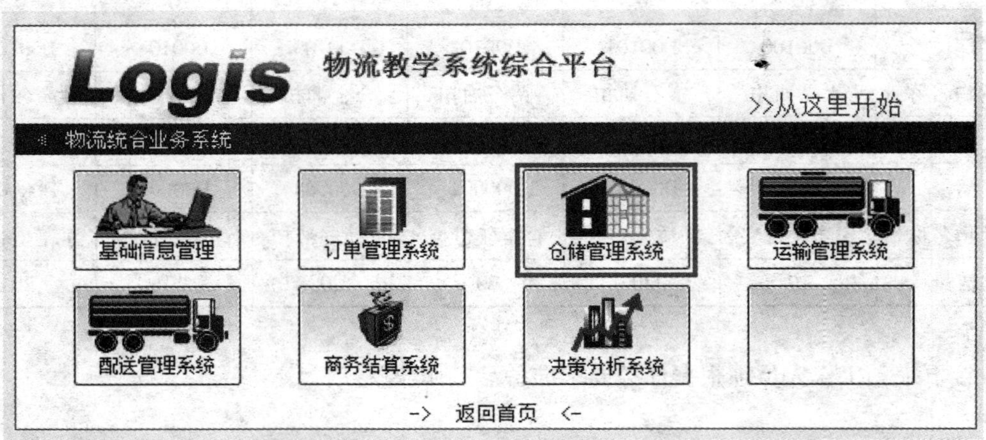

续　表

图　示

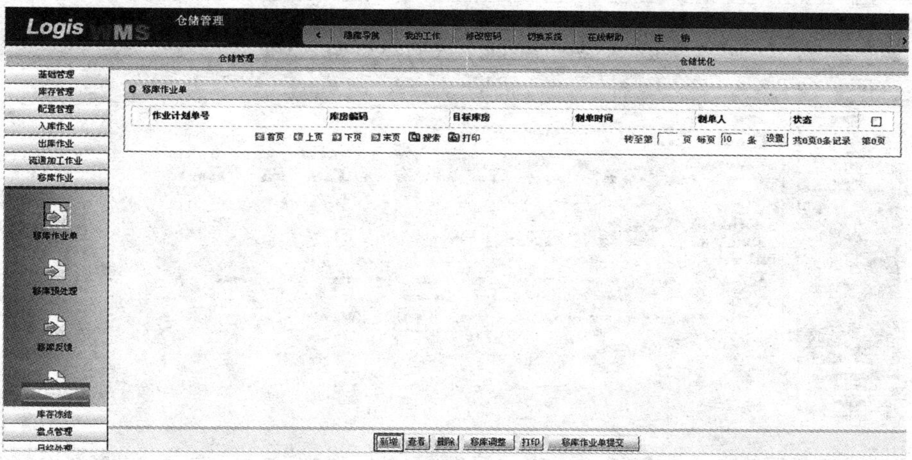

表 2－2－4　　录入移库作业单

具体操作

点击移库作业列表界面底部的“新增”按钮，进入到移库作业单填写界面

填写需要移库的库房信息：源库房与目标库房。在下方的“源—库存条目”列表中，查询需要移库货品的库存情况：选择正确的区编码和储位编码以及客户编码，点击“查询库存”，系统就会按查询条件过滤出可以移动的库存货品

根据库存货品的库存量确定移库量，点击移库货品右侧的上移箭头，将货品移动到移库条目区域

在移库目标区域，选择目标储位，确定移库的目标区域后，点击界面下方的“保存”按钮，即完成移库作业单的信息录入

图　示

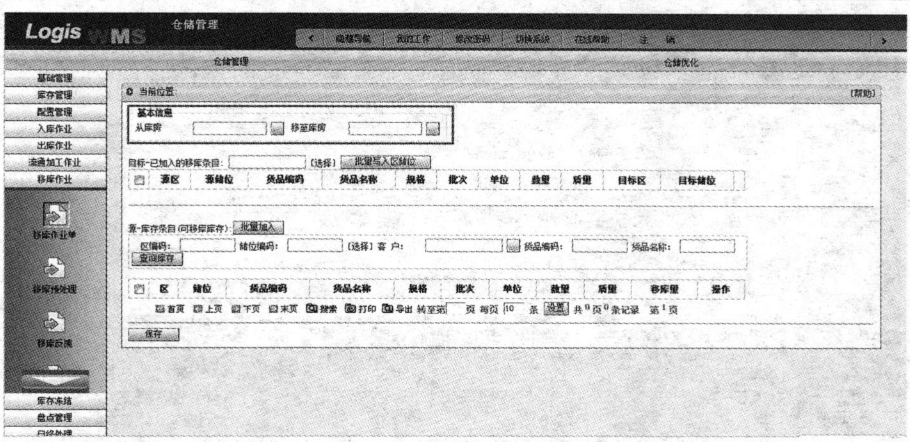

续 表

图 示
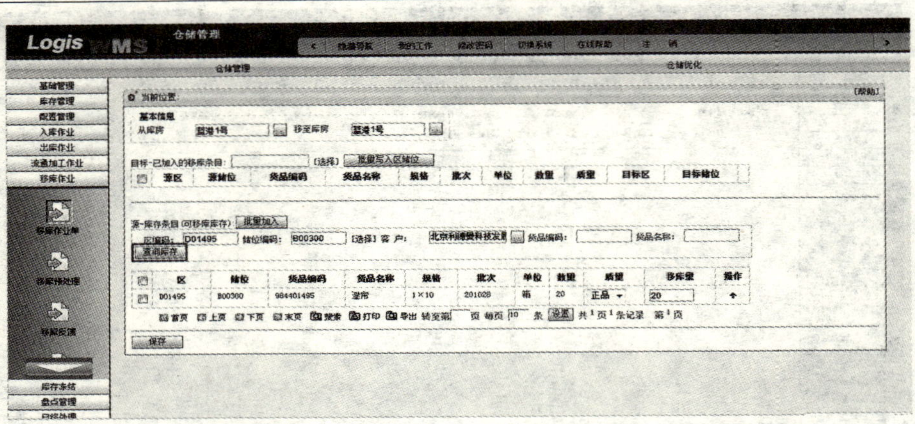

备注：在选择源储位“区编码”时，要根据源储区的名称进行选择，即寻找储区名称为“立库仓库区”的区域。设定好储区后，直接寻找“B00300”储位即可。

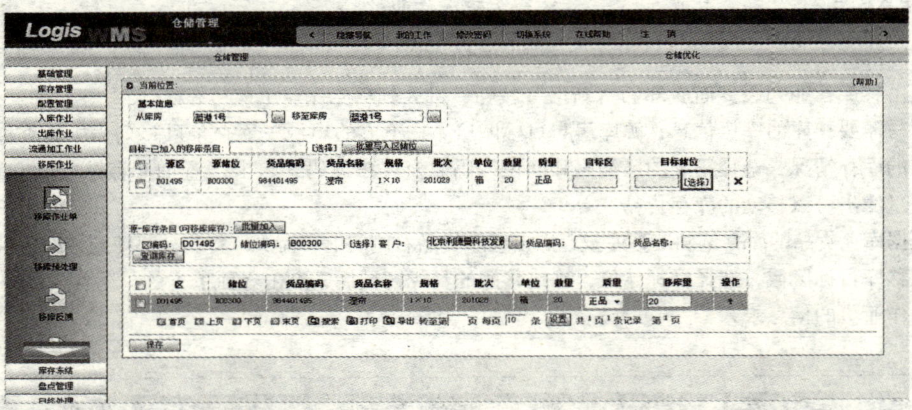

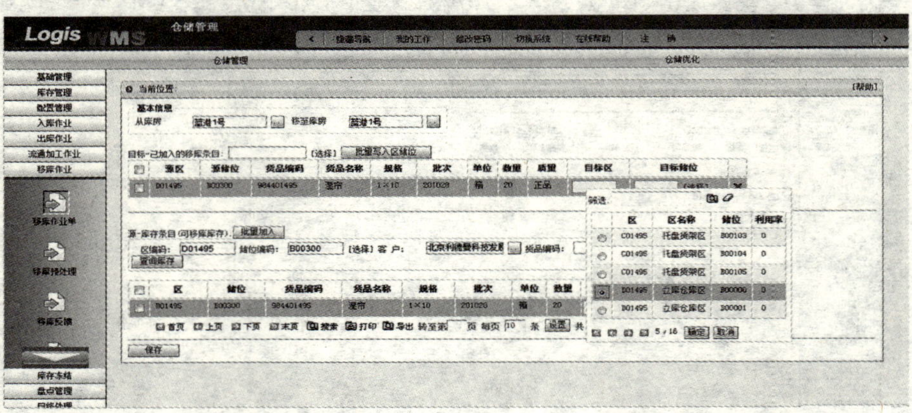

续 表

图 示

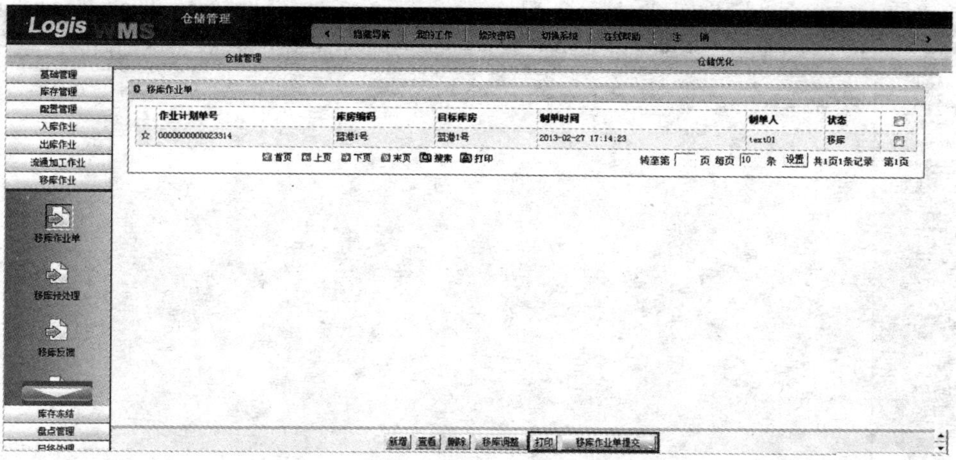

表 2-2-5　　打印移库作业单

具体操作

勾选正确的作业计划单号对应的订单，点击“打印”按钮，即可打印移库作业单

勾选正确的作业计划单号对应的订单，点击“移库作业单提交”按钮，即可提交本次移库作业计划单，并准备进行移库作业

图 示

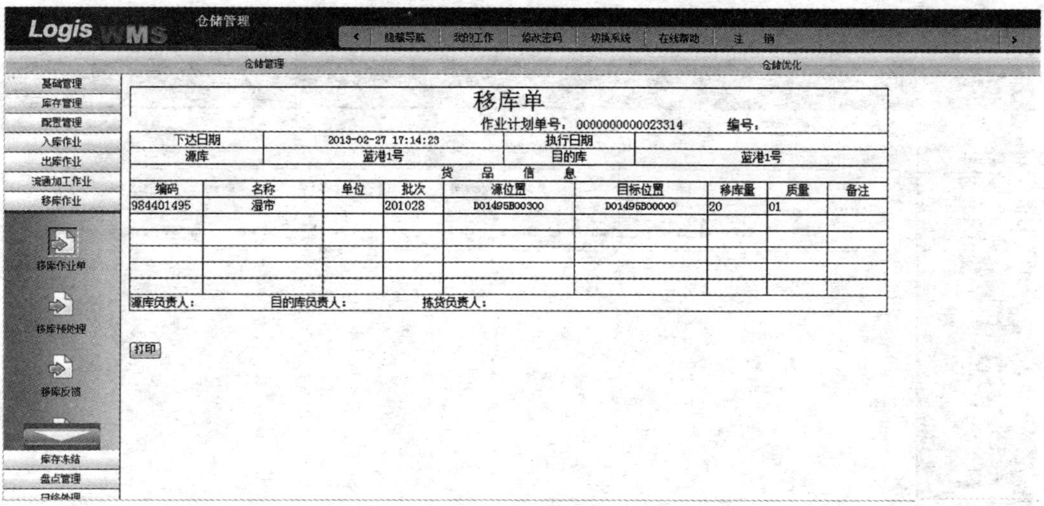

续 表

图 示
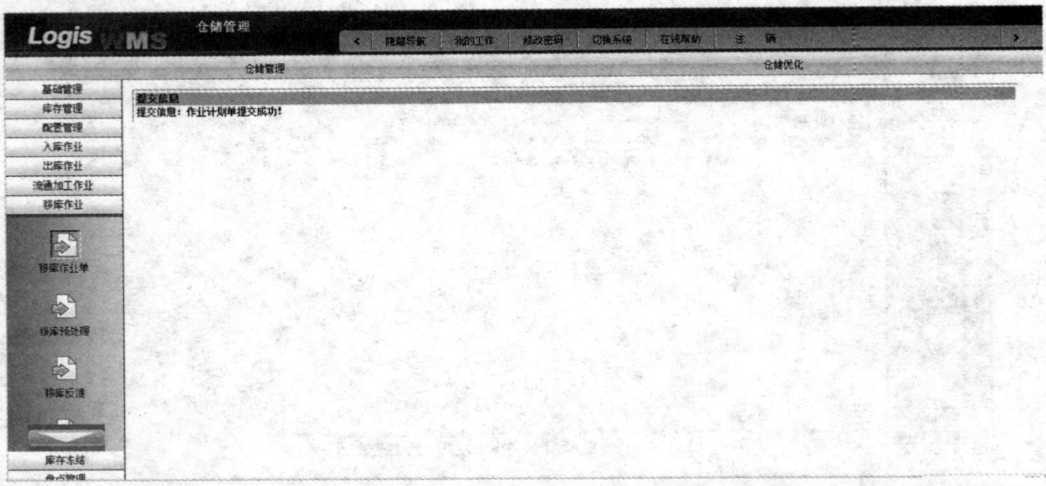

表 2-2-6　　移库预处理

具体操作
点击“移库作业”模块下的“移库预处理”，进入移库作业单列表界面 勾选正确的作业计划单号对应的订单，点击“调度”按钮，进入移库调度界面 在“基本信息”标签中查看移库作业的源区域和目标区域是否设定正确 查看并确认移库单基本信息、拣货情况、上架情况和资源调度后，点击“调度完成”按钮
图 示
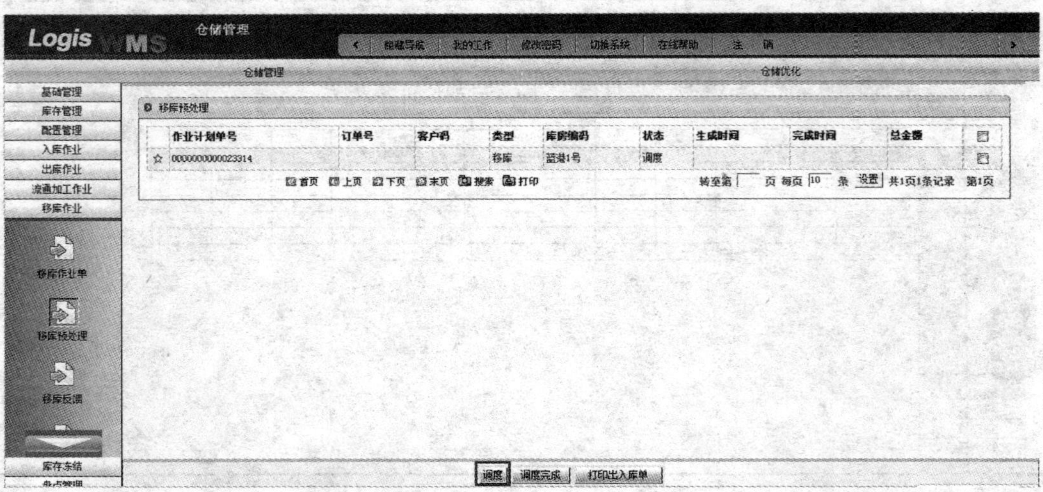

续 表

图 示
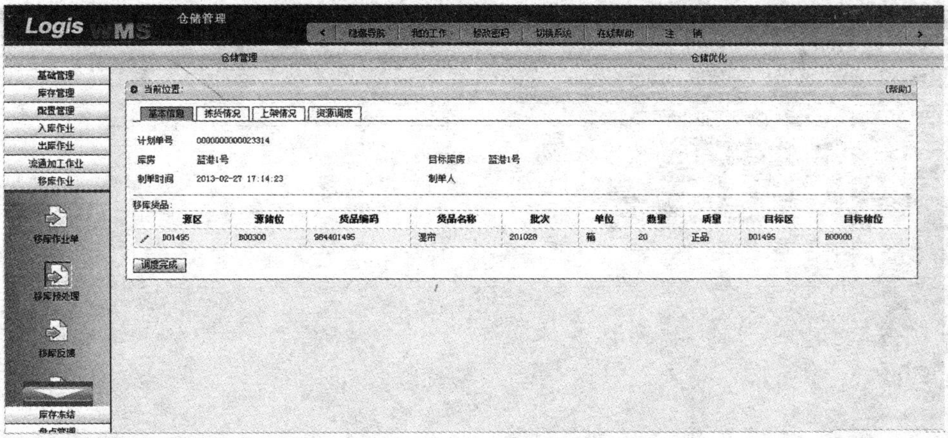Logis WMS 仓储管理 仓储管理 仓储优化 基础管理 库存管理 配置管理 入库作业 出库作业 流通加工作业 移库作业 移库作业单 移库预处理 移库反馈 库存冻结 当前位置: [帮助] 基本信息 拣货情况 上架情况 资源调度 计划单号 0000000000023314 库房 蓝港1号 目标库房 蓝港1号 制单时间 2013-02-27 17:14:23 制单人 移库货品: 源区 源储位 货品编码 货品名称 批次 单位 数量 质量 目标区 目标储位 D01495 B00300 984401495 湿巾 201028 箱 20 正品 D01495 B00000 调度完成 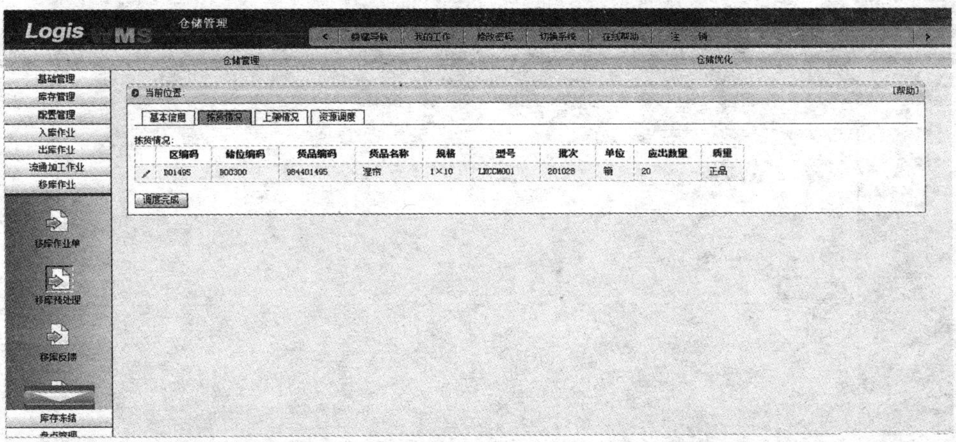Logis WMS 仓储管理 仓储管理 仓储优化 当前位置: [帮助] 基本信息 拣货情况 上架情况 资源调度 拣货情况: 区编码 储位编码 货品编码 货品名称 规格 型号 批次 单位 应出数量 质量 D01495 B00300 984401495 湿巾 1×10 LXCCM001 201028 箱 20 正品 调度完成 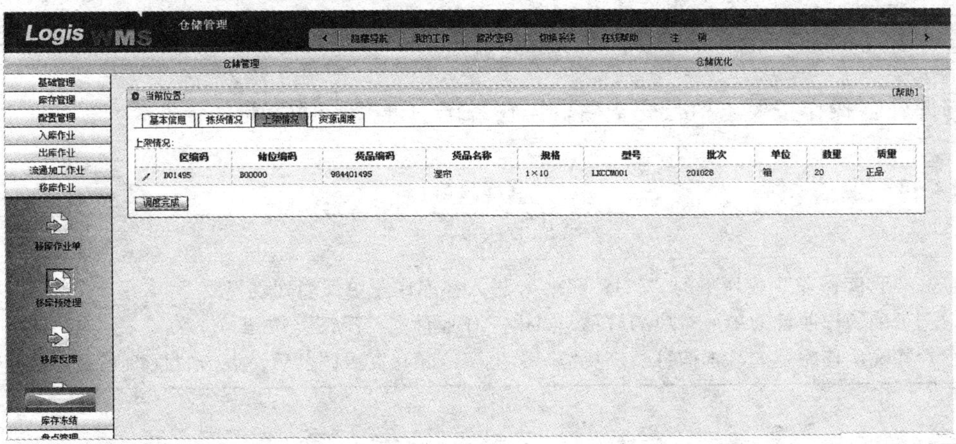Logis WMS 仓储管理 仓储管理 仓储优化 当前位置: [帮助] 基本信息 拣货情况 上架情况 资源调度 上架情况: 区编码 储位编码 货品编码 货品名称 规格 型号 批次 单位 数量 质量 D01495 B00000 984401495 湿巾 1×10 LXCCM001 201028 箱 20 正品 调度完成

续　表

图　　示
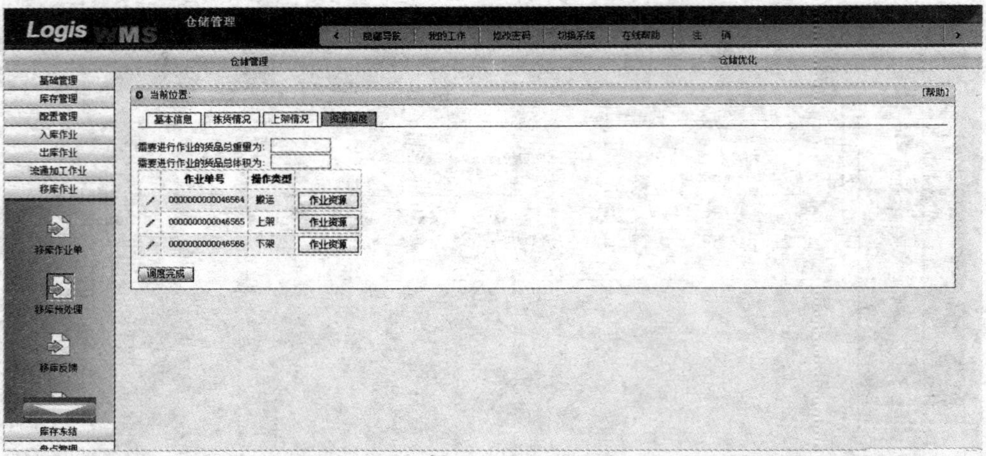 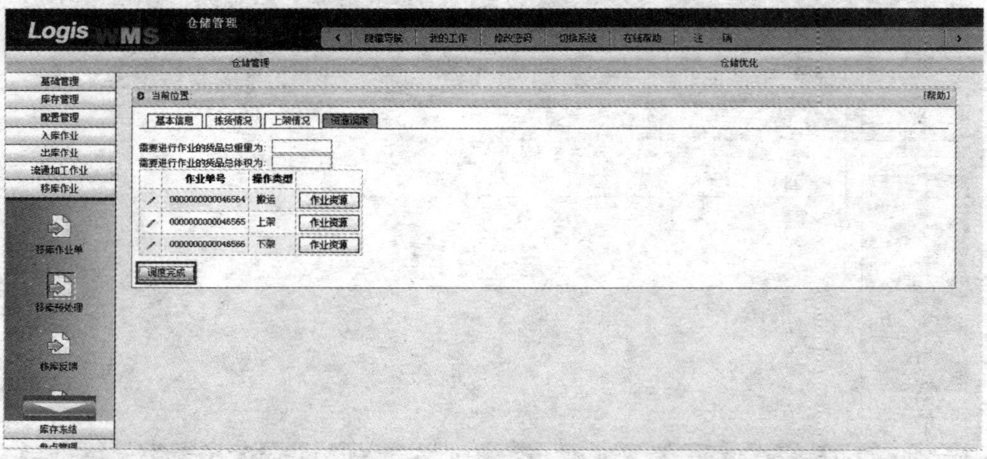

移库作业操作按要求执行完毕后，需在系统中进行移库反馈。

表 2－2－7　　移库反馈

具体操作
点击“移库作业”模块下的“移库反馈”，进入移库作业单反馈列表界面 勾选正确的作业计划单号对应的订单，点击“作业计划单反馈”按钮 查看并确认移库单的基本信息、拣货情况、上架情况和资源调度后，点击“反馈完成”按钮

续 表

图 示

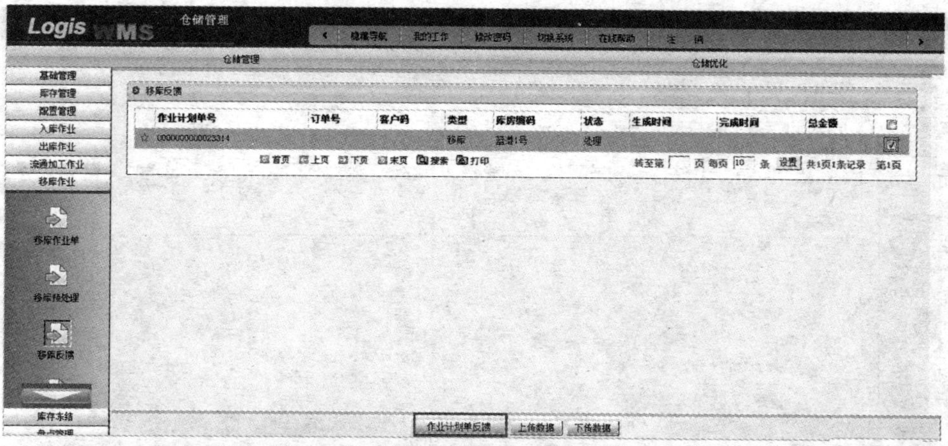
Logis WMS
仓储管理
移库反馈
作业计划单号
订单号
客户码
类型
库房编码
状态
生成时间
完成时间
总金额
作业计划单反馈
上传数据
下传数据

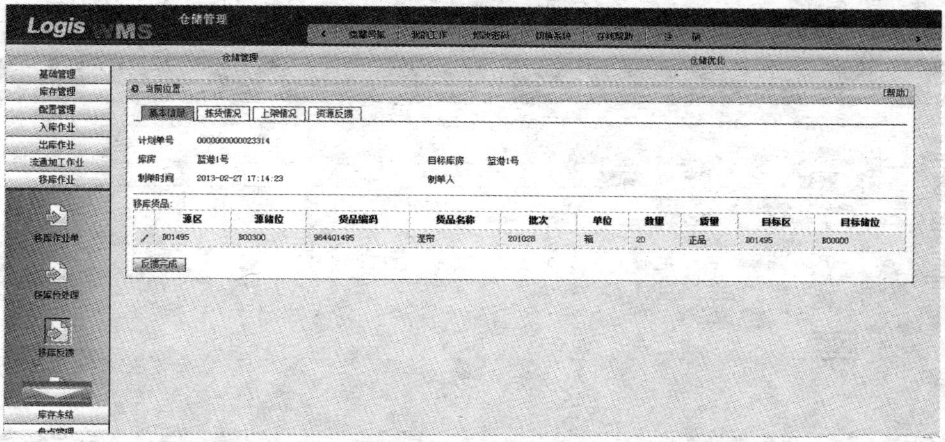
Logis WMS
仓储管理
当前位置
基本信息
拣货情况
上架情况
资源反馈
计划单号
库房
制单时间
目标库房
制单人
移库货品
源区
源储位
货品编码
货品名称
批次
单位
数量
质量
目标区
目标储位
反馈完成

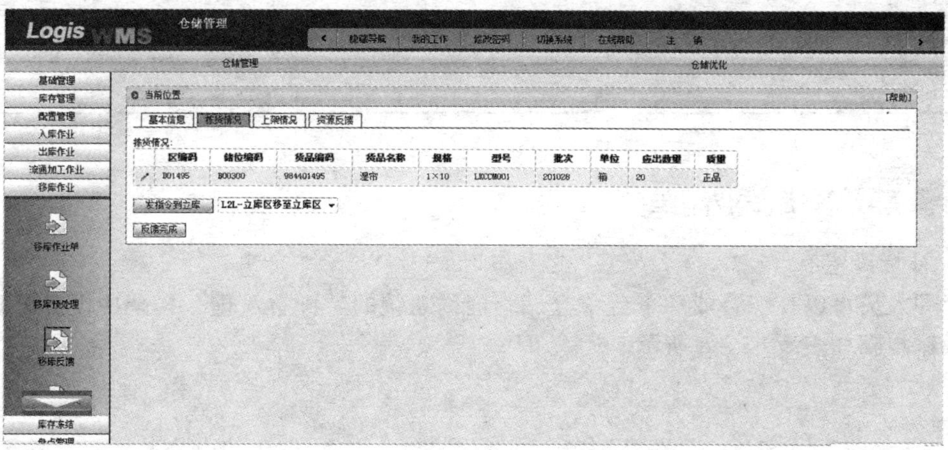
Logis WMS
仓储管理
当前位置
基本信息
拣货情况
上架情况
资源反馈
拣货情况
区编码
储位编码
货品编码
货品名称
规格
型号
批次
单位
应出数量
质量
反馈完成

续 表

图 示
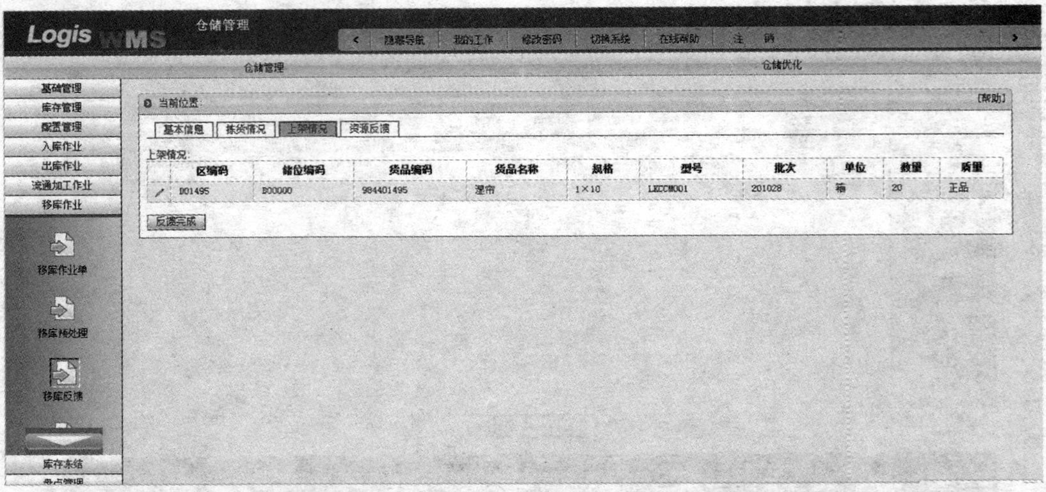 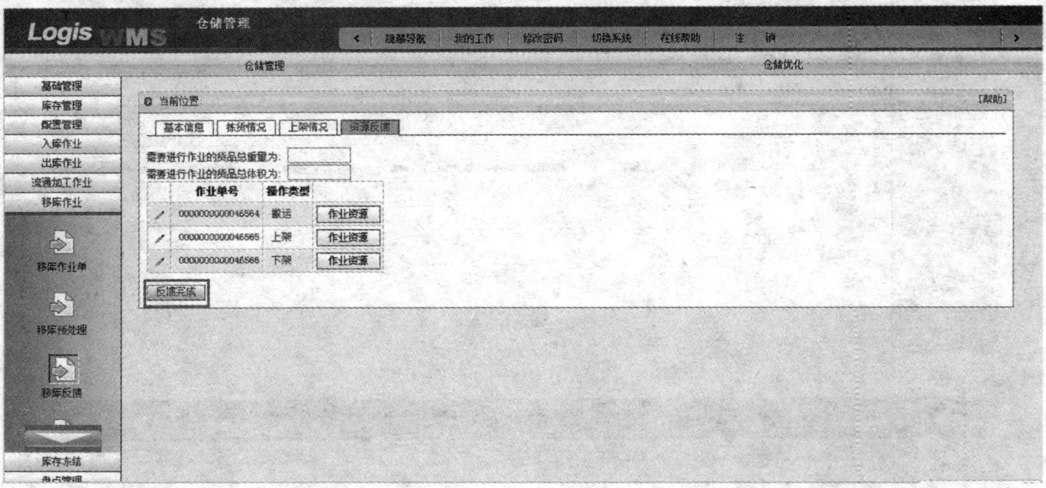

步骤二：补货作业制单

1. 补货设置

管理人员可以在综合业务平台“仓储管理”系统的“配置管理”模块中设置补货点。具体操作步骤如表 2－2－8 所示。

表 2－2－8　　**补货设置**

具体操作
利用账号和密码登录到综合业务平台，进入“仓储管理”系统。选择左侧的工具栏的“配置管理”模块并点击“补货设置”，进入补货设置界面 点击“新增”，填写补货相关信息，填写完成后，点击“提交”，即可将上述补货管理信息录入 返回设置的初始界面，可对上述设定信息进行查看和修改
图　　示
 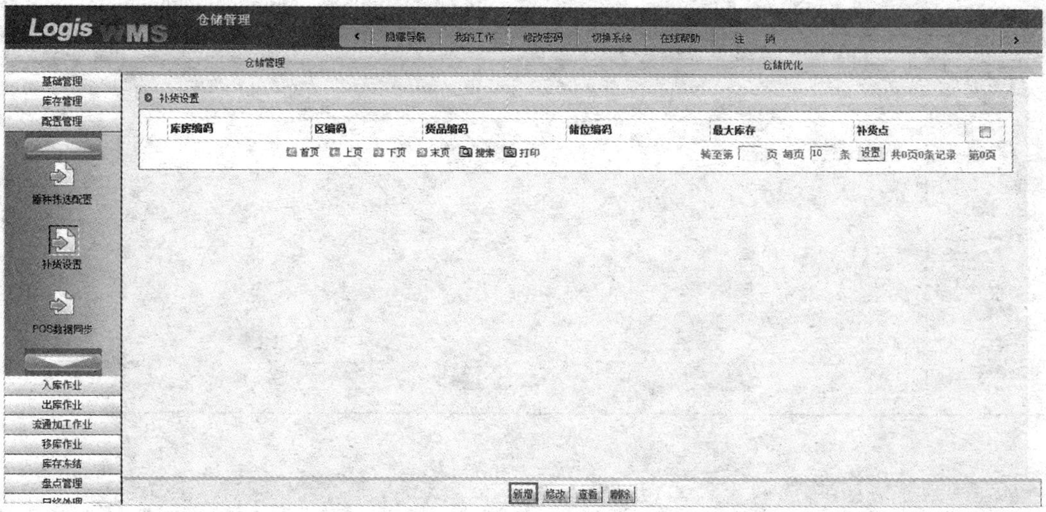

续 表

图 示

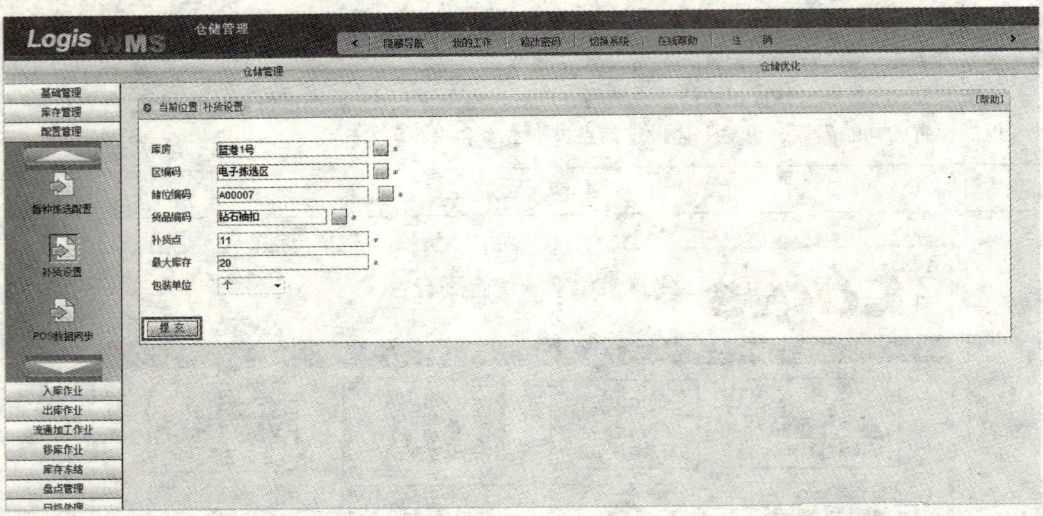

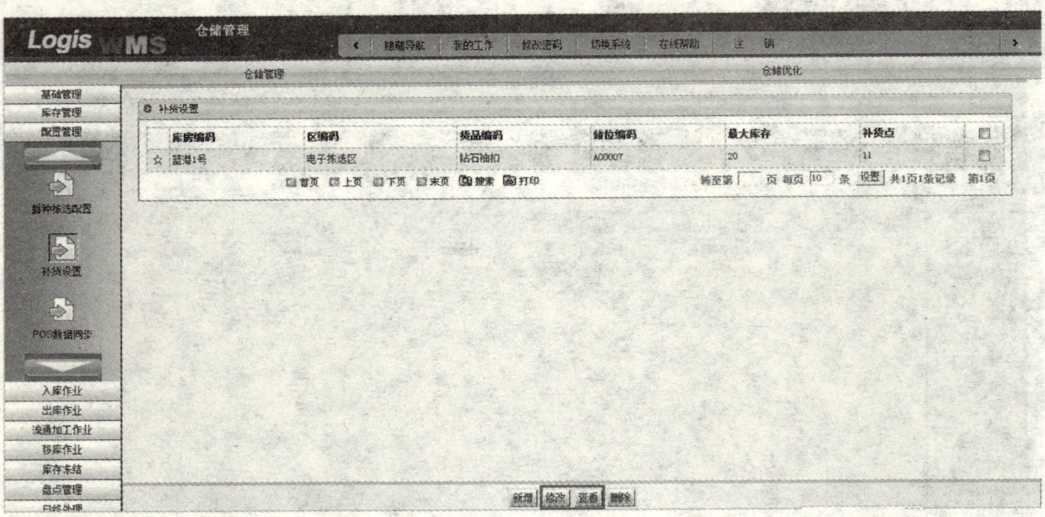

2. 进行补货作业

接受补货指令后，信息管理员须进入订单管理系统填制补货订单。具体的操作过程如表 2 – 2 – 9 所示。

表 2－2－9　　**进行补货作业单录入**

具体操作

切换到“订单管理”系统，点击“订单录入”模块下的“补货订单”，进入补货订单列表界面

点击补货订单列表界面底部的“新增”按钮，进入到补货订单填写界面

按照补货指令要求录入相关信息，补货指令录入完毕后，点击“生成补货单”，即补货指令已生成

勾选已录入完毕的补货单，然后点击“补货作业单提交”，即补货指令处理完毕

图　　示

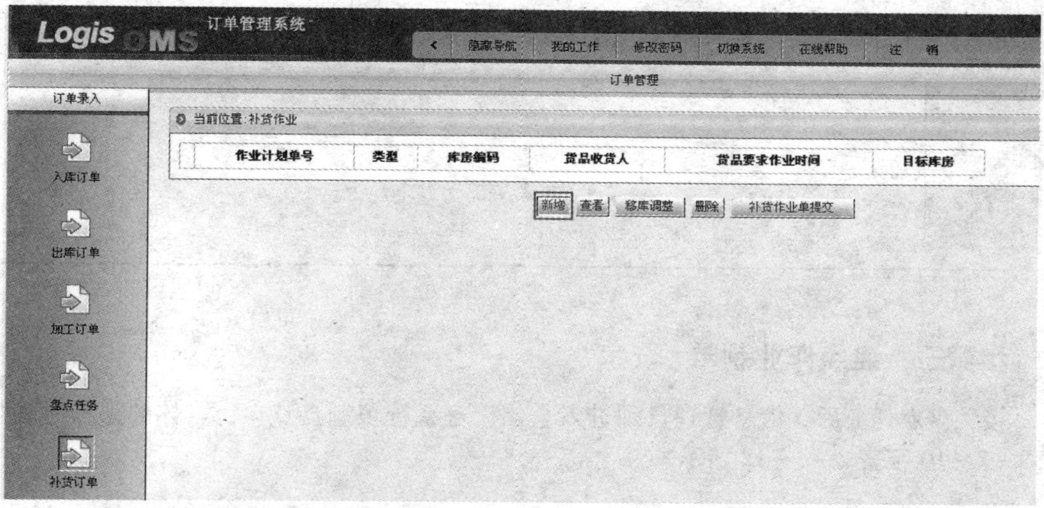

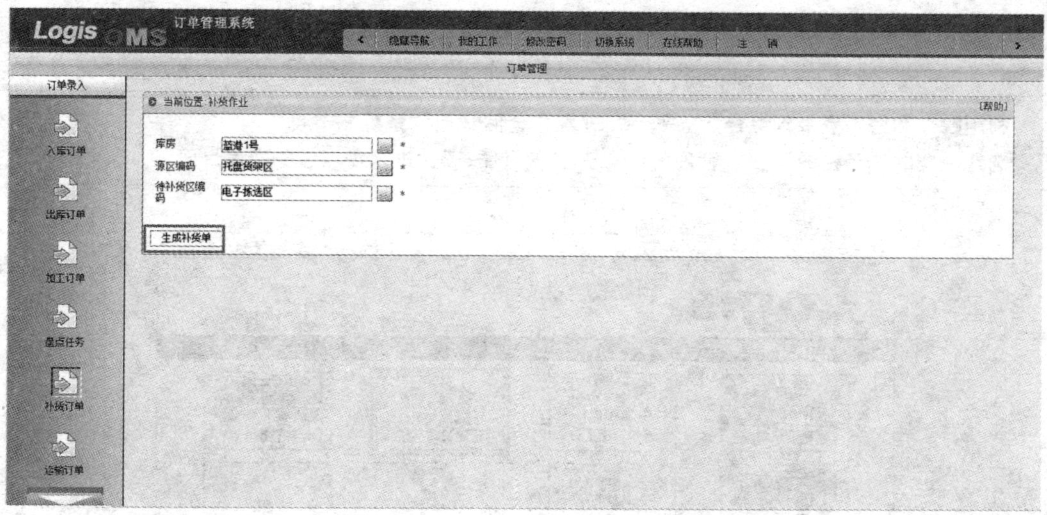

续 表

图 示
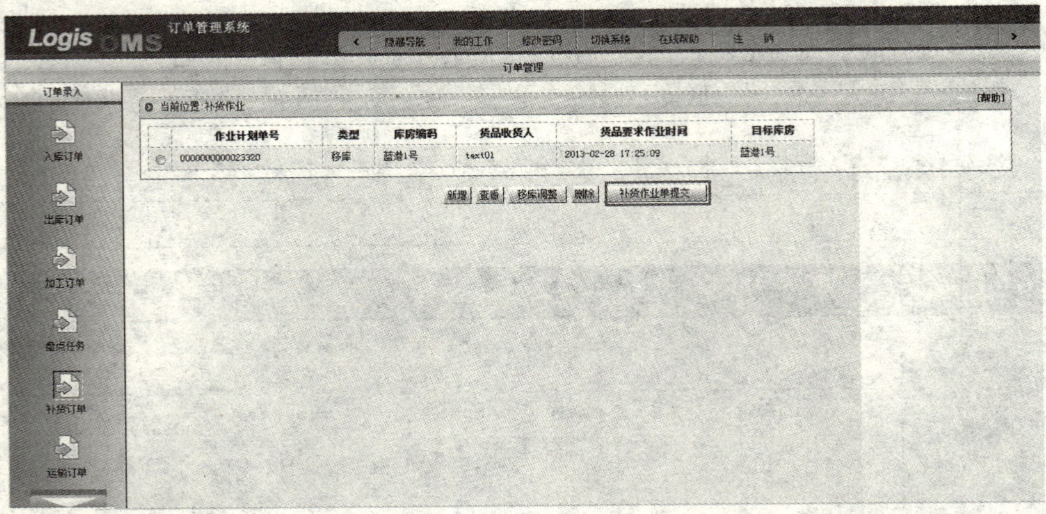

步骤三：盘点作业制单

接受盘点任务后，信息管理员须进入仓储管理系统填制盘点单，具体的操作过程如表 2－2－10 至表 2－2－12 所示。

表 2－2－10　　　　登录盘点任务列表界面

具体操作
利用账号和密码登录到综合业务平台，进入“仓储管理”系统 选择左侧的工具栏的“盘点管理”并点击“盘点任务”，进入盘点任务列表界面
图 示

续 表

图 示

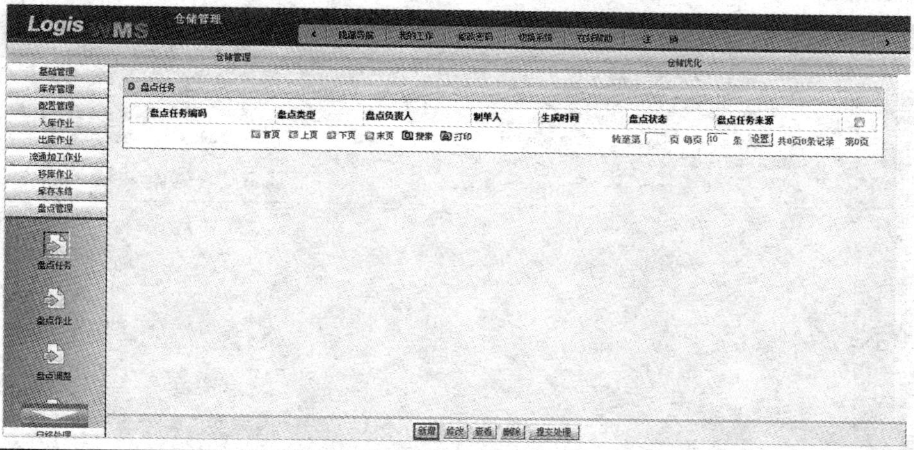

表 2－2－11 **录入盘点任务信息**

具体操作
点击盘点任务列表界面底部的“新增”按钮，进入到盘点任务填写界面 根据任务要求，填写盘点的库房、储位、负责人以及盘点类型等信息。订单填写无误后，点击下方的“提交”按钮 勾选该盘点任务单，点击“提交处理”按钮，完成新增盘点任务操作
图 示

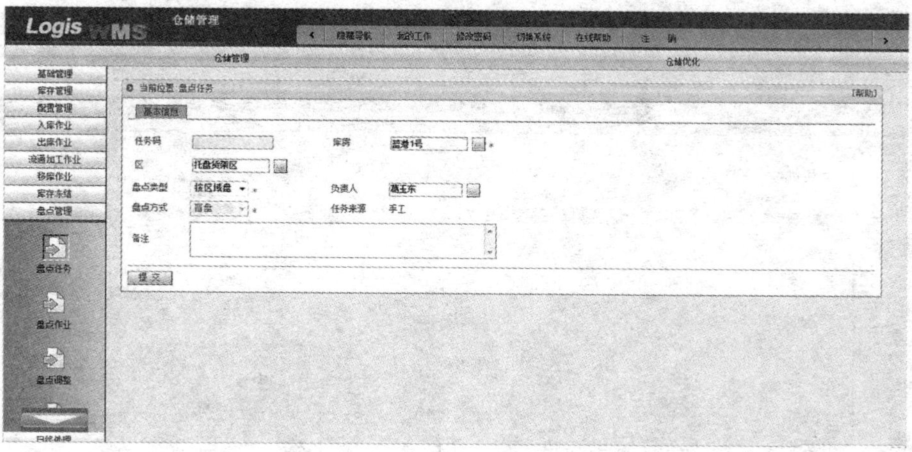

注：其中，盘点方式默认为盲盘。所谓盲盘是指针对每次盘点，接单人员打印盘点表，不包括产品数量，交给至少两名盘点人员进行盘点，将盘点数量填写在空白处，盘点后由两人共同签字确认数量的盘点方法。

续 表

图 示

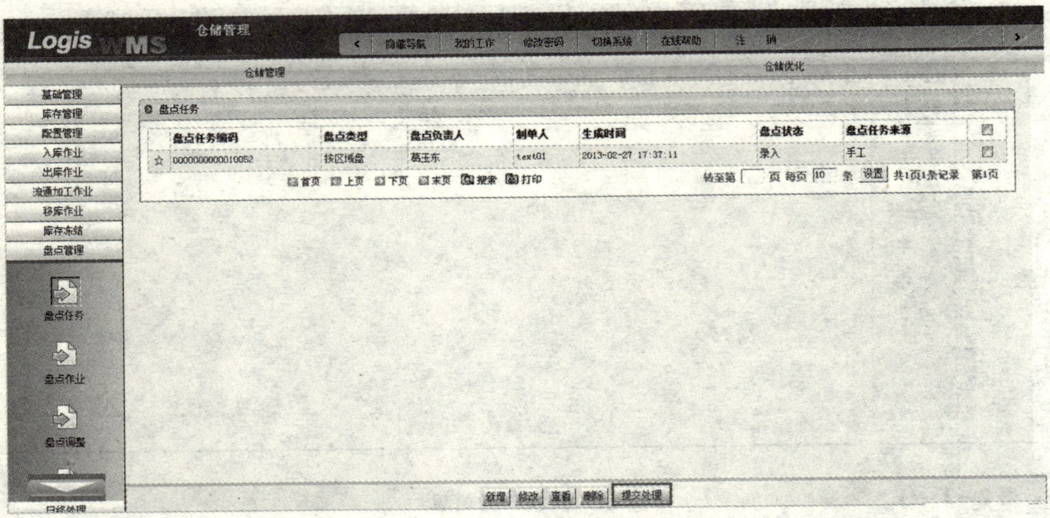

表 2-2-12　　准备盘点作业单据

具体操作

点击“盘点管理”模块下的“盘点作业”，进入盘点作业列表界面

勾选盘点作业单，点击界面底部的“打印”按钮，准备此次盘点任务的作业单据即可

图 示

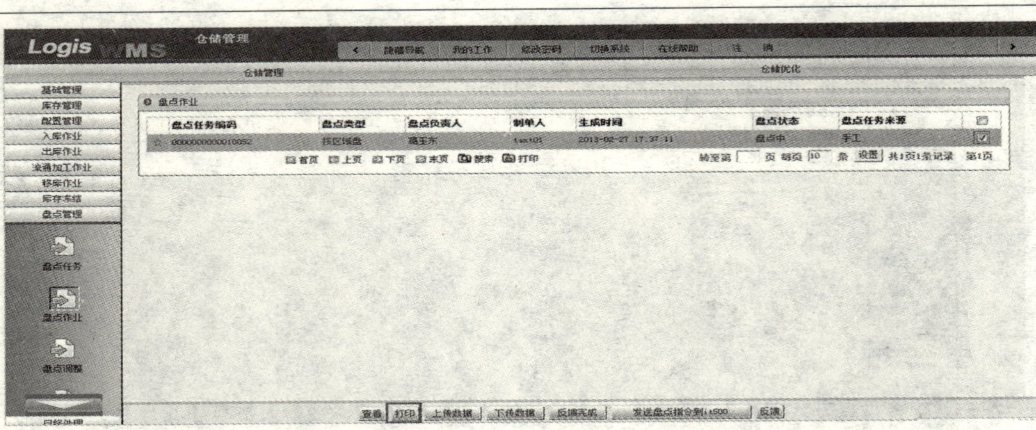

续　表

图　示

盘点作业人员到达“托盘货架区”根据盘点任务将该区域的货品清点、记录。盘点作业完成后，盘点作业的结果需要反馈到平台系统中，并进行差异调整。具体操作步骤如表 2－2－13 和表 2－2－14 所示。

表 2－2－13　　　　盘点作业反馈

具体操作
登录到“仓储管理”系统中，在“盘点管理”模块下选择进入“盘点作业”，进入到盘点作业列表 点击作业列表下方的“反馈”按钮，根据盘点的实盘结果，将实盘的正品、次品数量信息，录入“实际正品量”与“实际次品量”列表中 实盘数据反馈完毕后，点击“反馈完成”按钮
图　示
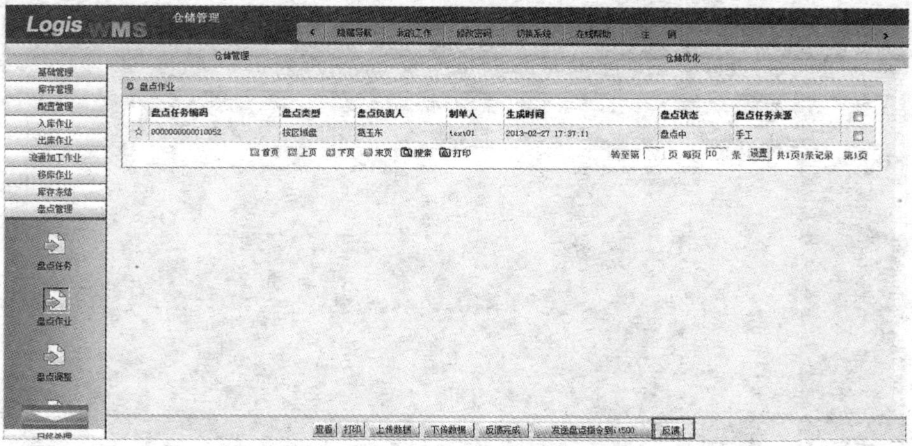

续 表

图 示

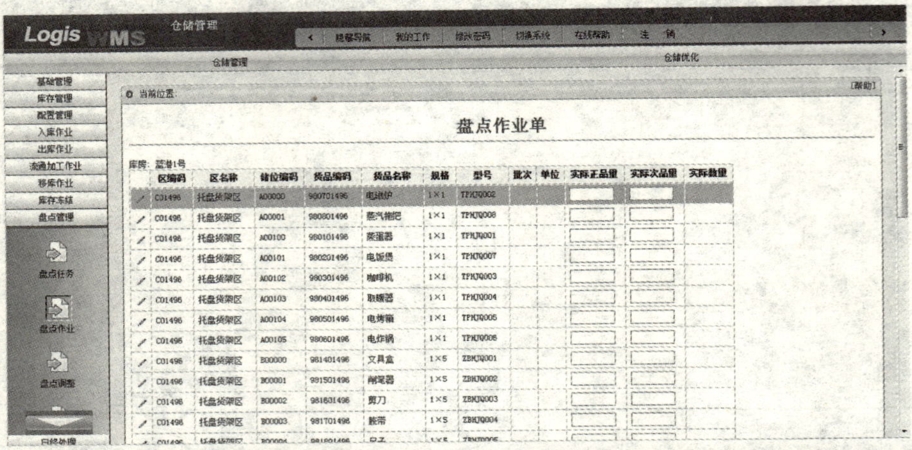
Logis WMS
仓储管理
盘点作业单
盘点任务
盘点作业
盘点调整

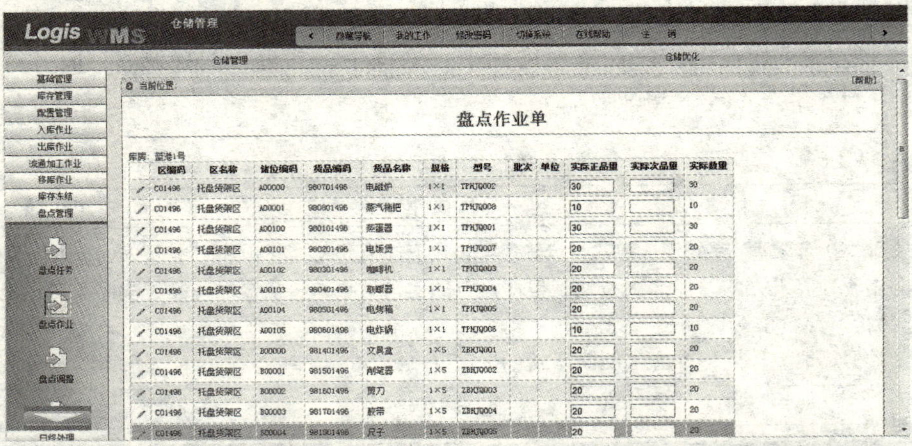
Logis WMS
仓储管理
盘点作业单
盘点任务
盘点作业
盘点调整

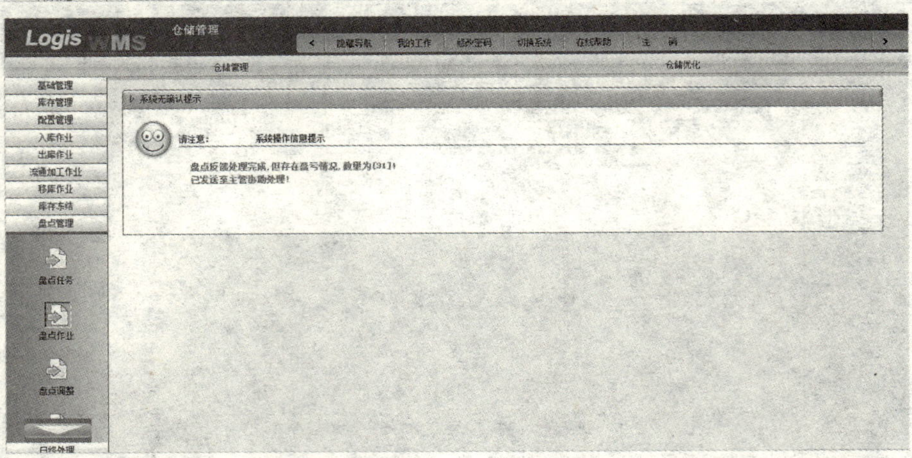
Logis WMS
仓储管理
系统无确认提示
请注意：
系统操作信息提示
盘点损溢处理完成，但存在盈亏情况，数量为[31]！
已发送至主管协助处理！

表 2-2-14　　**盘点差异调整**

具体操作
点击"盘点管理"模块下的"盘点调整"，进入盘点调整界面 点击"调整审核"按钮，盘点差异处理办法为：根据实盘数量对系统库存进行盈亏调整。选择盈亏调整选项，然后点击"下一步"按钮 盘点数据与库存明细数量一致时，调整类型选择为"不调整"；数量一致，货品有次品时选择"正次"；数量不一致，选择"盈亏"，然后点击"调整确认"按钮，完成盘点差异调整
图　　示

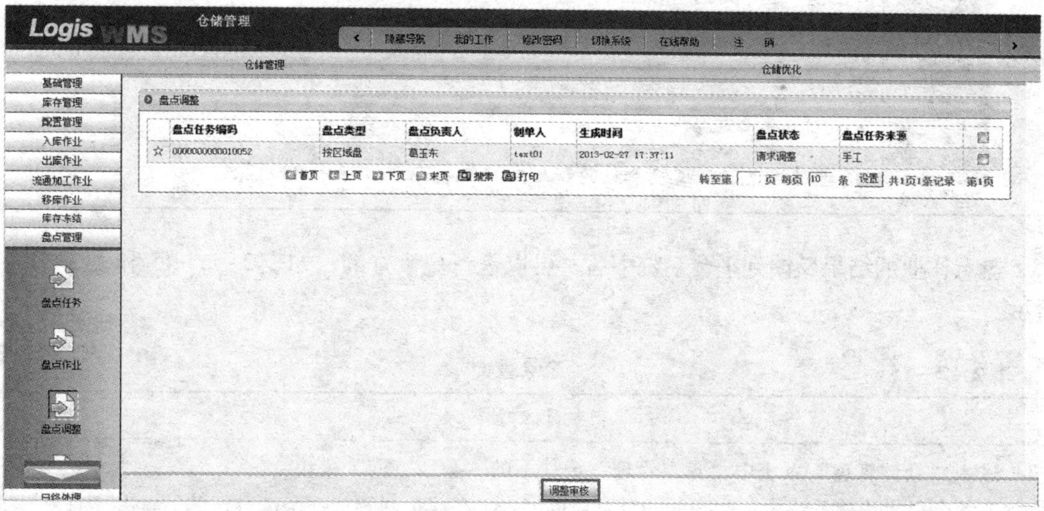

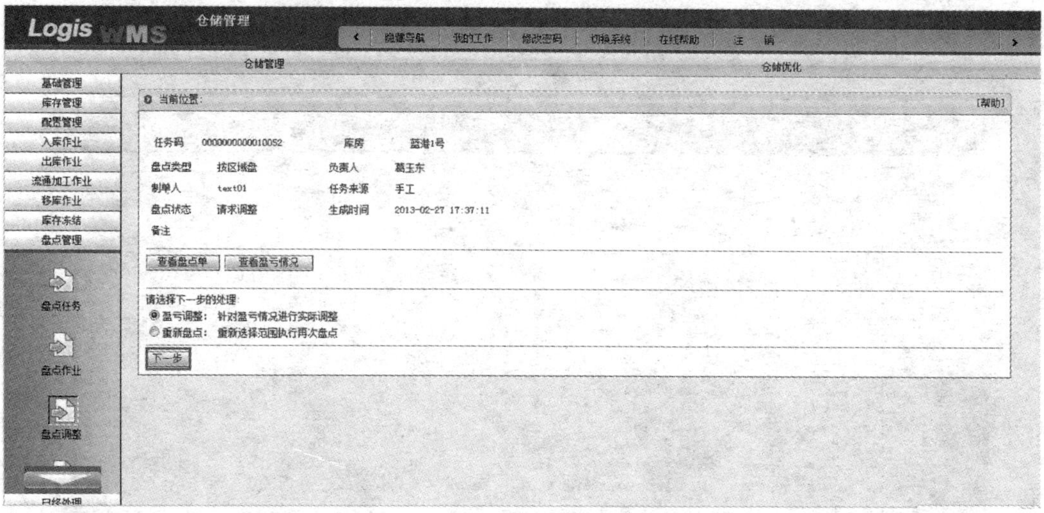

续 表

图 示
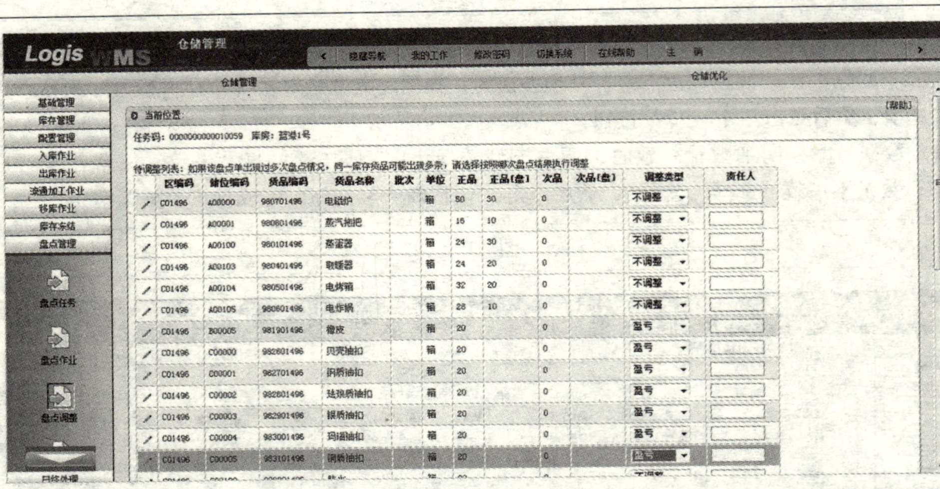

盘点作业的结果反馈到平台系统中后，可以进行盈亏查询，如表 2－2－15 和表 2－2－16 所示。

表 2－2－15　　盈亏查询

具体操作
进入"仓储管理"系统中"盘点管理"模块下的"盈亏查询"模块 系统会显示当前系统中各状态的的盘点任务列表，在此页面选择一个盘点任务，点击"查看"系统会盘点任务单的详细信息
图 示
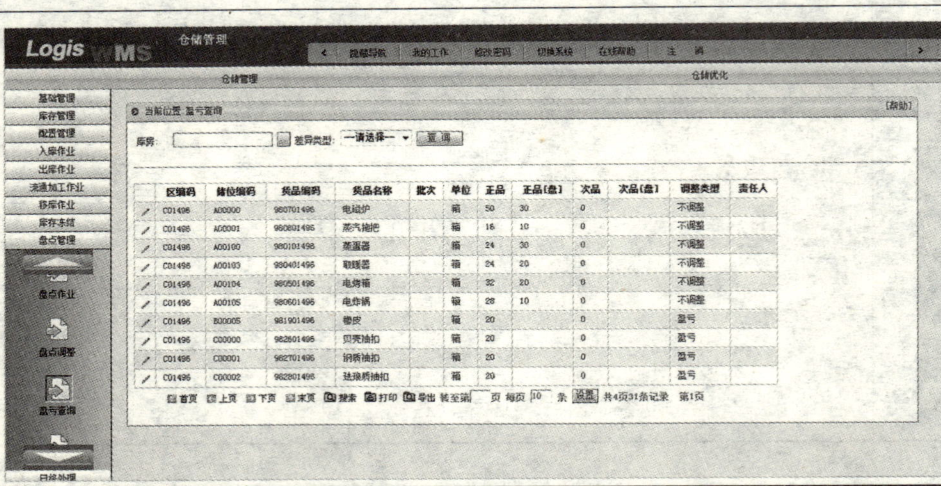

续　表

图　示
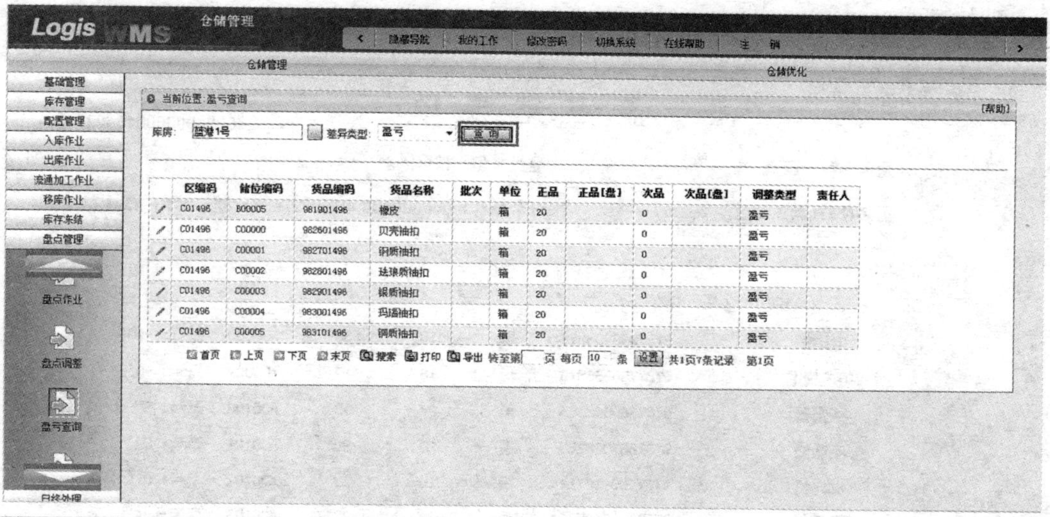

表 2－2－16　　　　盘点结果打印

具体操作
进入“仓储管理”系统中“盘点管理”模块下的“盘点结果打印”模块 系统会显示当前系统中已完成的盘点任务列表，在此页面选择所做的盘点任务，点击“打印”，将本次盘点任务完成
图　示
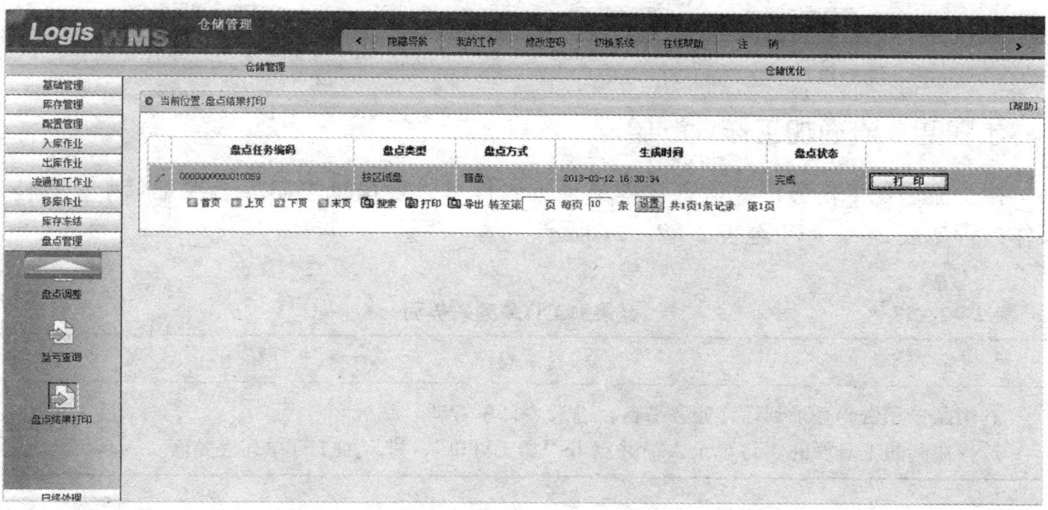

续　表

图　示

打印

盘点结果单

000000000000046622

库房名称：蓝港1号　　　　盘点类型：按区域盘

区名称：托盘货架区　　　　任务单号：0000000000010059　　日期：2013-03-12

电磁炉	9787883203872	箱	50	30	A00000	盈亏：-20
蒸汽拖把	9787798966879	箱	16	10	A00001	盈亏：-6
蒸蛋器	9787880642365	箱	24	30	A00100	盈亏：6
电饭煲	9787887328253	箱	20	20	A00101	盈亏：0
咖啡机	9787799912714	箱	20	20	A00102	盈亏：0
取暖器	9787799510521	箱	24	20	A00103	盈亏：-4
电烤箱	9787799912707	箱	32	20	A00104	盈亏：-12
电炸锅	9787885273156	箱	28	10	A00105	盈亏：-18
文具盒	9787880457681	箱	20	20	B00000	盈亏：0
削笔器	9787885163471	箱	20	20	B00001	盈亏：0
剪刀	9787885160784	箱	20	20	B00002	盈亏：0
胶带	9787885160371	箱	20	20	B00003	盈亏：0
尺子	9787885161057	箱	20	20	B00004	盈亏：0
橡皮	9787885160715	箱	20		B00005	盈亏：-20
[illegible]	9787799630021	箱	20		C00000	盈亏：-20

步骤四：流通加工作业制单

接受流通加工任务后，信息管理员须进入订单管理系统填制流通加工订单，具体的操作过程如表 2－2－17 至表 2－2－21 所示。

表 2－2－17　　登录加工订单列表界面

具体操作
利用账号和密码登录到综合业务平台，进入“订单管理”系统 选择左侧的工具栏的“订单录入”并点击“加工订单”，进入加工订单列表界面

续 表

图 示
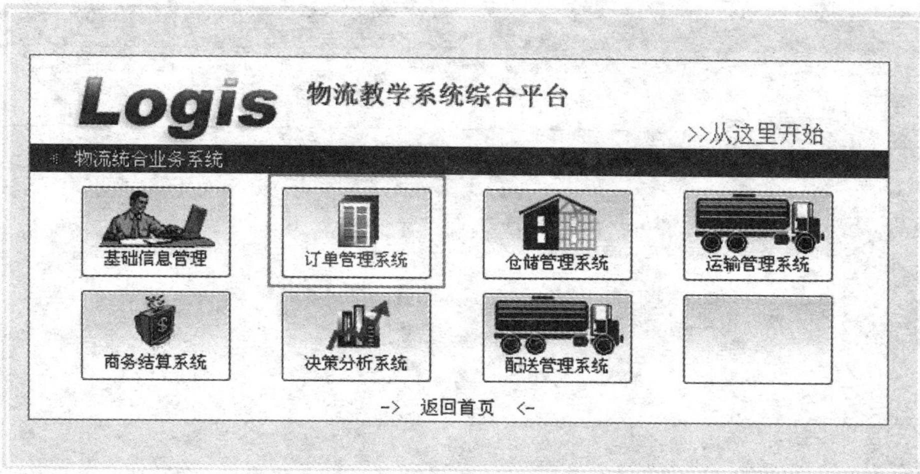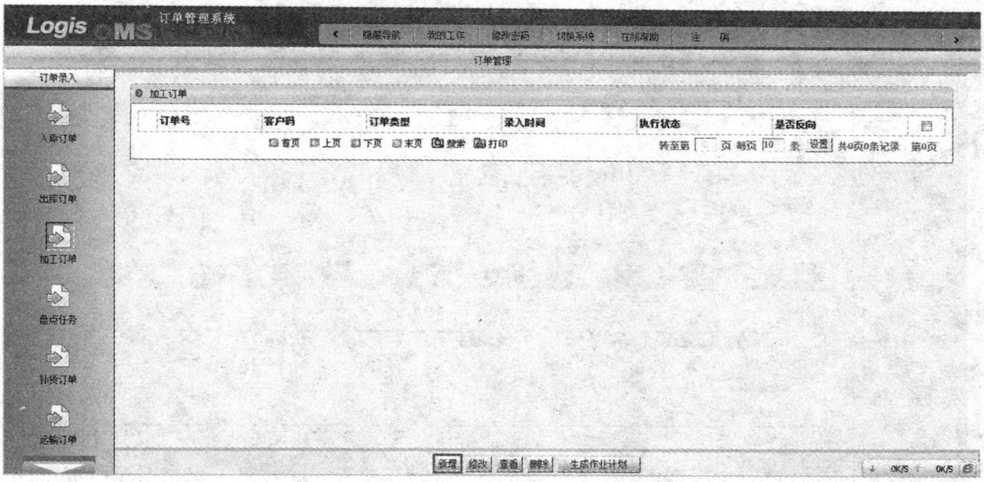

表 2-2-18　　录入加工订单

具体操作
点击加工订单列表界面底部的“新增”按钮，进入到加工订单填写界面，内容包括订单信息和加工信息两部分 根据任务要求中给定的信息，填写加工订单的基本信息 填写“加工信息”时，填选完库房后，点击“添加货品”，选择“袖扣低端礼盒”这个货品，填写加工数量，再点击该加工品，会在下方的材料中，显示出该组装品的构成原料及数量。填写完相关信息后，点击“保存订单”即可

续 表

图　示
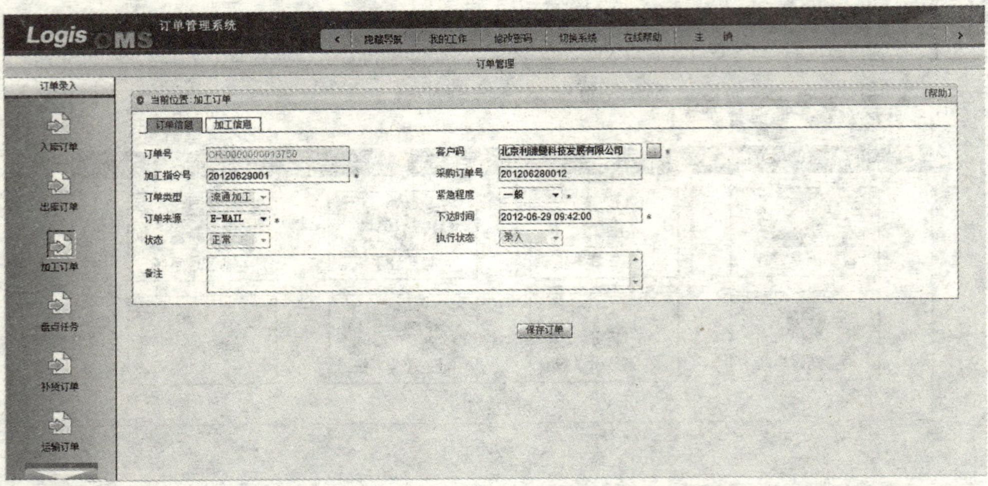 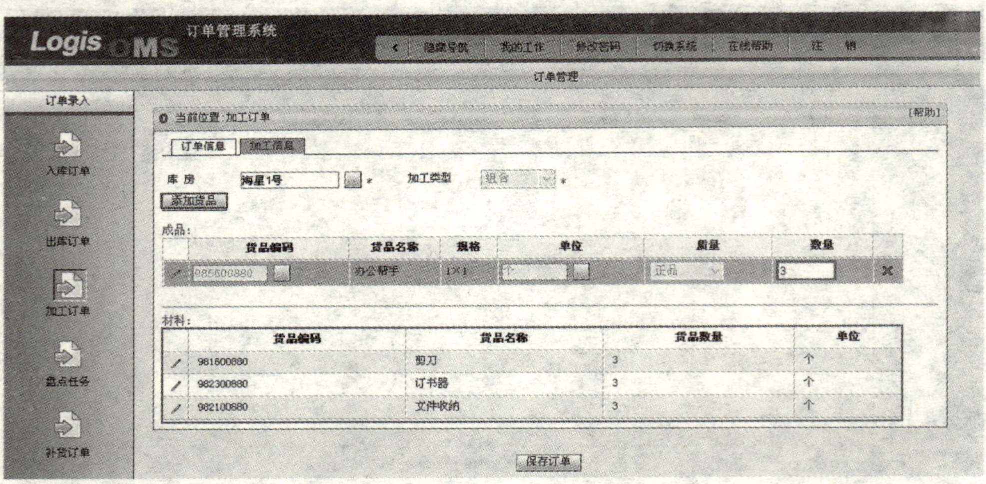

表 2－2－19　　　　生成作业计划

具体操作
订单录入完毕后，返回加工订单列表界面，选中该流通加工订单，点击“生成作业计划”，核实订单信息和加工信息无误后，点击“确认生成”，生成流通加工订单

续 表

图 示
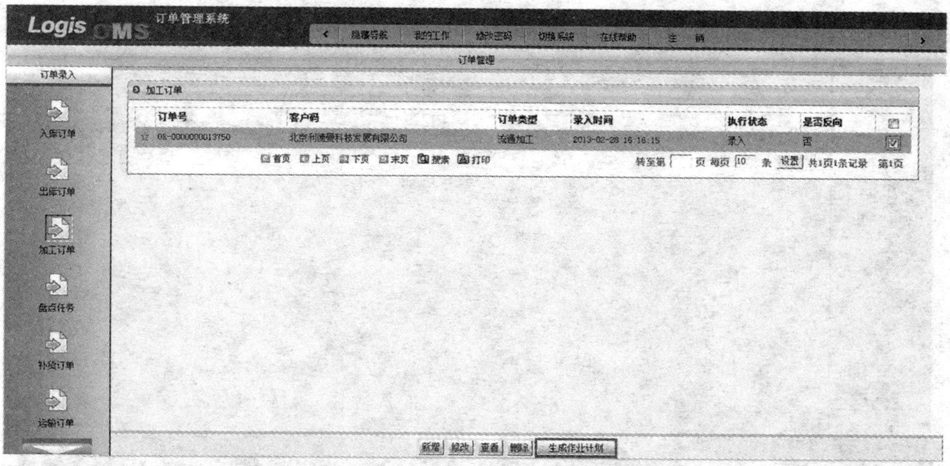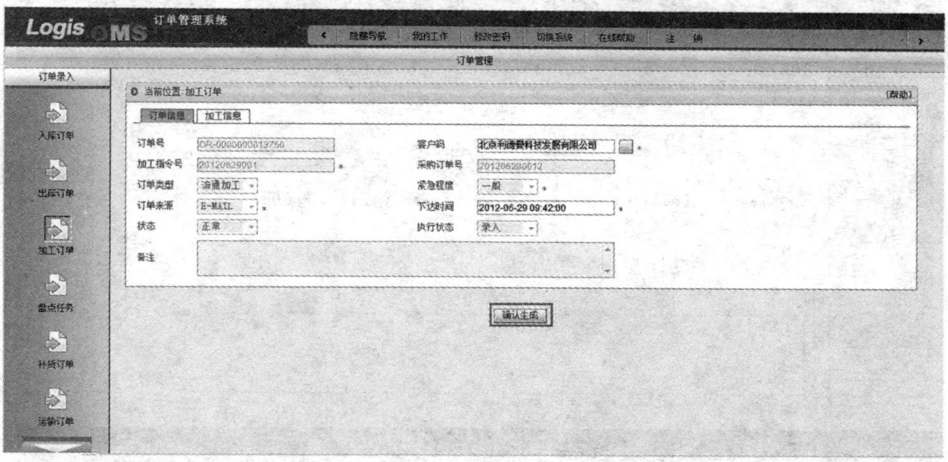

表 2-2-20　　加工预处理

具体操作
切换到“仓储管理”系统，选择“流通加工作业”模块下的“加工预处理”，进入流通加工订单列表界面 选择流通加工订单，并点击“调度”，进入流通加工订单调度界面 点击待拣货品贝壳袖扣后面的“库存”按钮，查询存货数量，并选择此库存，输入拣货数量“2”，点击“拣货”，拣选出 2 个贝壳袖扣。重复上述操作，分别拣选出 2 个铜质袖扣和 2 个珐琅质袖扣 点击界面底部的“打印拣货单”，可以打印本次流通加工作业的拣货单据 点击界面底部的“调度完成”，可以完成本次流通加工的调度作业

续 表

图　示

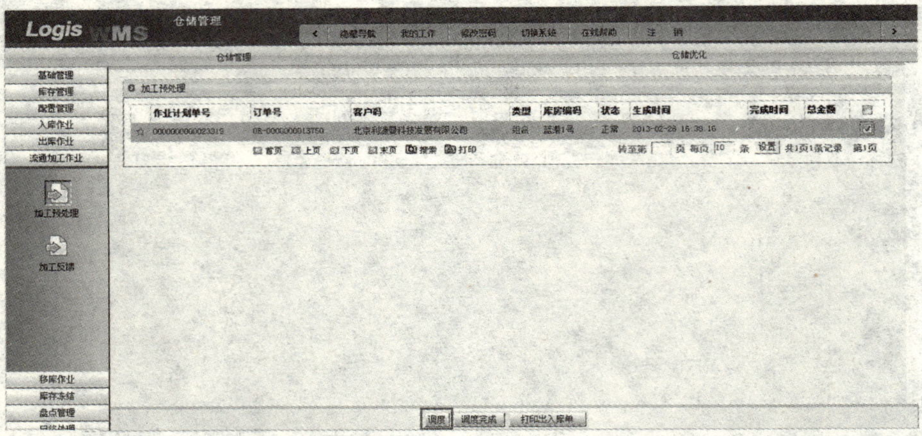
Logis WMS
仓储管理
基础管理
库存管理
配置管理
入库作业
出库作业
流通加工作业
加工预处理
加工反馈
移库作业
库存冻结
盘点管理
调度
调度完成
打印出入库单

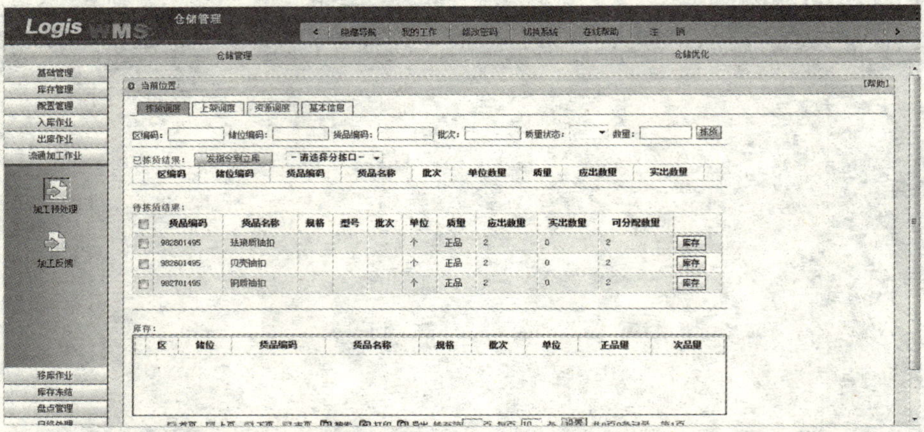
Logis WMS
仓储管理
当前位置
拣货调度
上架调度
资源调度
基本信息
待拣货结果：
库存：

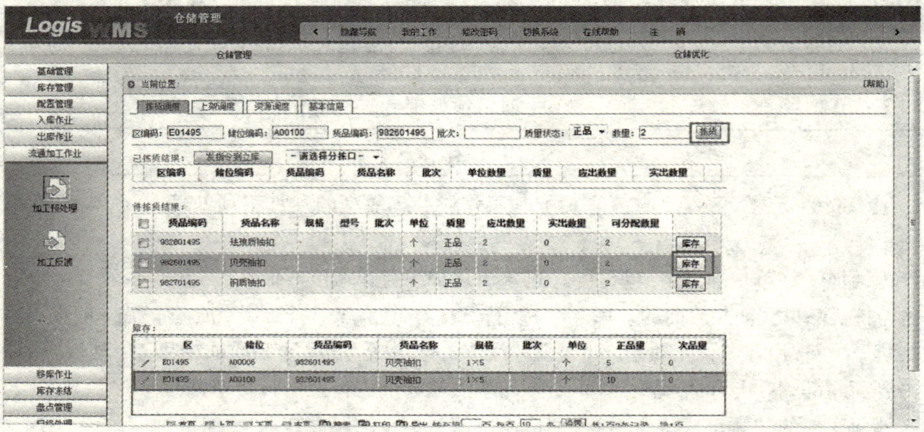
Logis WMS
仓储管理
当前位置
拣货调度
上架调度
资源调度
基本信息
待拣货结果：
库存：

续　表

图　示

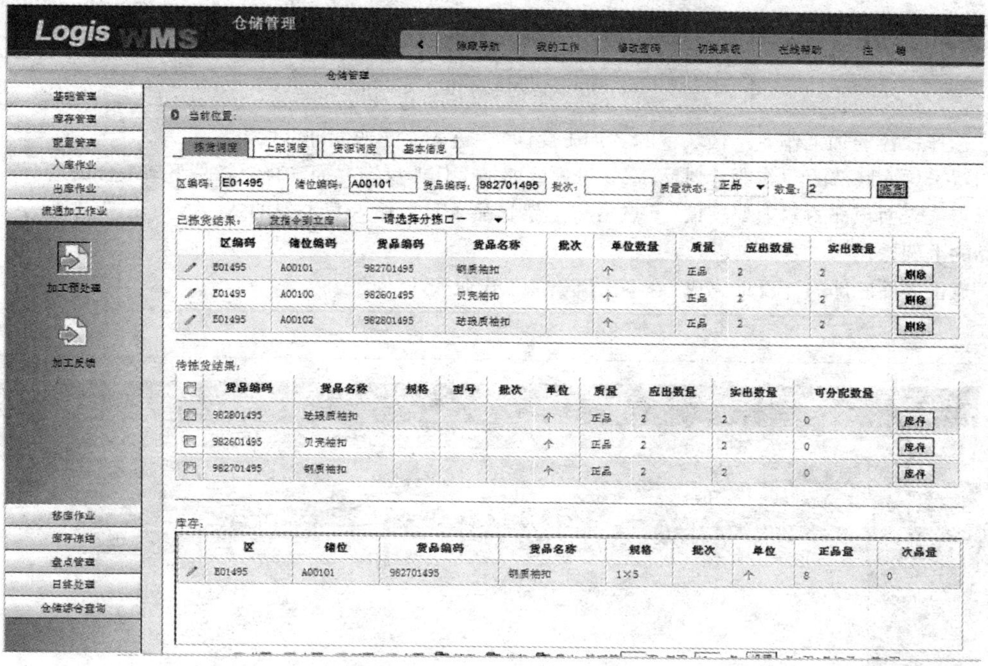

拣货单

操作编码：　0000000000046575

作业单号	0000000000023319	库房	蓝港1号					
货品明细								
位置	货品编码	货品名称	规格	批次	应拣	实拣	单位	备注
E01495－A00100	9787799630021	贝壳袖扣			2		个	
E01495－A00102	9787799627281	珐琅质袖扣			2		个	
E01495－A00101	9787880798180	钢质袖扣			2		个	

打印

流通加工作业操作按要求执行完毕，货物在电子拣选区进行了上架操作后，需在系统中进行加工反馈。

表 2－2－21　　加工反馈

具体操作

选择“流通加工作业”模块下的“加工反馈”，进入流通加工订单列表界面

点击界面底部的“作业计划反馈”，进入流通加工作业反馈界面，查看货品下架组合信息

点击界面顶部的“上架反馈”，点击待上架货品条目，输入其上架的货位，点击“上架”，完成货品的上架操作

点击界面底部的“反馈完成”，本次流通加工作业完成

图　示

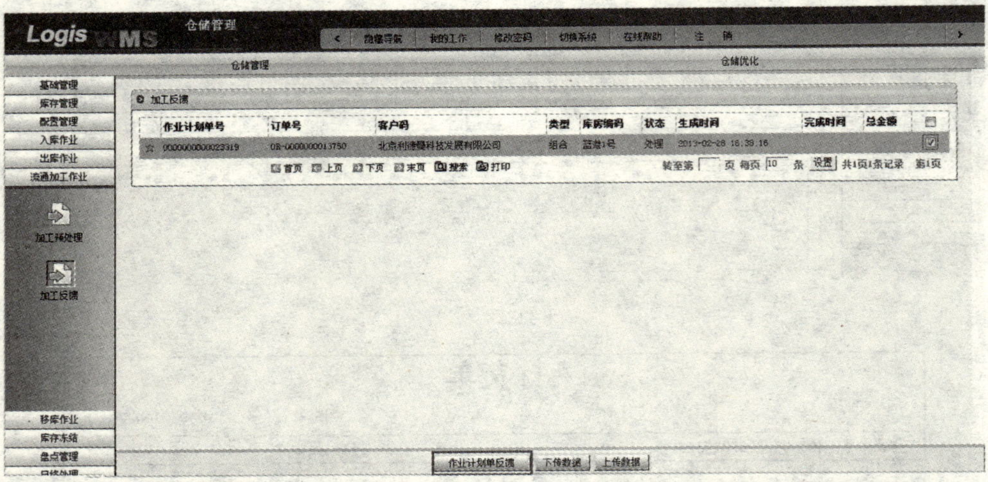

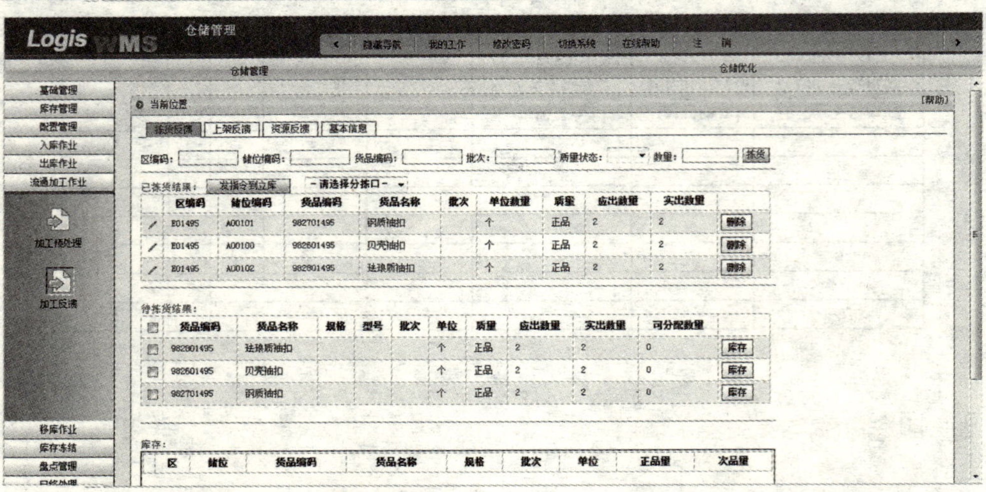

续　表

图　　示
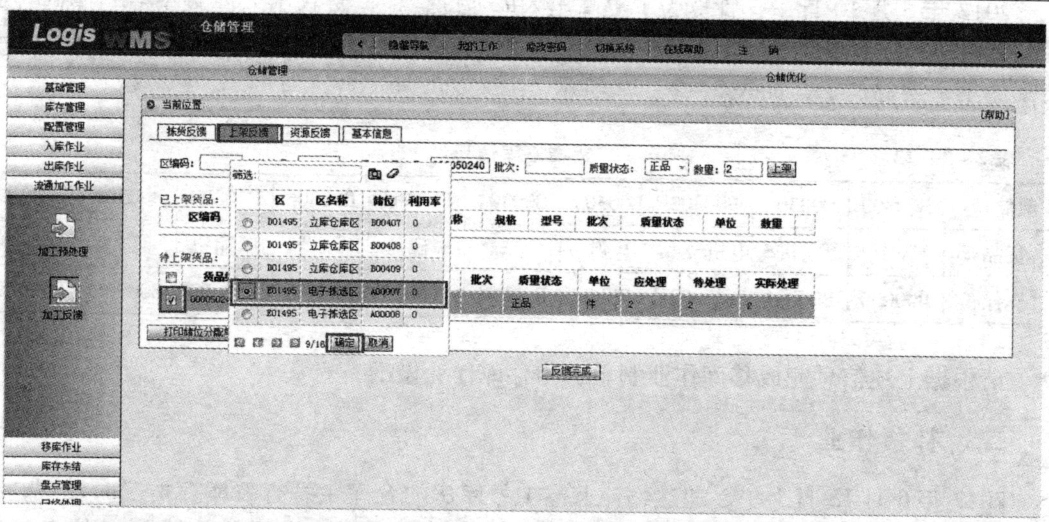
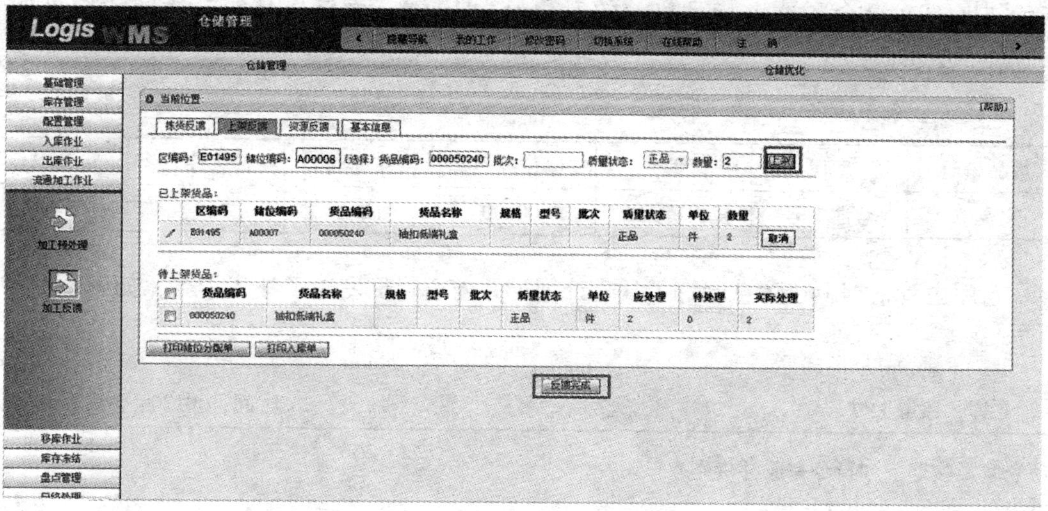

技能训练

北京速达物流有限公司蓝港 1 号仓库的在库作业包括移库作业、盘点作业及流通加工作业，各项作业均涉及制单作业。

一、移库作业

2012 年 6 月 10 日，仓管员为了提高出入库速度，根据货物出入库频率对仓库内各储区的货物进行了优化管理，决定将立体仓库存储区 B 排第四层的货物全部分别下移至本货架的第一层储位上，如表 2－2－22 所示。

表 2－2－22　　货物移库信息

源储位	B00300	B00301	B00302	B00303	B00304	B00305	B00306	B00307	B00308	B00309
货品	湿帘	电机	电机支架	风叶	浮球	电路板	显示器	压缩机	感温头	变压器
目标储位	B00000	B00001	B00002	B00003	B00004	B00005	B00006	B00007	B00008	B00009

请根据上述信息完成移库作业制单，为移库作业做准备。

二、补货作业

2012 年 6 月 15 日上午，速达物流蓝港 1 号库房的仓库主管查看库存情况时发现，栈板货架区“文具盒”这个货品目前的库存量为 10 箱，而该货品的补货配置信息如表 2－2－23所示。

表 2－2－23　　补货配置信息

货品编码	库房	区编码	储位编码	补货点	最大库存	包装单位
文具盒	蓝港 1 号	栈板货架区	A00100	11	30	箱

仓库主管根据上述信息制订了补货计划，并向仓管员发送了补货指令，如图 2－2－2 所示。

仓库：蓝港 1 号　　　　时间：2012 年 6 月 25 日

请仓管员按照下列指令完成补货作业： 请根据补货指令的指示，从托盘货架区的相应货位将对应的货品补货下架至补货暂存区，然后从对其中的一箱货品拆零补货上架至栈板货架的对应货位。
备注：

制单人：丁维山　　　　仓库主管：

图 2－2－2　补货指令

补货作业的货品需要从托盘货架区分别下架货品，放到补货暂存区拆零，再上架到栈板货架进行补货上架操作。

请根据上述信息完成托盘货架区的补货作业任务。

三、盘点作业

2012 年 5 月 24 日，仓库主管交给仓管员一份栈板货架区的库存明细，如表 2－2－24 所示。要求仓管员作为盘点人员对立库存储区进行一次盘点，盘点类型为按区域盘。请根据任务要求准备盘点作业单。

表 2－2－24　　栈板货架区库存明细

栈板货架区库存图

SKU 单位：个

储位	A00200	A00201	A00202	A00203	A00204	A00205	A00206	A00207
货物名称	文具盒	削笔器	剪刀	胶带	尺子	橡皮	胶水	文件收纳
数量	10	10	10	10	10	10	10	10
储位	A00100	A00101	A00102	A00103	A00104	A00105	A00106	A00107
货物名称	无	削笔器	剪刀	胶带	尺子	橡皮	胶水	文件收纳
数量	0	10	10	10	10	10	10	10
储位	A00000	A00001	A00002	A00003	A00004	A00005	A00006	A00007
货物名称	无	无	无	无	无	无	无	无
数量	0	0	0	0	0	0	0	0
储位	B00200	B00201	B00202	B00203	B00204	B00205	B00206	B00207
货物名称	无	无	无	无	无	无	无	无
数量	0	0	0	0	0	0	0	0
储位	B00100	B00101	B00102	B00103	B00104	B00105	B00106	B00107
货物名称	笔筒	订书器	笔记本	无	无	无	无	无
数量	10	10	10	0	0	0	0	0
储位	B00000	B00001	B00002	B00003	B00004	B00005	B00006	B00007
货物名称	笔筒	订书器	笔记本	计算器	无	无	无	无
数量	10	10	10	10	0	0	0	0

四、流通加工作业

袖扣中端礼盒是由银质袖扣、玛瑙袖扣和水晶袖扣各一套组成的成套货品。2012 年 5 月 23 日，工作人员发现袖扣中端礼盒这一货品库存不足，需要从托盘货架区下架银质袖扣（储位：C000003）、玛瑙袖扣（储位：C000004）和水晶袖扣（储位：D00100）各 5 个来组合成 5 套礼盒，并上架至电子拣选区的 A00009 储位上。

该加工订单的加工指令号：20120524002；采购订单号：20120520002，订单来源：电话，紧急程度：紧急，下达时间：2012 年 5 月 24 日 13：30：00。

请根据上述信息，填制流通加工订单。

实训任务三　出库接单

任务引入

2012年9月12日，北京速达物流有限公司蓝港1号仓库接到客户北京利德曼科技发展有限公司一批货物的出库通知，出库通知单如表2-3-1所示。

表2-3-1　出库通知单

仓库名称：蓝港1号　　　　2012年9月12日

<table>
<tr><td colspan="2">批次</td><td colspan="6">120912</td></tr>
<tr><td colspan="2">采购订单号</td><td colspan="6">201209120006</td></tr>
<tr><td colspan="2">客户指令号</td><td colspan="2">20120912006</td><td>订单来源</td><td colspan="3">E-mail</td></tr>
<tr><td colspan="2">客户名称</td><td colspan="2">北京利德曼科技发展有限公司</td><td>质 量</td><td colspan="3">正品</td></tr>
<tr><td colspan="2">出库方式</td><td colspan="2">自提</td><td>出库类型</td><td colspan="3">正常</td></tr>
<tr><td>序号</td><td>货品编号</td><td>名称</td><td>单位</td><td>包装规格（立方毫米）</td><td>申请数量</td><td>实发数量</td><td>备注</td></tr>
<tr><td>1</td><td>9787885160784</td><td>剪刀</td><td>个</td><td>600×400×220</td><td>5</td><td></td><td></td></tr>
<tr><td>2</td><td>9787885161057</td><td>尺子</td><td>个</td><td>600×400×220</td><td>5</td><td></td><td></td></tr>
<tr><td></td><td></td><td></td><td></td><td></td><td></td><td></td><td></td></tr>
<tr><td colspan="5">合　计</td><td>10</td><td></td><td></td></tr>
</table>

制单人：李华　　　　提货人：刘家伟　　　　仓管员：

工作人员通过初步了解，并与客户沟通核实此项出库业务的紧急程度为一般，预计出库时间：2012年9月13日15:22:00。

接下来，工作人员须根据上述出库信息完成第三方物流信息管理系统的出库接单业务。

任务实施

步骤一：出库核单

物流信息员收到出库通知单后，认真核查单据，注意问题包括以下内容：

（1）出库通知单是否超出提货期限，货物规格等详细信息是否正确。

（2）出库通知单是否有模糊不清的字迹，或者涂改、复制等违规现象。

（3）出库通知单中的货物是否已经验收入库。

步骤二：新增出库订单

根据出库通知单，物流信息员须进入订单管理系统中，并进行出库订单的录入处理，新增出库业务订单。具体的操作过程如表 2－3－2 和表 2－3－3 所示。

表 2－3－2　　登录出库订单列表界面

具体操作
利用账号和密码登录到综合业务平台，进入“订单管理”系统 选择左侧的工具栏中“订单录入”并点击“出库订单”，进入出库订单列表界面
图　　示

续 表

图 示

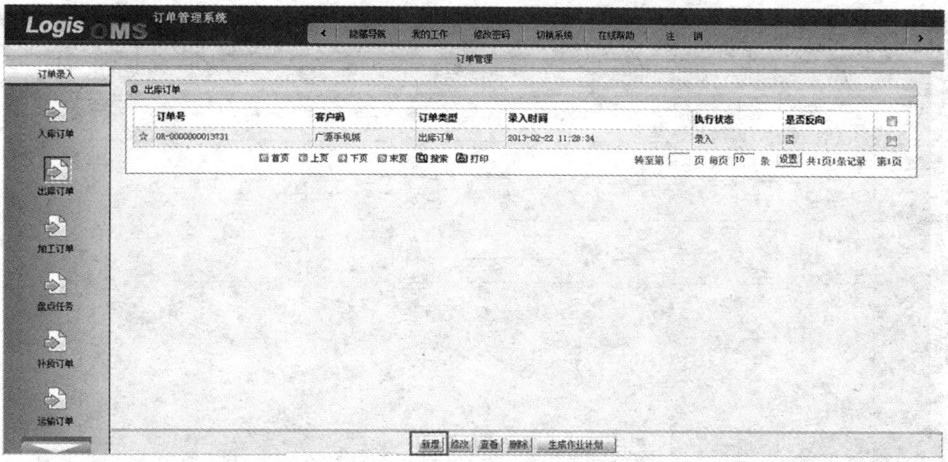

表 2-3-3 录入出库订单

具体操作

点击界面底部的“新增”，新增一个出库订单。订单的具体信息，可以划分为：订单信息、订单出库信息、订单货品信息三类

根据出库通知单的信息，录入订单信息。填写订单出库信息，包括库房、出库方式、出库类型等信息

在订单货品界面，点击“添加货品”，从货品列表中选择剪刀和尺子，加入到货品列表中，并填写批次、数量等信息

上述三项信息全部填写完成后，点击“保存订单”即可

图 示

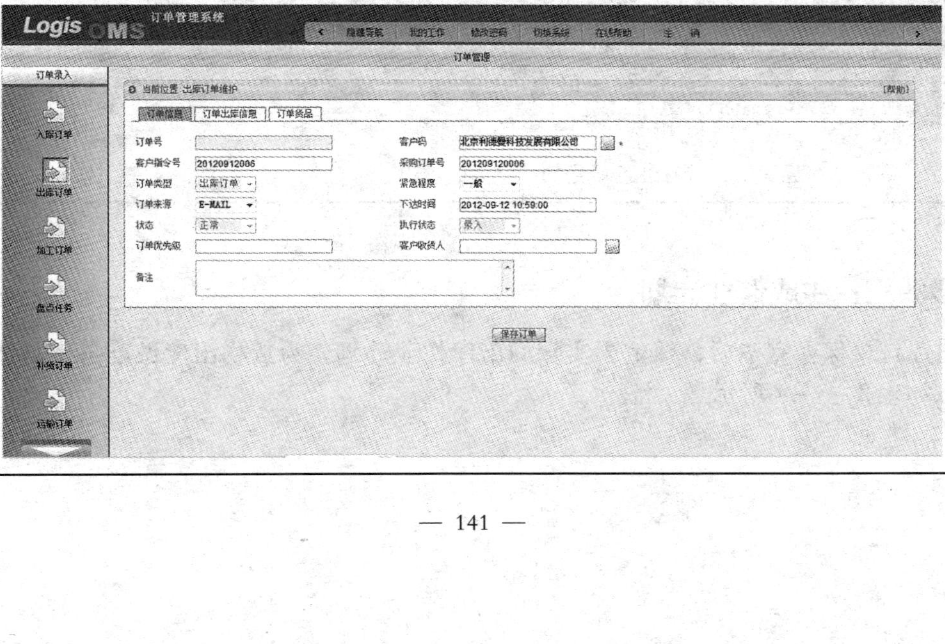

续 表

图 示

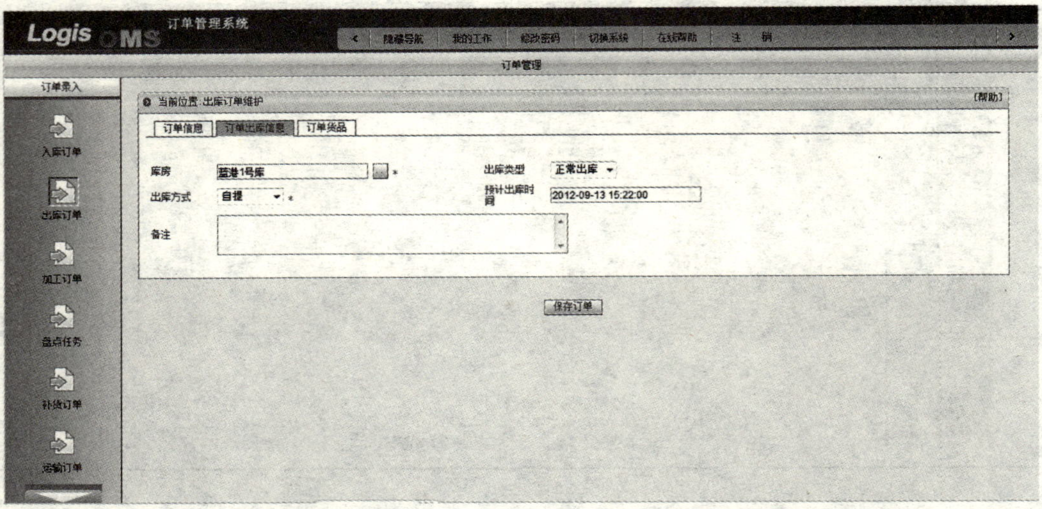

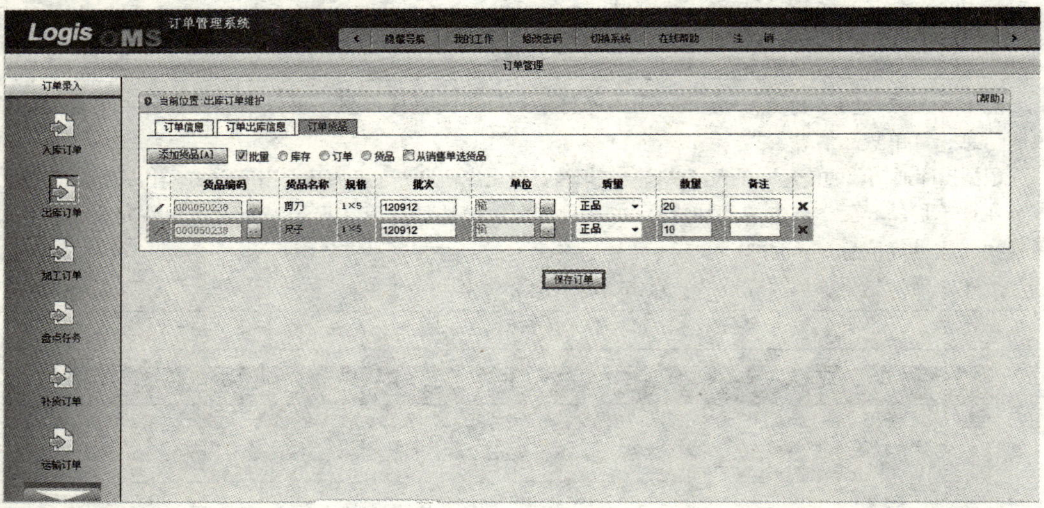

注：信息填写界面中，带有红色星号的信息为必填项。

步骤三：生成作业计划

出库订单保存完毕后，须生成实际的出库作业计划，为货物出库做准备，具体的操作步骤如表 2－3－4 所示。

表 2 –3 –4　　生成出库作业计划

具体操作
返回到订单列表中，勾选中刚才新增的订单，点击界面底部的“生成作业计划” 系统弹出出库订单界面，核对订单无误后，点击“确认生成”
图　　示
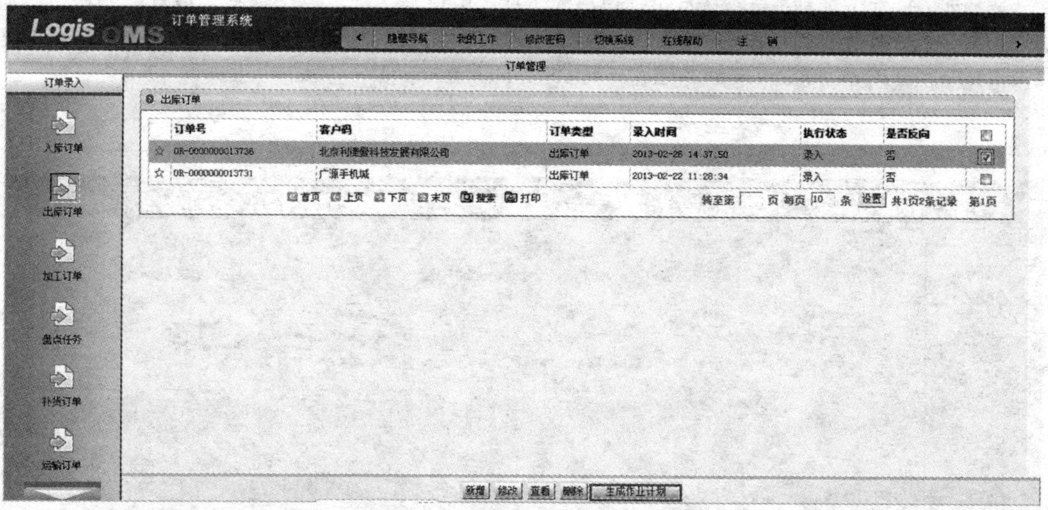
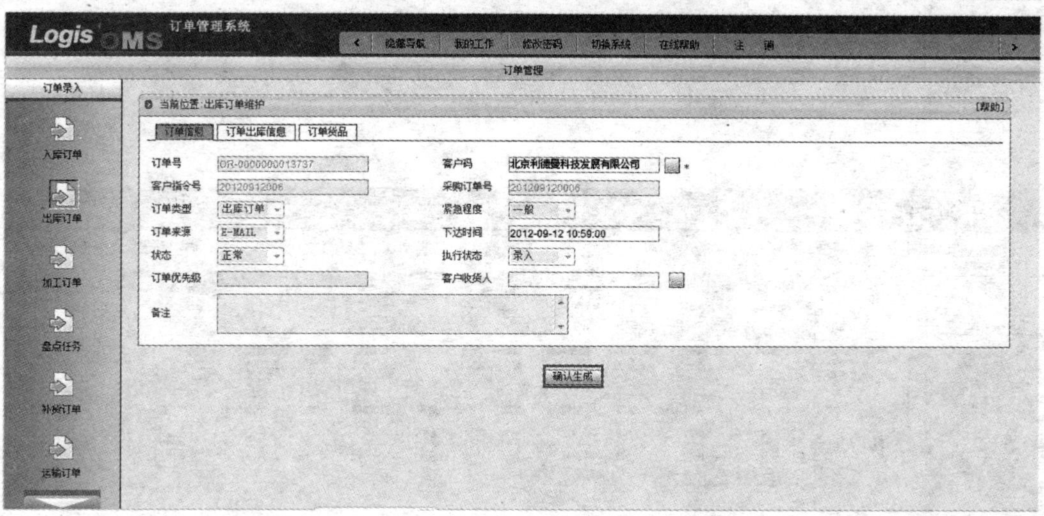

步骤四：出库预处理

出库订单处理完毕后，需要通过出库预处理操作，确定需要出库货品所在储位信息。具体操作步骤如表 2 –3 –5 所示。

表 2－3－5　　出库拣货

具体操作

切换系统进入仓储管理系统，选择左侧任务栏中的“出库作业”，进入“出库预处理”作业界面

选择刚提交过来的出库订单，点击“调度”，进入到出库订单调度界面。在待拣货结果中，选择拣货出库订单，点击“库存”，查看该货品在仓库中的库存情况和储位信息

选择剪刀库存记录，系统默认从该储位出库，且“区编码”和“储位编码”信息都已自动识别出来。填写拣货数量“5”，点击“拣货”，返回到调度列表中，可以看到“剪刀”已拣货完毕，重复操作将尺子拣选出库

图　示

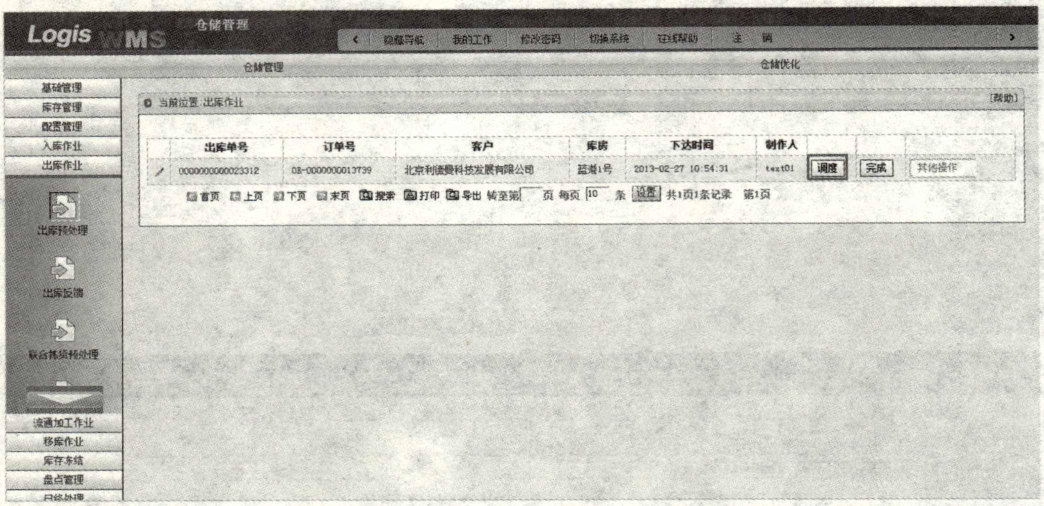

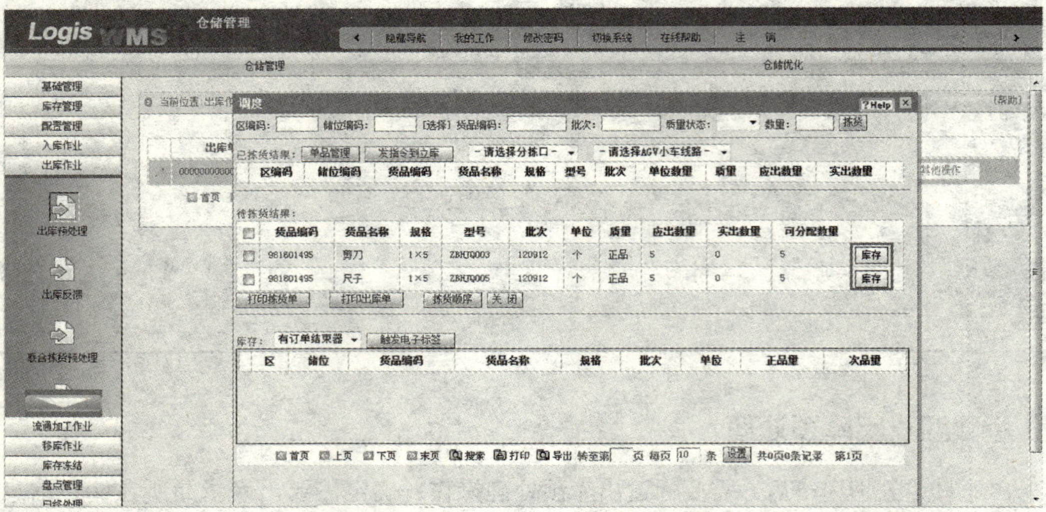

续　表

图　　示

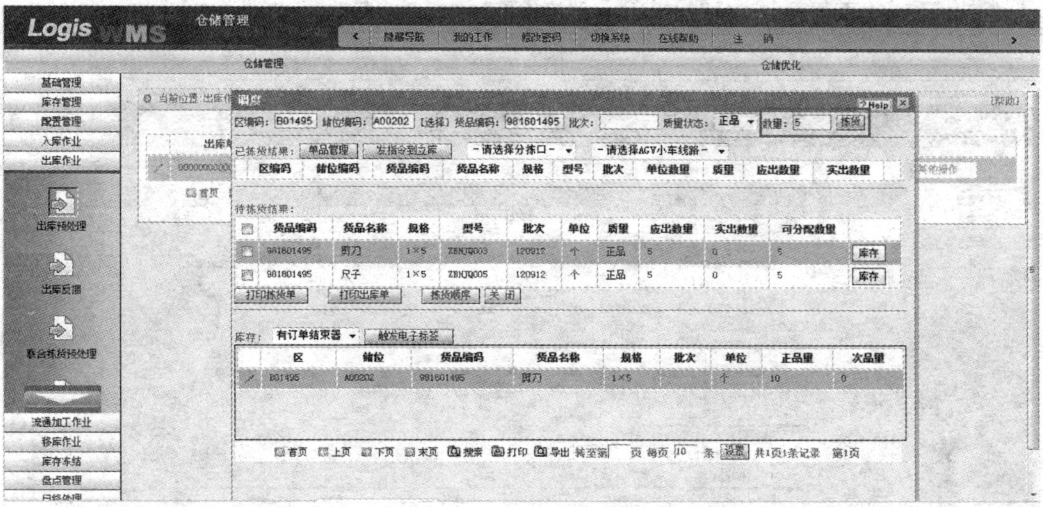

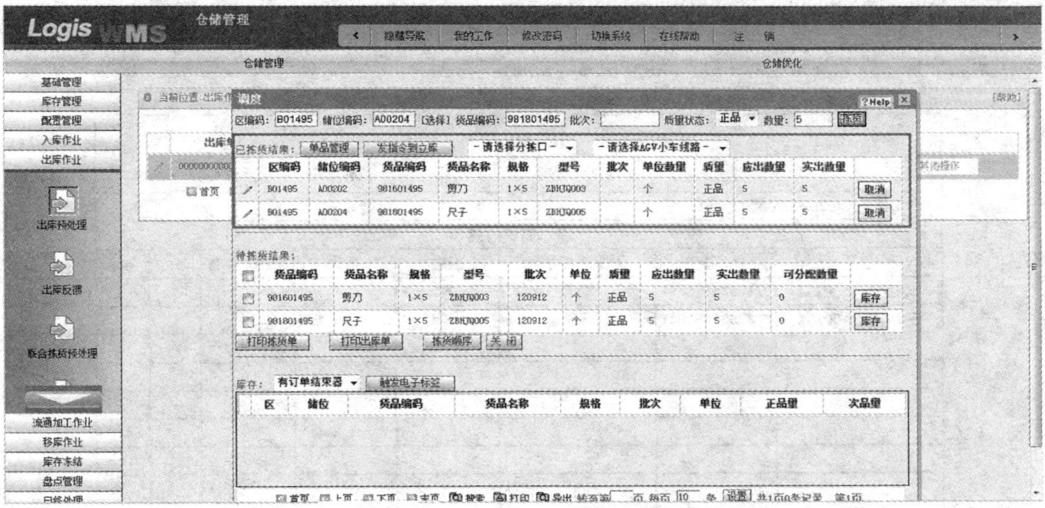

拣货预处理操作完毕后，物流信息员需要打印拣货单，根据拣货单拣取货物。同时，需要打印出库单，用于货物的后续出库交接，由仓管员和收货人确认签字，再存档留底，具体操作步骤如表 2－3－6 所示。

表 2-3-6　　准备出库单据

具体操作
在出库储位分配界面中，分别点击“打印拣货单”、“打印出库单”，打印出库单据
图　示

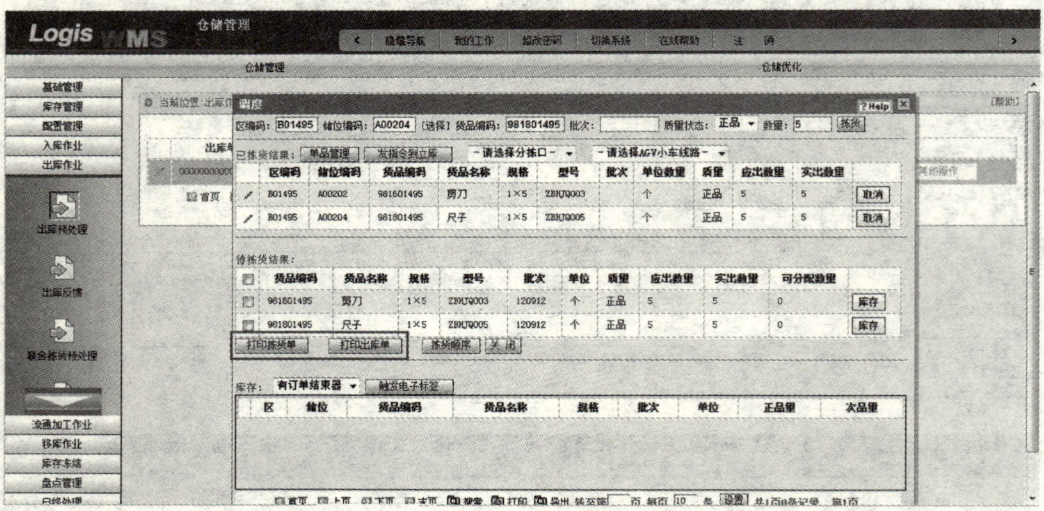

拣货单

操作编码: 0000000000046561

作业单号	0000000000023312		库房	蓝港1号				
货 品 明 细								
位置	货品编码	货品名称	规格	批次	应拣	实拣	单位	备注
B01495－A00202	9787885160784	剪刀	1×5		5		个	
B01495－A00204	9787885161057	尺子	1×5		5		个	

打印

续　表

图　示

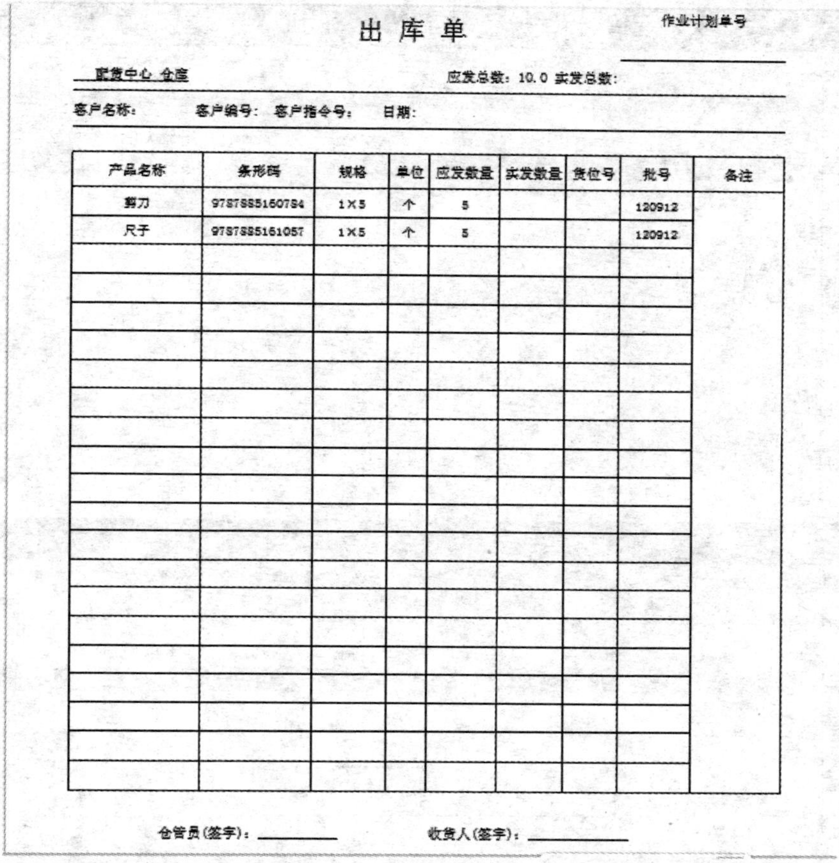

出 库 单

作业计划单号

配货中心 仓库　　应发总数：10.0 实发总数：

客户名称：　客户编号：　客户指令号：　日期：

产品名称	条形码	规格	单位	应发数量	实发数量	货位号	批号	备注
剪刀	9787885160784	1×5	个	5			120912	
尺子	9787885161057	1×5	个	5			120912	

仓管员(签字)：　收货人(签字)：

出库单据准备完成后，完成出库预处理操作，具体操作步骤如表 2－3－7 所示。

表 2－3－7　　完成出库预处理

具体操作
点击出库订单调度界面下方的“关闭”，返回到“出库预处理”界面 选择新增的出库订单，点击“完成”，在弹出的确认调度完成的窗口中点击“确定”，完成出库预处理操作

续 表

图 示
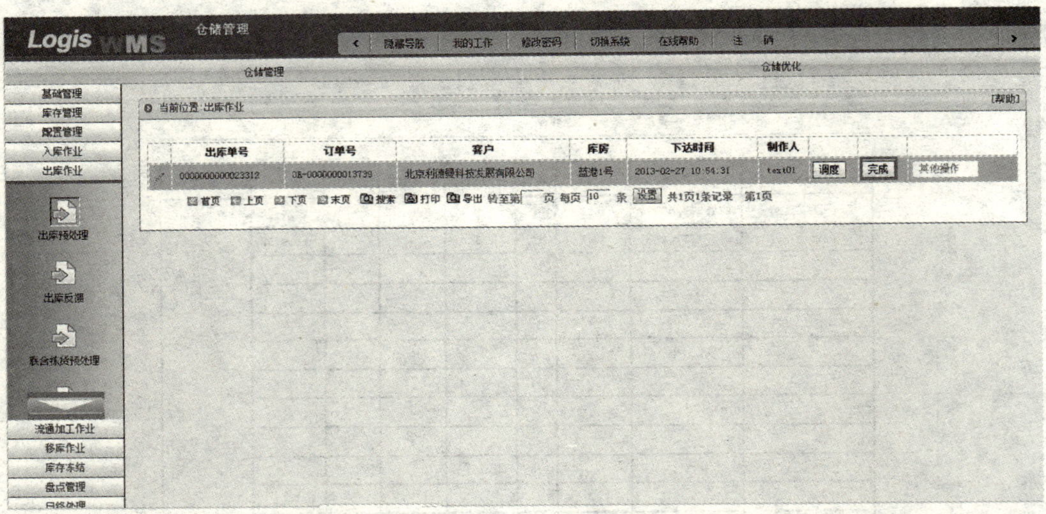 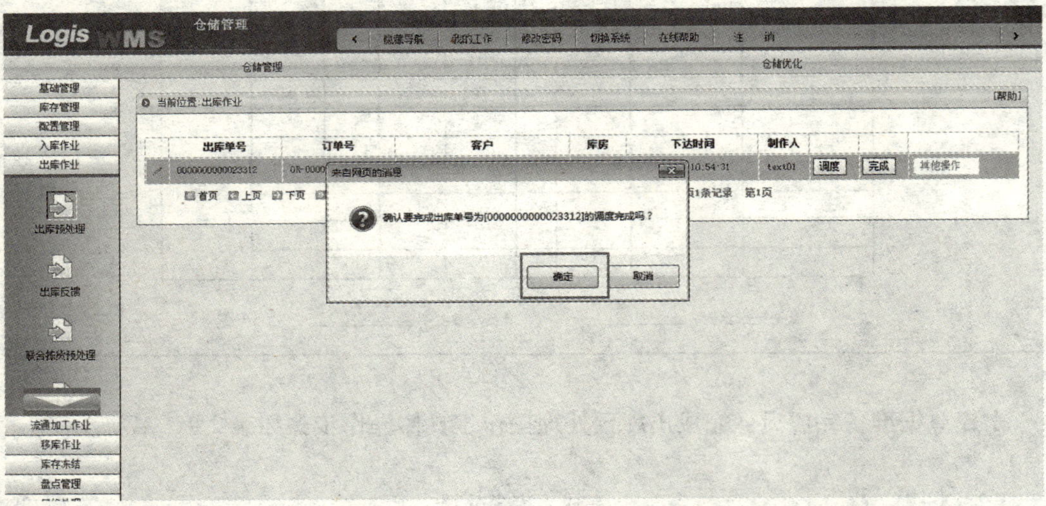

步骤五：出库反馈

出库预处理操作完毕后，就应该对将要出库的货品进行理货操作，具体操作步骤如表2－3－8所示。

表 2－3－8　　　　　　　　**出库反馈**

具体操作
在“出库作业”操作界面下，选择“出库反馈”，进入到出库反馈操作界面。系统将已经调度完成的单据列出 点击“理货”，对需要出库的货物进行出库清点理货操作，查看实际出库数量 完成理货操作后，点击“完成”，系统会弹出提示信息。确认无误后，点击“确定”，至此出库的系统操作全部完毕 切换到“订单管理”系统，可以在“订单查询”模块看到该条出库作业信息。看到该条记录的执行状态为“完成”证明上述出库作业全部完成
图　　示

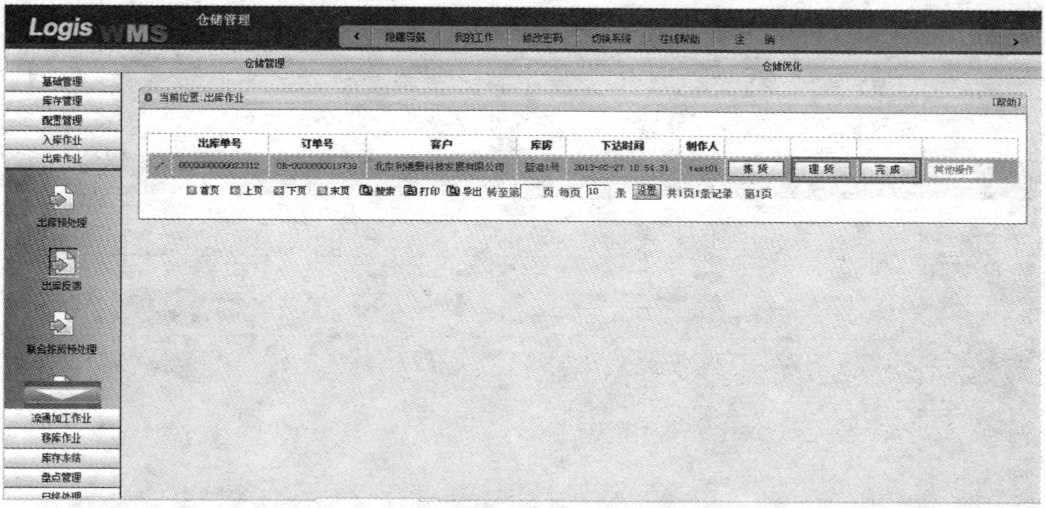

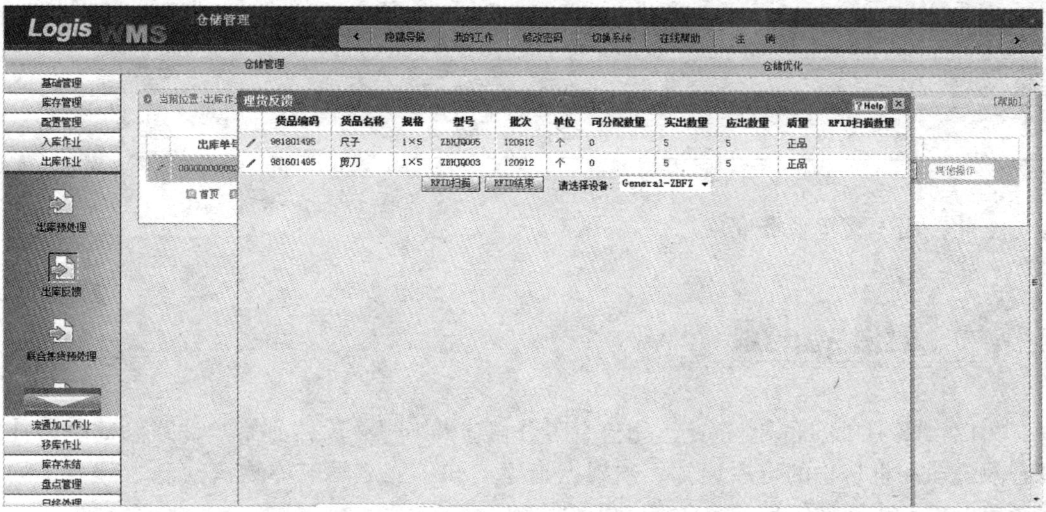

续 表

图 示

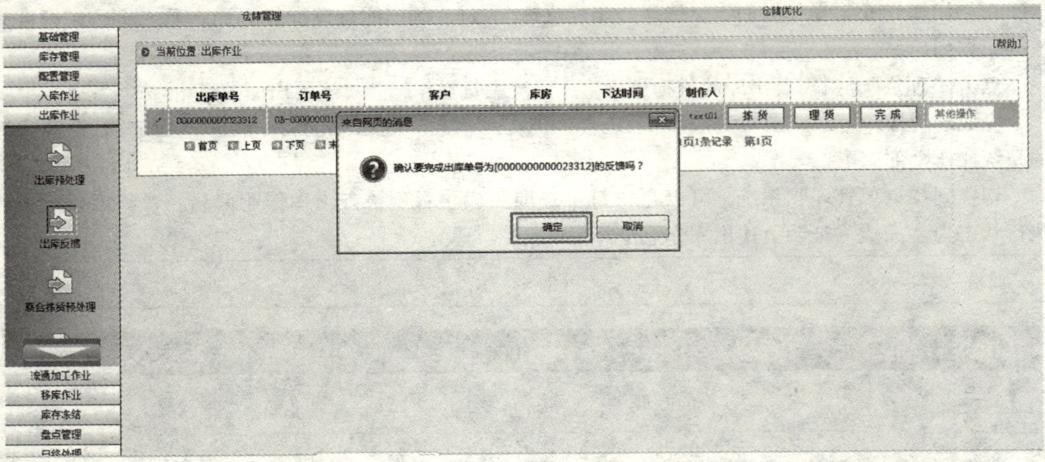

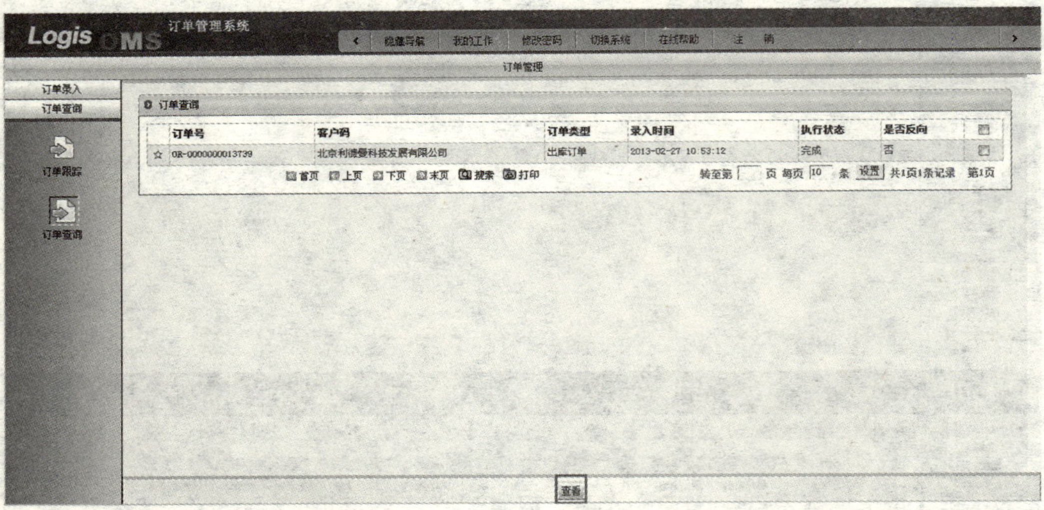

至此，出库接单业务完成。

技能训练

2012 年 8 月 13 日，北京速达物流有限公司蓝港 1 号仓库接到客户北京利德曼科技发展有限公司一批货物的出库通知，须根据出库通知单完成第三方物流信息管理系统的出库接单业务，出库通知单如表 2－3－9 所示。

表 2－3－9

出库通知单

仓库名称：蓝港 1 号　　　　2012 年 8 月 13 日

批次	12081306		
采购订单号	201208130006		
客户指令号	20120813006	订单来源	电话
客户名称	北京利德曼科技发展有限公司	质 量	正品
出库方式	自提	出库类型	正常

序号	货品编号	名称	单位	包装规格（立方毫米）	申请数量	实发数量	备注
1	9787885273156	电炸锅	箱	480×320×200	12		
2	9787799418261	压缩机	箱	600×400×220	10		
3	9787880457681	文具盒	箱	600×400×220	5		
4	9787885163471	削笔器	箱	600×400×220	6		
5	9787885160784	剪刀	箱	600×400×220	5		
6	9787885160371	胶带	箱	600×400×220	7		
7	9787885161057	尺子	箱	600×400×220	10		
8	9787885160715	橡皮	箱	600×400×220	15		
9	9787885161033	胶水	箱	600×400×220	5		
10	9787885160296	文件收纳	箱	600×400×220	3		
11	9787885160746	笔筒	箱	600×400×220	10		
12	9787885160203	订书器	箱	600×400×220	10		
13	9787881012322	笔记本	箱	600×400×220	10		
14	9787880975901	计算器	箱	600×400×220	5		
15	9787508632018	银质领带夹	箱	600×400×220	10		
16	9787505418943	铁质领带夹	箱	600×400×220	10		
17	9787300149295	合金领带夹	箱	600×400×220	10		
18	9787561345948	自动皮带扣	箱	600×400×220	5		
19	9787543057388	针式皮带扣	箱	600×400×220	5		
20	9787543064812	手工皮带扣	箱	600×400×220	5		
合计					158		

制单人：李华　　　　提货人：刘家伟　　　　仓管员：

仓库工作人员通过初步了解，并与客户沟通核实此项入库业务的具体信息为：客户指令号：20120813001，采购订单号：20120813001，紧急程度：紧急，订单来源：电话，下达时间：2012 年 8 月 13 日 13:23:00，出库方式：自提，出库性质：正常出库，预计出库时间：2012 年 8 月 14 日 10:22:00，货品批次为：12081306。请你完成此次出库接单任务。

实训任务四 运输制单

任务引入

◉ 任务1：站到站运输

2012 年 7 月 16 日上午，速达物流接到一份客户北京利德曼科技发展有限公司签字盖章的运输指令，该运输指令如图 2－4－1 所示。

发货通知单

TO：北京速达物流有限公司

我公司有一批家电须从北京工厂发往上海，具体信息如下表所示：

序号	商品名称	数量	单位	重量（吨）	体积（立方米）	到货日期
1	3D 电视	50	箱	4	20	2012－7－22 17：00

收货单位：	上海创维科技发展有限公司
收货地址：	上海市长宁区法华镇路 63 号　邮编：201000
联系人：	郑洪新
电话：	13411072672、传真：021－12300089

急需发运！收到请回复！

FROM：北京利德曼科技发展有限公司

汝志彬 13882536503

北京市丰台区亦庄科技开发区 36 号

邮编：100024

传真：010－2237210

图 2－4－1　运输指令

接到此运输指令后，工作人员联系客户商议运费事宜，最后与客户利德曼科技达成约定：货物采用自提、自送，2012 年 7 月 17 日 13:25 前发车，返运单作为回单，此批货物的运费为 5500 元，杂费 1000 元，无须投保。

工作人员经调度安排决定采用本公司从北京到上海的干线运力来运输此批货物。

接下来，工作人员需要完成此项运输任务在系统中的制单作业。

◉ 任务 2：门到门运输

假如同日下午，速达物流又接到客户利德曼科技的运输指令，要求运输同样的货物到同样的地点，但是要求此次的运输任务进行取/派操作，其他信息没有变化。

速达物流始发站工作人员接到这项运输任务后，确定取货车辆为分供方提供的车辆，具体信息如下。

车牌号：京 SD7823，预计发车时间：2012 年 7 月 16 日 14:58:00，司机：刘立新，货运员：陈金棠，取派费用：200 元。

目的站工作人员确定派送车辆为公司自有车辆，具体信息如下。

车牌号：沪 AT9557，预计发车时间：2012 年 7 月 21 日 15:21:00，司机：刘欢欢，取派费用：200 元。

接下来，工作人员需要完成此项运输任务在系统中的制单作业。

任务实施

◉ 任务 1

步骤一：审核运输指令

始发站信息管理员收到客户发送的运输指令后，须审核客户所运输的货物是否属于公司承运范围，如若不在承运范围内应及时用电话或 E－mail 给客户以礼貌的拒绝并做合理的解释，希望下次有机会再合作。

步骤二：生成运输作业计划

根据发货通知单，物流信息员进入订单管理系统中，并进行运输订单的录入处理，新增运输订单，具体的操作过程如表 2－4－1 至表 2－4－3 所示。

表 2-4-1　　登录订单管理系统

具体操作
登录到综合业务平台，利用账号和密码进入“订单管理”系统 选择左侧的工具栏中“订单录入”，并点击“运输订单”，进入运输订单列表界面

图　　示

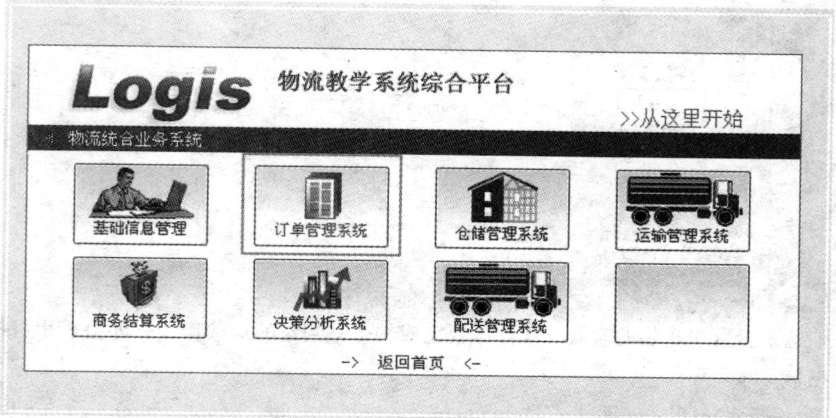

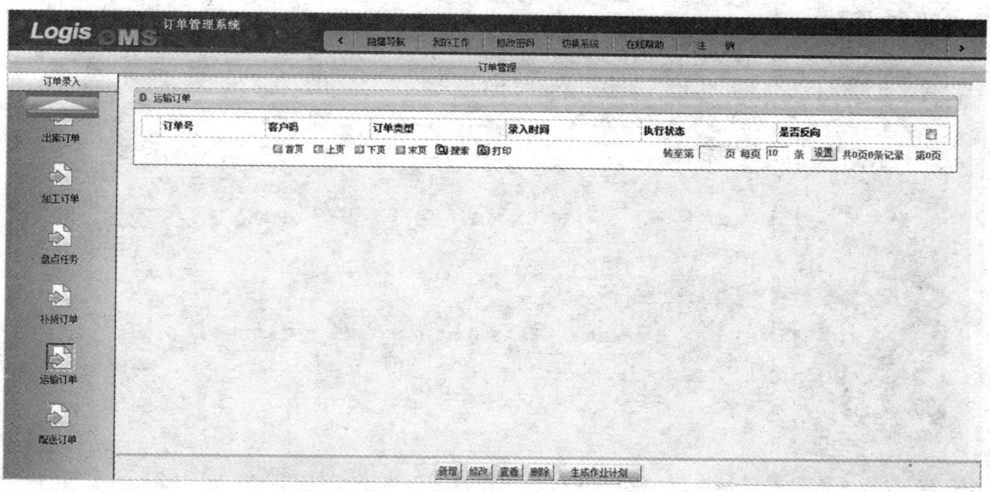

表 2-4-2　　录入运输订单

具体操作
点击界面底部的“新增”，新增一个运输订单 根据运输计划和客户提供的信息，填写运输订单相关信息。完成客户基本信息的录入以后，点击页面下方的“增加”按钮，在出现的表格中添加运输货品信息 信息全部填写完成后，点击“保存订单”即可

续 表

图 示

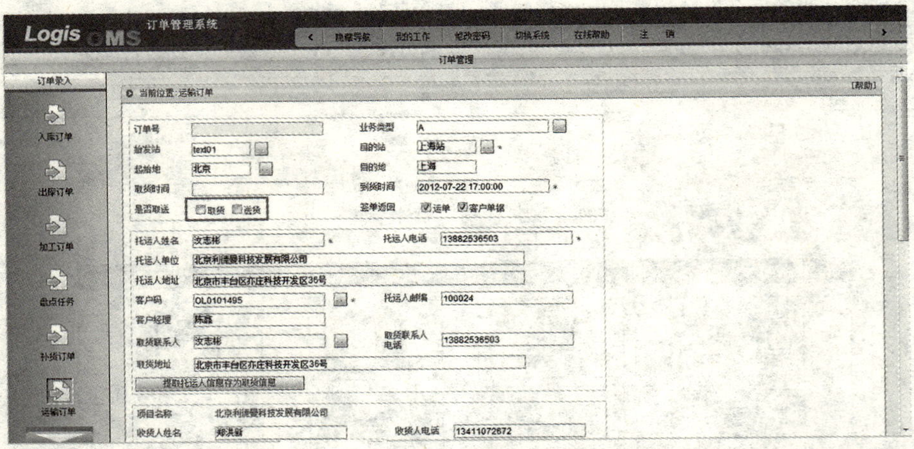

注：在勾选是否取送货物的时候，本任务要完成的是站到站的运输作业，即由客户自提自送，则不需要勾选取货、送货。

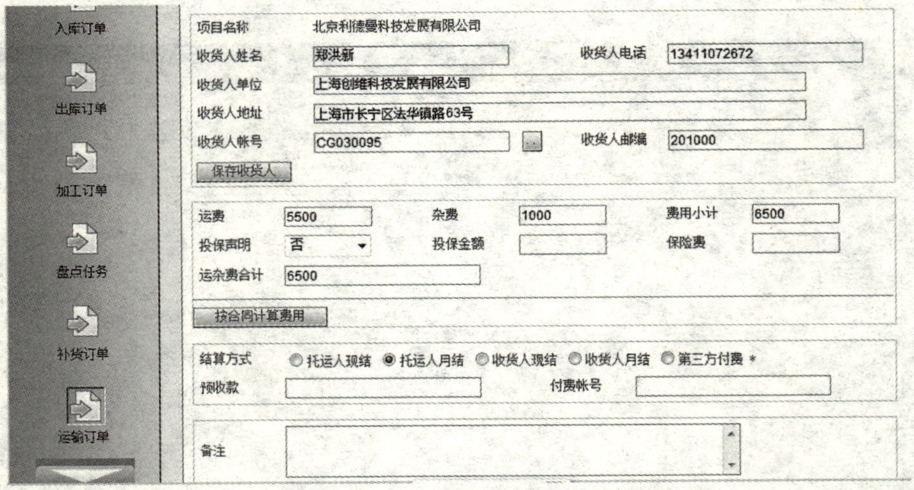

注：若收货人信息是第一次添加到系统中，则可以通过点击“保存收货人”将上述添加的收货人信息保存到基础数据。

运输费用信息可以自行填写费用信息，也可通过点击“按合同计算费用”让系统自动生成运输费用的信息。

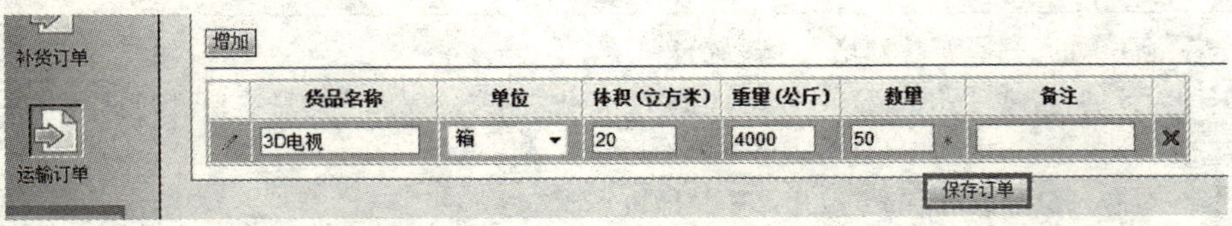

表 2－4－3　　**生成运输作业计划**

具体操作
返回到订单列表中，勾选中刚才新增的订单，点击界面底部的“生成作业计划” 系统弹出运输订单界面，核对订单无误后，点击“确认生成”
图　示
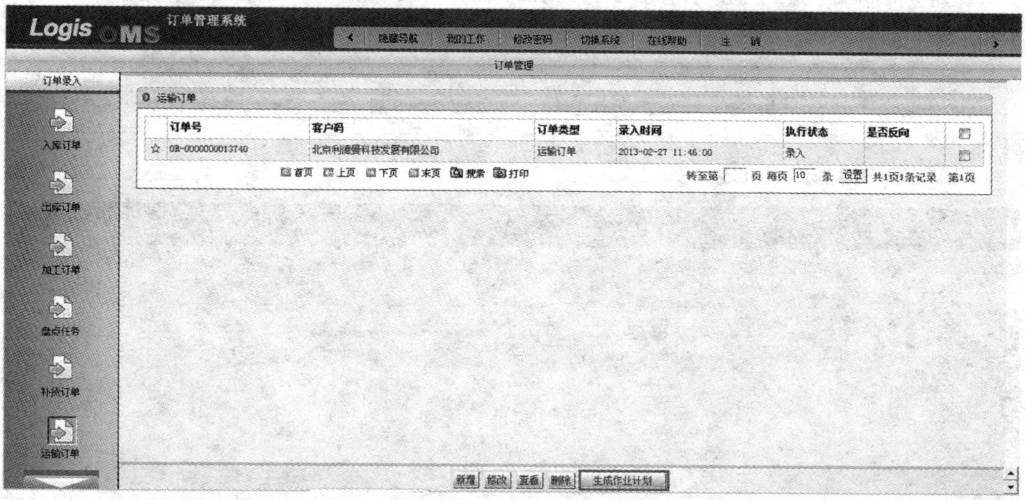 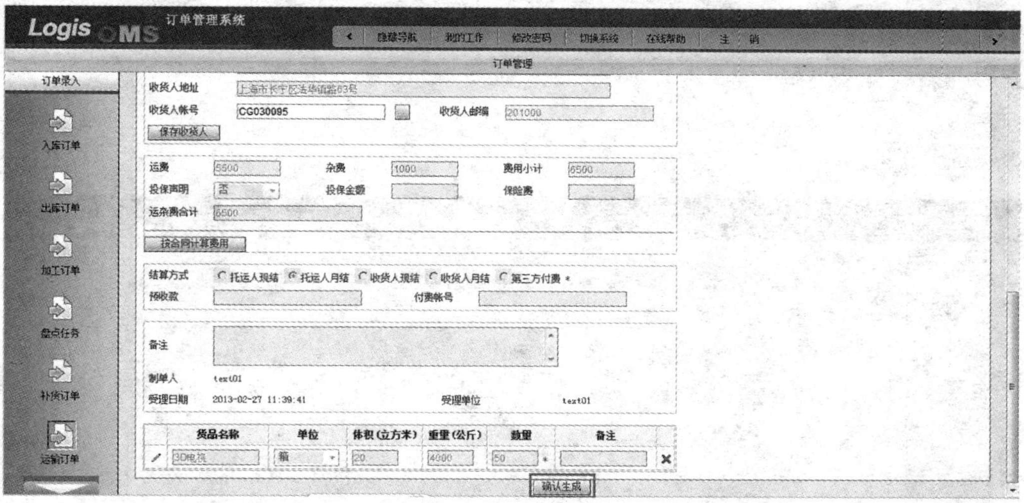

步骤三：调度分单

在订单录入结束后，进行下一步调度分单作业。调度作业是在“运输管理”系统中操作实现，具体的操作过程如表 2 -4 -4 所示。

表 2 -4 -4　　　　调度分单

具体操作
切换到“运输管理”系统，点击“调度作业”界面下的“分单”，进入始发业务列表界面 选择需要分单的业务，点击“分单”，系统弹出订单调度设定页面，设置路由信息；点击“获取运单号”系统自动生成订单编号 点击“预打印订单”，查看运单效果 点击“提交”进入货位填写页面，填写货位，点击“保存”，保存货物进站货位
图　示

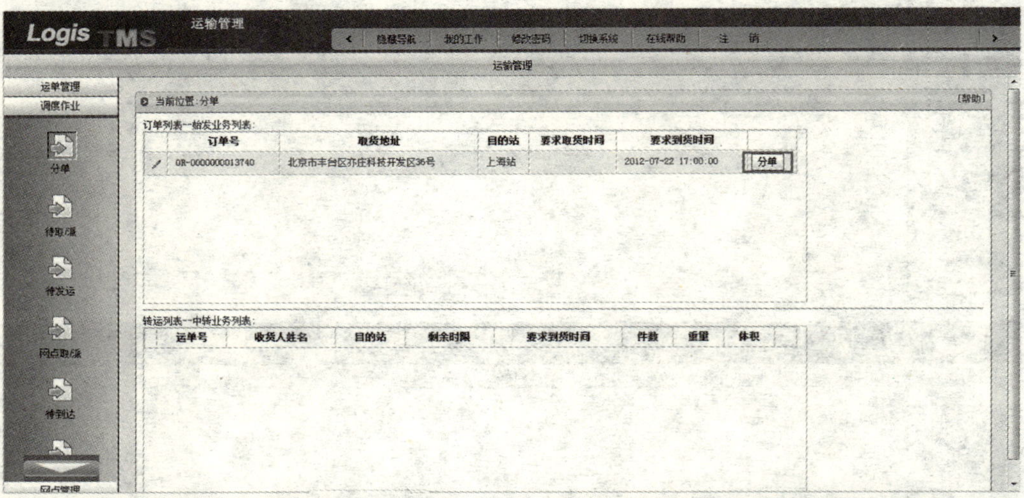

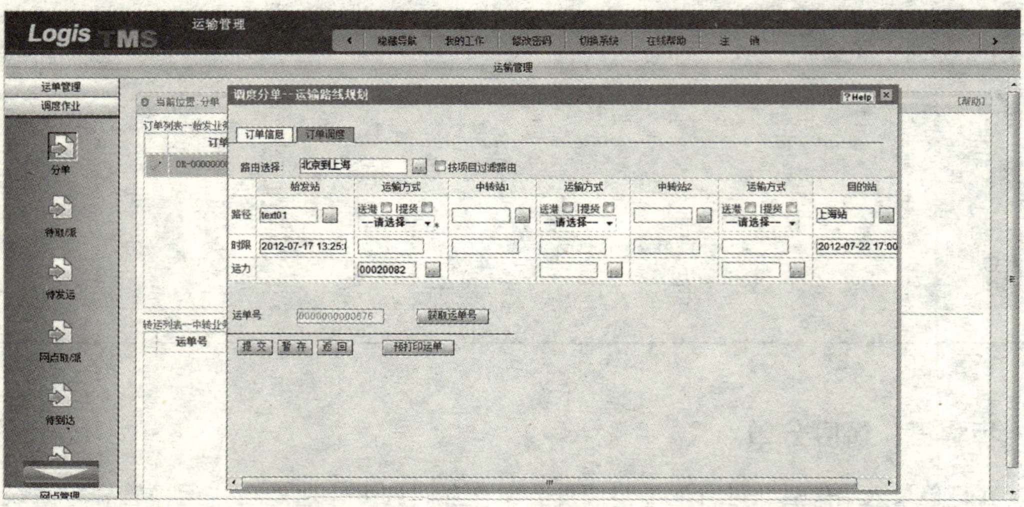

续 表

图　示

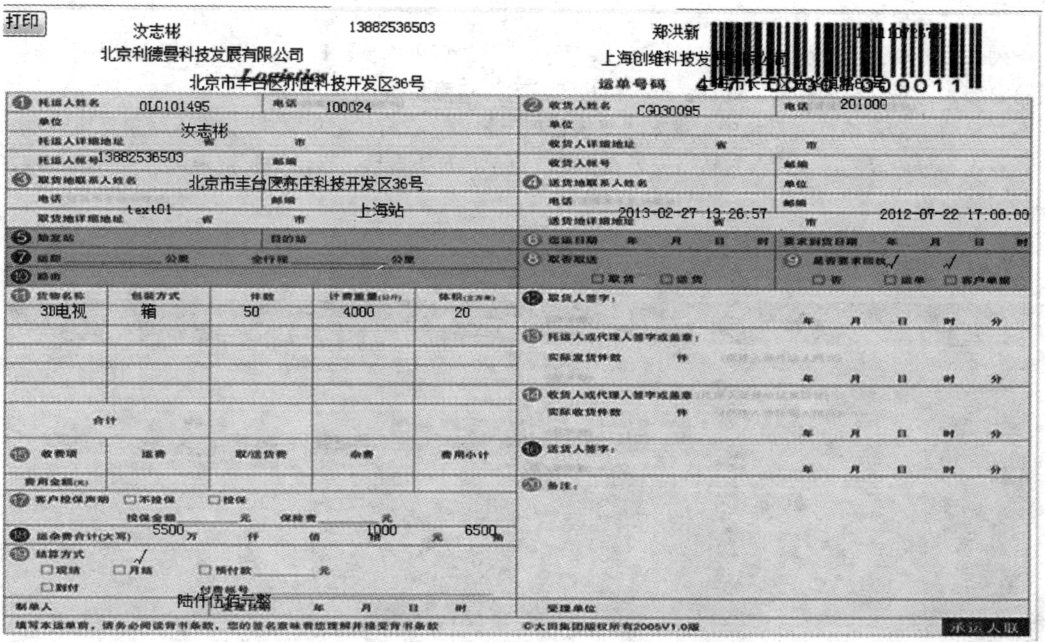

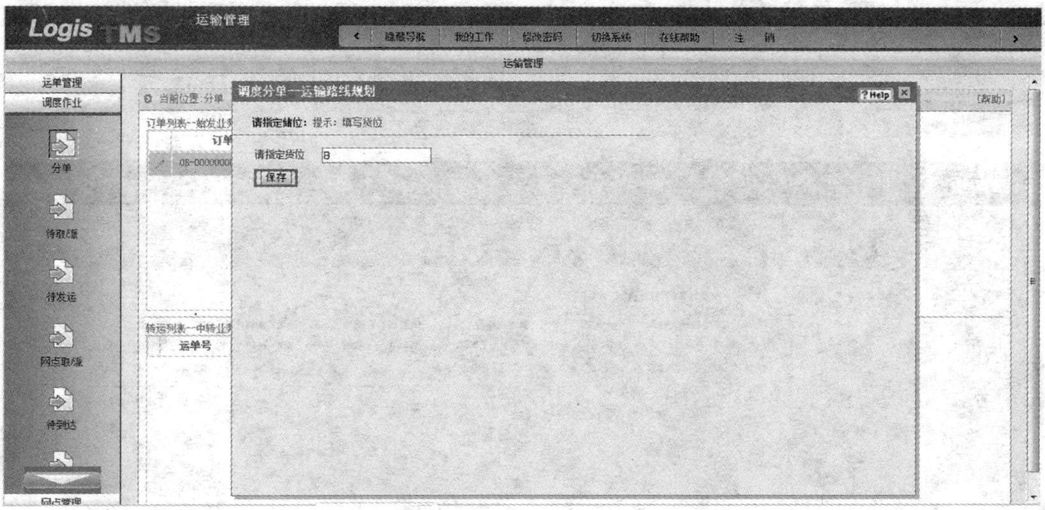

步骤四：订单复核

分单完成后进行订单复核，具体的操作过程如表 2－4－5 所示。

表 2-4-5　　订单复核

具体操作
进入"运单管理"界面，点击"补录信息"，可以看到刚添加的运输订单 勾选该订单，在此可以进行订单的修改、费用调整，订单确认无误后，点击"提交复核"按钮，等待财务人员对订单进行复核处理，复核栏状态显示为"待复核" 切换到"商务结算"系统中，进入"复核管理"界面，点击"运单复核"，进入运单复核界面 点击运单内容，进入运单复核审查界面，确认订单信息无误后，点击"复核确认"完成对运输订单的审核过程
图　示

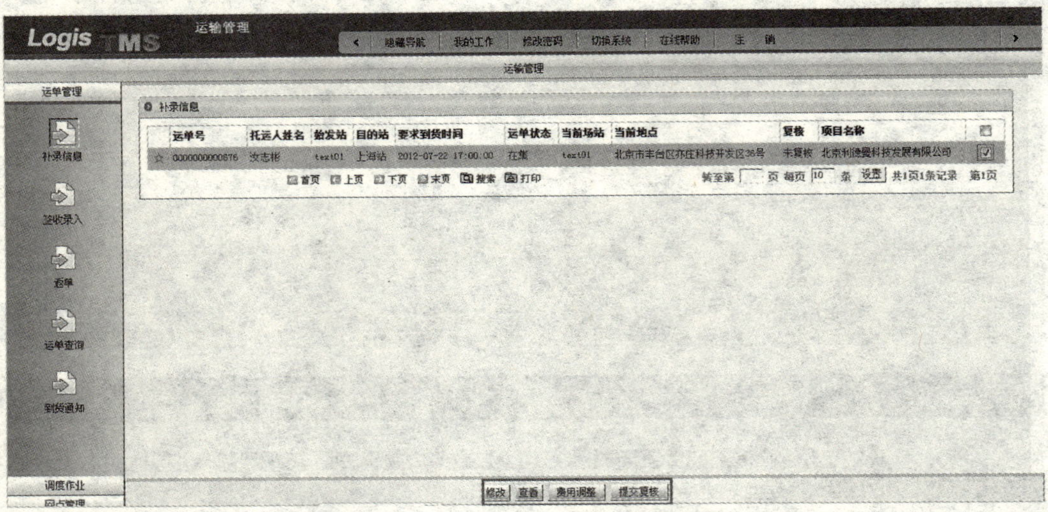

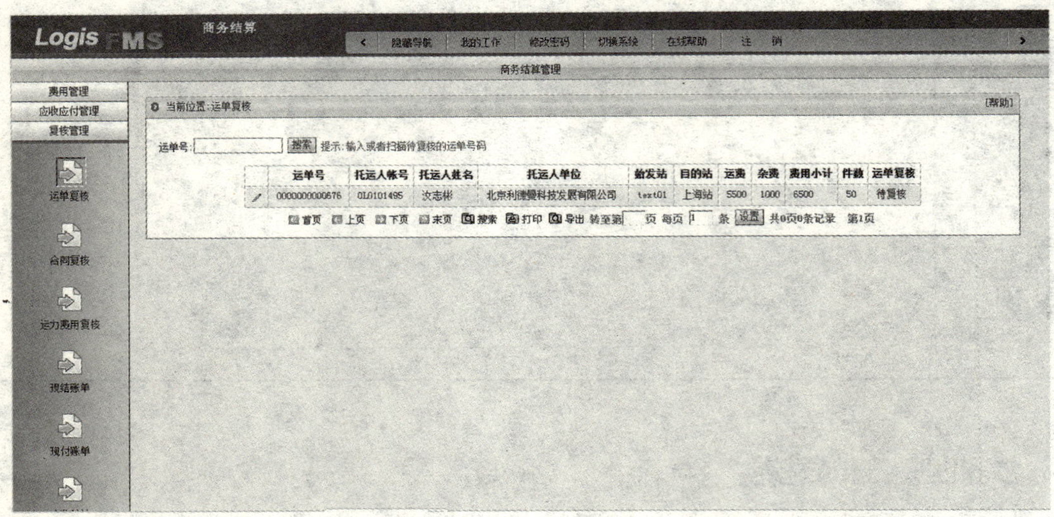

续　表

图　示

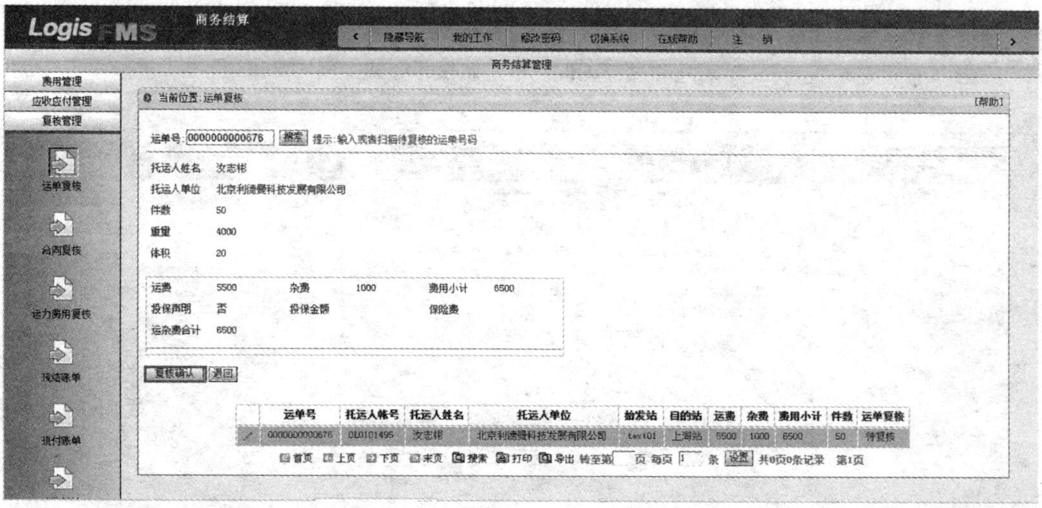

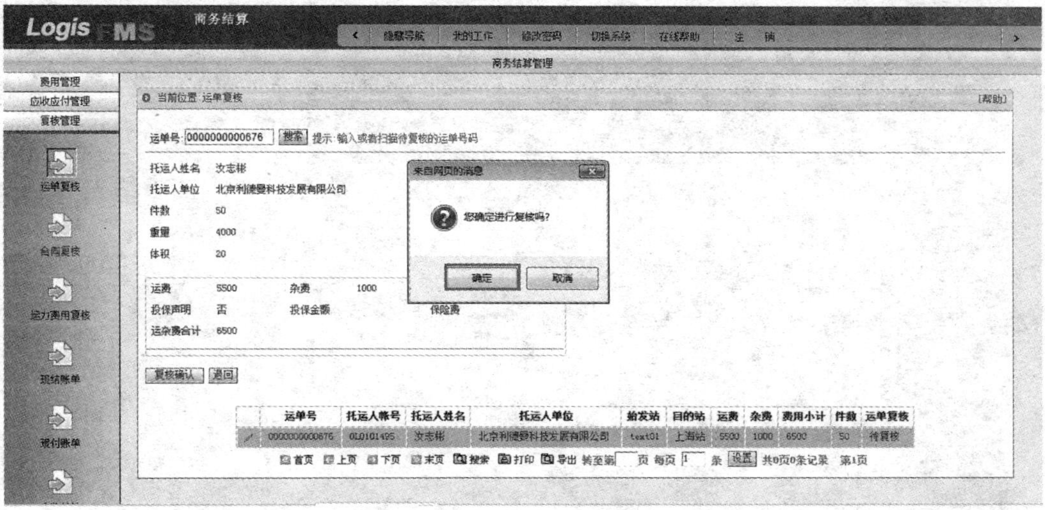

步骤五：货物自送进站

运单复核完成以后，进行货物的自提自送作业，即接收客户送达场站的货物，进行进站作业，具体操作步骤如表 2－4－6 所示。

表 2－4－6　　货物自送进站

具体操作
切换到“运输管理”系统，进入“场站作业”模块下，选择“自提自送”进入取/派调度操作界面 选择需要处理的订单，点击页面下方的“场站扫描”，进入货品信息查询和货品标签打印界面 点击“直接进站”，若进站信息和过程无误，则进站操作完成
图　示

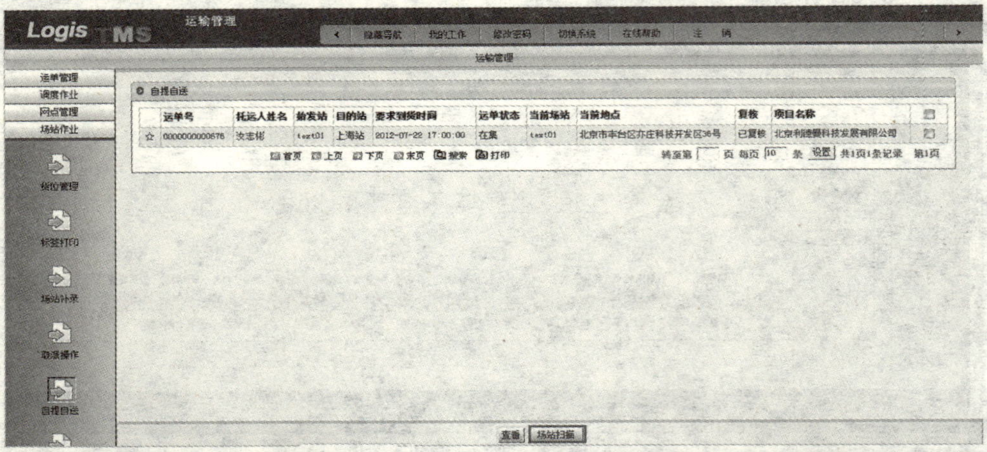

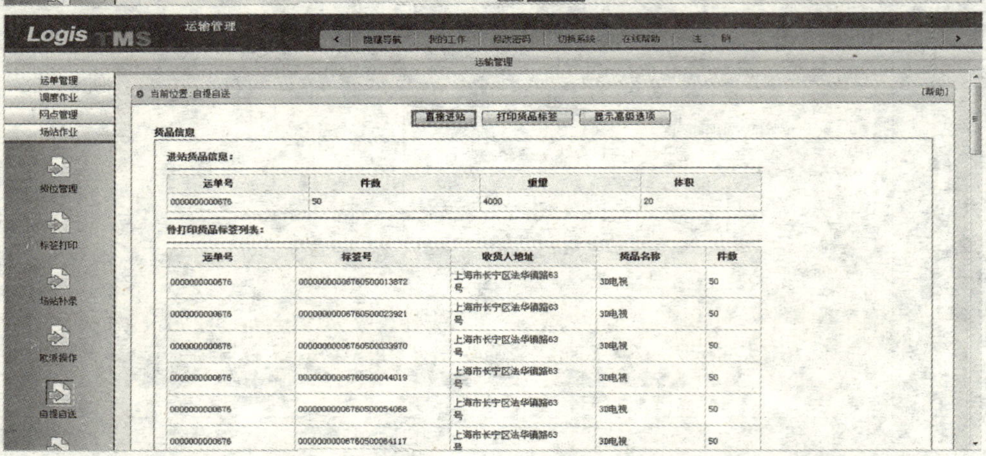

步骤六：货物发运调度

货物进站成功以后，下一步进行待发运作业，具体操作步骤如表 2－4－7 所示。

表 2－4－7　　待发运调度

具体操作
点击“调度作业”模块下的“待发运”，进入集货及发运管理操作界面 对待发运货物装箱处理，点击“装箱”，装箱操作成功后，点击“发运”，将单据提交至场站 点击提示窗口内的“确定”，即完成系统待发运操作

续　表

图　示

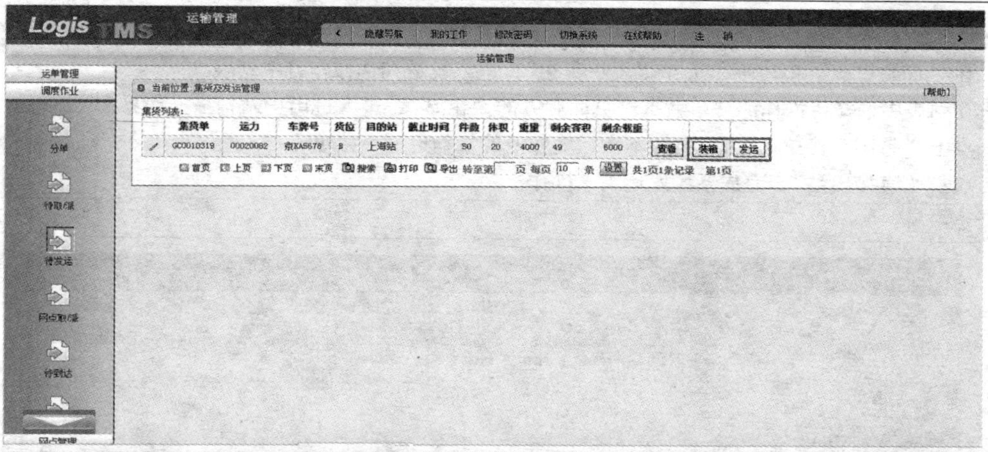

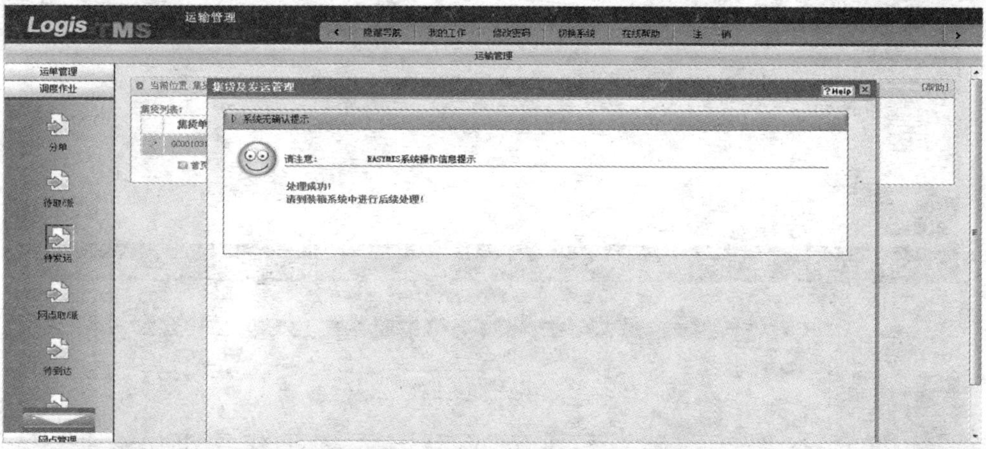

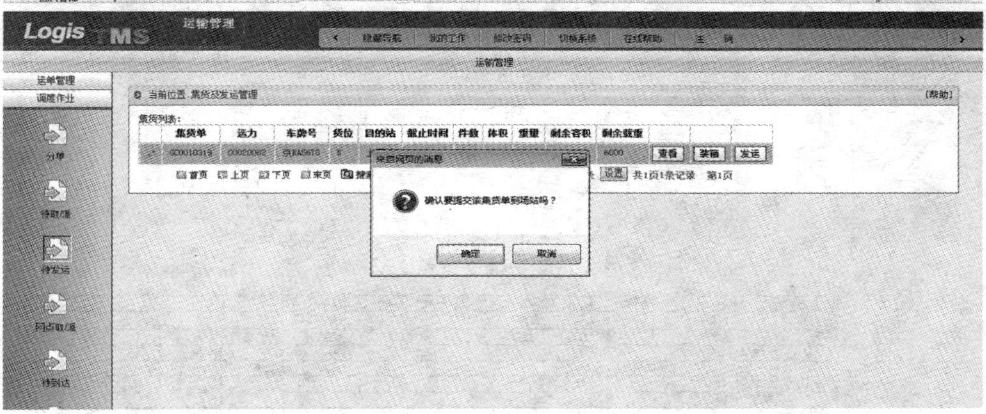

注意：此处如果不采用本公司的车辆，应在此处填写公司与分供方协议的运费。

前期准备工作完成，此时进行货物发运出站，具体操作步骤如表 2－4－8 所示。

表 2－4－8　　发运出站

具体操作
在“场站作业”模块下，选择“发运到达”，进入发运到达操作订单列表 在列表中选择待操作的订单后点击页面后方的“出站”，进入进出场站扫描操作界面 点击“打印交接单”，可以打印本次运输作业的货物运输交接单 点击“直接出站”，完成系统发运出站操作
图　　示

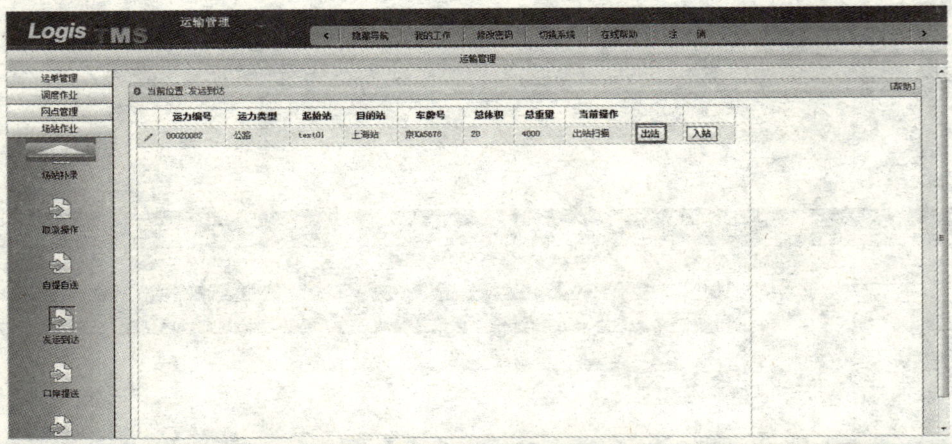

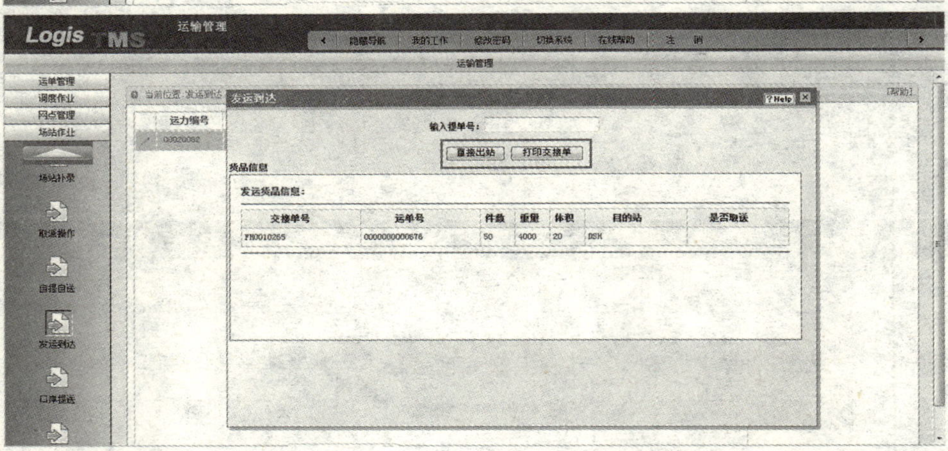

货物运输交接单　　NO:FH

始发站	text01	车牌号	京KA5678	核载(吨)	4000	发车时间			
目的站	上海站	车辆性质	公路	车容(M	20	预达时间			
序号	运单号	客户名称	包装	货物名称		件数(件)	体积(M3)	重量(kg)	备注
	000000000676	汝志彬	箱	3D电视		50	20	4000	
合计						50.0	20.0	4000.0	
发站记事	施封:封	随车设备				发站调度	发货人	司机	到站调度
到站记事	施封:封锁	到达时间	年　月　日　时						
	收货及货损描述							刘立新	

制单人：　　　　制单时间：

打印

步骤七：货物到达调度

货物到达目的站前，需进行待到达作业操作，具体操作步骤如表2-4-9所示。

表2-4-9　　待到达调度

具体操作
目的站工作人员使用指定的用户名和密码登录“运输管理”系统。点击“调度作业”模块下的“待到达”，进入待到达操作订单列表 选择待到达操作订单，点击待操作运力后的“查看”，可以查看本次运输作业明细 选择待到达操作订单，点击“到货”，系统自动弹出提示窗口。点击提示窗口内的“确定”，即完成系统的待到达操作
图　　示

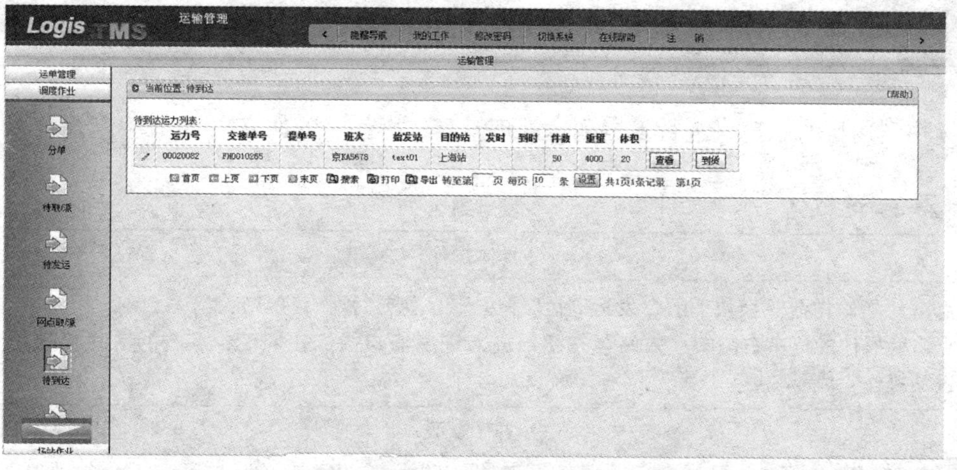

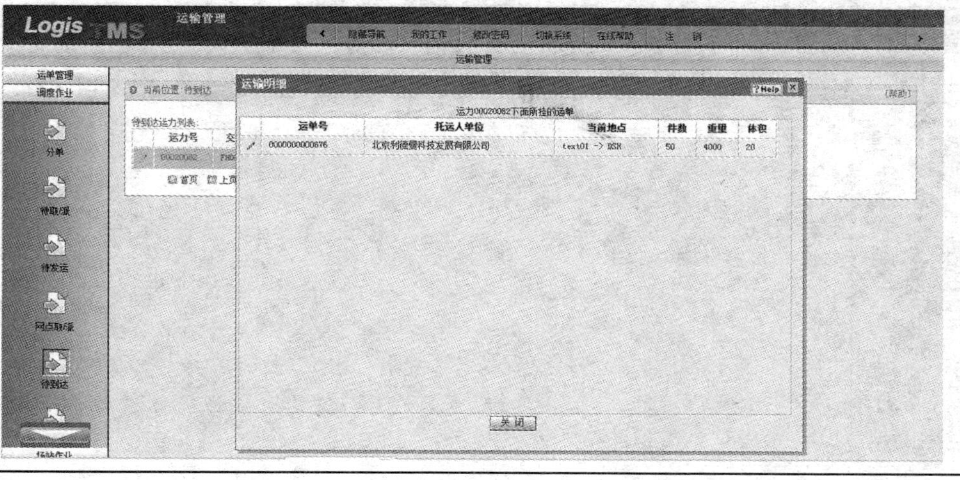

续 表

图　示
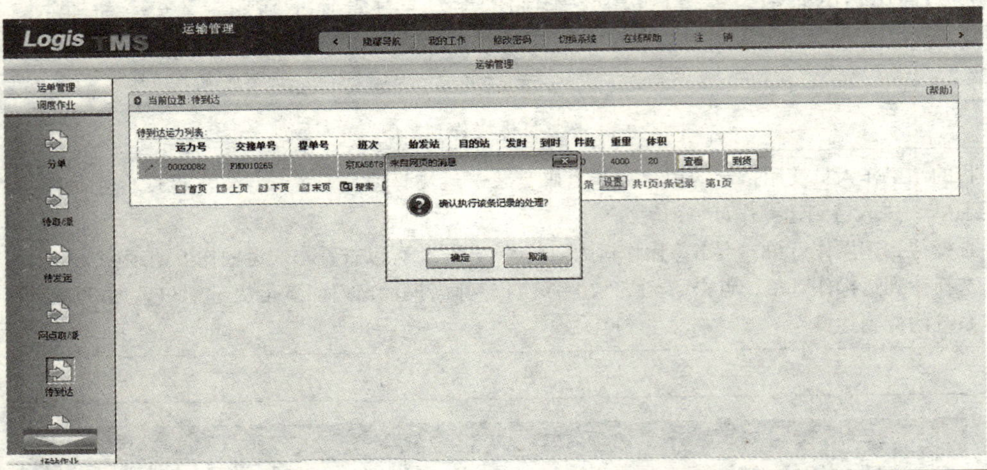

货物到达目的站后，进行发运到达处理，具体操作步骤如表 2－4－10 所示。

表 2－4－10　　发运到达

具体操作
点击“场站作业”模块下的“发运到达”，进入发运到达操作订单列表 点击待操作的订单右侧的“入站”按钮，进入进出场扫描操作界面，点击的“直接进站”后，货物进站操作完成
图　示
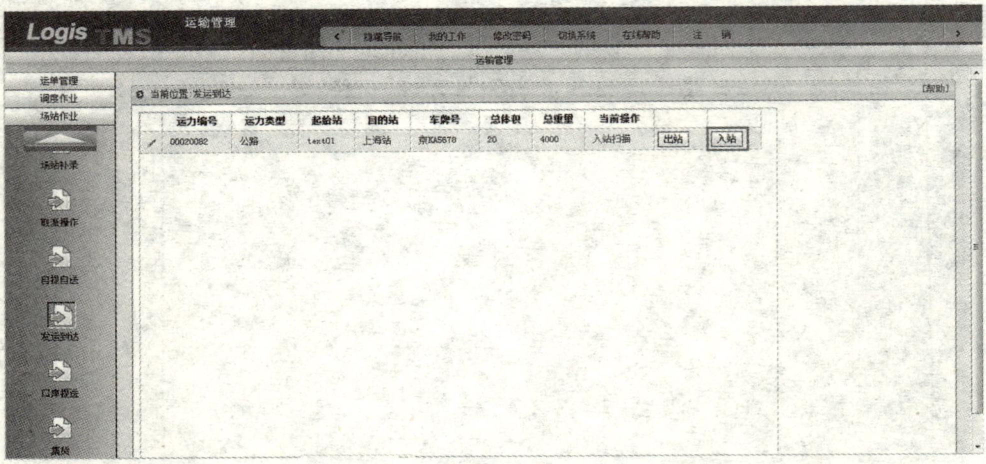

续　表

图　　示
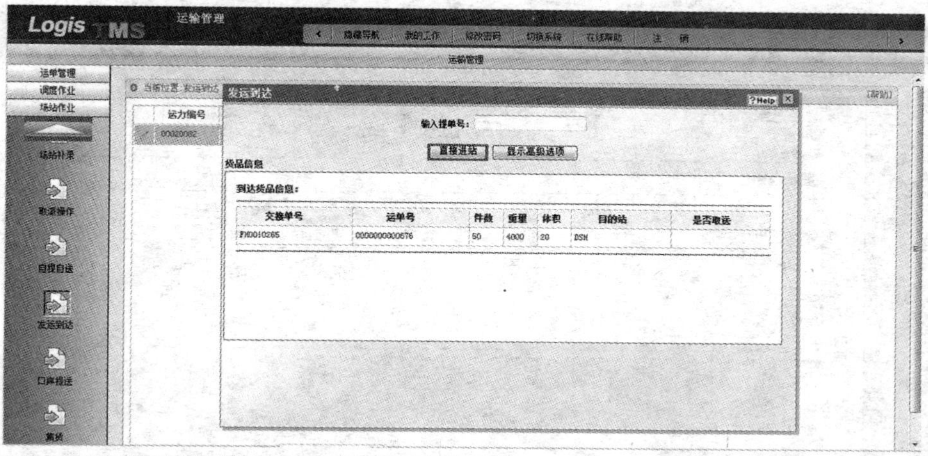

步骤八：货物自提出站

货物自提出站具体操作步骤如表 2－4－11 所示。

表 2－4－11　　货物自提出站

具体操作
点击“场站作业”模块下的“自提自送”，进入自提自送扫描界面 选择需要处理的订单，点击下方的“场站扫描”，进入货品信息查询和货品标签打印界面 点击“直接出站”，若出站信息和过程无误，会出现提示操作成功的界面
图　　示
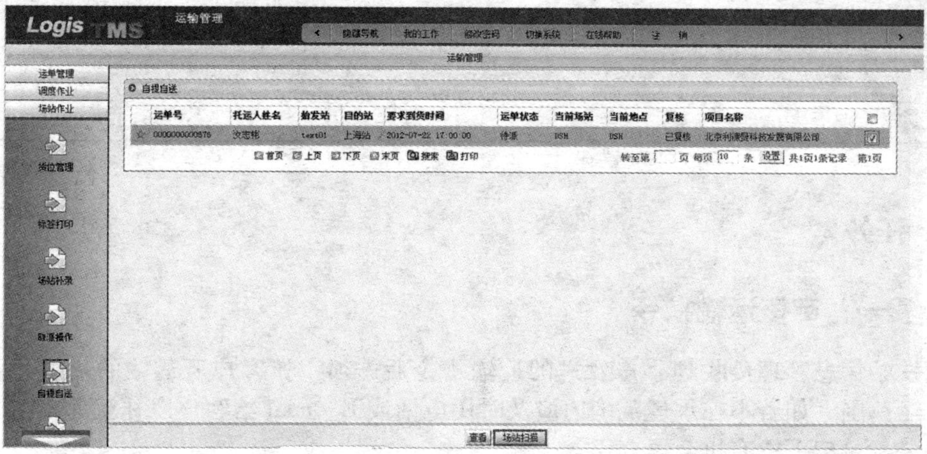

续 表

图 示
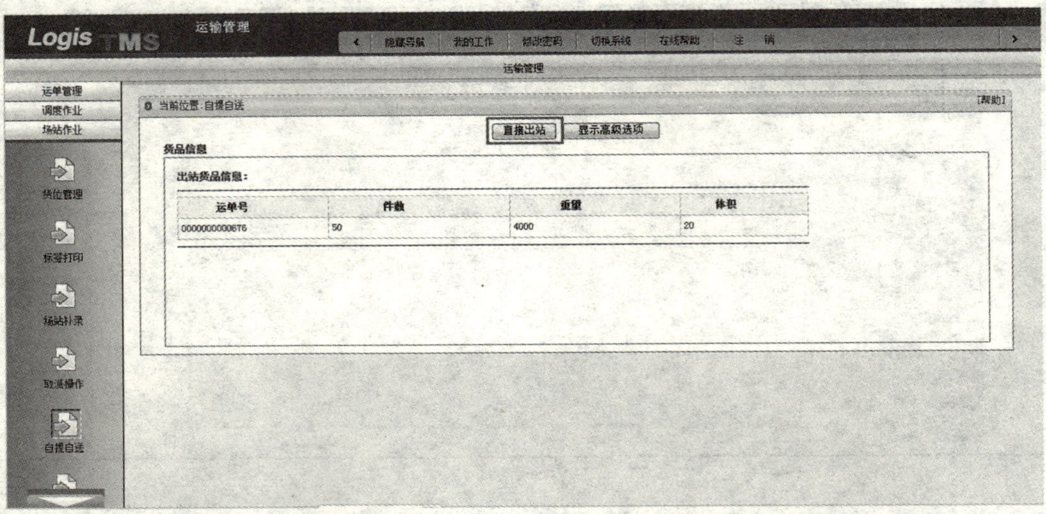 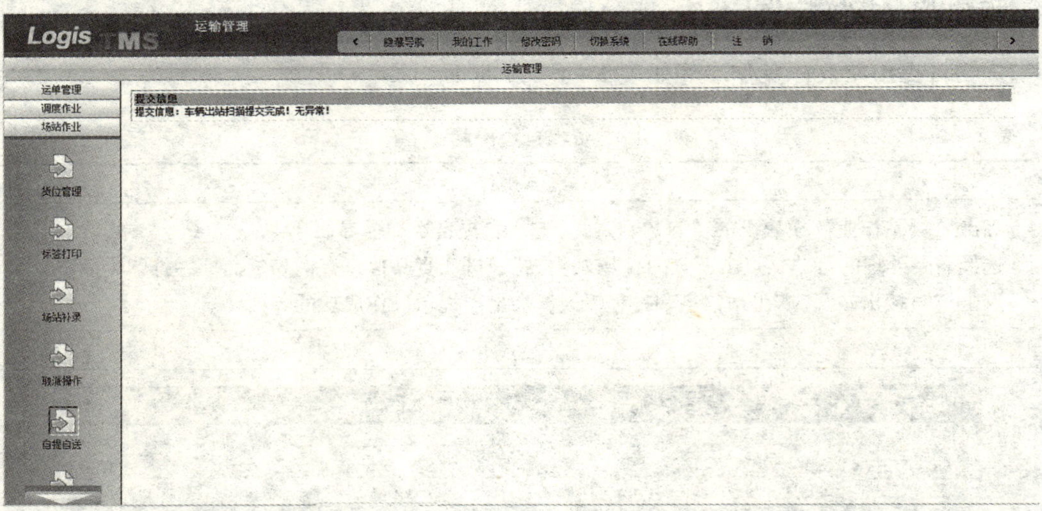

◉ 任务2

步骤一：审核运输指令

始发站信息管理员收到客户发送的运输指令后，须审核客户所运输的货物是否属于公司承运范围，如若不在承运范围内应及时用电话或 E－mail 给客户以礼貌的拒绝并做合理的解释，希望下次有机会再合作。

步骤二：生成运输作业计划

根据发货通知单，物流信息员进入订单管理系统中，并进行运输订单的录入处理，新增运输订单，具体的操作过程如表 2－4－12 至表 2－4－14 所示。

表 2－4－12　　　　登录订单管理系统

具体操作
登录到综合业务平台，利用账号和密码进入“订单管理”系统 选择左侧的工具栏中“订单录入”，并点击“运输订单”，进入运输订单列表界面
图　示

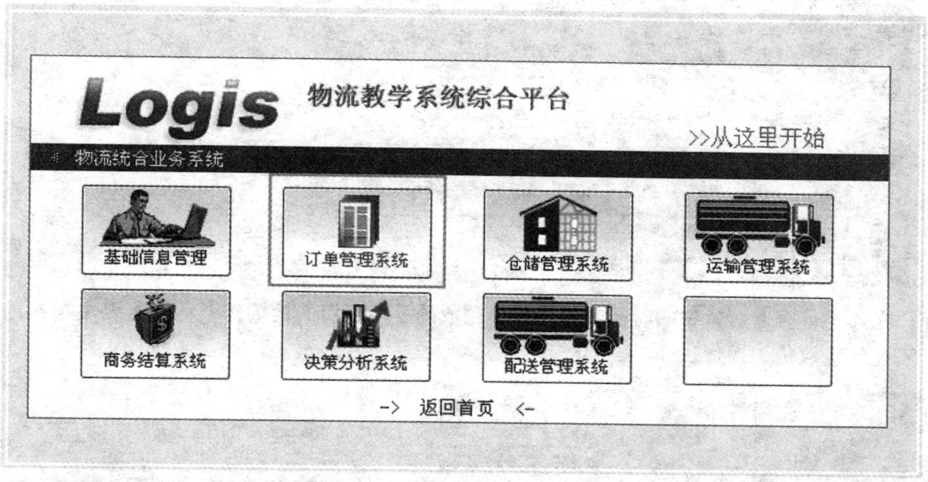

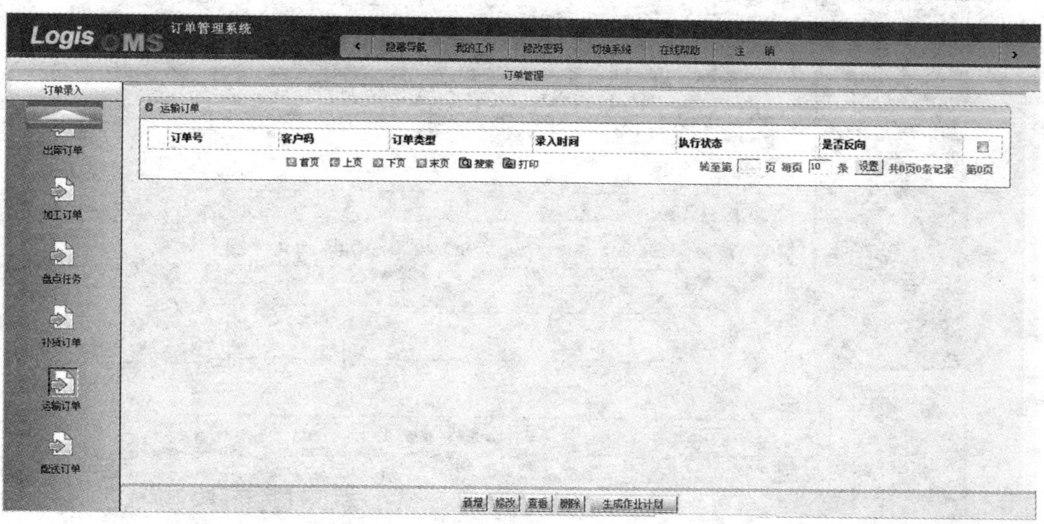

表 2 - 4 - 13　　录入运输订单

具体操作
点击界面底部的“新增”，新增一个运输订单 根据运输计划和客户提供的信息，填写运输订单相关信息。完成客户基本信息的录入以后，点击页面下方的“增加”按钮，在出现的表格中添加运输货品信息 信息全部填写完成后，点击“保存订单”即可
图　　示

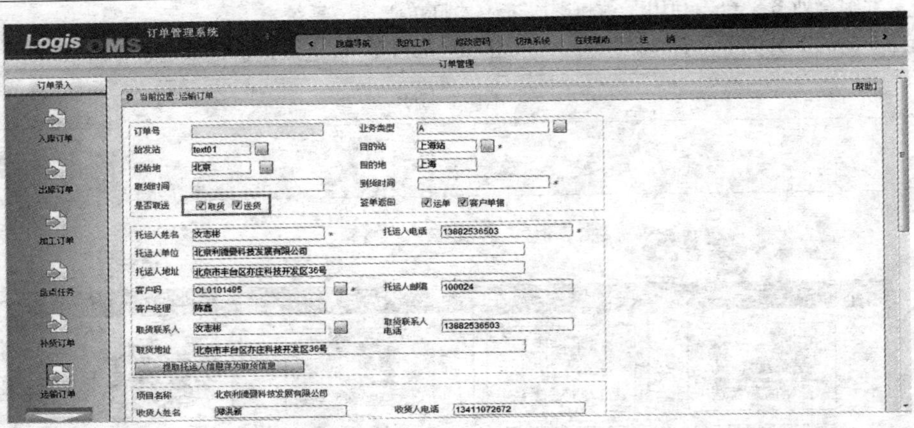

注：在勾选是否取送货物的时候，本任务要完成的是门到门的运输作业，即需要由车站进行取派作业，需要勾选取货、送货。

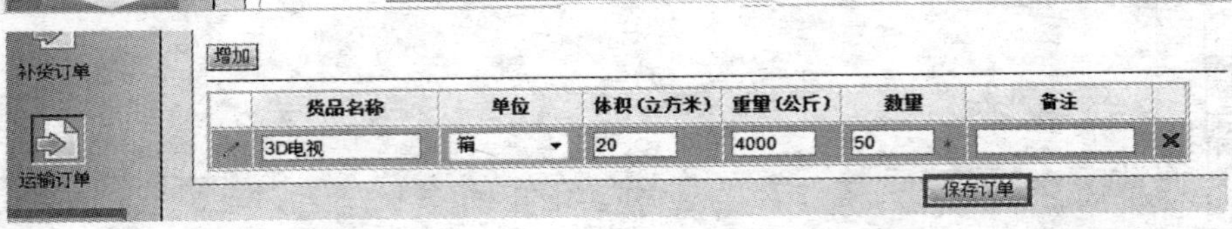

表 2 -4 -14　　　　**生成运输作业计划**

具体操作
返回到订单列表中，勾选中刚才新增的订单，点击界面底部的“生成作业计划” 系统弹出运输订单界面，核对订单无误后，点击“确认生成”
图　示

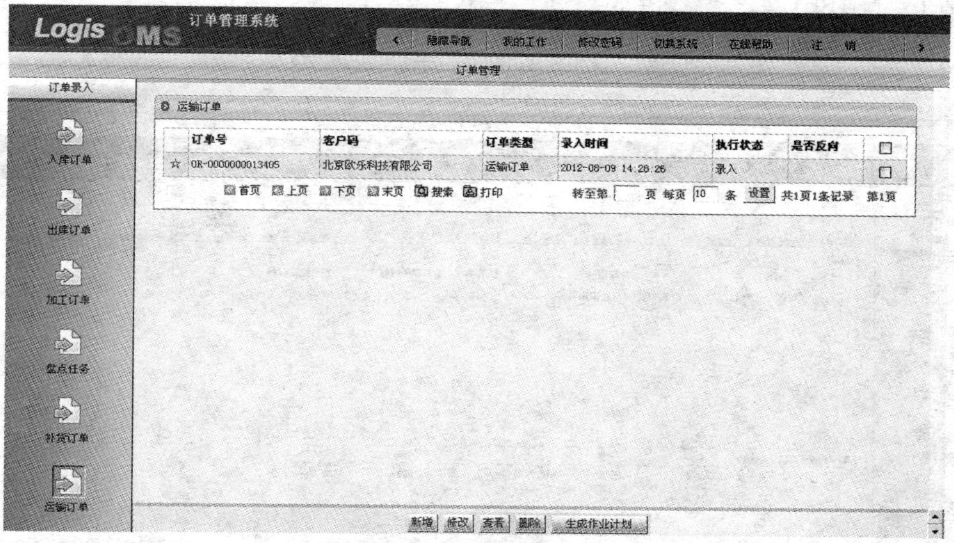

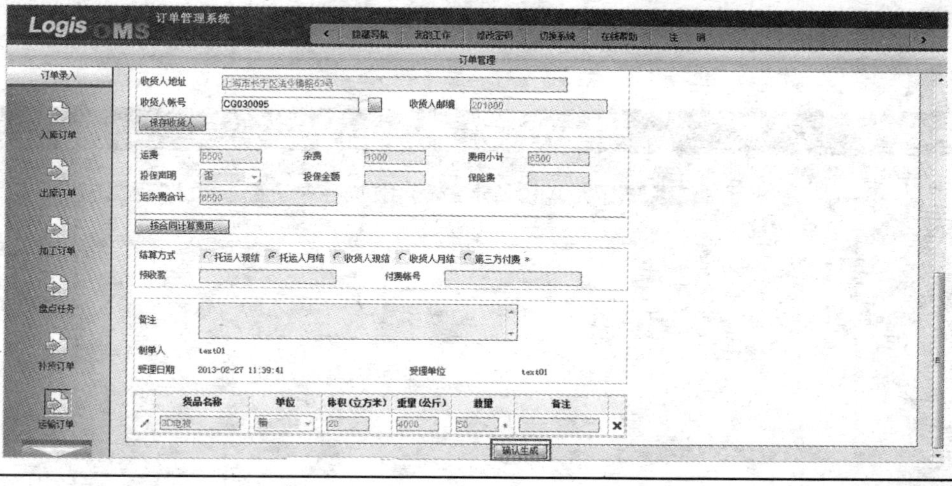

步骤三：调度分单

在订单录入结束后，进行下一步调度分单作业。调度作业是在“运输管理”系统中操作实现，具体的操作过程如表 2 -4 -15 所示。

表 2－4－15 调度分单

具体操作
切换到“运输管理”系统，点击“调度作业”界面下的“分单”，进入始发业务列表界面 选择需要分单的业务，点击“分单”，系统弹出订单调度设定页面，设置路由信息；点击“获取运单号”系统自动生成订单编号 点击“预打印订单”，查看运单效果 点击“提交”进入货位填写页面，填写货位，点击“保存”，保存货物进站货位
图　示

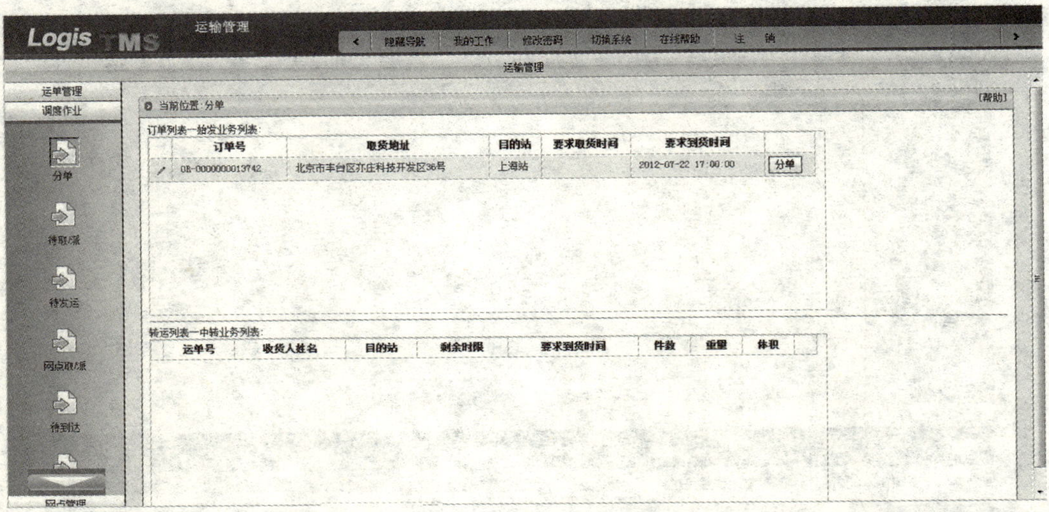

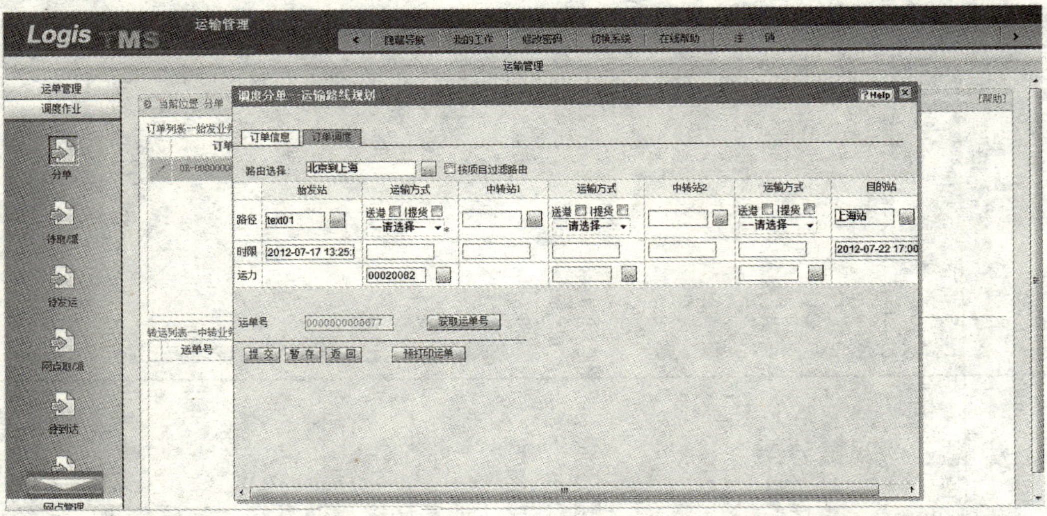

续　表

图　示
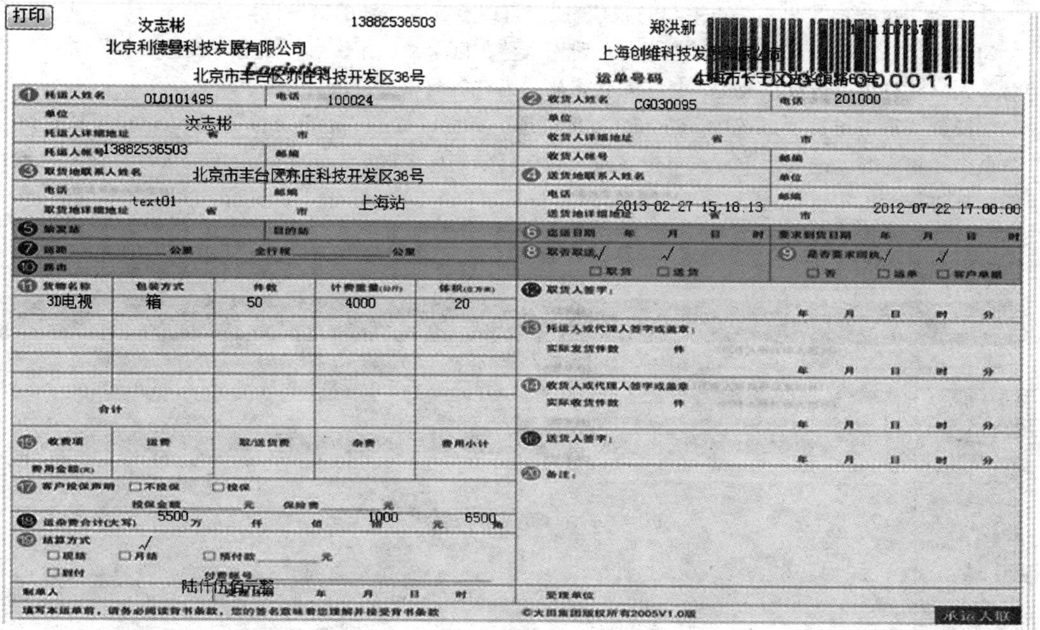 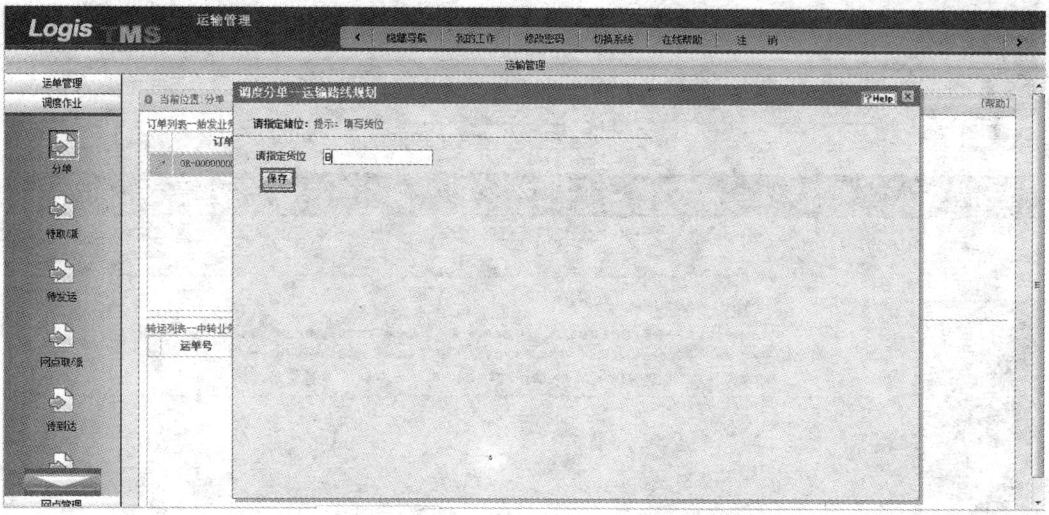

步骤四：订单复核

分单完成后进行订单复核，具体的操作过程如表 2－4－16 所示。

表 2-4-16　　　　订单复核

具体操作
进入“运单管理”界面，点击“补录信息”，可以看到刚添加的运输订单 勾选该订单，在此可以进行订单修改、费用调整，订单确认无误后，点击“提交复核”按钮，等待财务人员对订单进行复核处理，复核栏状态显示为“待复核” 切换到“商务结算”系统中，进入“复核管理”界面，点击“运单复核”，进入运单复核界面 点击运单内容，进入运单复核审查界面，确认订单信息无误后，点击“复核确认”完成对运输订单的审核过程
图　示

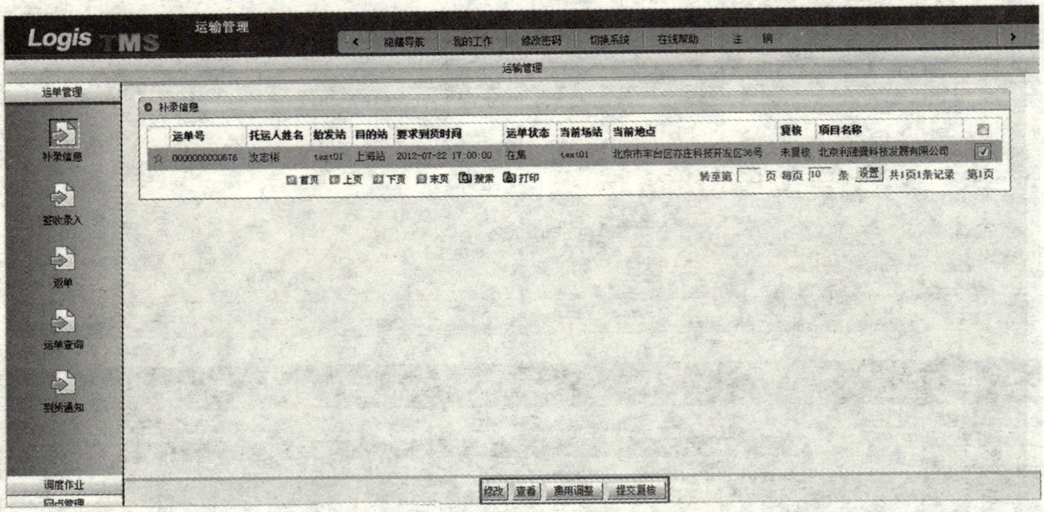

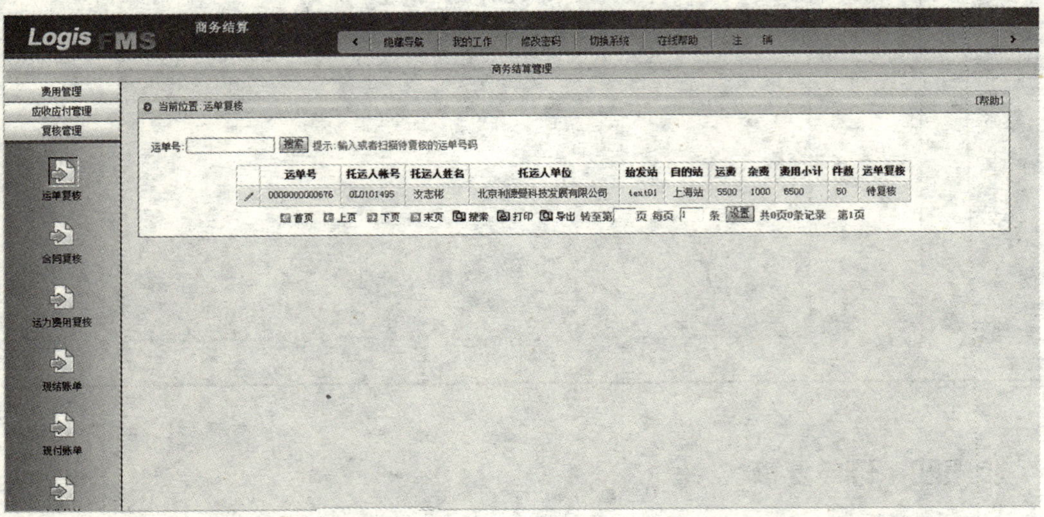

续 表

图 示
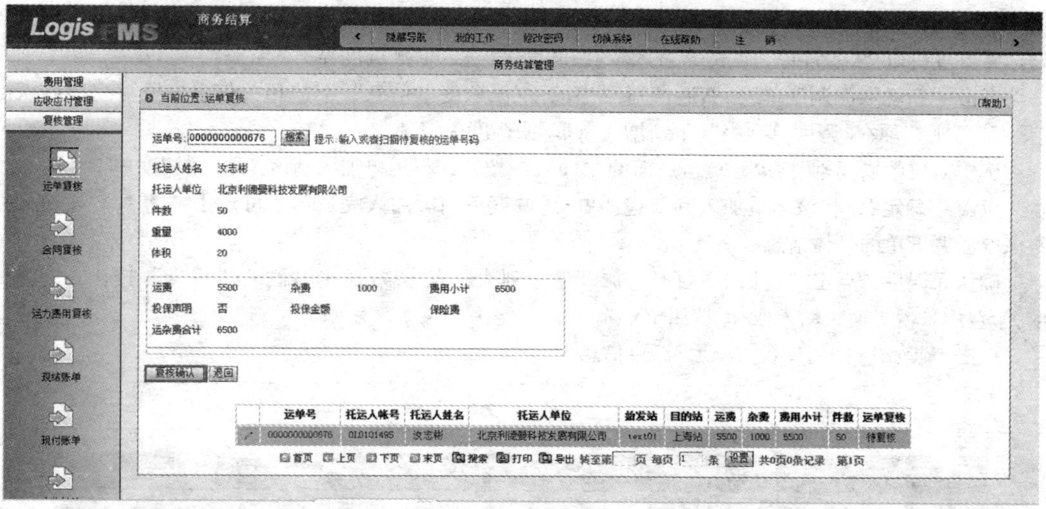 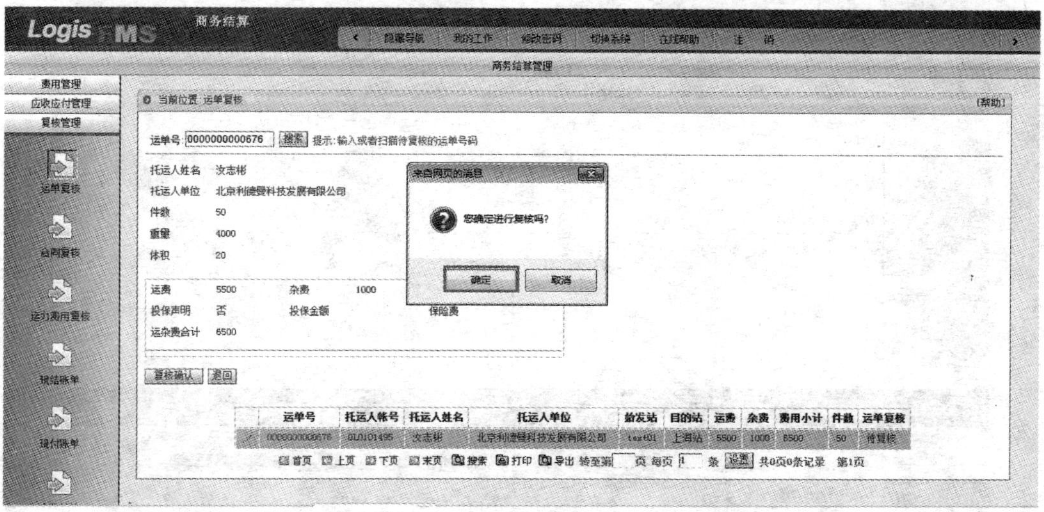

步骤五：取货调度

订单复核完成后，进行待取/派的调度作业，具体取货作业操作步骤如表 2－4－17 所示。

表 2－4－17　　　　取货调度

具体操作
切换到“运输管理”系统后，选择“调度作业”模块下的“待取/派”，进入待取/派订单列表。勾选需要进行取/派的订单，点击“进入取/派调度”，进入取派调度界面 点击“新增取派调度单”，然后填写“当前取/派调度单信息”下的相关信息。填写完毕后点击“保存”，则“取/派调度单列表”下新增一条取/派调度单信息 选中需要的取/派调度单，点击后面的“加入”按钮，将运单加入到该条取/派调度单中 点击“确定”，将该运单加入到新建的取/派调度单内。加入完成后，可点击“查看”按钮，查看该取派调度单的具体信息 确认无误后，点击“返回”返回取/派调度单列表，点击取/派单右侧的“提交”按钮，则弹出取/派费用录入界面，输入取/派费用 200 元 点击“提交”按钮，提交该取/派单信息
图　示

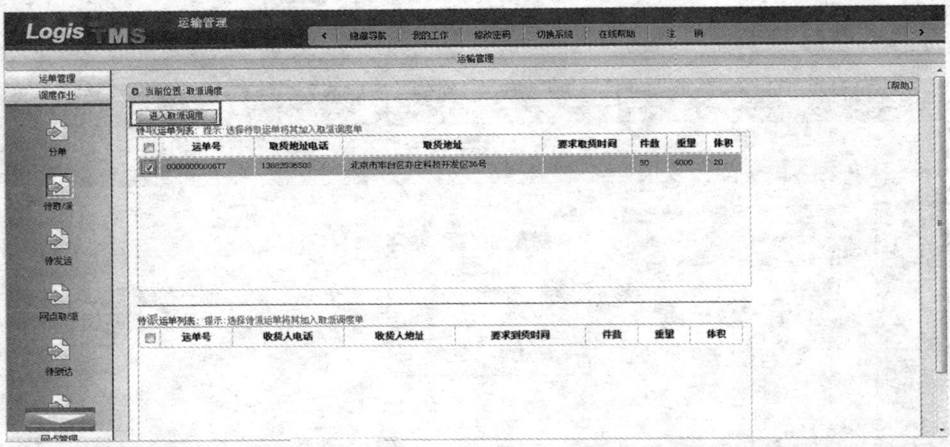

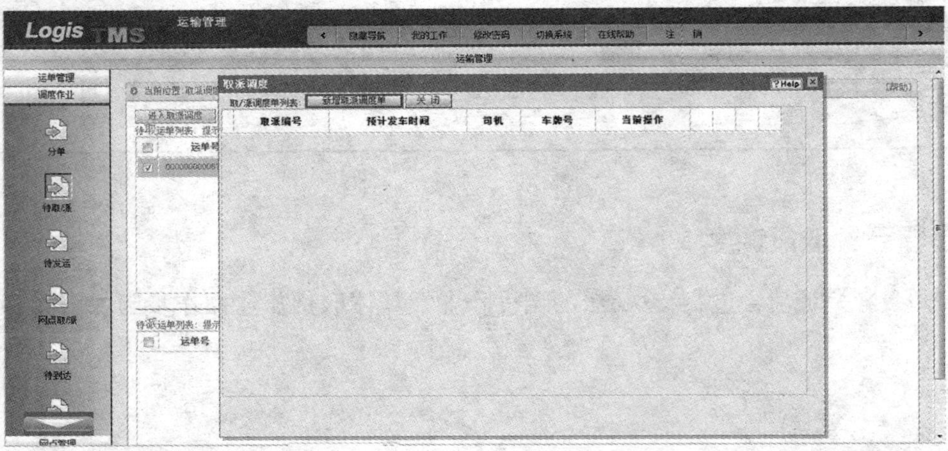

续 表

图　示

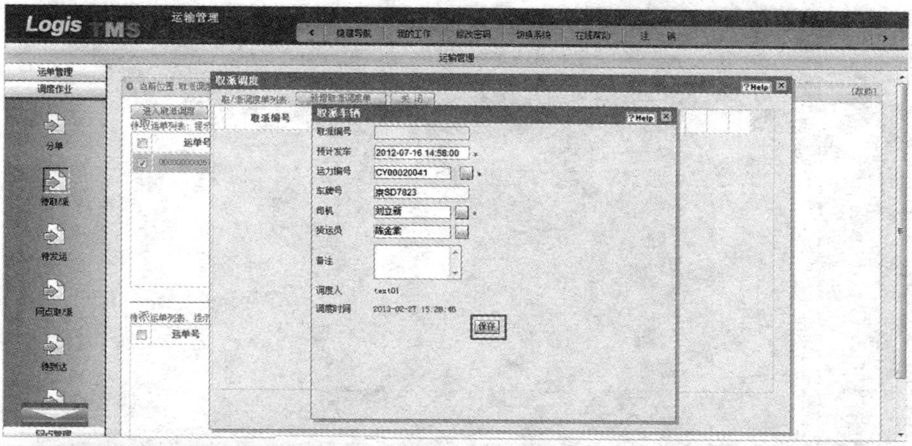

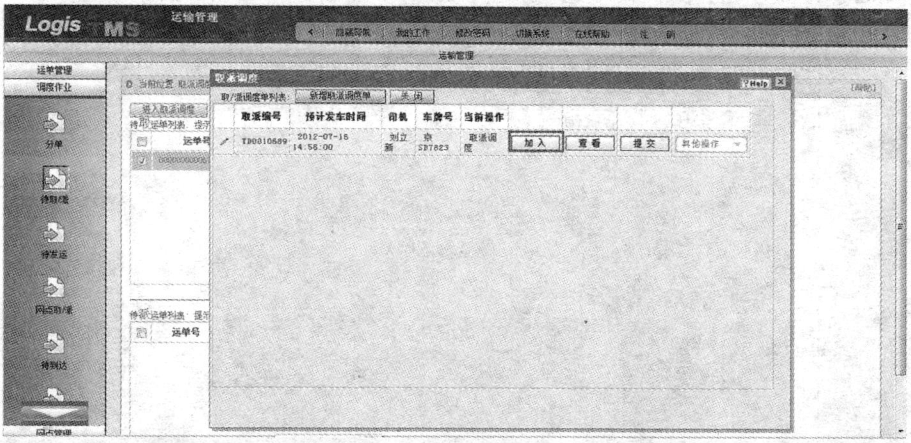

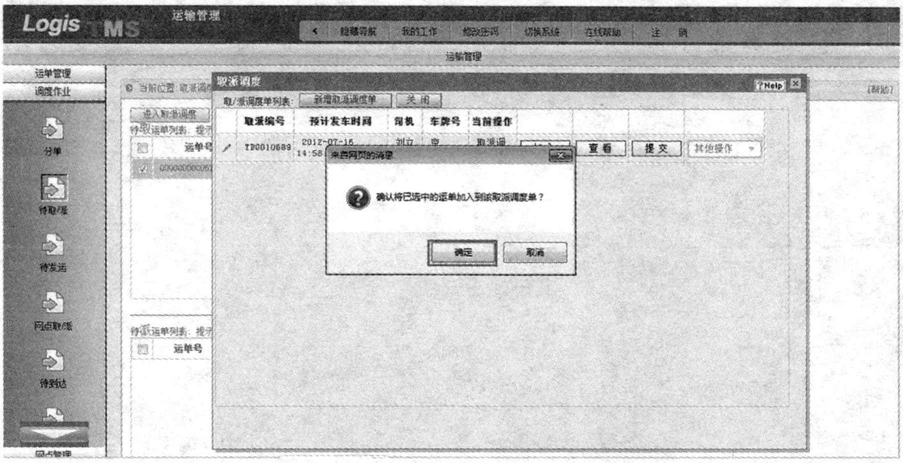

续 表

图 示
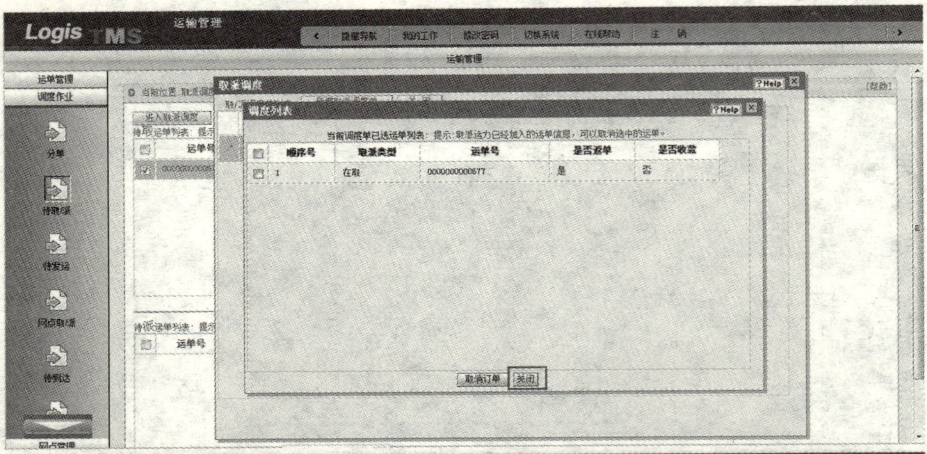Logis TMS 运输管理 取派调度 调度列表 序号 取派类型 运单号 是否派单 是否收款 1 在取 000000000677 是 否 取消订单 关闭 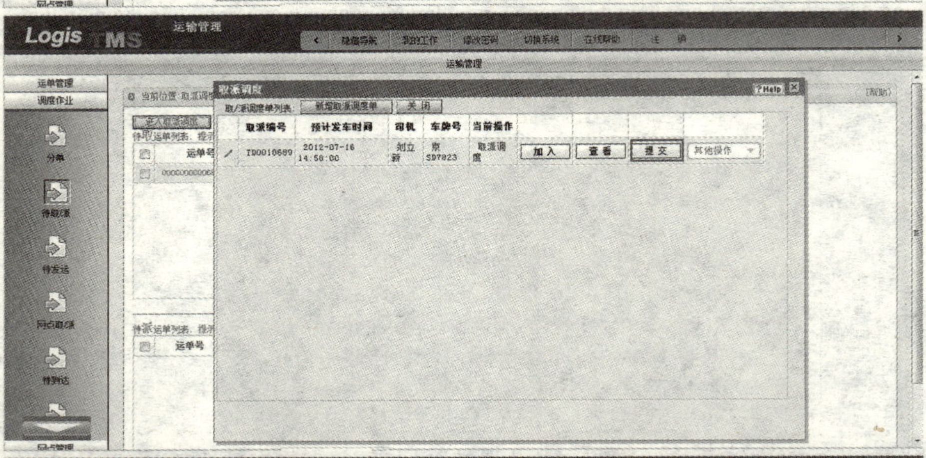Logis TMS 运输管理 取派调度 新增取派调度单 关闭 取派编号 预计发车时间 司机 车牌号 当前操作 TD0010689 2012-07-16 14:58:00 刘立新 京SD7823 取派调度 加入 查看 提交 其他操作 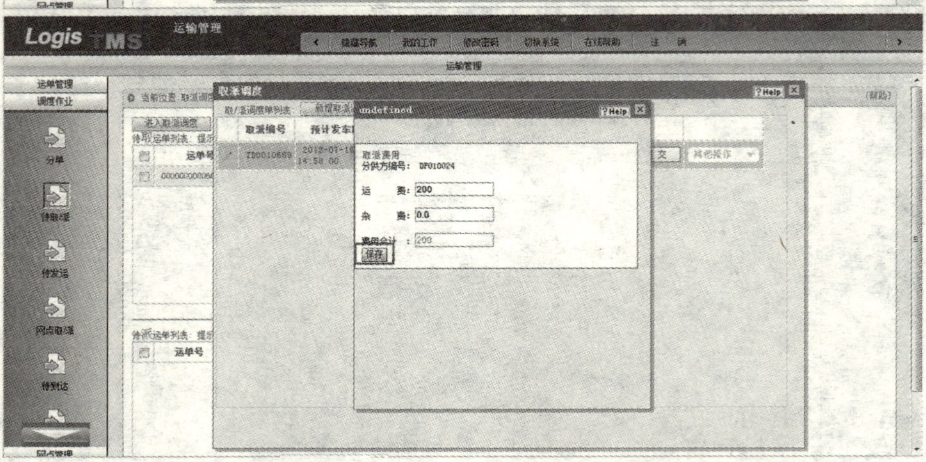Logis TMS 运输管理 取派调度 undefined 取派费用 分供方编号：DP010024 运 费：200 杂 费：0.0 费用合计：200 保存

步骤六：货物取货进站

取派调度完成后，进行货物的取货出站作业，具体操作步骤如表 2－4－18 所示。

表 2－4－18　　　　取货出站

具体操作
选择“场站作业”模块下的“取/派操作”，进入取/派操作订单列表 选择待操作的取/派订单后点击“出站”，进入出站界面。确认出站信息无误后，点击“直接出站”即完成空车出站取货操作
图　　示
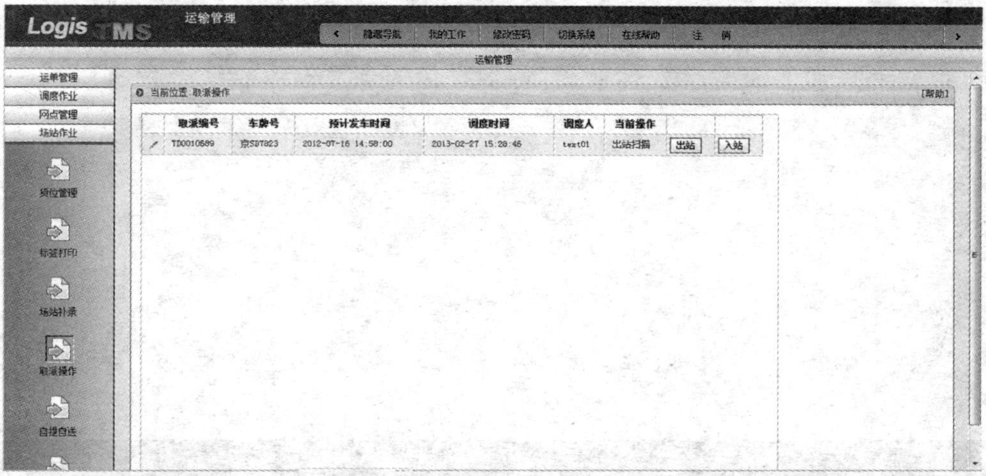 

取货完成后，车辆载货进站，系统操作步骤如表 2－4－19 所示。

表 2－4－19　　　　货物进站

具体操作
点击"场站作业"模块下的"取/派操作"，进入取/派操作订单列表 点击"入站"，进入入站界面。确认入站信息无误后点击"直接进站"，即完成系统取货操作
图　　示

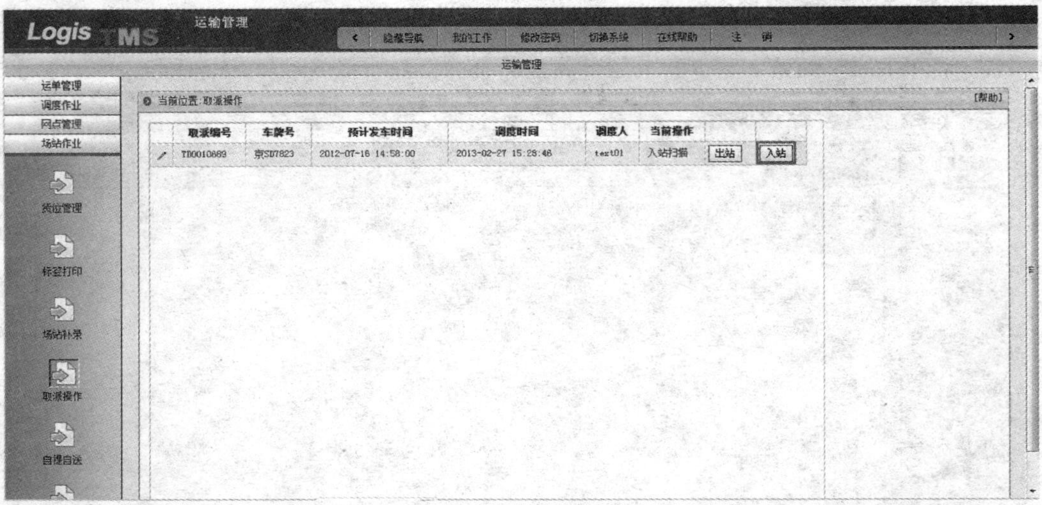

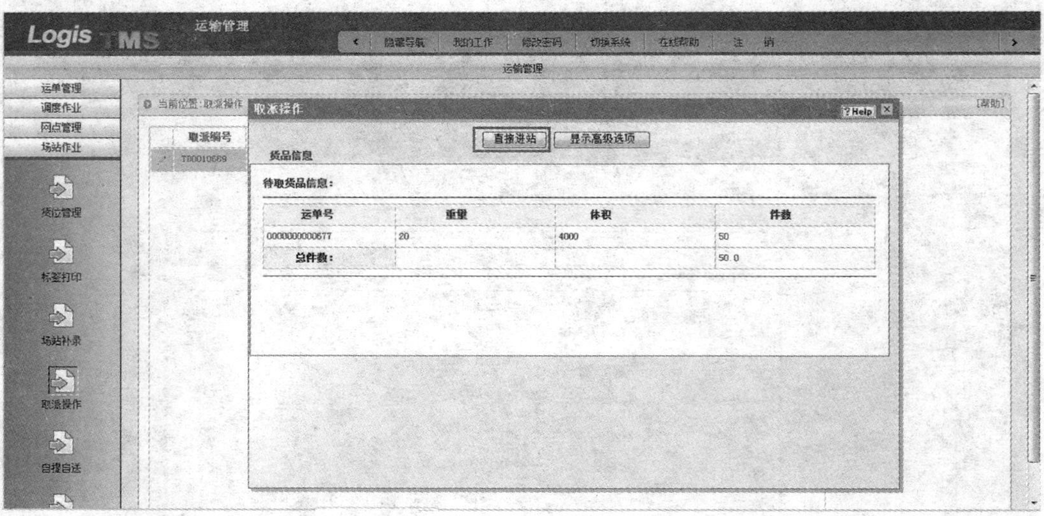

步骤七：货物发运调度

货物进站成功以后，下一步进行待发运作业，具体操作步骤如表 2－4－20 所示。

表 2－4－20　　　　待发运调度

具体操作
点击“调度作业”模块下的“待发运”，进入集货及发运管理操作界面 对待发运货物装箱处理，点击“装箱”，装箱操作成功后，点击“发运”，将单据提交至场站 点击提示窗口内的“确定”，即完成系统待发运操作
图　示
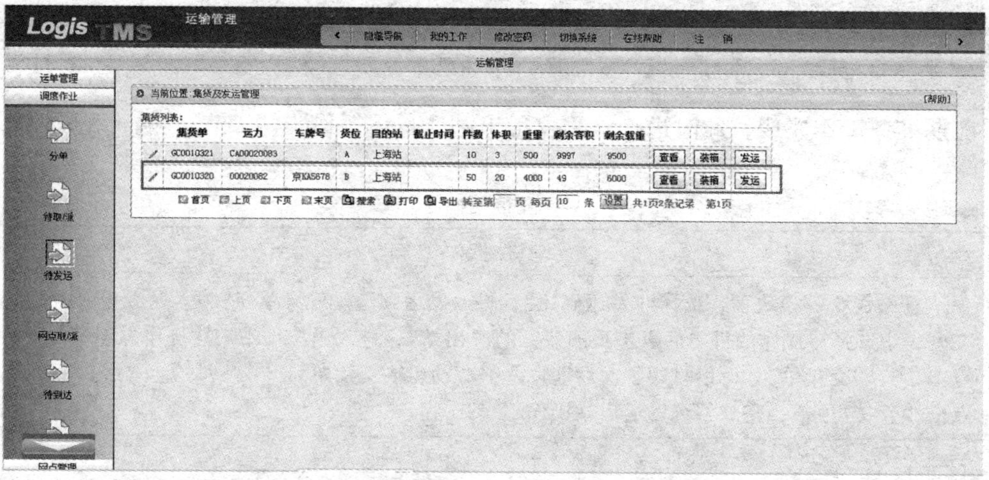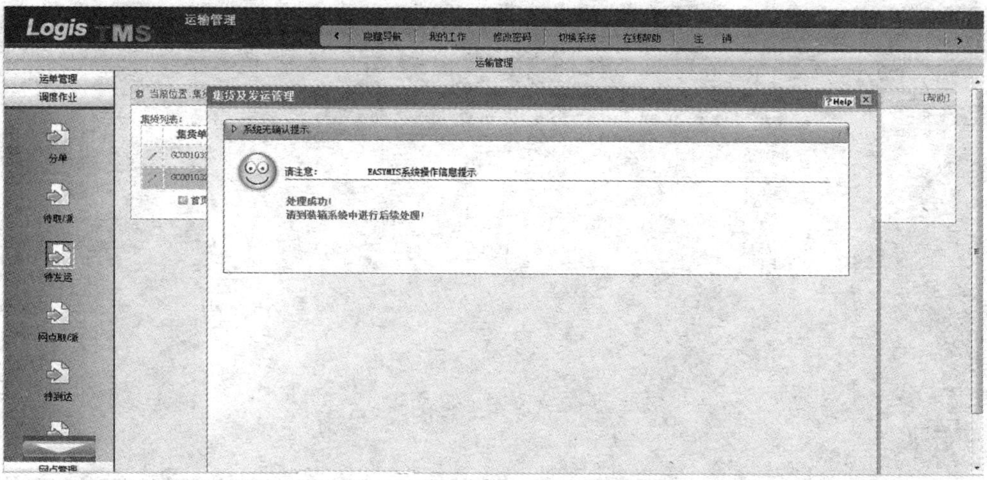

续 表

图 示
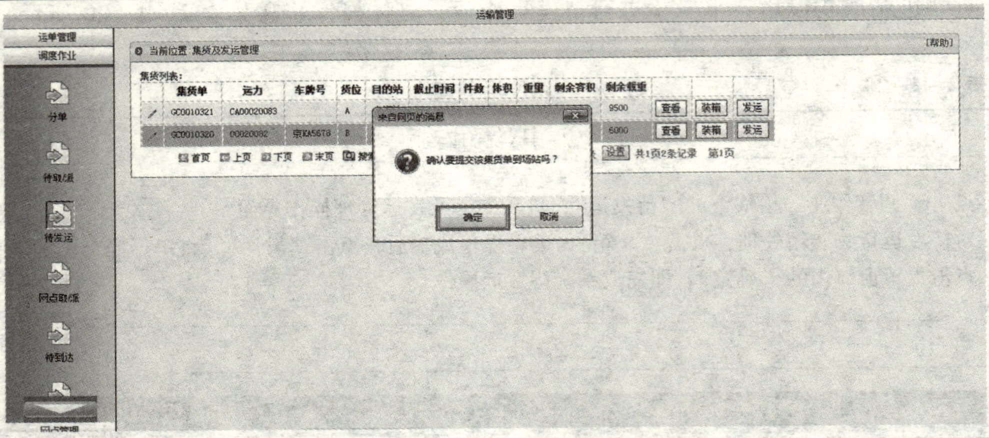

前期准备工作完成，此时进行货物发运出站，具体操作步骤如表2－4－21所示。

表2－4－21 **发运出站**

具体操作
在“场站作业”模块下，选择“发运到达”，进入发运到达操作订单列表 在列表中选择待操作的订单后点击页面后方的“出站”，进入进出场站扫描操作界面 点击“打印交接单”，可以打印本次运输作业的货物运输交接单 点击“直接出站”，完成系统发运出站操作
图 示
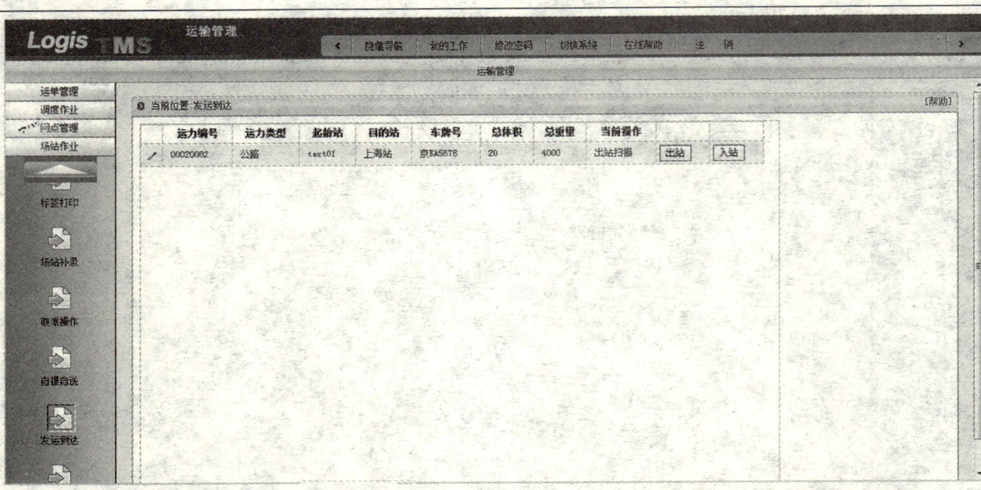

续　表

图　示
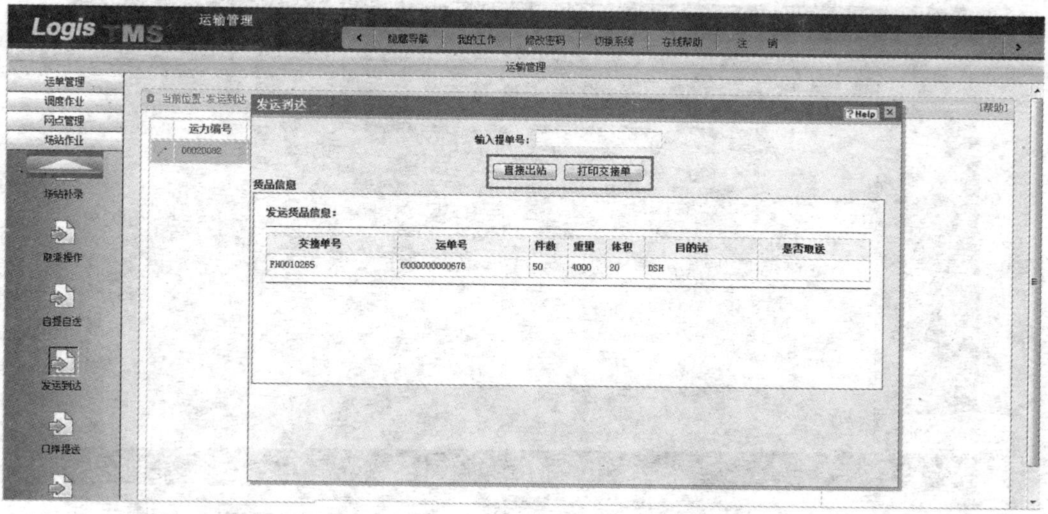 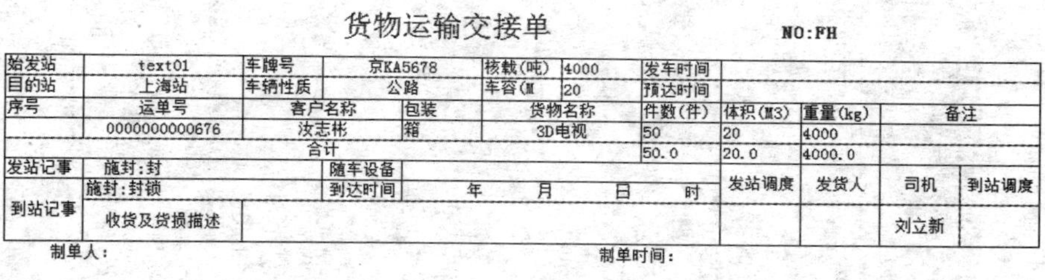 货物运输交接单　NO:FH 始发站 text01　车牌号 京KA5678　核载(吨) 4000　发车时间 目的站 上海站　车辆性质 公路　车容(M 20　预达时间 序号　运单号　客户名称　包装　货物名称　件数(件)　体积(M3)　重量(kg)　备注 0000000000676　汝志彬　箱　3D电视　50　20　4000 合计　50.0　20.0　4000.0 发站记事　施封:封　随车设备 到站记事　施封:封锁　到达时间　年　月　日　时 收货及货损描述 发站调度　发货人　司机　到站调度 刘立新 制单人：　制单时间： 打印

步骤八：货物到达调度

货物到达目的站前，需进行待到达作业操作，具体操作步骤如表 2-4-22 所示。

表 2-4-22　　**待到达调度**

具体操作
目的站工作人员使用指定的用户名和密码登录“运输管理”系统。点击“调度作业”模块下的“待到达”，进入待到达操作订单列表 选择待到达操作订单，点击待操作运力后的“查看”，可以查看本次运输作业明细 选择待到达操作订单，点击“到货”，系统自动弹出提示窗口。点击提示窗口内的“确定”，即完成系统的待到达操作

续 表

图 示

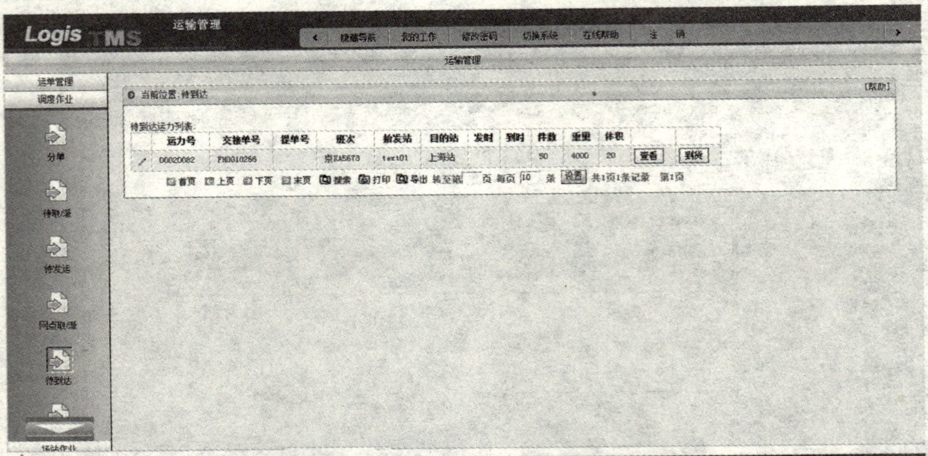
Logis TMS
运输管理
运输管理
当前位置:待到达
待到达运力列表:
运力号
交接单号
提单号
班次
始发站
目的站
发时
到时
件数
重量
体积
00020082
FH0010266
上海站
50
4000
20
查看
到货

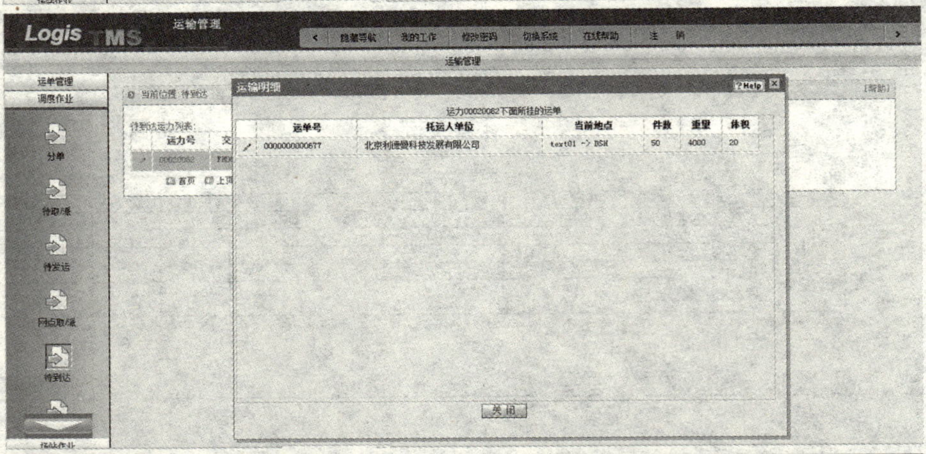
Logis TMS
运输管理
运输明细
运力00020082下面所挂的运单
运单号
托运人单位
当前地点
件数
重量
体积
北京创捷科技发展有限公司
50
4000
20
关闭

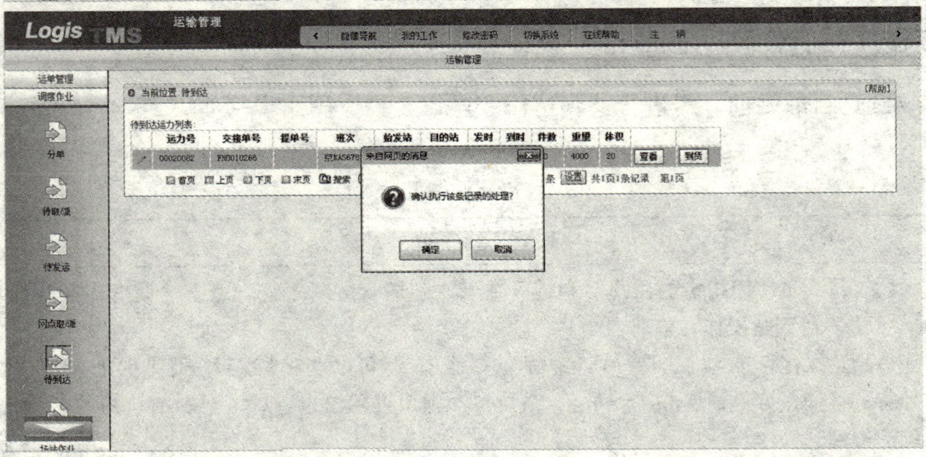
Logis TMS
运输管理
运输管理
当前位置:待到达
待到达运力列表:
来自网页的消息
确认执行该条记录的处理?
确定
取消

货物到达目的站后，进行发运到达处理，具体操作步骤如表2－4－23所示。

表2－4－23 发运到达

具体操作
点击“场站作业”模块下的“发运到达”，进入发运到达操作订单列表 在点击待操作的订单右侧的“入站”按钮，进入进出场扫描操作界面，点击的“直接进站”后，货物重车进站操作完成
图 示
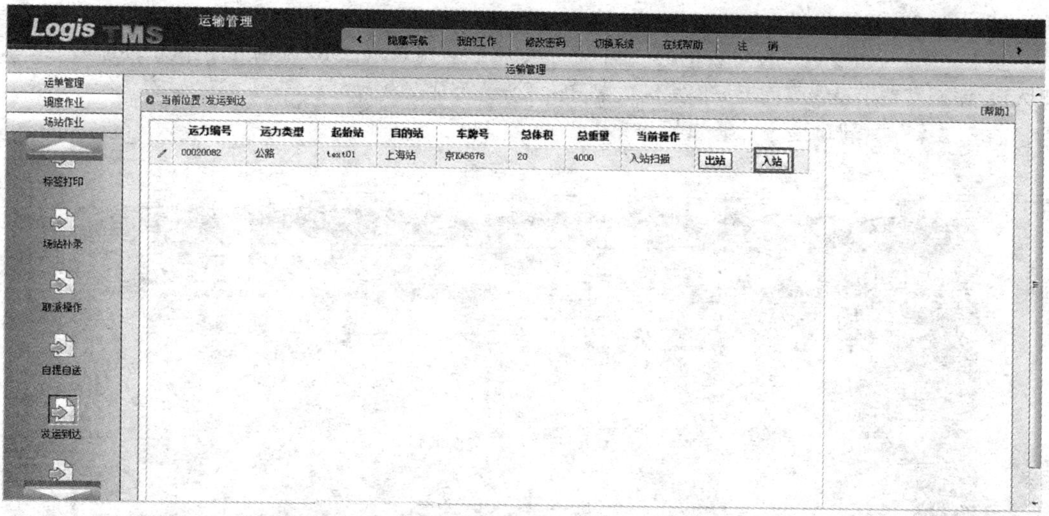 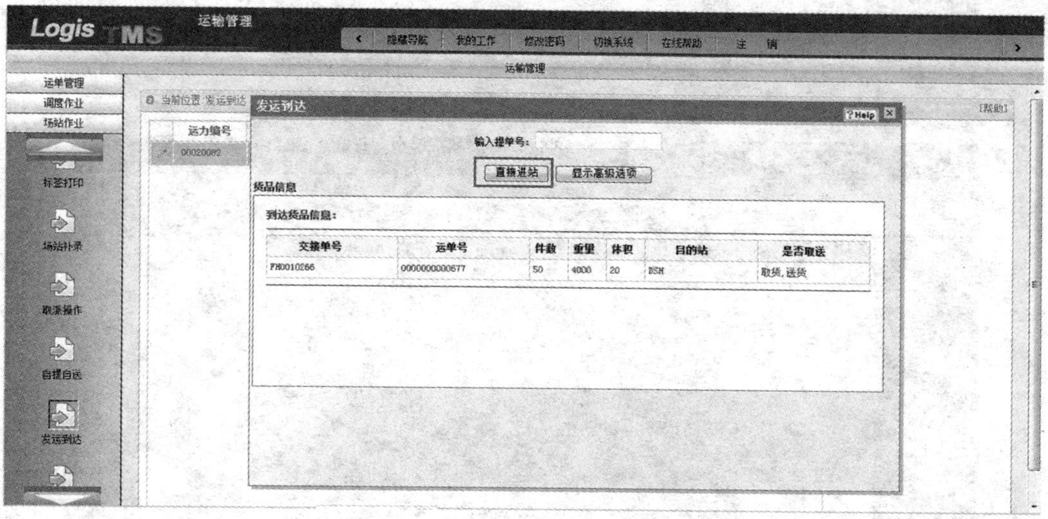

步骤九：送货调度

货物进站后，进行待取/派的调度作业，具体派送货物作业操作步骤如表 2－4－24 所示。

表 2－4－24　　派送货物调度

具体操作
点击“调度作业”模块下的“待取/派”，进入待取/派订单列表。勾选需要进行取/派的订单，点击“进入取/派调度”，进入取派调度界面 点击“新增取派调度单”，然后填写“当前取/派调度单信息”下的相关信息。填写完毕后点击“保存”，则“取/派调度单列表”下新增一条取/派调度单信息 点击“取/派调度单列表”右侧的“加入”，则将该运单加入该取/派调度单中，点击“提交”，进入取/派调度费用设置界面，根据案例数据，输入派送费用 200 元 点击“保存”，调派送货物调度操作完毕
图　示

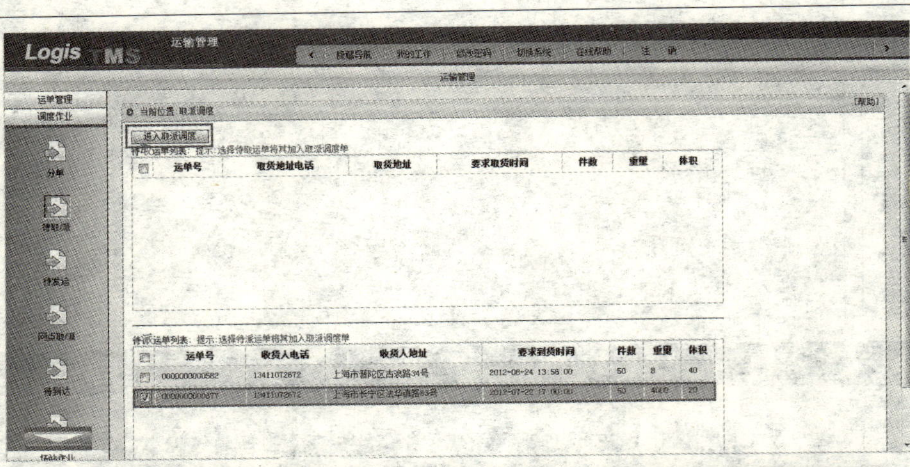

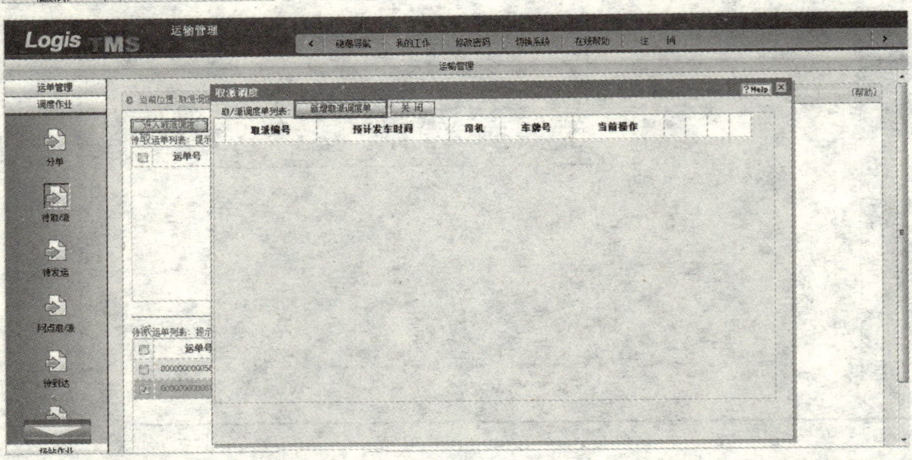

续 表

图 示
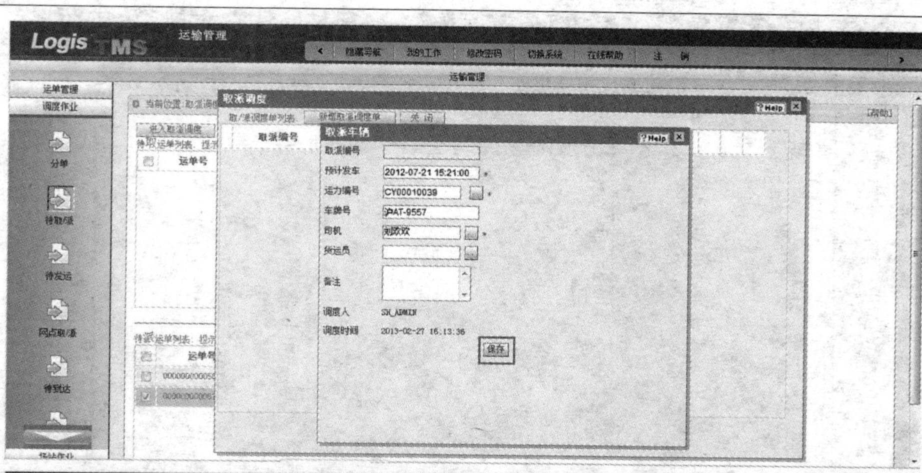Logis TMS 运输管理 取派调度 取派车辆 取派编号 预计发车 2012-07-21 15:21:00 运力编号 CY00010039 车牌号 沪AT-9557 司机 刘欢欢 押运员 备注 调度人 SH_ADMIN 调度时间 2013-02-27 16:13:36 保存 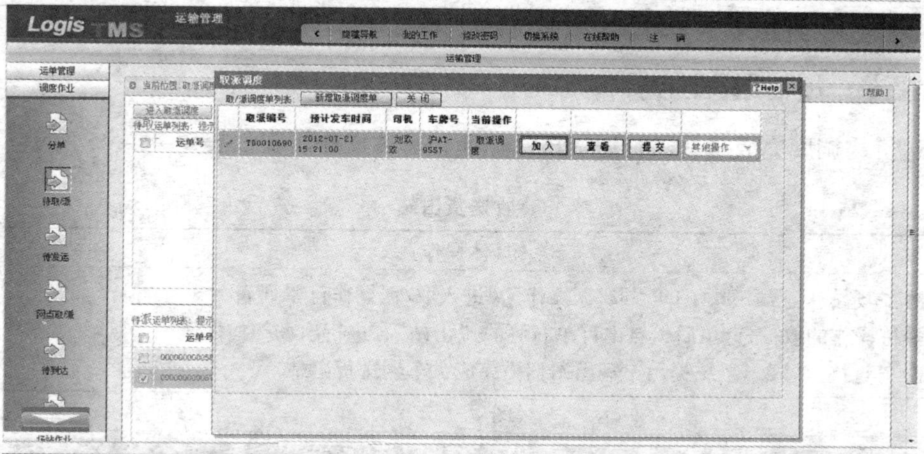Logis TMS 运输管理 取派调度 新增取派调度单 关 闭 取派编号 预计发车时间 司机 车牌号 当前操作 TD0010690 2012-07-21 15:21:00 加入 查看 提交 其他操作 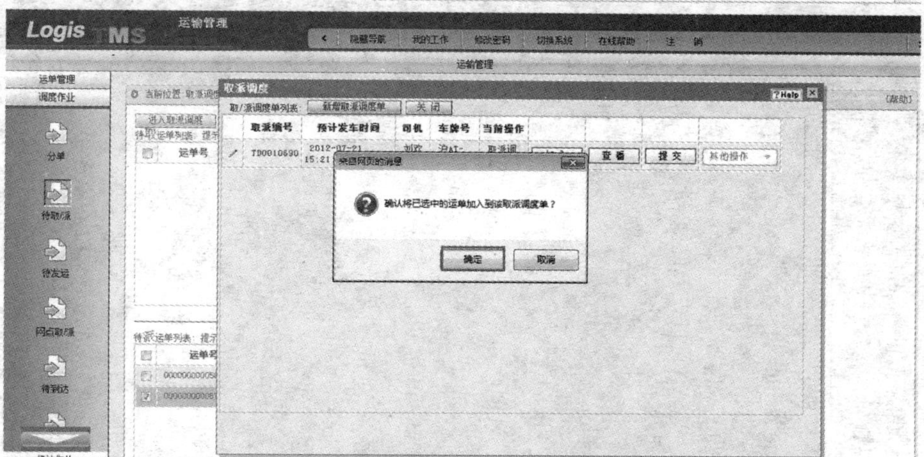Logis TMS 运输管理 取派调度 来自网页的消息 确认将已选中的运单加入到该取派调度单？ 确定 取消

续 表

图　　示
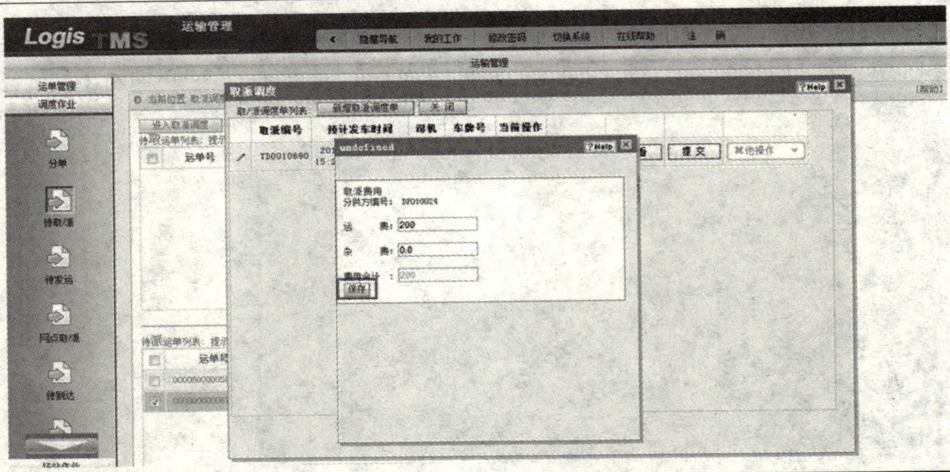

步骤十：货物送货出站

派送货物调度完成后，进行送货出站作业，具体操作步骤如表 2－4－25 所示。

表 2－4－25　　　　货物送货出站

具体操作
选择“场站作业”模块下的“取/派操作”，进入取/派操作订单列表 选择待操作的取/派订单后，点击订单右侧的“出站”，进行出场扫描操作 点击“直接出站”，系统提示车辆出站扫描完成，车辆送货出站
图　　示
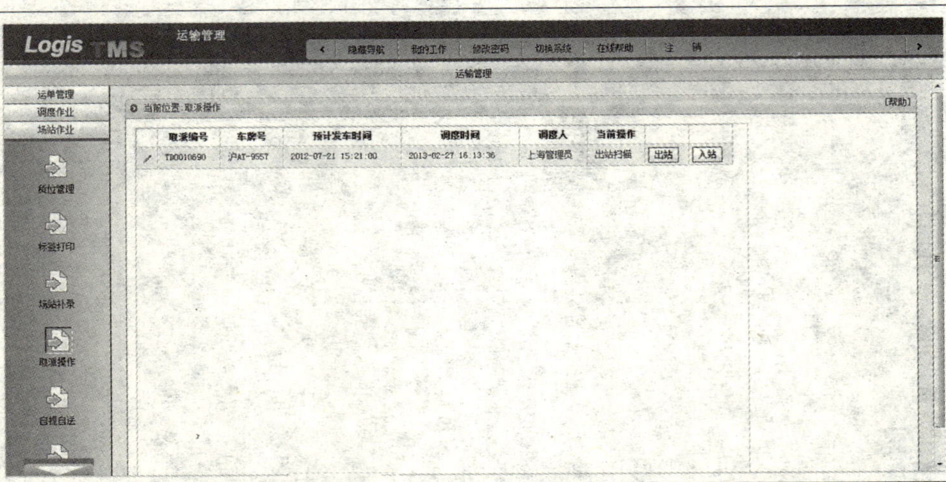

续　表

图　　示
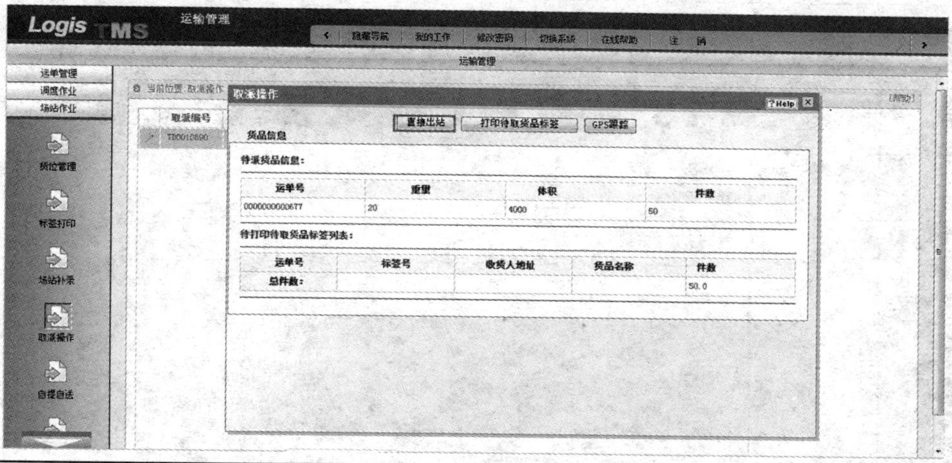

步骤十一：空车返回场站

送货完成后，空车返回场站。具体操作步骤如表 2－4－26 所示。

表 2－4－26　　　　空车返回场站

具体操作
选择“场站作业”模块下的“取/派操作”，进入取/派操作订单列表 选择待操作的取/派订单后，点击右侧的“入站”，进入取/派入站扫描操作界面 点击“直接进站”，空车进站完成
图　　示
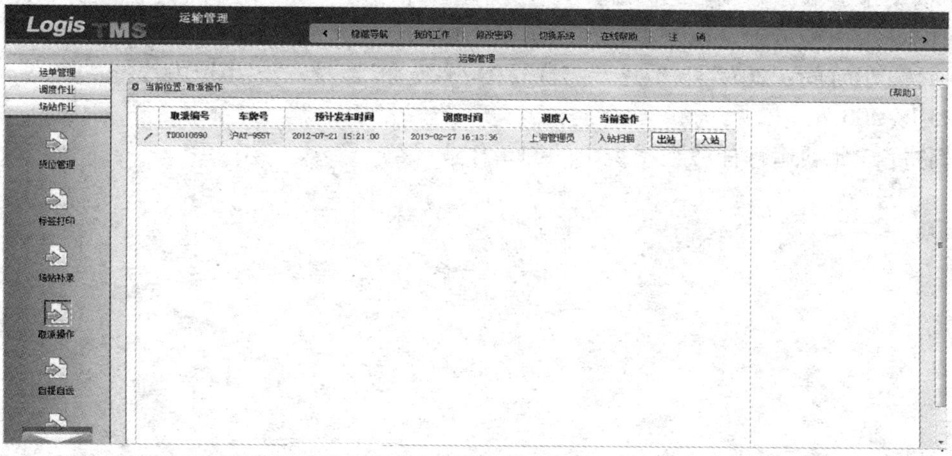

续 表

图 示
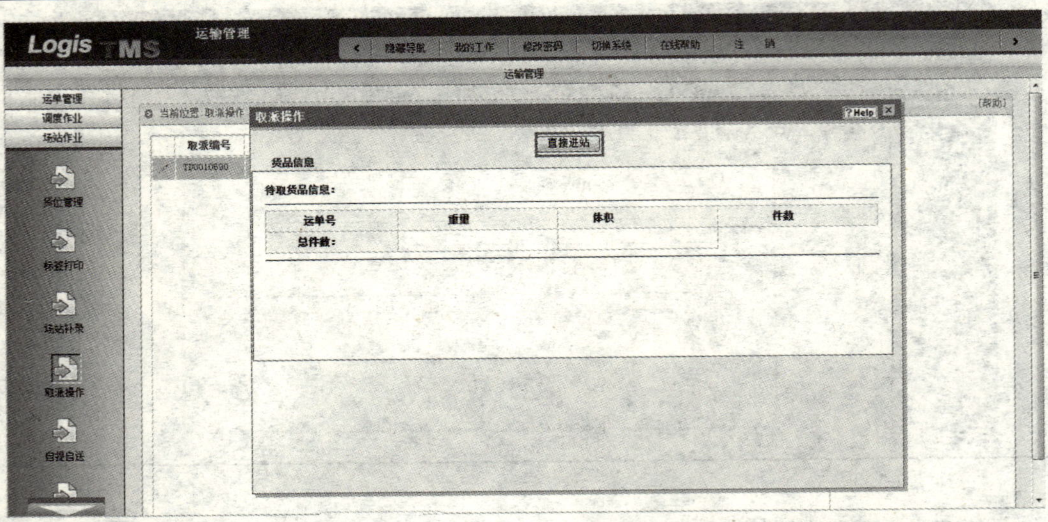

技能训练

假如客户利德曼科技要求以上的运输任务需要进行取/派操作，其他信息没有变化。工作人员接到这项运输任务后，确定以下分供方取货车辆信息。

预计发车时间：2012 年 3 月 2 日 16:58:00，车牌号：京 AP2461，司机：葛玉东，货运员：杨朝来，取派费用：300 元。

目的站工作人员确定以下本公司派送车辆信息。

预计发车时间：2012 年 3 月 6 日 13:21:22，车牌号：沪 BH0100，司机：张东升，取派费用：500 元。

请你完成此项运输任务在系统中的制单作业。

项目三　物流账务信息处理

实训任务一　费用管理

任务引入

北京速达物流有限公司拥有自己的商务结算系统来进行费用的管理与结算，在与客户签订的合同中会详细规定所提供的仓储、运输等服务的费率、收费标准、结算方式等，以便向客户收取费用。因而签订合同后、业务开始前，应将针对该客户的费用设定输入系统，以便系统日后的统计、结算。

（1）速达物流与北京利德曼科技签订的仓储合同中约定，一般的仓租费用可以按照租用费、占用费这两种方式进行结算。

对于流通量小、库存变化较小的货物按照库房整体租用费来结算，租用费的具体结算信息如表 3－1－1 和表 3－1－2 所示。

表 3－1－1　　客户租用费用设置

库房	结算标准	结账类型	结账日	费率（%）	增量费率（%）
蓝港 1 号	按租用面积	日结	每月 25 日	3	4

表 3－1－2　　客户租房占用费用设置

库房	租用面积（平方米）	租用体积	租用个数	增量值
蓝港 1 号	50	—	—	10

而对于饮水机这种流通大、库存变化情况较大的货物须按照占用费用来结算，占用费的具体结算信息如表 3－1－3 所示。

表 3－1－3　　客户占用费用设置

货品类型	货品名称	计费标准	时间标准	费率（%）
电器	饮水机	按件	按日	0. 3

而对于客户利德曼科技的货物，速达物流还会按出入库作业量收取作业费用。费率即是按每个操作环节每次计收多少钱，一般用于那些出入库操作较为复杂、费工的环节。作业费用的具体结算信息如表 3－1－4 所示。

表 3－1－4　　客户作业费用设置

作业类型	操作类型	计费标准	包装	费率（%）
入库	上架	按件	箱	0. 25
入库	理货	按件	箱	0. 2
出库	拣货	按件	箱	0. 3

同时，速达物流与北京利德曼科技的运输合同约定，计费方式为：两地，计费标准为：按重量。货物从北京发往其他城市的每吨运费表，如表 3－1－5 所示。

表 3－1－5　　运费

目的地	里程（公里）	最低限价（元）	最高限价（元）	分级报价（元/公斤）
天津	118	150	100000	100
石家庄	285	150	100000	100
保定	147	150	100000	100
邢台	419	150	100000	100
秦皇岛	288	150	100000	100
唐山	183	150	100000	100
邯郸	474	150	100000	100
廊坊	74	150	100000	100
太原	503	150	100000	100
青岛	668	150	100000	100

续　表

目的地	里程（公里）	最低限价（元）	最高限价（元）	分级报价（元/公斤）
济南	439	150	100000	100
淄博	448	150	100000	100
潍坊	563	150	100000	100
日照	710	150	100000	100
临沂	668	150	100000	100
烟台	855	150	100000	100
威海	943	150	100000	100
呼和浩特	578	150	100000	100
大连	873	150	100000	100
沈阳	741	150	100000	100
丹东	907	150	100000	100
营口	659	150	100000	100
长春	1065	150	100000	100
哈尔滨	1303	150	100000	100
郑州	722	150	100000	100
包头	741	150	100000	100
西安	1252	150	100000	100
上海	1325	150	100000	135

（2）速达物流与分供方北京迅捷物流签订的运输合同中约定，计费方式为：两地，计费标准为：按重量。

货物从北京发往其他城市的每吨运费表，如表 3－1－6 所示。

表 3－1－6　　**运费**

目的地	里程（公里）	最低限价（元）	最高限价（元）	分级报价（元/公斤）
天津	118	150	100000	78
石家庄	285	150	100000	78
保定	147	150	100000	78
邢台	419	150	100000	78
秦皇岛	288	150	100000	78

续 表

目的地	里程（公里）	最低限价（元）	最高限价（元）	分级报价（元/公斤）
唐山	183	150	100000	78
邯郸	474	150	100000	78
廊坊	74	150	100000	78
太原	503	150	100000	78
青岛	668	150	100000	78
济南	439	150	100000	78
淄博	448	150	100000	78
潍坊	563	150	100000	78
日照	710	150	100000	78
临沂	668	150	100000	78
烟台	855	150	100000	78
威海	943	150	100000	78
呼和浩特	578	150	100000	78
大连	873	150	100000	78
沈阳	741	150	100000	78
丹东	907	150	100000	78
营口	659	150	100000	78
长春	1065	150	100000	78
哈尔滨	1303	150	100000	78
郑州	722	150	100000	78
包头	741	150	100000	78
西安	1252	150	100000	78
上海	1325	150	100000	95

接下来，工作人员须针对各种情况进行费用的管理。

任务实施

步骤一：客户租用费用管理

1. 登录费用管理界面

客户租用费用管理要在“商务结算”系统中操作实现。进入综合业务平台的“商务结算”系统的“费用管理”模块进行费用相关信息维护操作，具体操作步骤如表 3－1－7 所示。

表 3－1－7　　登录费用管理界面

具体操作
登录到综合业务平台，利用账号和密码进入“商务结算”系统 选择左侧工具栏的“费用管理”标签，进行费用信息的维护
图　示

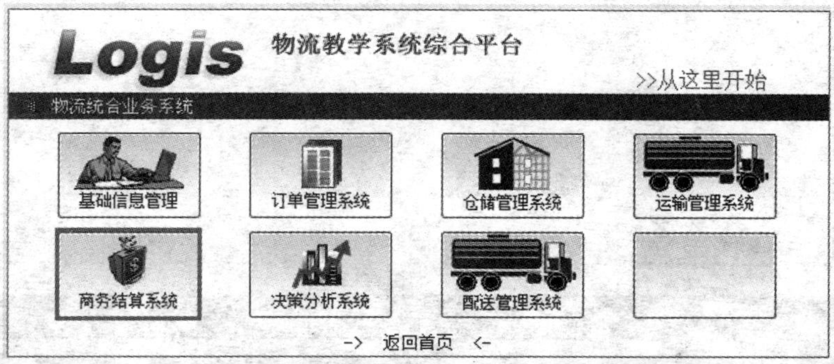

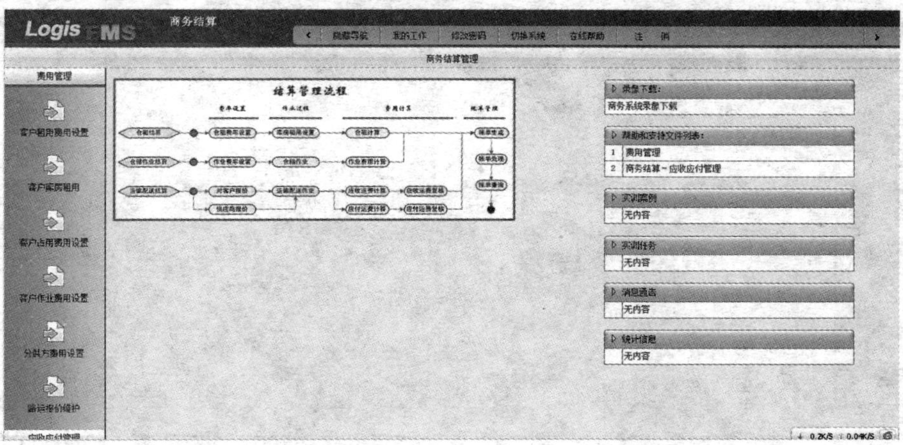

2. 租用费用设置

根据任务给定的租用费用信息，将租用费用录入到系统中，具体操作步骤如表3－1－8所示。

表3－1－8　　　　录入客户租用费用

具体操作
点击“客户租用费用设置”，进入到租用费用列表界面。点击“新增”，进入租用费用设置界面。选择客户，根据任务中给定的租用费用信息，填写库房名称、结算标准、结账类型、结算日、费率、增量费率信息，填写完成点击“保存”即可
图　示
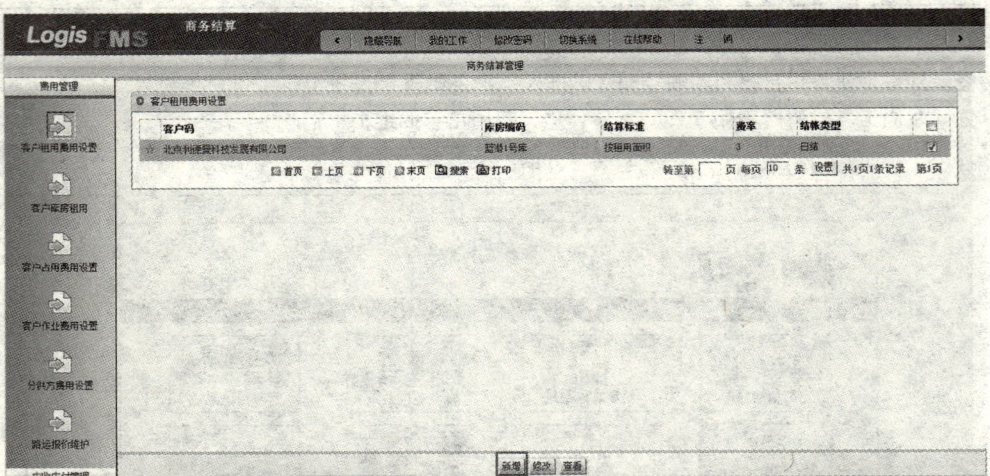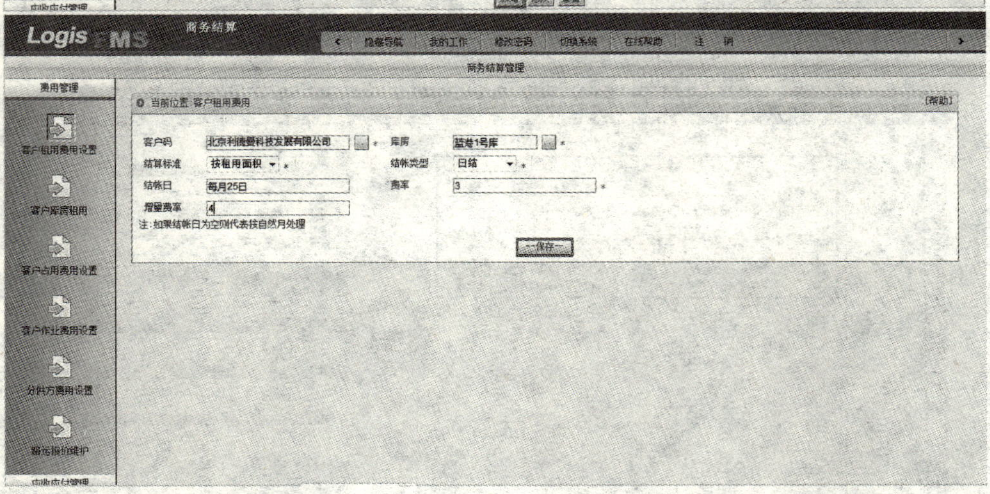

3. 客户库房租用管理

客户租用费设置完成后，要对客户库房的租用情况进行管理和统计，具体操作步骤如表3－1－9所示。

表3－1－9　　登录费用管理界面

具体操作
点击“客户库房租用”，进入到库房租用信息填写界面。点击“新增”，进入库房租用设置界面。选择客户，根据任务中给定的租用信息，填写库房名称、租用面积、费率等信息，填写完成点击“提交”即可
图　　示

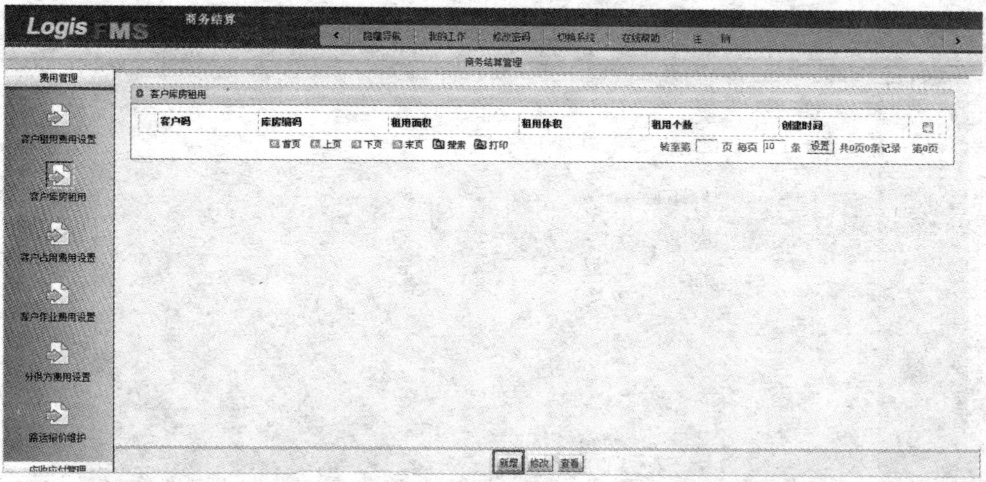

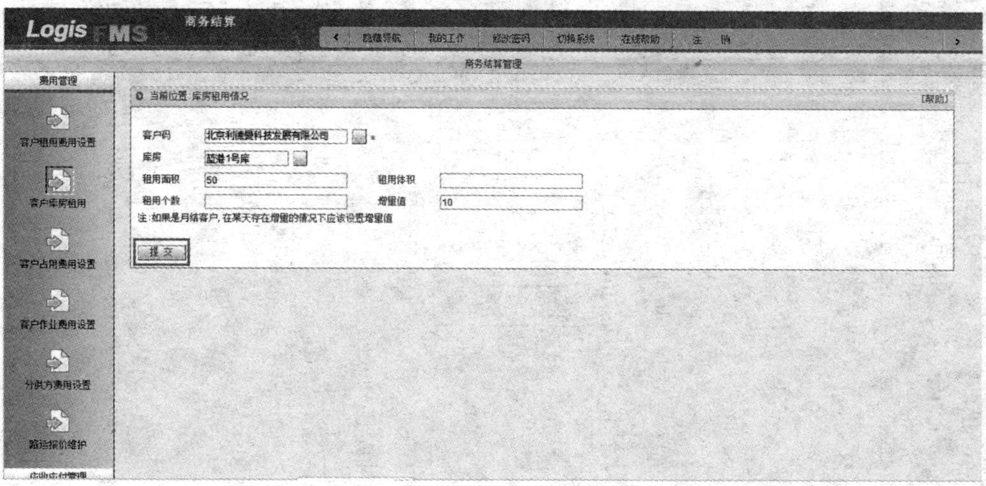

4. 日结处理

无论仓储费用是以何种时间标准进行结算的都需要在每日进行一个日结作业，统计当日的仓储量、作业量。因此，若想得到租用费用的结算情况，均需进行日结作业处理。日结作业是在“仓储管理”系统中实现的，具体操作步骤如表 3－1－10 所示。

表 3－1－10 日结作业处理

具体操作
切换到“仓储管理”系统。选择左侧工具栏的“日终处理”模块下的“日结”，进行日结作业处理 选择需要进行日结作业的库房，点击“日结”按钮，再点击“仓租结算”按钮，日结操作成功系统会有提示信息
图　示

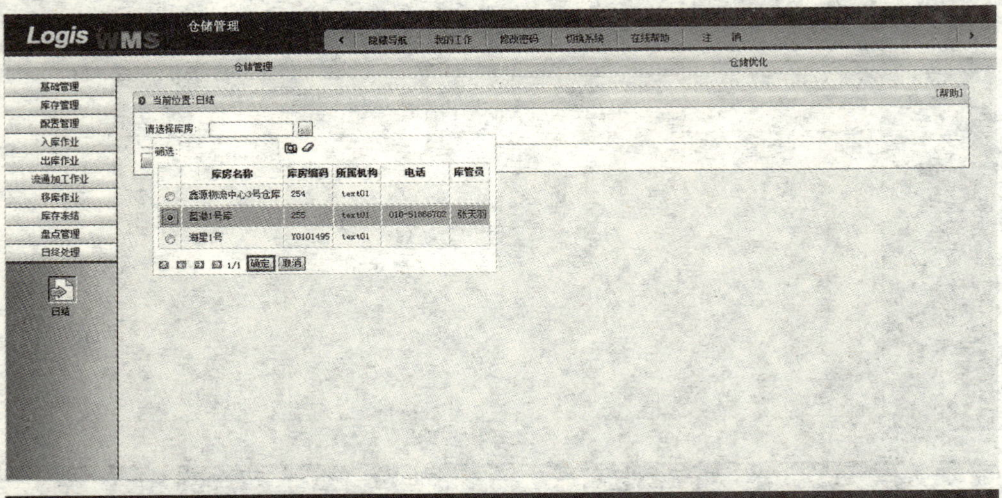

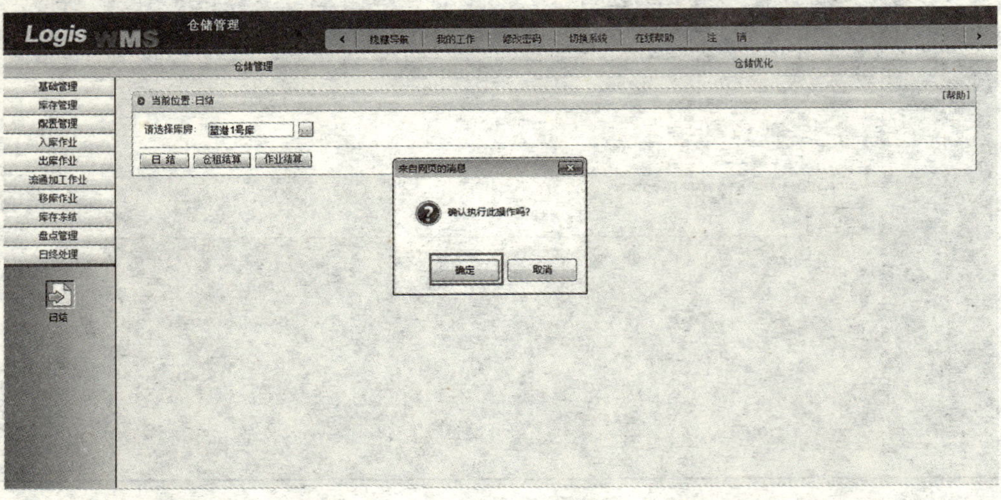

续　表

图　　示
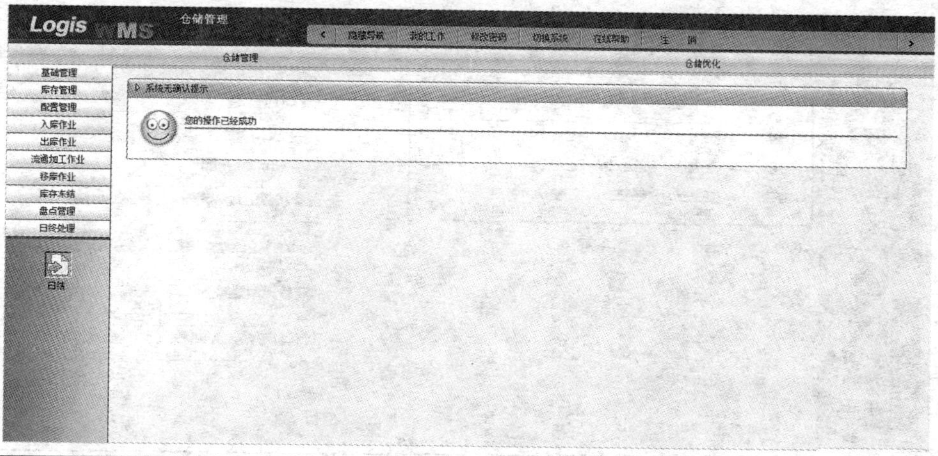

步骤二：客户占用费用管理

1. 登录费用管理界面

客户占用费用管理要在“商务结算”系统中操作实现。进入综合业务平台的“商务结算”系统的“费用管理”模块进行费用相关信息维护操作，具体操作步骤见如表3－1－11所示。

表3－1－11　　登录费用管理界面

具体操作
登录到综合业务平台，利用账号和密码进入“商务结算”系统 选择左侧工具栏的“费用管理”标签，进行费用信息的维护
图　　示
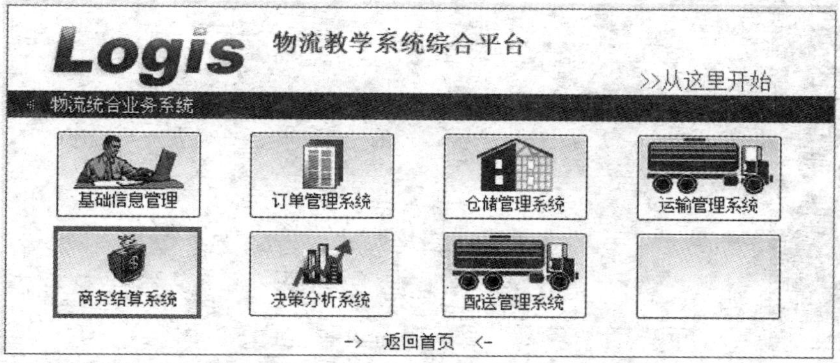

续表

图　示
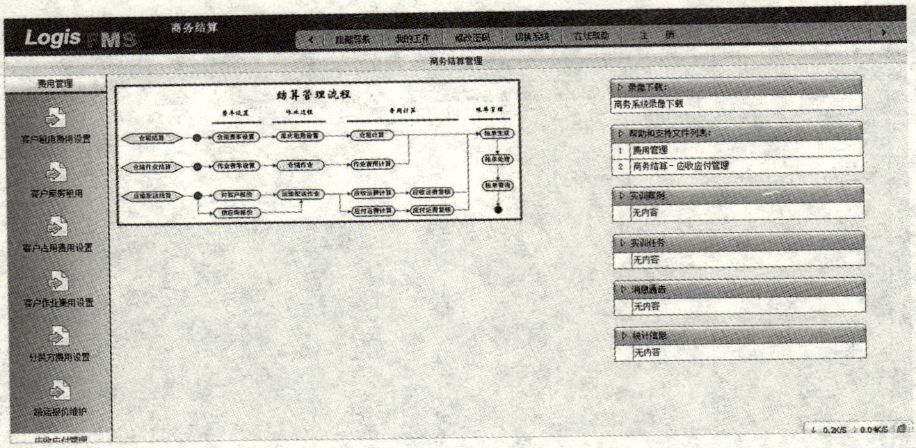

2. 占用费用设置

根据任务给定的占用费用信息，将占用费用录入到系统中，具体操作步骤如表3－1－12所示。

表3－1－12　　录入客户占用费用

具体操作
点击“客户占用费用设置”，进入到占用费用列表界面。点击“新增”，进入占用费用设置界面。选择客户，根据任务中给定的占用费用信息，填写货品类型、货品编码、计费标准、时间标准、费率信息，填写完成点击“提交”即可
图　示
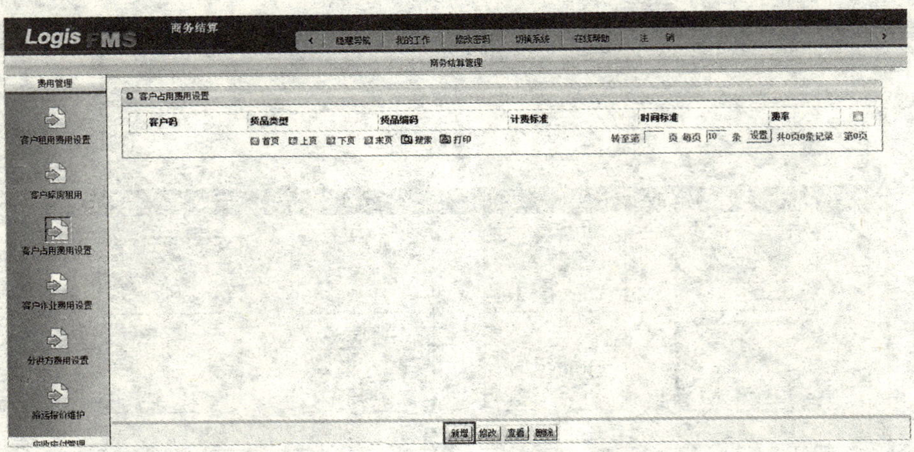

续 表

图 示
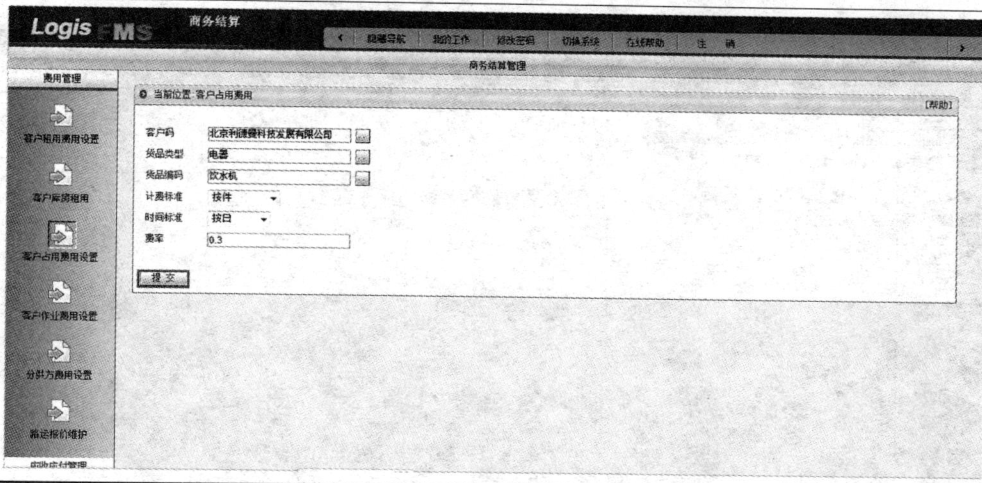

3. 日结处理

在进行商务结算之前，要保证进行日结作业。日结作业是在“仓储管理”系统中实现的，具体操作步骤如表 3－1－13 所示。

表 3－1－13　　日结作业处理

具体操作
切换到“仓储管理”系统。选择左侧工具栏的“日终处理”模块下的“日结”，进行日结作业处理 选择需要进行日结作业的库房，点击“日结”按钮，再点击“仓租结算”按钮，日结操作成功系统会有提示信息
图 示
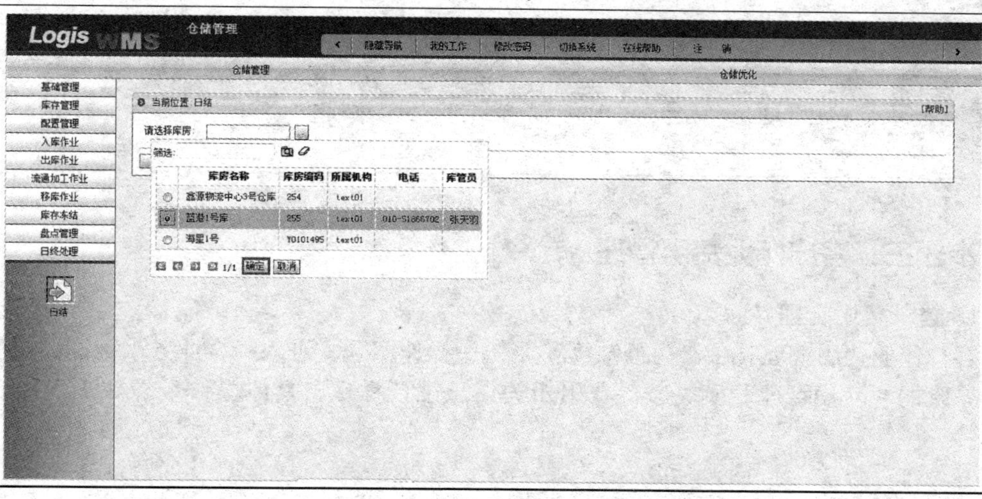

续 表

图　　示
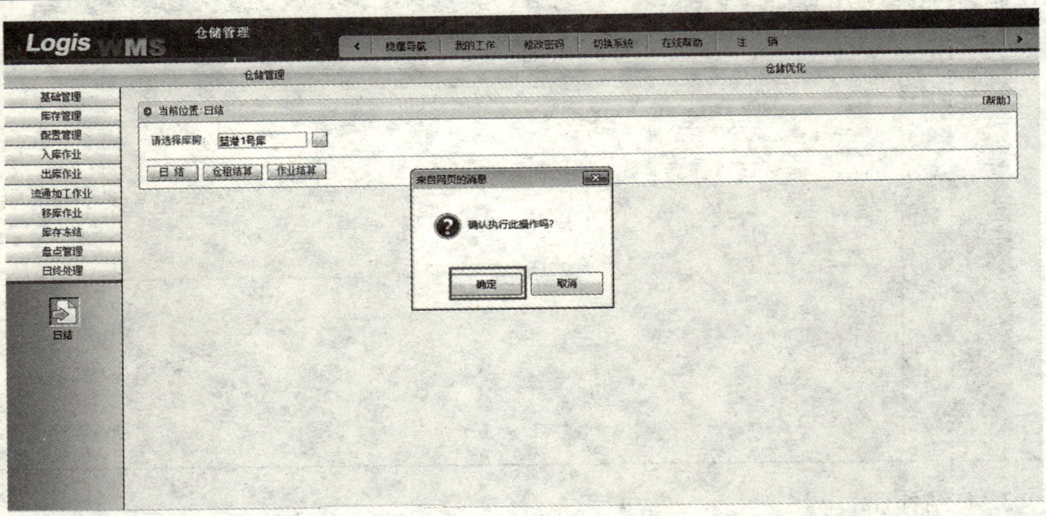 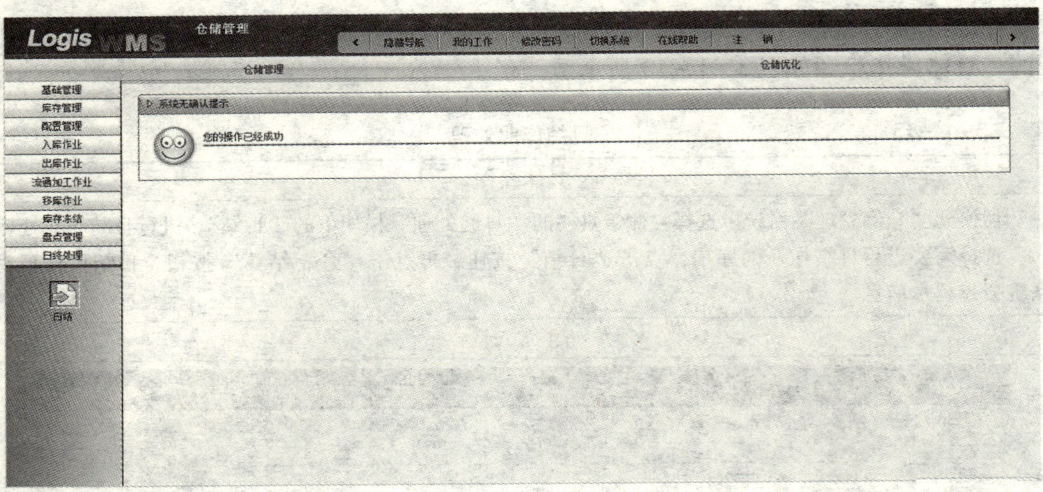

步骤三：客户作业费用管理

1. 登录费用管理界面

客户作业费用管理要在“商务结算”系统中操作实现。进入综合业务平台的“商务结算”系统的“费用管理”模块进行费用相关信息维护操作，具体操作步骤如表 3－1－14 所示。

表 3－1－14　　　登录费用管理界面

具体操作
登录到综合业务平台，利用账号和密码进入“商务结算”系统 选择左侧工具栏的“费用管理”标签，进行费用信息的维护
图　示
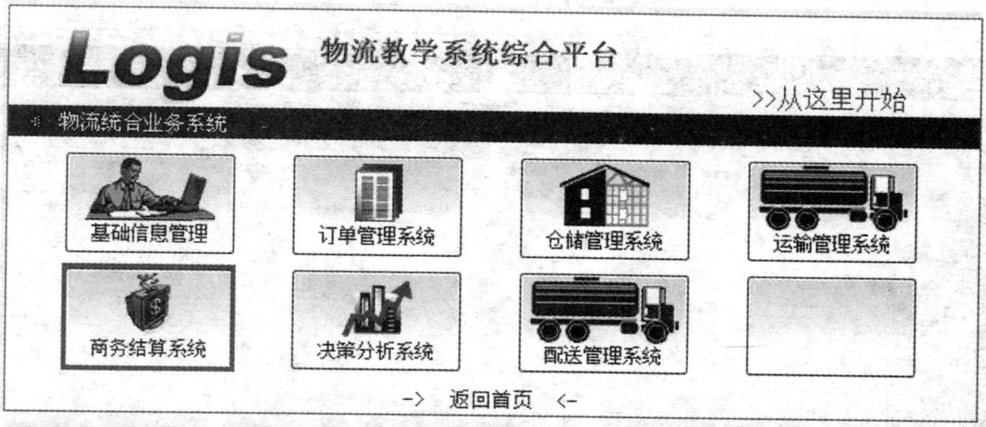 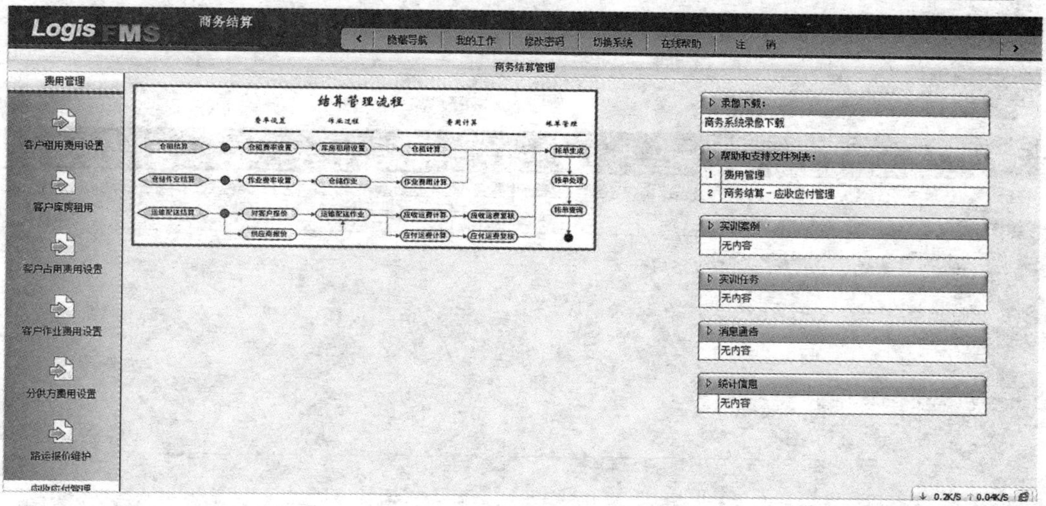

2. 作业费用设置

根据任务给定的作业费用信息，将作业费用录入到系统中，具体操作步骤如表 3－1－15所示。

表 3-1-15　　　　录入客户作业费用

具体操作
点击“客户作业费用设置”，进入到作业费用列表界面。点击“新增”，进入作业费用设置界面。点击“新增”选择客户，根据任务中给定的作业费用信息，填写作业类型、操作类型、货品类型、计费标准、包装、费率信息，填写完成点击“提交”即可
图　示

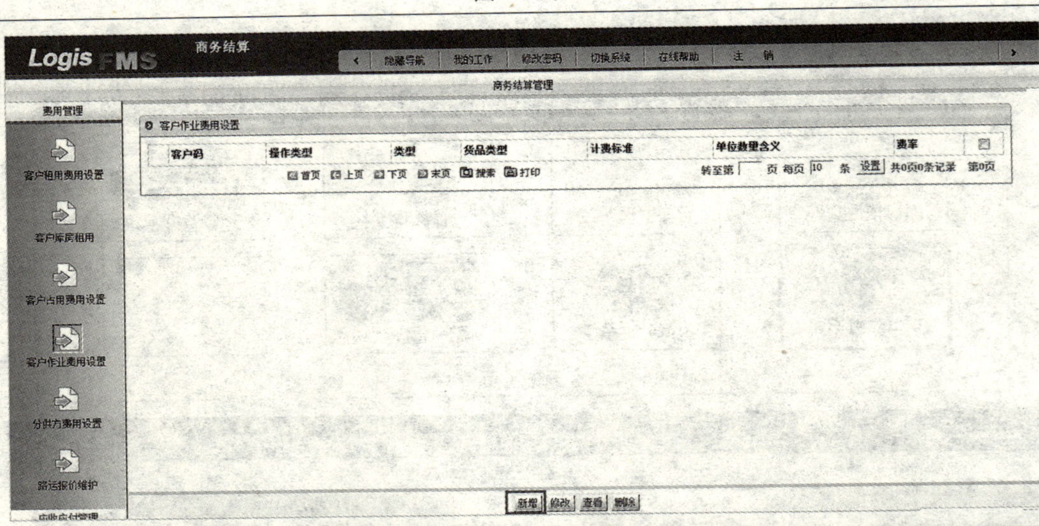

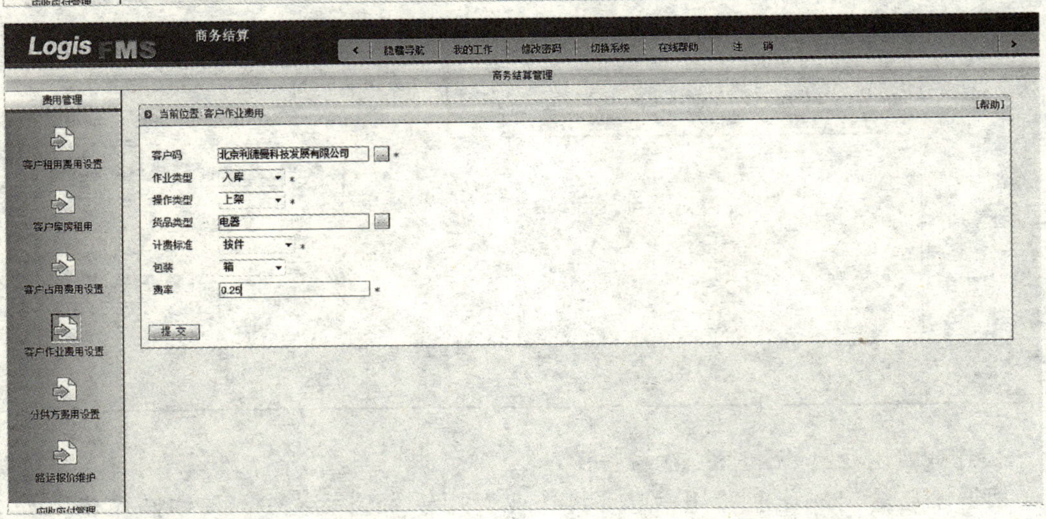

续　表

图　示
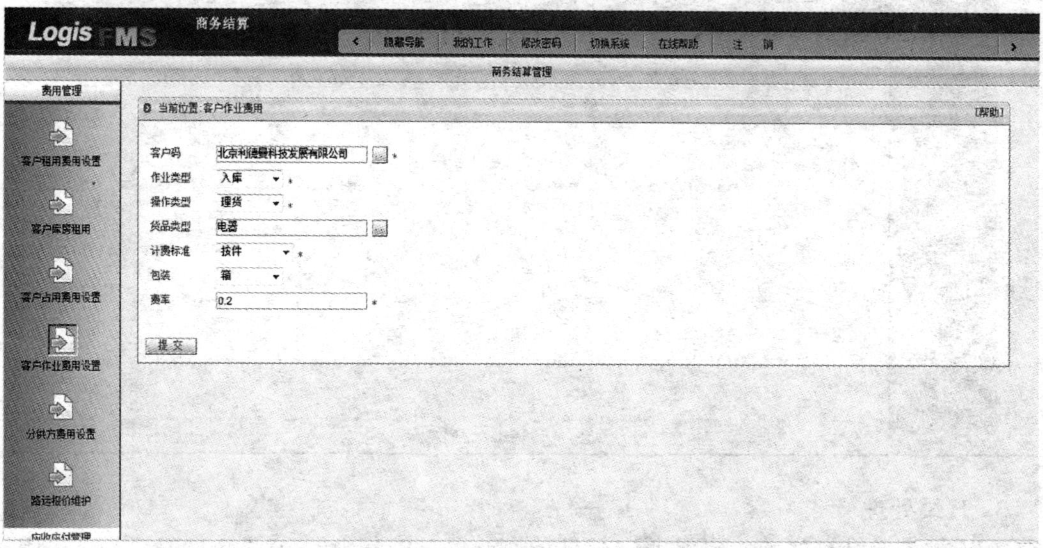Logis FMS 商务结算 隐藏导航 我的工作 修改密码 切换系统 在线帮助 注　销 商务结算管理 费用管理 客户租用费用设置 客户库房租用 客户占用费用设置 客户作业费用设置 分供方费用设置 路运报价维护 当前位置:客户作业费用 [帮助] 客户码 北京利捷曼科技发展有限公司 作业类型 入库 操作类型 理货 货品类型 电器 计费标准 按件 包装 箱 费率 0.2 提 交
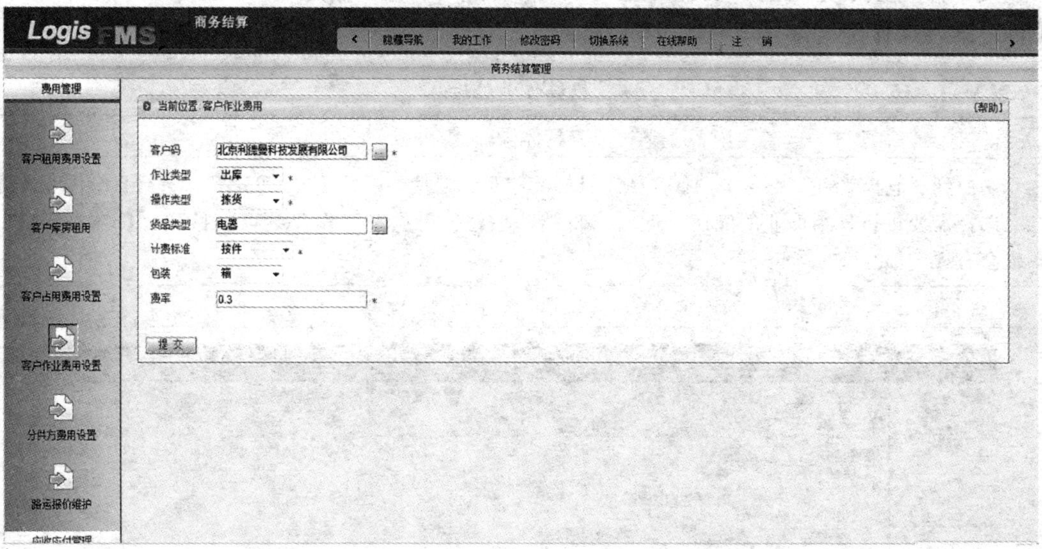Logis FMS 商务结算 隐藏导航 我的工作 修改密码 切换系统 在线帮助 注　销 商务结算管理 费用管理 客户租用费用设置 客户库房租用 客户占用费用设置 客户作业费用设置 分供方费用设置 路运报价维护 当前位置:客户作业费用 [帮助] 客户码 北京利捷曼科技发展有限公司 作业类型 出库 操作类型 拣货 货品类型 电器 计费标准 按件 包装 箱 费率 0.3 提 交

续 表

图 示
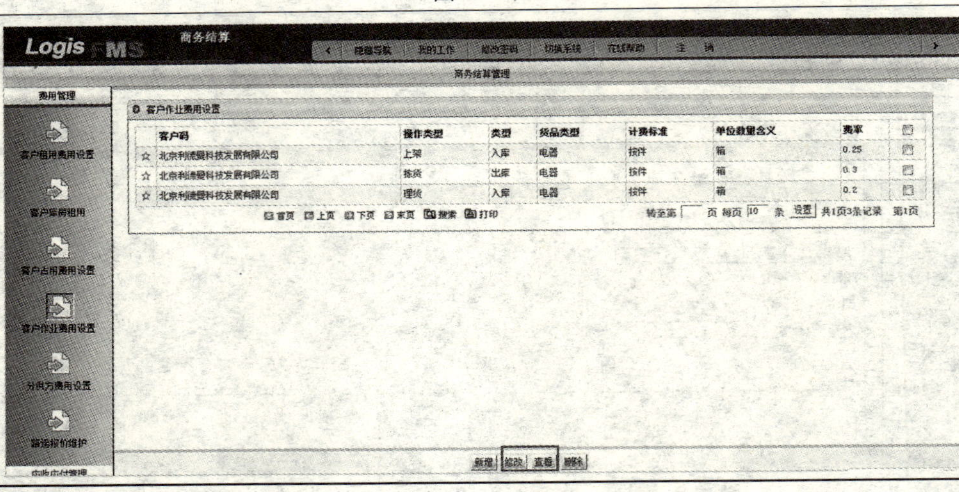

3. 日结处理

在进行商务结算之前，要保证进行日结作业。日结作业是在“仓储管理”系统中实现的，具体操作步骤如表 3－1－16 所示。

表 3－1－16　　　　日结作业处理

具体操作
切换到“仓储管理”系统。选择左侧工具栏的“日终处理”模块下的“日结”，进行日结作业处理 选择需要进行日结作业的库房，点击“日结”按钮，再点击“作业结算”按钮，日结操作成功系统会有提示信息
图 示
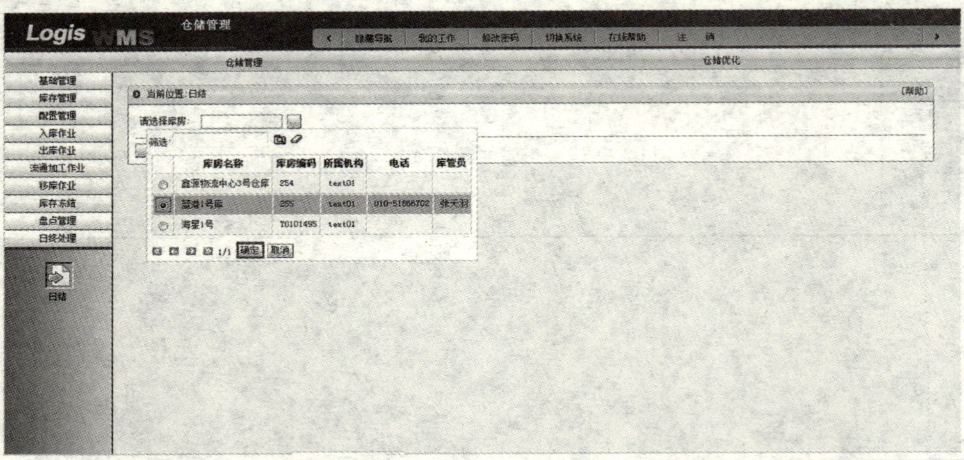

续　表

图　示

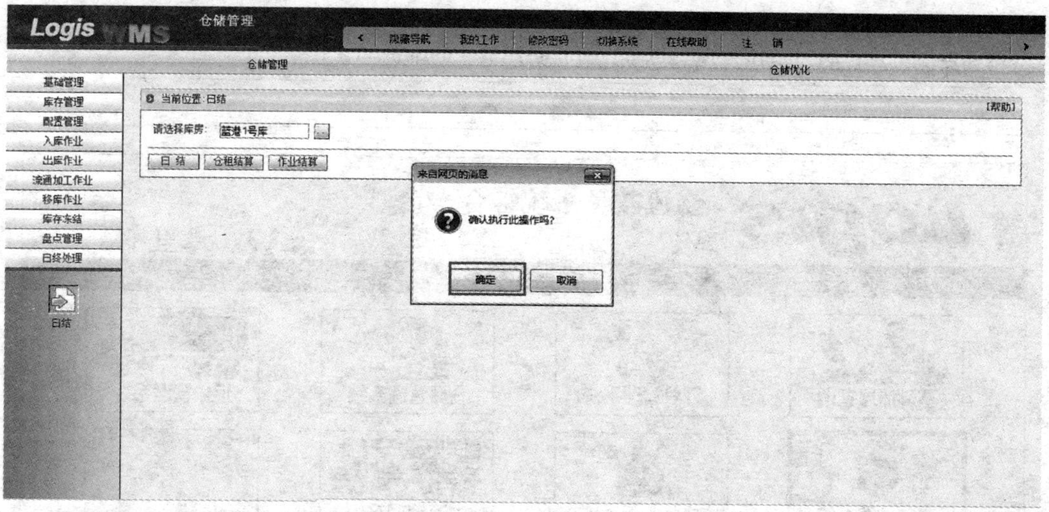

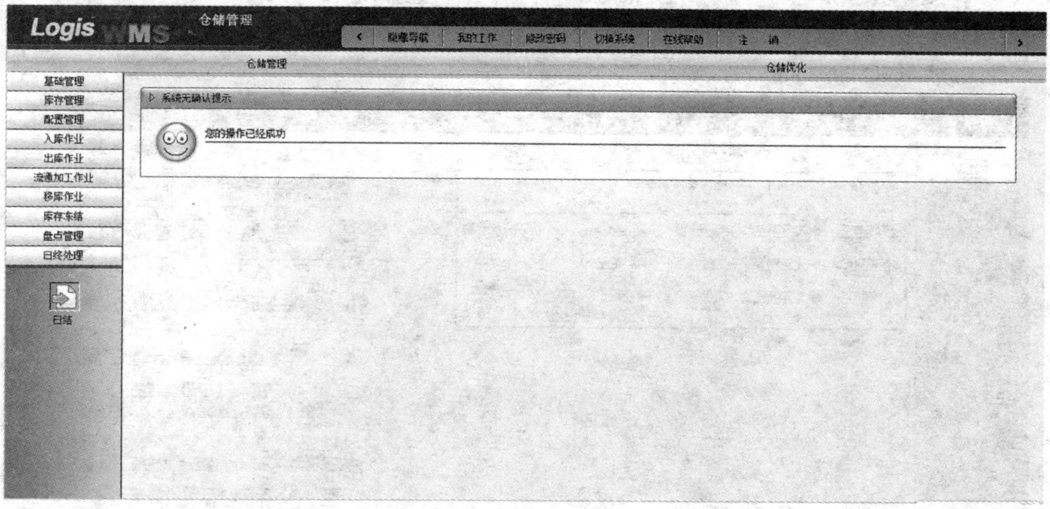

步骤四：路运报价维护

1. 登录费用管理界面

客户路运报价管理要在“商务结算”系统中操作实现。进入综合业务平台的“商务结算”系统的“费用管理”模块进行路运报价相关信息维护操作。具体操作步骤如表 3－1－17所示。

表 3－1－17　　　　　　　　　　　　登录费用管理界面

具体操作
登录到综合业务平台，利用账号和密码进入“商务结算”系统 选择左侧工具栏的“费用管理”标签，进行费用信息的维护
图　　示

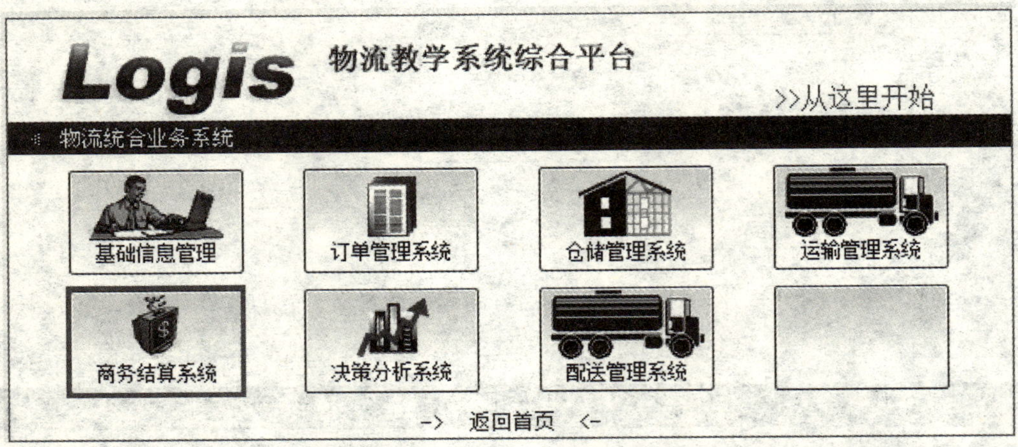

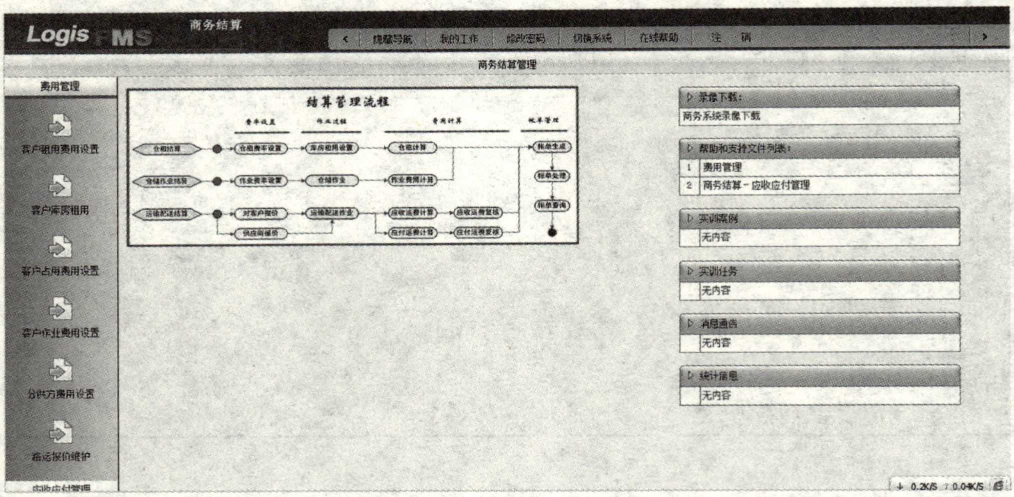

2. 路运报价维护

根据任务给定的路运报价信息，将路运报价信息录入到系统中，具体操作步骤如表 3－1－18 所示。

表 3-1-18　　路运报价维护

具体操作
点击“路运报价维护”，进入到本公司运输费用设置界面。根据任务中给定的路运报价信息，选择项目、计费方式、计费标准信息，并将运费表上传到指定位置
图　　示
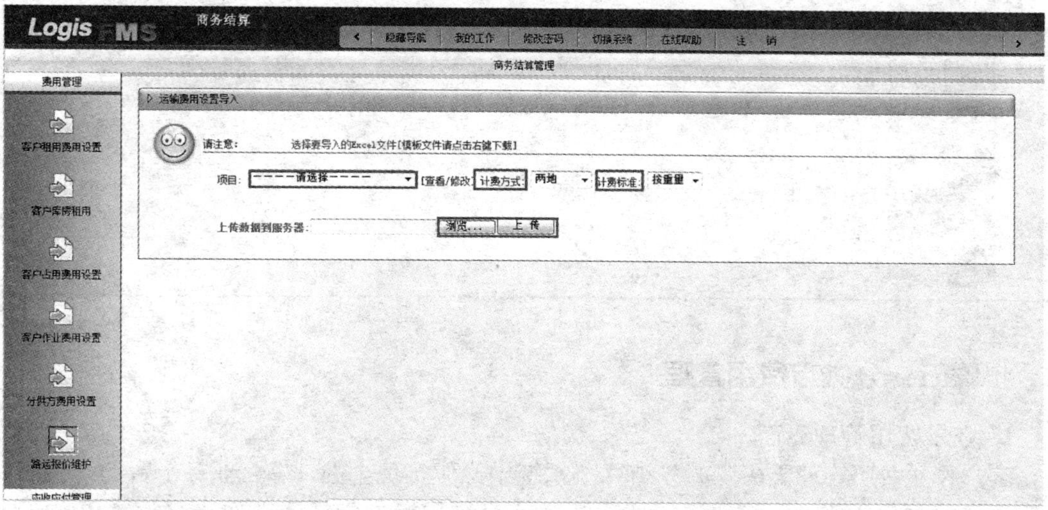 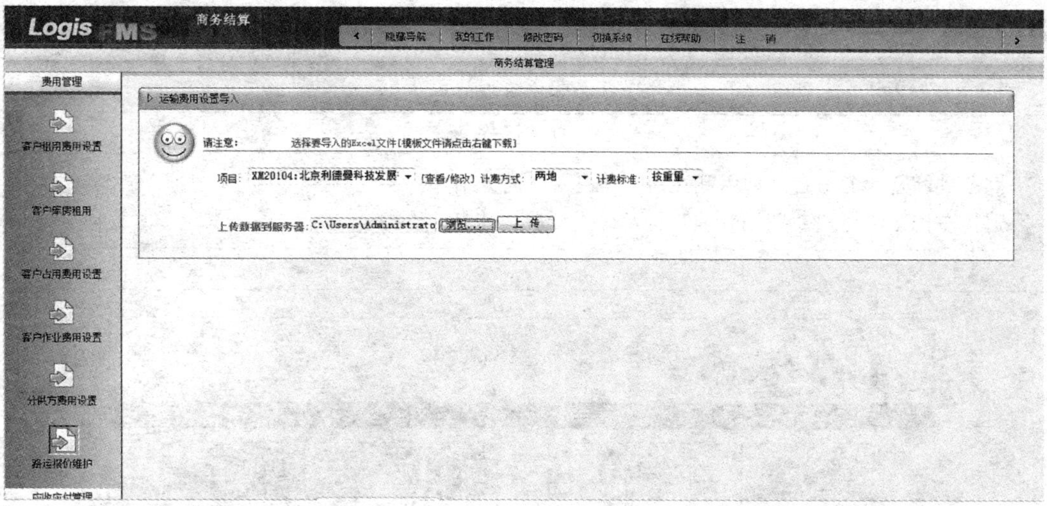

续 表

图　示
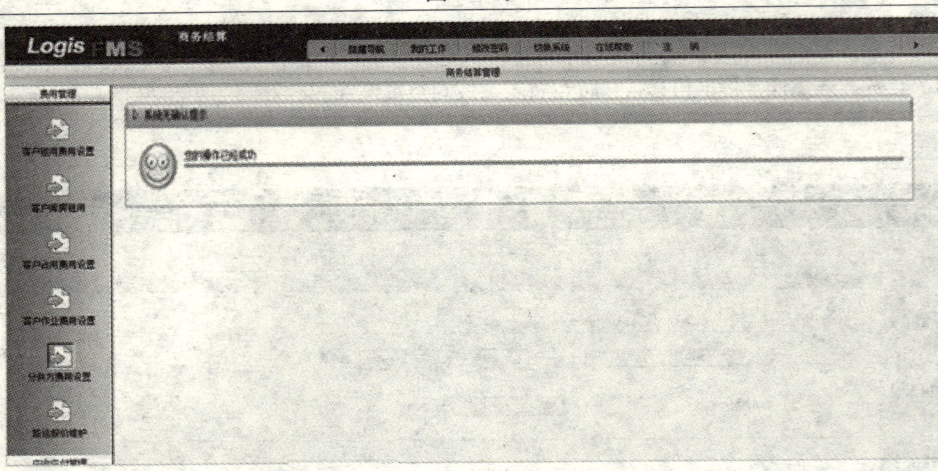

步骤五：分供方费用管理

1. 登录费用管理界面

客户作业费用管理要在“商务结算”系统中操作实现。进入综合业务平台的“商务结算”系统的“费用管理”模块进行费用相关信息维护操作，具体操作步骤如表 3－1－19 所示。

表 3－1－19　　登录费用管理界面

具体操作
登录到综合业务平台，利用账号和密码进入“商务结算”系统 选择左侧工具栏的“费用管理”标签，进行费用信息的维护
图　示
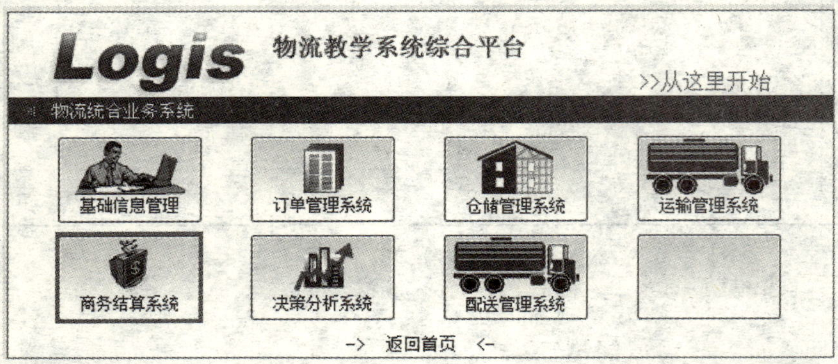

续 表

图 示
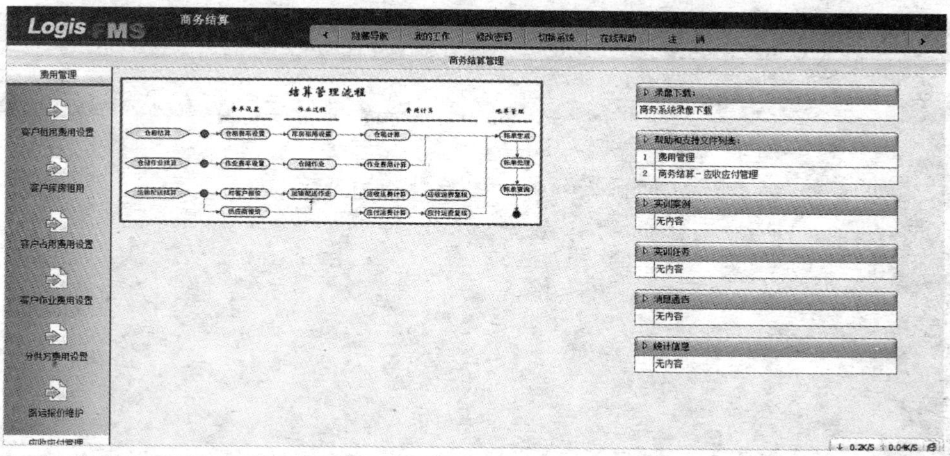

2. 分供方费用设置

根据任务给定的分供方费用信息，将分供方费用录入到系统中，具体操作步骤如表 3－1－20 所示。

表 3－1－20　　　　录入分供方费用

具体操作
点击“分供方费用设置”，进入到分供方运输费用设置界面。根据任务中给定的分供方费用信息，选择项目、计费方式、计费标准信息，并将运费表上传到指定位置
图 示
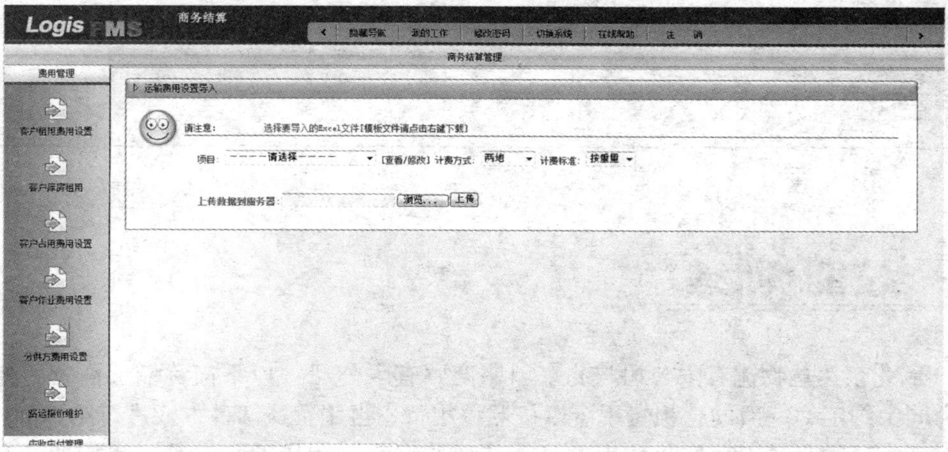

续　表

图　示
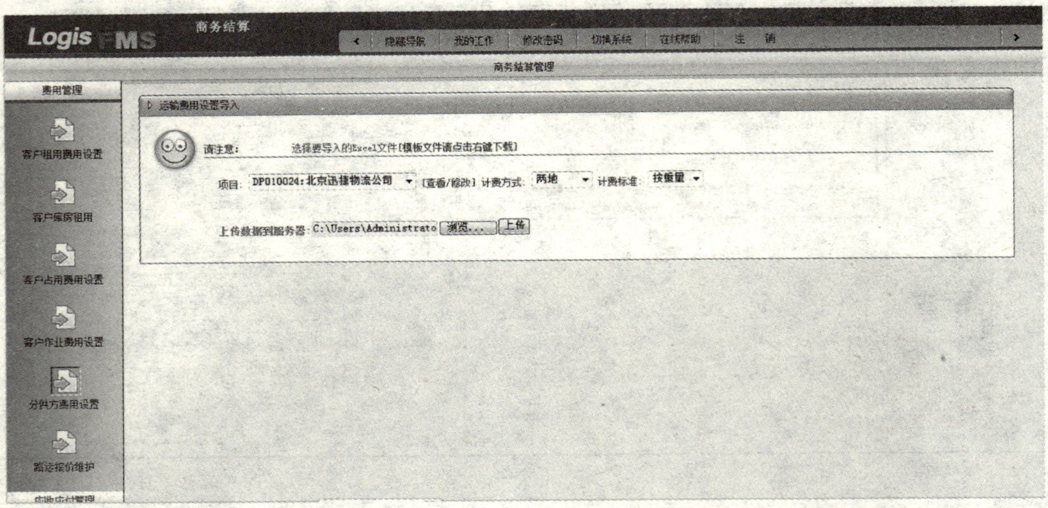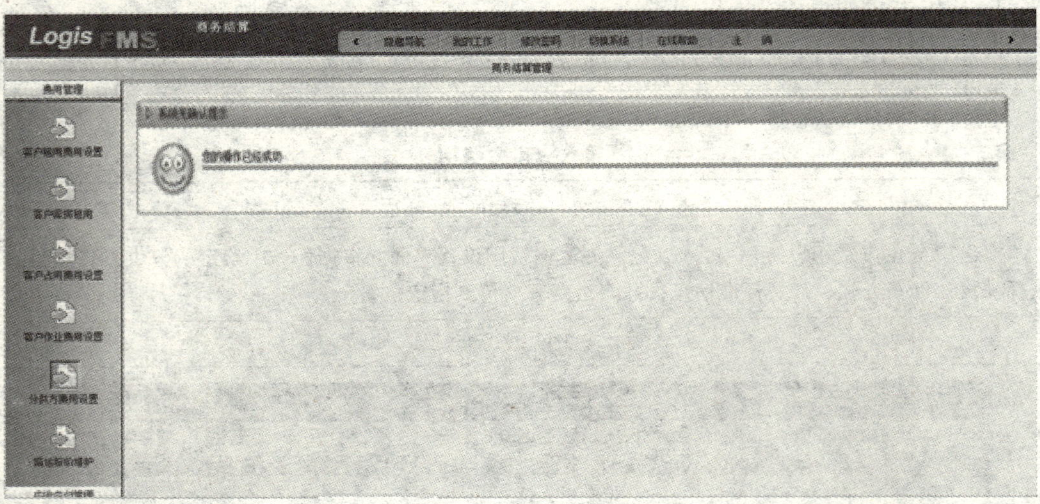

技能训练

（1）北京速达物流有限公司与北京鼎盛商贸有限公司（以下简称鼎盛商贸）签订的仓储合同中约定，一般的仓租费用可以按照租用费、占用费这两种方式进行结算。

对于流通量小、库存变化较小的货物按照库房整体租用费来结算，租用费的具体结算信息如表 3－1－21 和表 3－1－22 所示。

表 3－1－21　　客户租用费用设置

库房	结算标准	结账类型	结账日	费率（%）	增量费率（%）
蓝港 1 号	按库位数量	日结	每月 26 日	3	4

表 3－1－22　　客户租房（占用）费用设置

库房	租用面积	租用体积	租用个数（座）	增量值
蓝港 1 号	—	—	120	20

而对于洗衣机这种流通大、库存变化情况较大的货物须按照占用费用来结算，占用费的具体结算信息如表 3－1－23 所示。

表 3－1－23　　客户占用费用设置

货品类型	货品名称	计费标准	时间标准	费率（%）
电器	洗衣机	按件	按日	0.3

而对于客户鼎盛商贸的货物，速达物流还会按出入库作业量收取作业费用。费率即是按每个操作环节每次计收多少钱，一般用于那些出入库操作较为复杂、费工的环节。作业费用的具体结算信息如表 3－1－24 所示。

表 3－1－24　　客户作业费用设置

作业类型	操作类型	计费标准	包装	费率（%）
运输	搬运	按件	箱	0.6
配送	配载	按件	箱	0.6

同时，速达物流与鼎盛商贸的运输合同约定，计费方式为：两地，计费标准为：按体积。货物从北京发往其他城市的每吨运费表，如表 3－1－25 所示。

表 3－1－25　　运费

名称	1 立方米	2～5 立方米	6～10 立方米	11～20 立方米	21～40 立方米	到达时间(天)
天津	250	240	230	210	200	2～3
保定	260	240	230	220	210	2～3

续 表

名称	1 立方米	2 ~ 5 立方米	6 ~ 10 立方米	11 ~ 20 立方米	21 ~ 40 立方米	到达时间(天)
石家庄	250	240	230	210	200	2 ~ 3
邢台	260	250	230	220	210	2 ~ 3
邯郸	260	250	230	220	210	2 ~ 3
衡水	260	250	230	220	210	2 ~ 3
沧州	260	250	230	220	200	2 ~ 3
唐山	270	260	240	230	220	2 ~ 3
秦皇岛	270	260	240	230	220	2 ~ 3
青岛	270	260	240	230	220	2 ~ 3
大连	270	260	240	230	220	2 ~ 3
上海	300	280	260	250	200	2 ~ 3
广州	300	280	260	250	200	2 ~ 3

备注：以上报价轻泡货物不含提送费，重货 5 吨以上不加提送货费，异型货物、大宗货物、设备、整车等价格另议。

注：以上价格仅供参考。

（2）速达物流与分供方北京迅捷物流签订的运输合同中约定，计费方式为：两地，计费标准为：按体积。

货物从北京发往其他城市的每吨运费表，如表 3 - 1 - 26 所示。

表 3 - 1 - 26　　运费

名称	1 立方米	2 ~ 5 立方米	6 ~ 10 立方米	11 ~ 20 立方米	21 ~ 40 立方米	到达时间(天)
天津	230	220	210	190	180	2 ~ 3
保定	240	230	220	200	190	2 ~ 3
石家庄	230	220	210	190	180	2 ~ 3
邢台	240	230	220	200	190	2 ~ 3
邯郸	240	230	220	200	190	2 ~ 3
衡水	240	230	220	200	190	2 ~ 3
沧州	240	230	220	200	190	2 ~ 3
唐山	250	240	230	220	210	2 ~ 3
秦皇岛	250	240	230	220	210	2 ~ 3

续　表

名称	1 立方米	2 ~ 5 立方米	6 ~ 10 立方米	11 ~ 20 立方米	21 ~ 40 立方米	到达时间(天)
青岛	250	240	230	220	210	2 ~ 3
大连	250	240	230	220	210	2 ~ 3
上海	280	260	240	230	220	2 ~ 3
广州	280	260	240	230	220	2 ~ 3

备注：以上报价轻泡货物不含提送费，重货 5 吨以上不加提送货费，异型货物、大宗货物、设备、整车等价格另议。

注：以上价格仅供参考。

接下来，请你以工作人员的身份须针对各种情况进行费用的管理。

实训任务二　费用结算

任务引入

速达物流与北京利德曼科技发展有限公司（以下简称利德曼科技）签订的第三方物流服务合同中约定，速达物流为利德曼科技提供包括仓储、运输、配送在内的全方位物流服务，是北京利德曼科技的第三方物流服务提供商。

一、仓租、作业费用结算

2012 年 5 月 25 日，速达物流根据合同规定，对客户利德曼科技 5 月的费用进行统计与结算，包括仓租费用和作业费用两项费用的核算。

接下来，速达物流的工作人员开始对 5 月利德曼科技的仓租费用进行核算，并对各项作业任务进行了汇总和统计，得到 5 月的仓储作业内容包括：20 箱蒸蛋器和 8 箱饮水机的入库作业。

核算完成后，速达物流须将核算清单发送至客户利德曼科技处，作为当月物流费用结算的依据。

二、运输费用结算

2012 年 7 月 16 日，速达物流接到客户北京利德曼科技发展有限公司的两项运输指令，并为其提供了运输服务。之后，速达物流需对两次运输服务产生的运费进行结算处理。

任务实施

步骤一：仓租费用结算

仓租费用结算前，必须保证进行日结处理，然后再进行后续的应收应付管理工作。因为是客户租用本公司库房，所以应该生成应收账单，具体操作步骤如表 3－2－1 至表

3－2－4 所示。

表 3－2－1　　　　日结作业处理

具体操作
登录到“仓储管理”系统，选择左侧工具栏的“日终处理”模块下的“日结”，进行日结作业处理 选择需要进行日结作业的库房，点击“日结”按钮，再点击“仓租结算”按钮，日结操作成功系统会有提示信息
图　　示
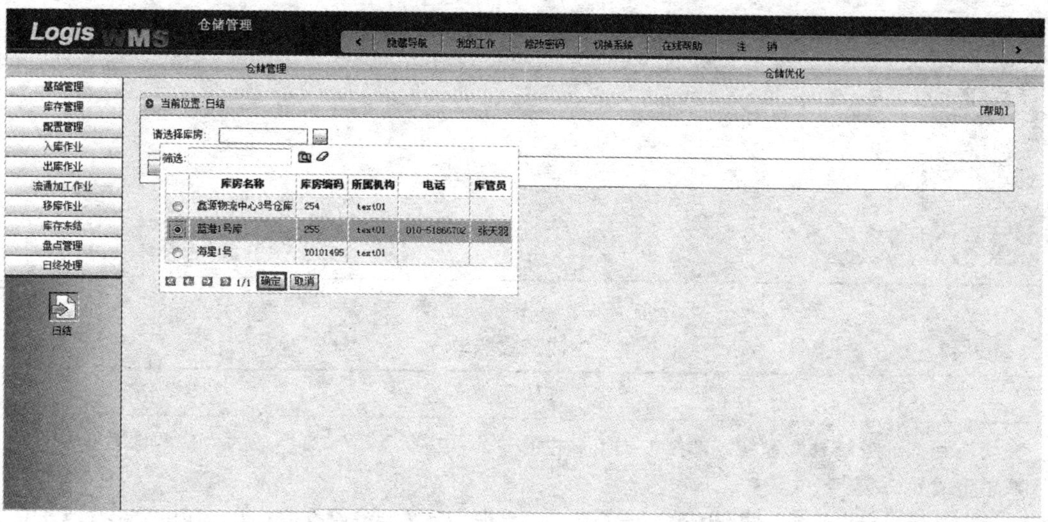

续 表

图　示
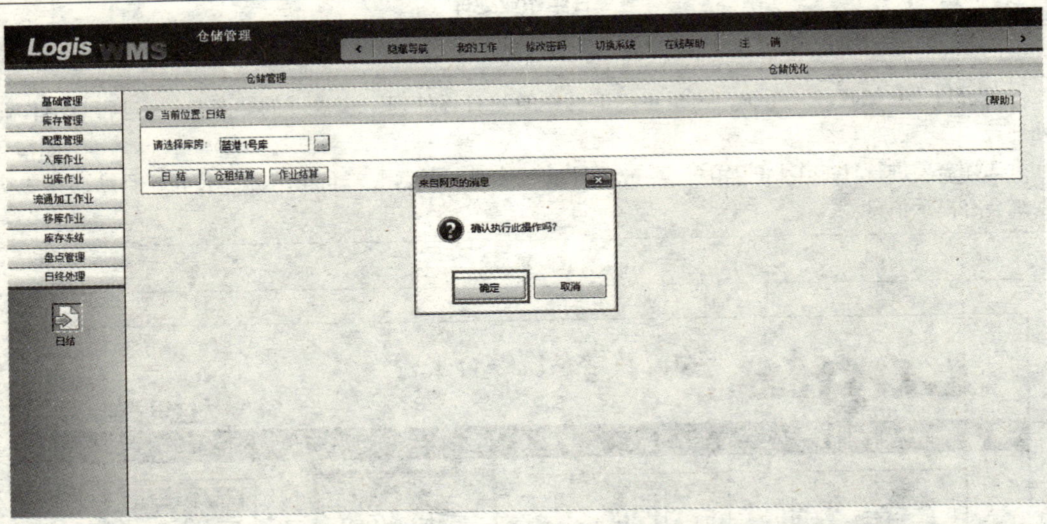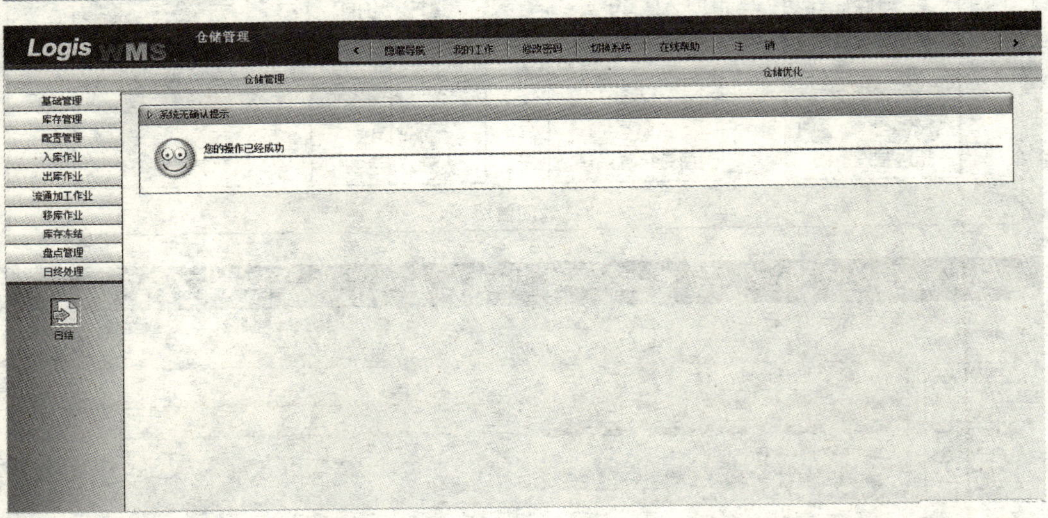

表 3－2－2　　生成应收账单

具体操作
切换到“商务结算”系统，选择左侧工具栏的“应收应付管理”模块下的“应收账单生成”，进入账单生成界面 填选结算客户、截至时间和应收类型，点击“查询”系统会将应收款的单据列在应收款列表中 点击“生成应收账单”，生成仓租应收账单

续　表

图　　示
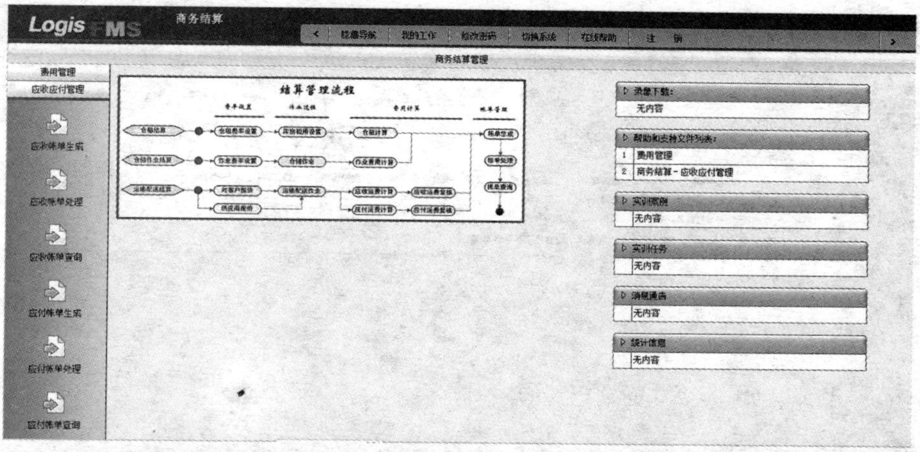Logis FMS 商务结算 商务结算管理 费用管理 应收应付管理 结算管理流程 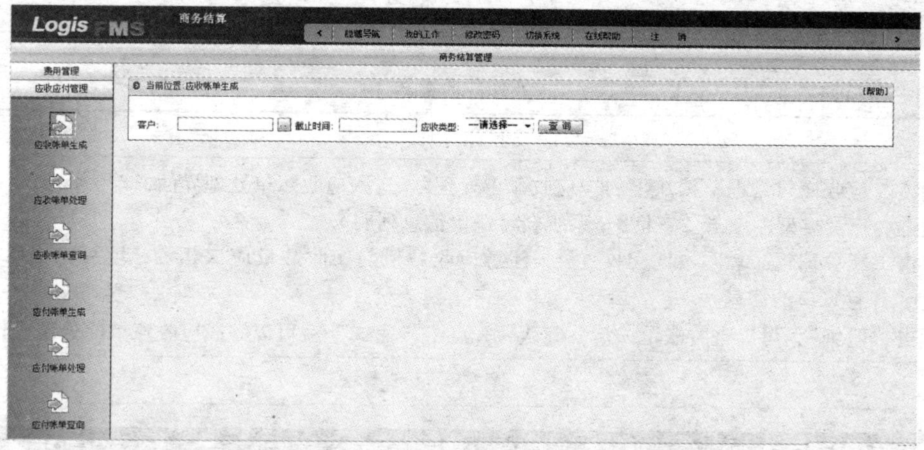Logis FMS 商务结算 商务结算管理 费用管理 应收应付管理 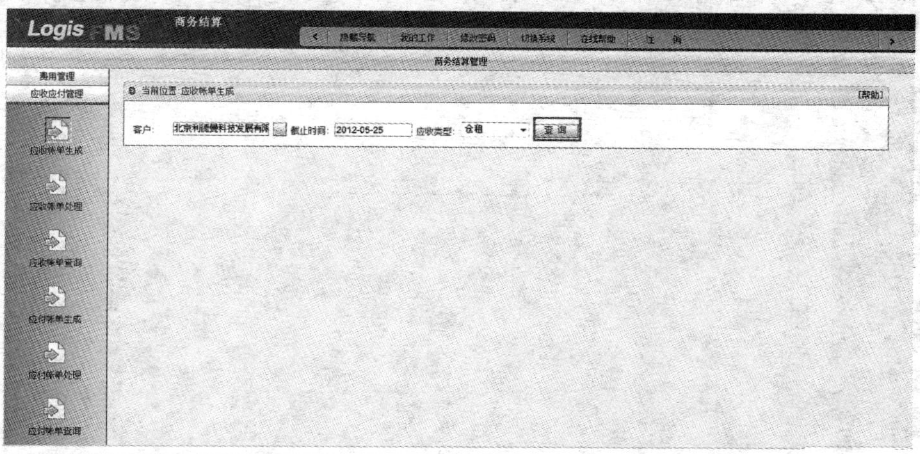Logis FMS 商务结算 商务结算管理 费用管理 应收应付管理

续 表

图 示

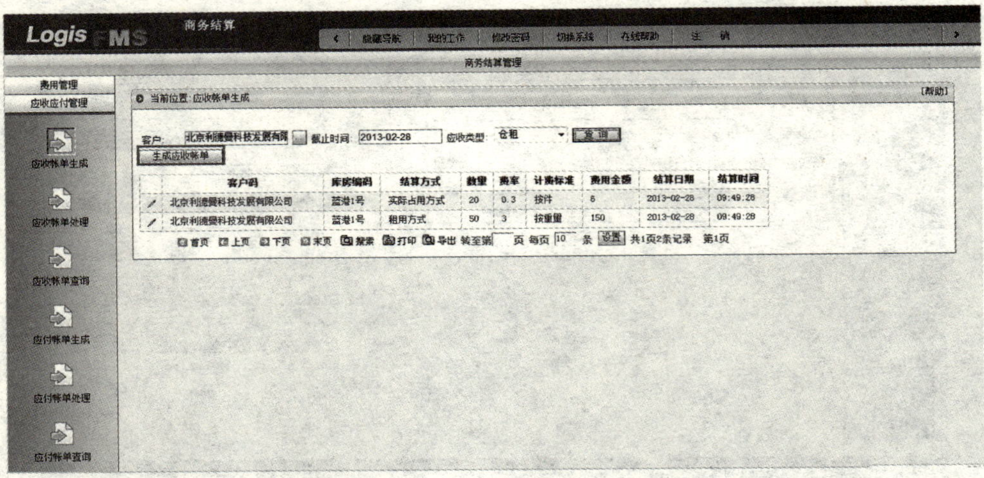

表 3-2-3 处理应收账单

具体操作

点击“应收应付管理”模块下的“应收账单处理”，进入应收账单处理界面

填选客户及类型，点击“查询”，系统会将账单信息列明

点击“账单编辑”填写本期实收数量，注意应收数量与实收数量应该相等，填写完毕后，点击“保存”，保存账单的信息

点击“明细”，可以查看账单详情。确认后，点击“完成”就可以完成应收账单的处理操作

图 示

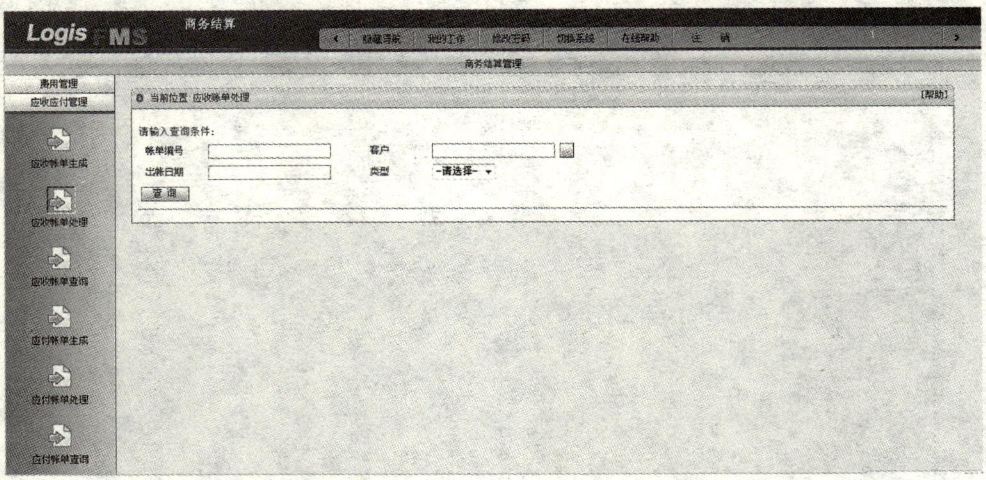

续　表

图　示

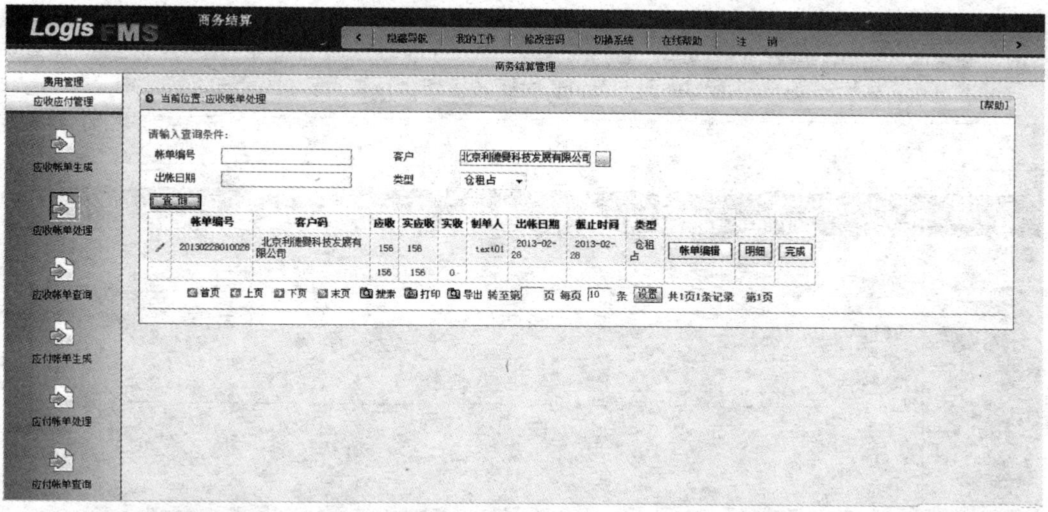

Logis FMS
商务结算
隐藏导航　我的工作　修改密码　切换系统　在线帮助　注　销
商务结算管理
费用管理
应收应付管理
当前位置:应收账单处理
[帮助]
请输入查询条件:
帐单编号
出帐日期
客户　北京利德曼科技发展有限公司
类型　仓租占
查 询
帐单编号　客户码　应收　实应收　实收　制单人　出帐日期　截止时间　类型
20130228010028　北京利德曼科技发展有限公司　156　156　text01　2013-02-28　2013-02-28　仓租占
帐单编辑　明细　完成
156　156　0
首页　上页　下页　末页　搜索　打印　导出　转至第　页　每页 10 条　设置　共1页1条记录　第1页
应收帐单生成
应收帐单处理
应收帐单查询
应付帐单生成
应付帐单处理
应付帐单查询

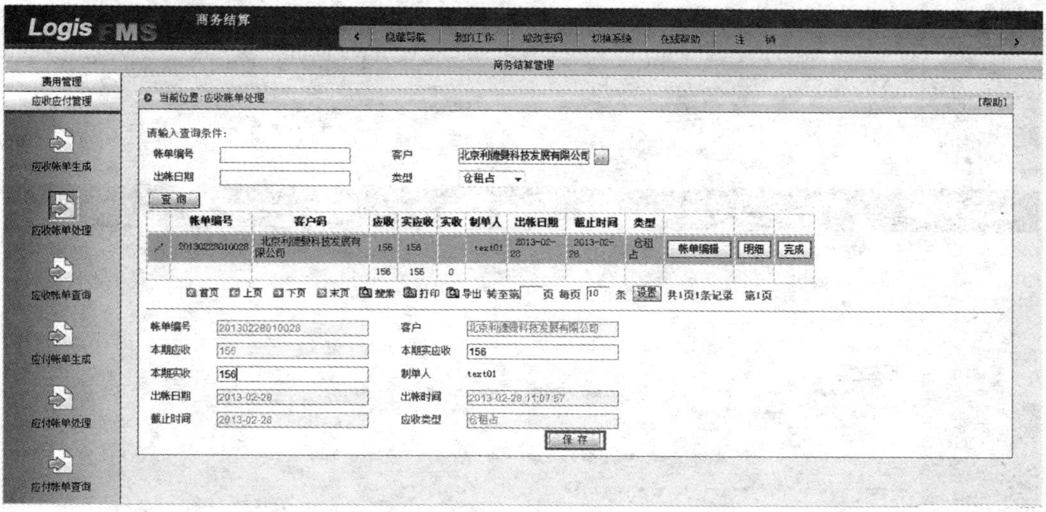

Logis FMS
商务结算
商务结算管理
当前位置:应收账单处理
帐单编号　20130228010028
客户　北京利德曼科技发展有限公司
本期应收　156
本期实应收　156
本期实收　156
制单人　text01
出帐日期　2013-02-28
出帐时间　2013-02-28 11:07:57
截止时间　2013-02-28
应收类型　仓租占
保 存

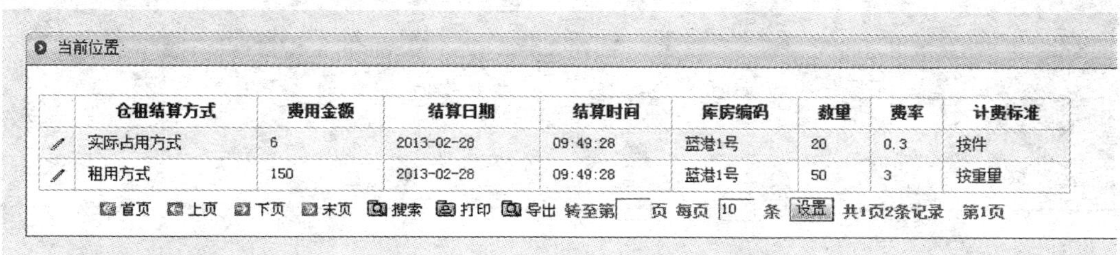

当前位置
仓租结算方式　费用金额　结算日期　结算时间　库房编码　数量　费率　计费标准
实际占用方式　6　2013-02-28　09:49:28　蓝港1号　20　0.3　按件
租用方式　150　2013-02-28　09:49:28　蓝港1号　50　3　按重量
首页　上页　下页　末页　搜索　打印　导出　转至第　页　每页 10 条　设置　共1页2条记录　第1页

表 3-2-4　　　　查询应收账单

具体操作

点击"应收应付管理"模块下的"应收账单查询"，进入应收账单处理界面。填选客户及类型，点击"确定"，系统会将账单信息列明

点击"账单查看"和"明细"按钮，可以查看账单详细信息

图　　示

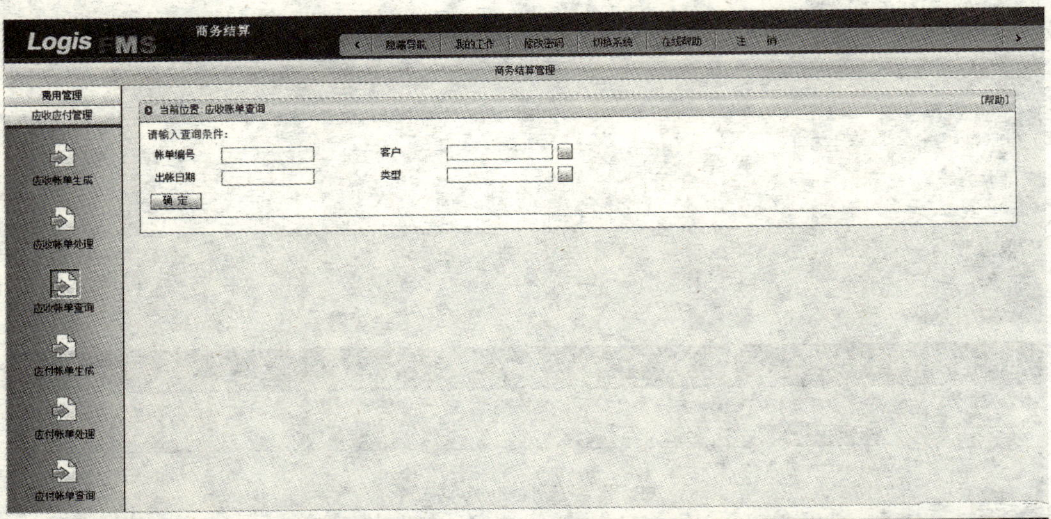

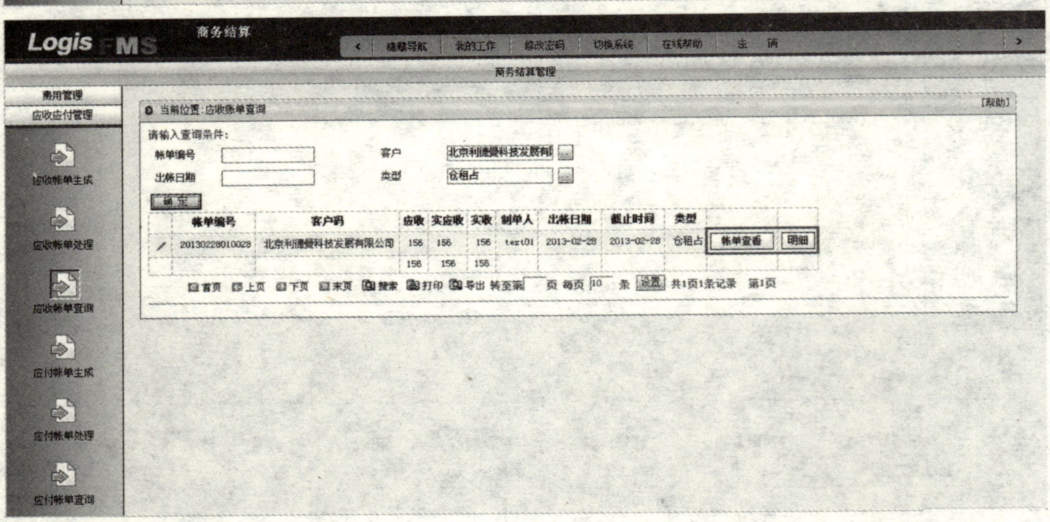

续 表

图 示
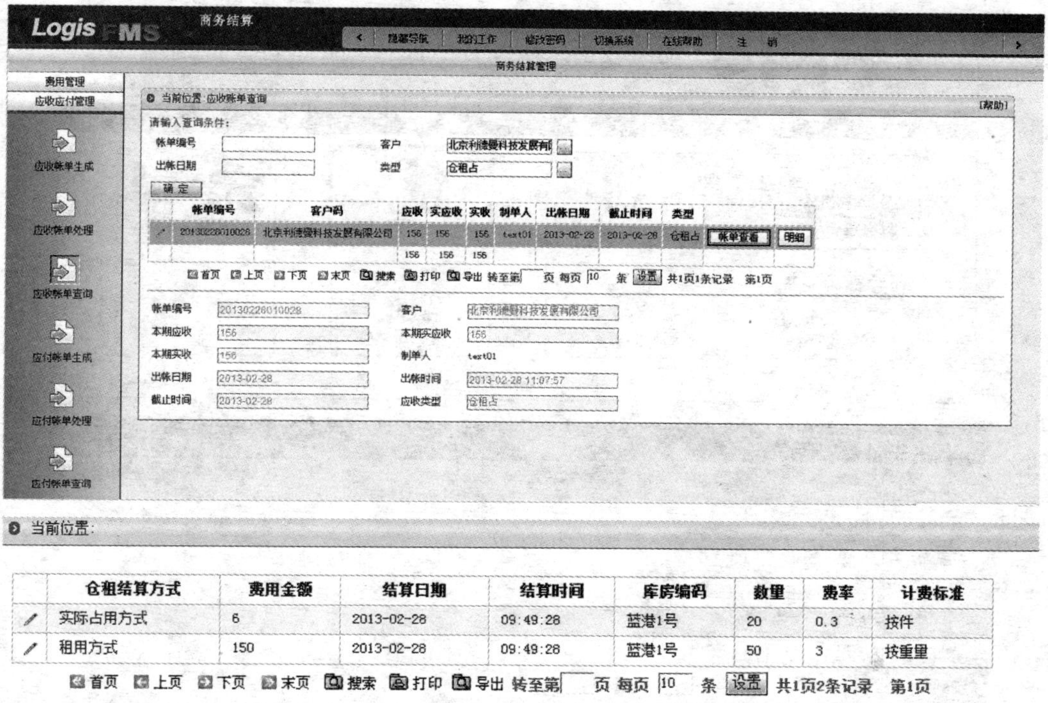

步骤二：作业费用结算

作业费用结算前，必须保证进行日结处理，然后再进行后续的应收应付管理工作。因为是客户租用本公司库房，所以应该生成应收账单，具体操作步骤如表 3-2-5 至表 3-2-8 所示。

表 3-2-5　　日结作业处理

具体操作
登录到“仓储管理”系统，选择左侧工具栏的“日终处理”模块下的“日结”，进行日结作业处理
选择需要进行日结作业的库房，点击“日结”按钮，日结操作成功系统会有提示信息，再点击“作业结算”按钮

续 表

图 示
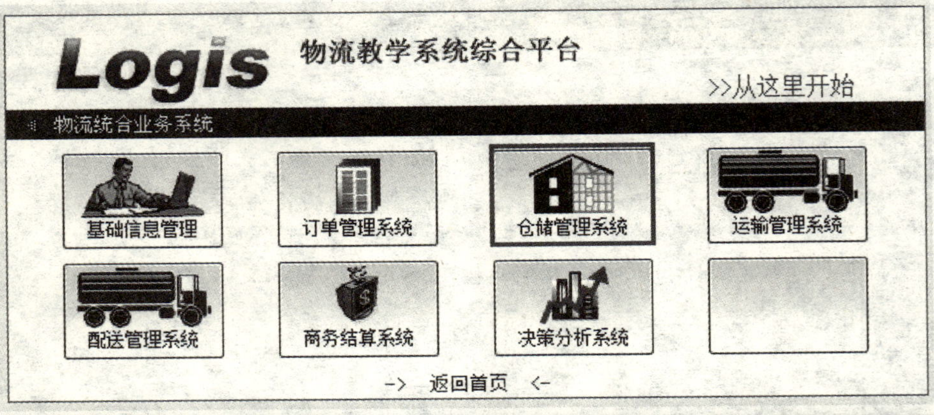 Logis 物流教学系统综合平台 >>从这里开始 物流综合业务系统 基础信息管理 订单管理系统 仓储管理系统 运输管理系统 配送管理系统 商务结算系统 决策分析系统 -> 返回首页 <- 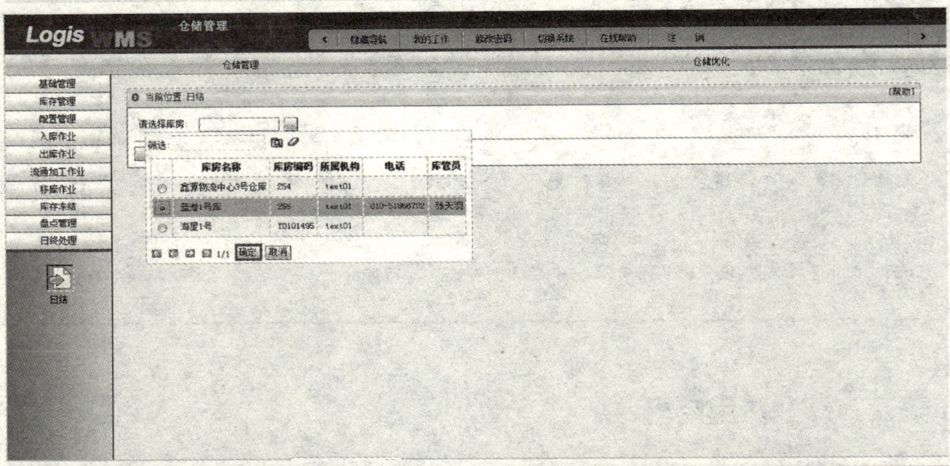 Logis WMS 仓储管理 仓储优化 基础管理 库存管理 配置管理 入库作业 出库作业 流通加工作业 移库作业 库存冻结 盘点管理 日终处理 日结 当前位置:日结 [帮助] 请选择库房: 库房名称 库房编码 所属机构 电话 库管员 确定 取消 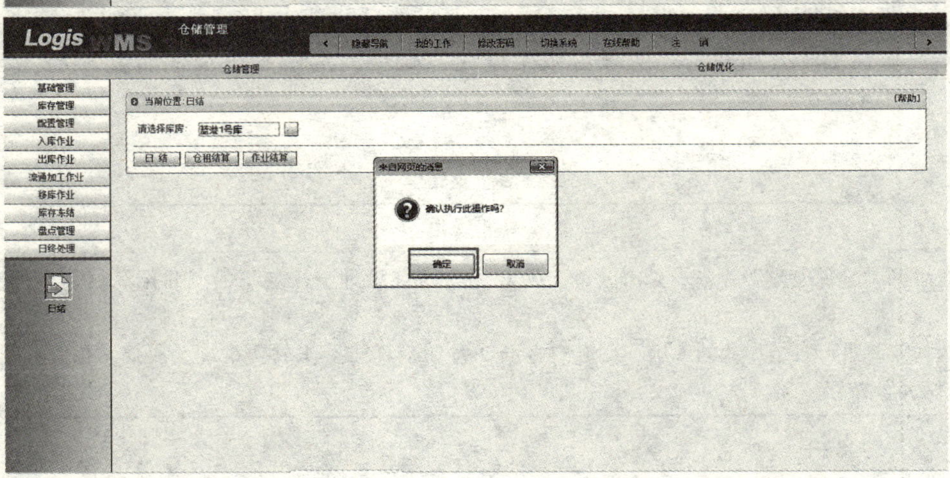 Logis WMS 仓储管理 仓储优化 基础管理 库存管理 配置管理 入库作业 出库作业 流通加工作业 移库作业 库存冻结 盘点管理 日终处理 日结 当前位置:日结 [帮助] 请选择库房: 蓝港1号库 日 结 仓租结算 作业结算 来自网页的消息 确认执行此操作吗? 确定 取消

续　表

图　　示
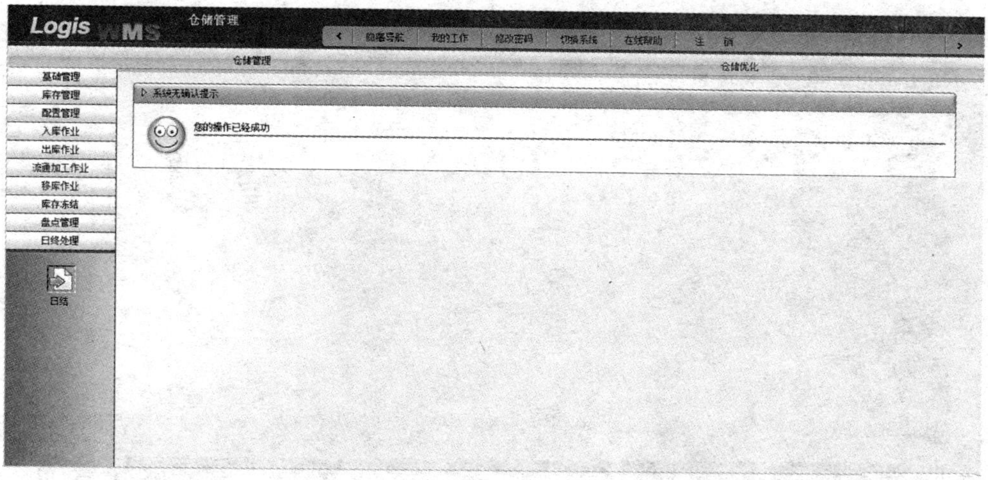

表 3－2－6　　**生成应收账单**

具体操作
切换到“商务结算”系统，选择左侧工具栏的“应收应付管理”模块下的“应收账单生成”，进入账单生成界面 填选结算客户、截至时间和应收类型，点击“查询”系统会将应收款的单据列在应收款列表中 点击“生成应收账单”，生成作业应收账单
图　　示
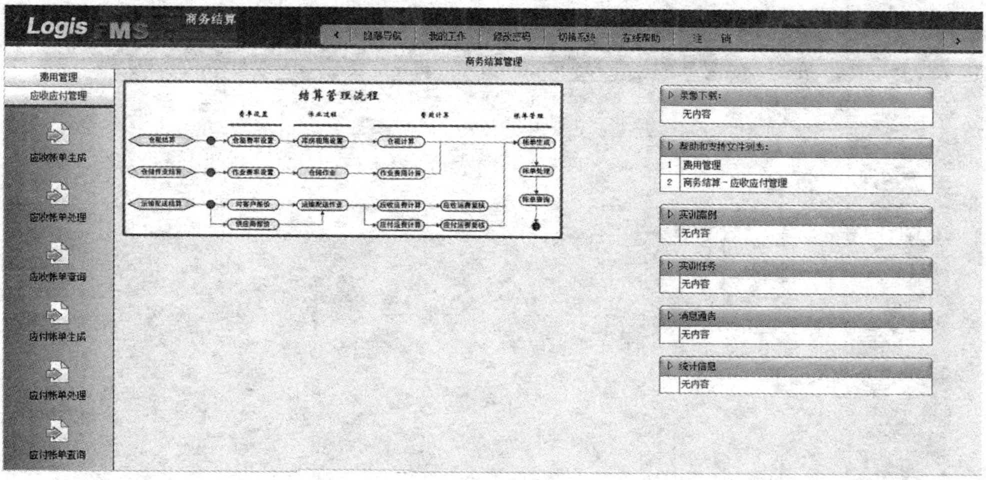

续 表

图 示
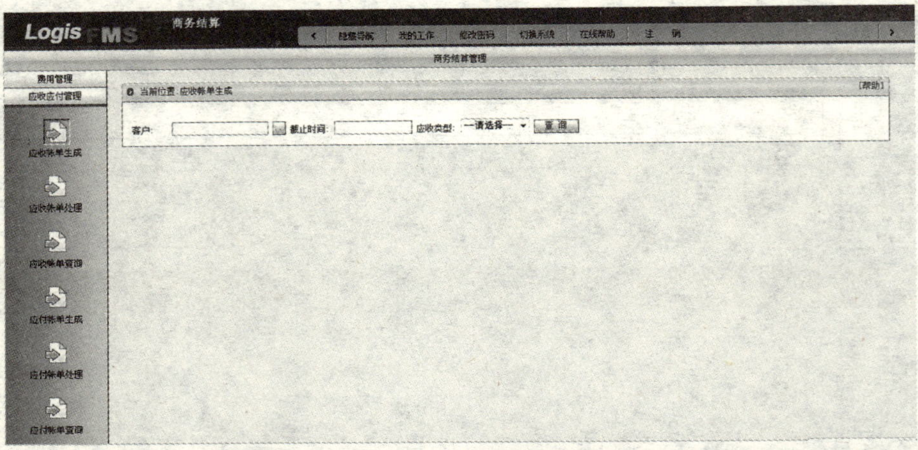 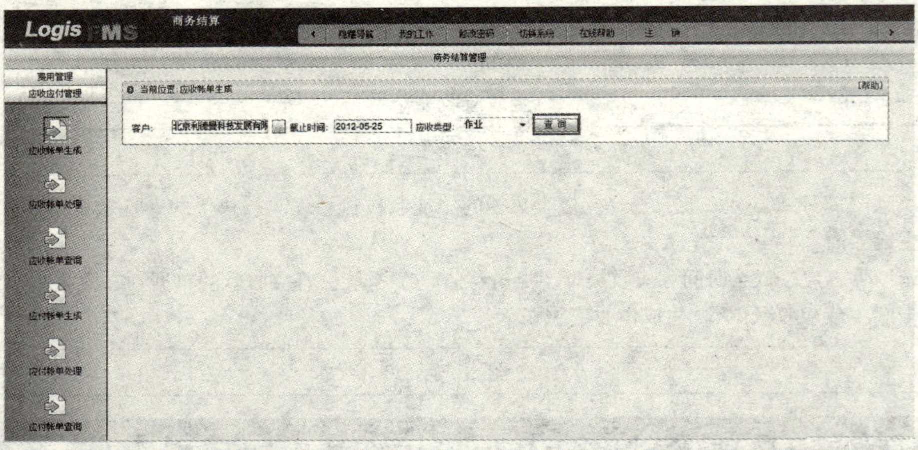 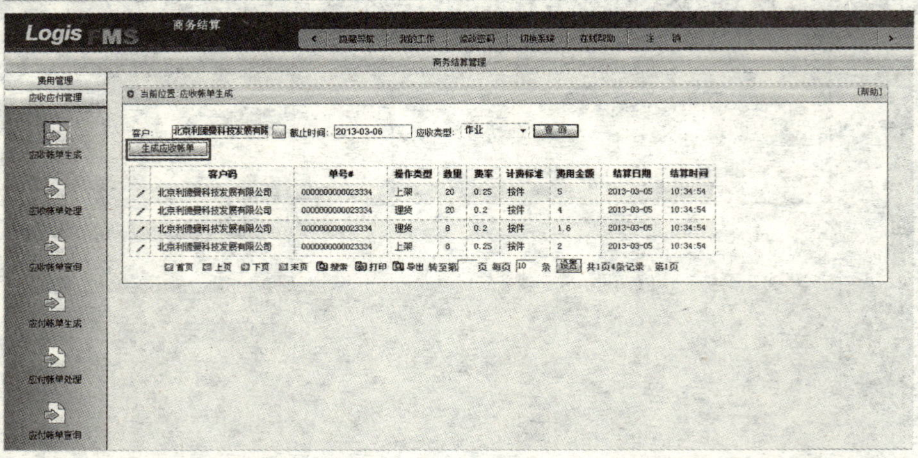

商务结算
隐藏导航 我的工作 修改密码 切换系统 在线帮助 注 销
商务结算管理
费用管理
应收应付管理
应收帐单生成
应收帐单处理
应收帐单查询
应付帐单生成
应付帐单处理
应付帐单查询
当前位置:应收帐单生成
[帮助]
客户: 截止时间: 应收类型: 一请选择一 查 询

商务结算
商务结算管理
当前位置:应收帐单生成
客户: 北京利德曼科技发展有限 截止时间: 2012-05-25 应收类型: 作业 查 询

商务结算
商务结算管理
当前位置:应收帐单生成
客户: 北京利德曼科技发展有限 截止时间: 2013-03-06 应收类型: 作业 查 询
生成应收帐单
客户码 单号# 操作类型 数量 费率 计费标准 费用金额 结算日期 结算时间
北京利德曼科技发展有限公司 000000000023334 上架 20 0.25 按件 5 2013-03-05 10:34:54
北京利德曼科技发展有限公司 000000000023334 理货 20 0.2 按件 4 2013-03-05 10:34:54
北京利德曼科技发展有限公司 000000000023334 理货 8 0.2 按件 1.6 2013-03-05 10:34:54
北京利德曼科技发展有限公司 000000000023334 上架 8 0.25 按件 2 2013-03-05 10:34:54
首页 上页 下页 末页 搜索 打印 导出 转至第 页 每页 10 条 设置 共1页4条记录 第1页

表3-2-7　　　　　　　　　　　　　　　处理应收账单

具体操作

点击“应收应付管理”模块下的“应收账单处理”，进入应收账单处理界面

填选客户及类型，点击“查询”，系统会将账单信息列明

点击“账单编辑”填写本期实收数量，注意应收数量与实收数量应该相等，填写完毕后，点击“保存”，保存账单的信息

点击“明细”，可以查看账单详情。确认后，点击“完成”就可以完成应收账单的处理操作

图　示

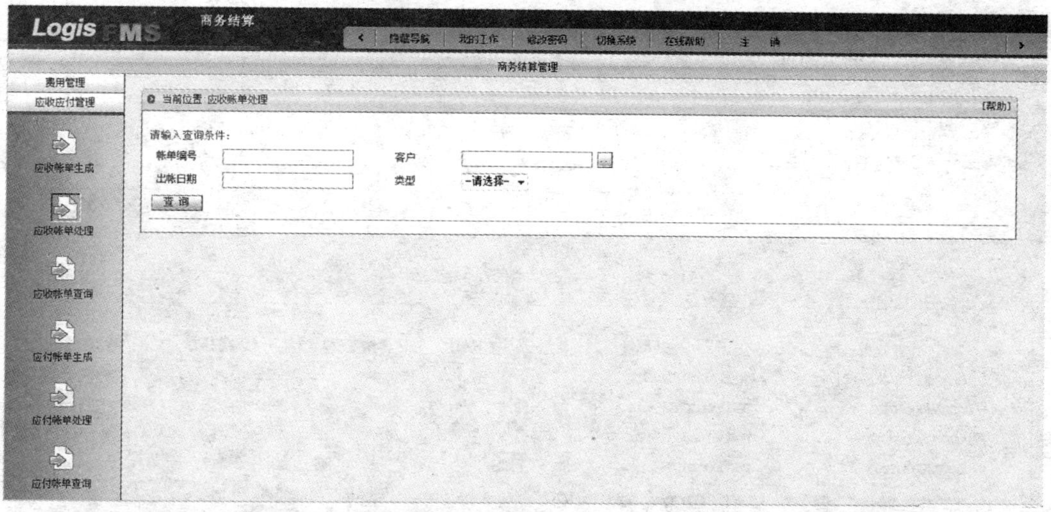

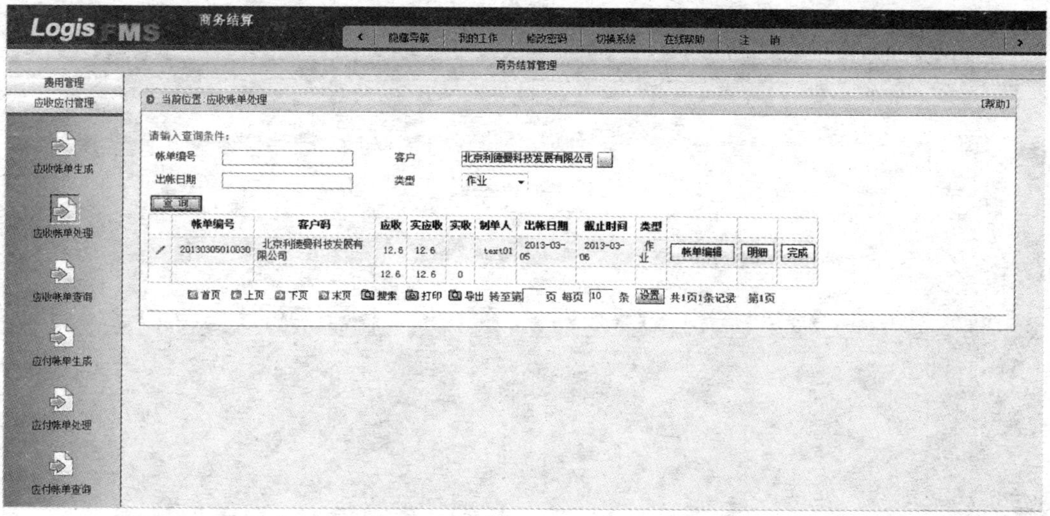

续 表

图　示
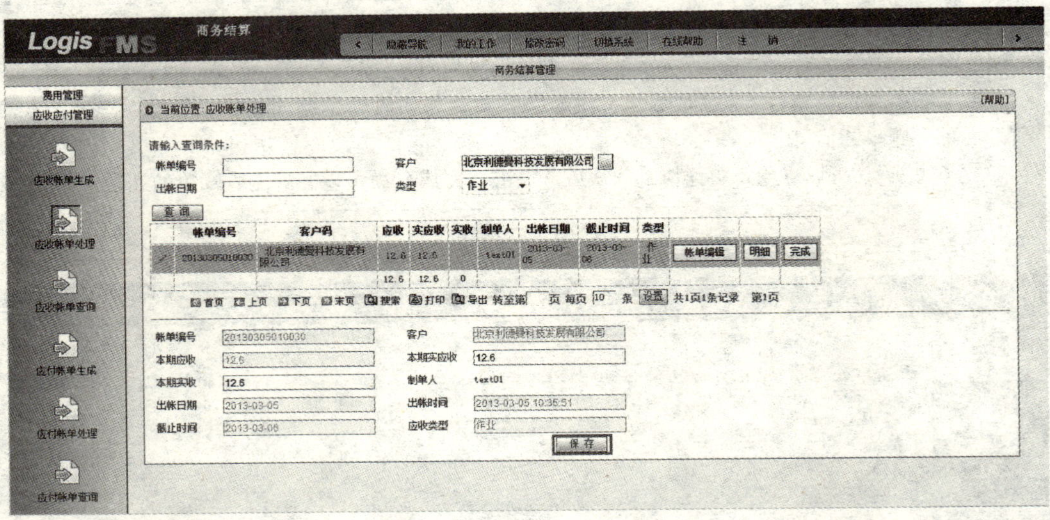 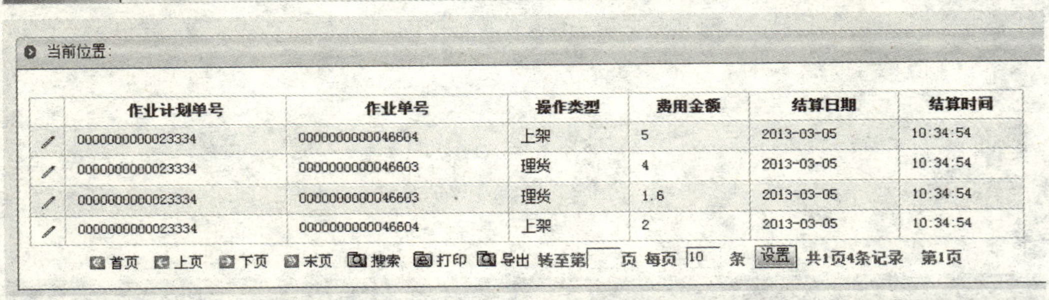 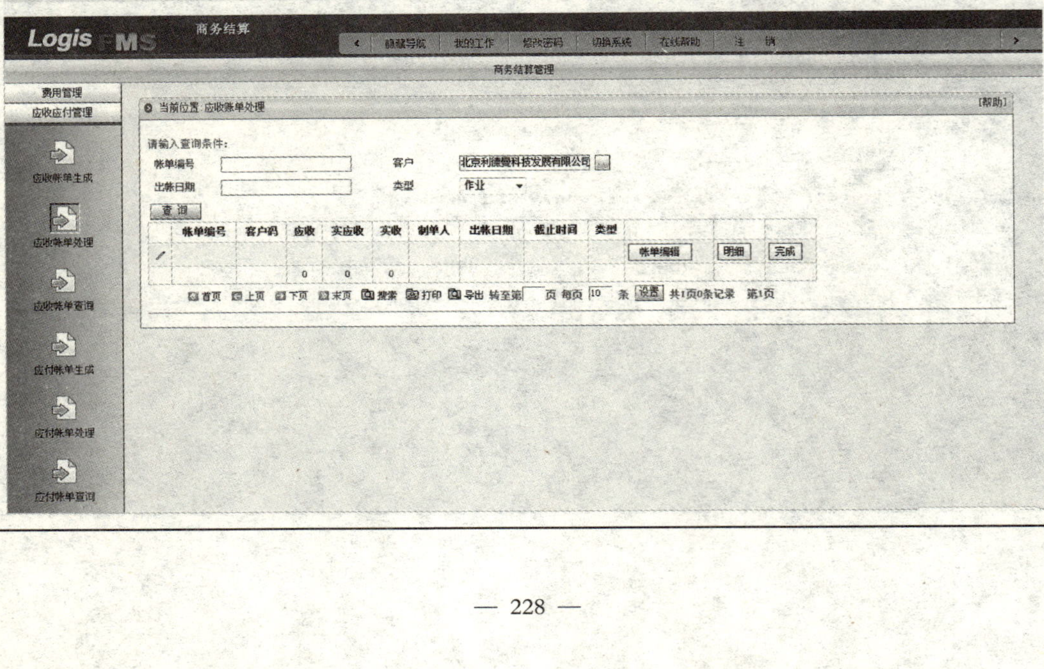

Logis FMS
商务结算
商务结算管理
费用管理
应收应付管理
当前位置:应收账单处理
请输入查询条件:
帐单编号
出帐日期
客户
北京利捷髮科技发展有限公司
类型
作业
查 询
帐单编号
客户码
应收
实应收
实收
制单人
出帐日期
截止时间
类型
帐单编辑
明细
完成
本期应收
本期实应收
本期实收
制单人
出帐时间
截止时间
应收类型
保 存
当前位置:
作业计划单号
作业单号
操作类型
费用金额
结算日期
结算时间
0000000000023334
0000000000046604
上架
5
2013-03-05
10:34:54
0000000000046603
理货
4
1.6
2
首页 上页 下页 末页 搜索 打印 导出 转至第 页 每页 10 条 设置 共1页4条记录 第1页

表 3－2－8 **查询应收账单**

具体操作

点击“应收应付管理”模块下的“应收账单查询”，进入应收账单处理界面。填选客户及类型，点击“确定”，系统会将账单信息列明

点击“账单查看”和“明细”按钮，可以查看账单详细信息

图　示

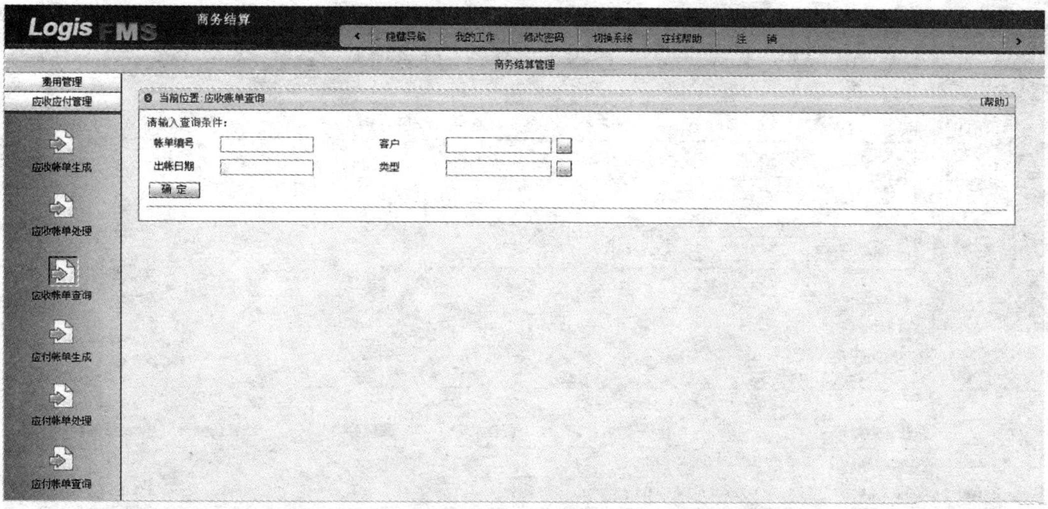

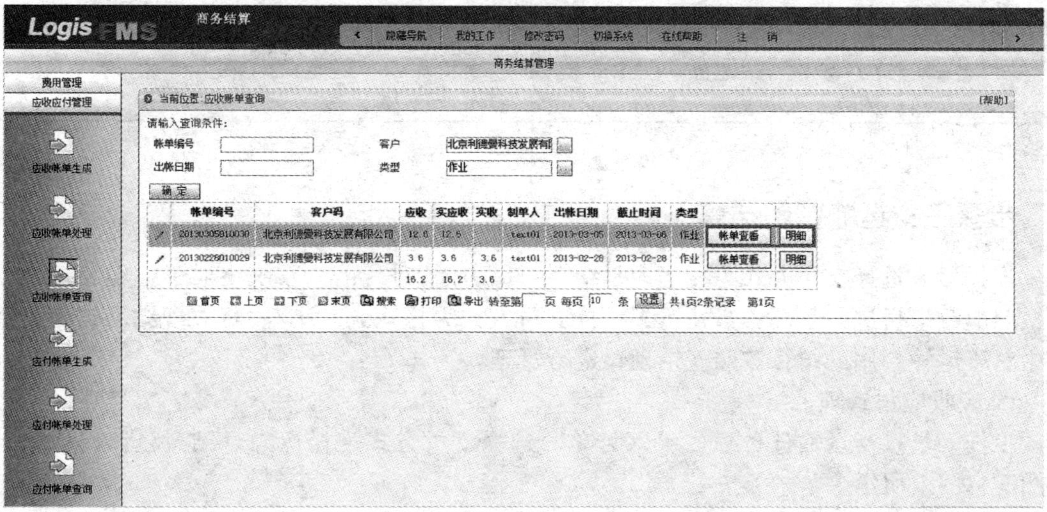

续 表

图 示
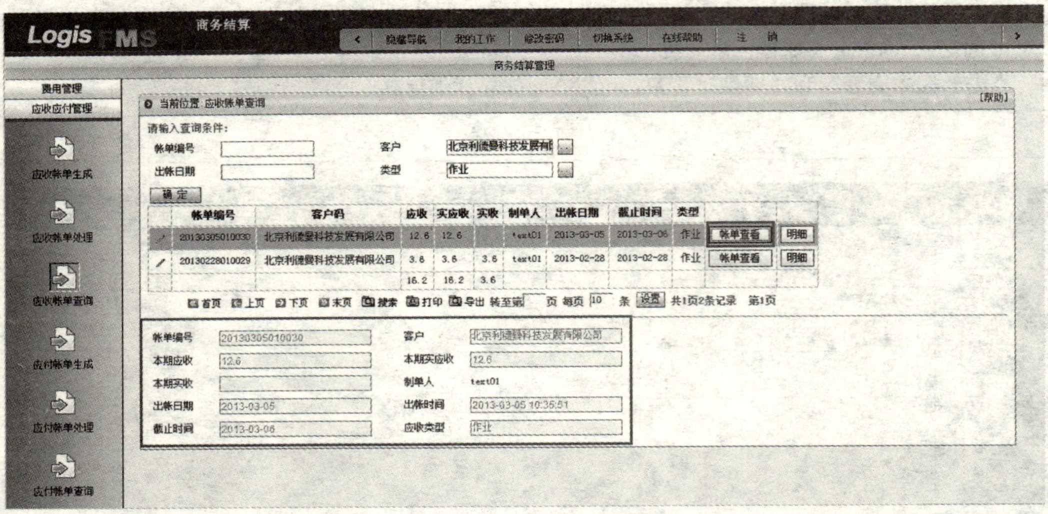 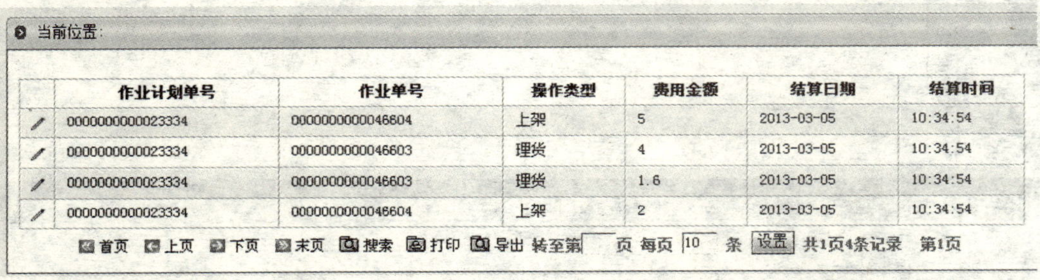

步骤三：运输费用结算

当托运人选择支付方式为托运人月结/收货人月结时，信息系统中对于运输费用的结算按照应收应付进行管理；当托运人选择支付方式为托运人现结/收货人现结时，信息系统中对于运输费用的结算按照现结现付进行管理。

1. 应收应付管理

工作人员接受运输任务后，录入订单时选择支付方式为托运人月结/收货人月结时，如图 3－2－1 所示。

运单签收返单完成后，到合同约定的结算时间时，应进行运输费用的结算。

(1) 应收款结算

应收款是应向客户收取的运输费用，具体结算操作步骤如表 3－2－9 至表 3－2－12 所示。

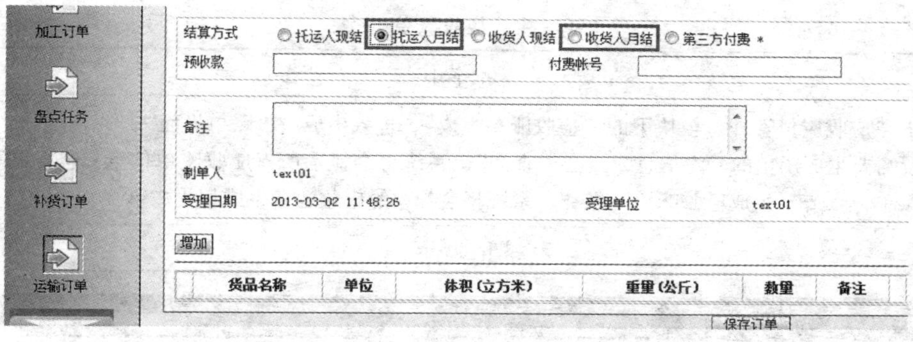

图 3－2－1　结算方式选择

表 3－2－9　　运力费用复核

具体操作
登录到“商务结算”系统，点击“复核管理”模块下的“运力费用复核”，进入运力费用复核界面 选择复核确认的运单，点击页面下方复核确认，完成该单运费的复核确认作业。复核后，系统将自动生成此笔运输的账单
图　示
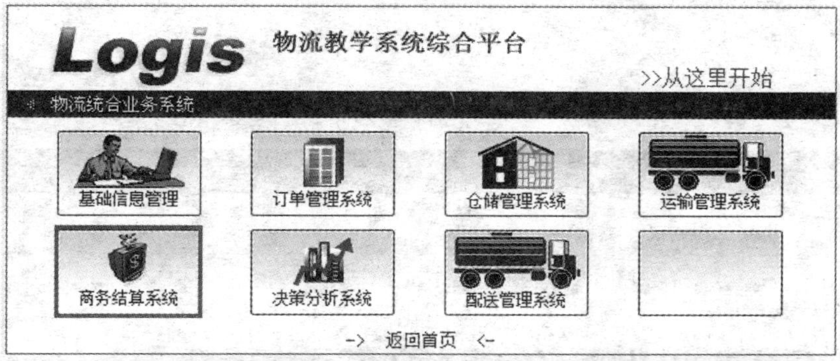 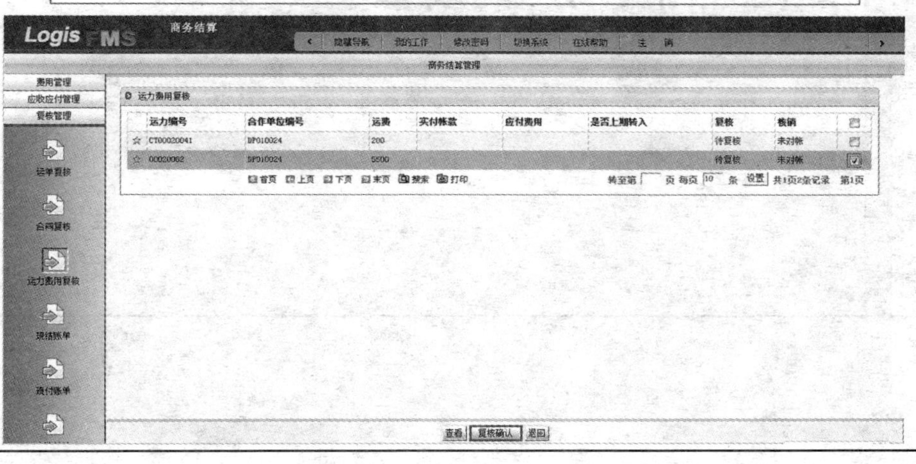

表 3 - 2 - 10　　　　　　　　　　　　**生成应收账单**

具体操作

点击“应收应付管理”模块下的“应收账单生成”，进入生成应收账单界面

设置需要生成账单的基本信息，点击“查询”，系统将会显示所有应收账单信息，选择需要处理的应收账单，点击“生成应收账单”按钮，系统将会为此笔应收运费生成相关账单

图　　示

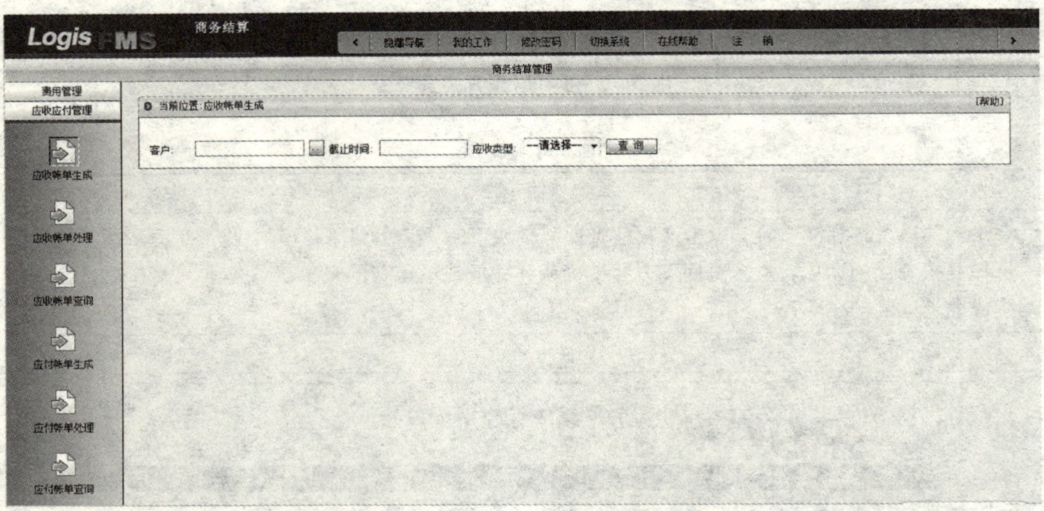

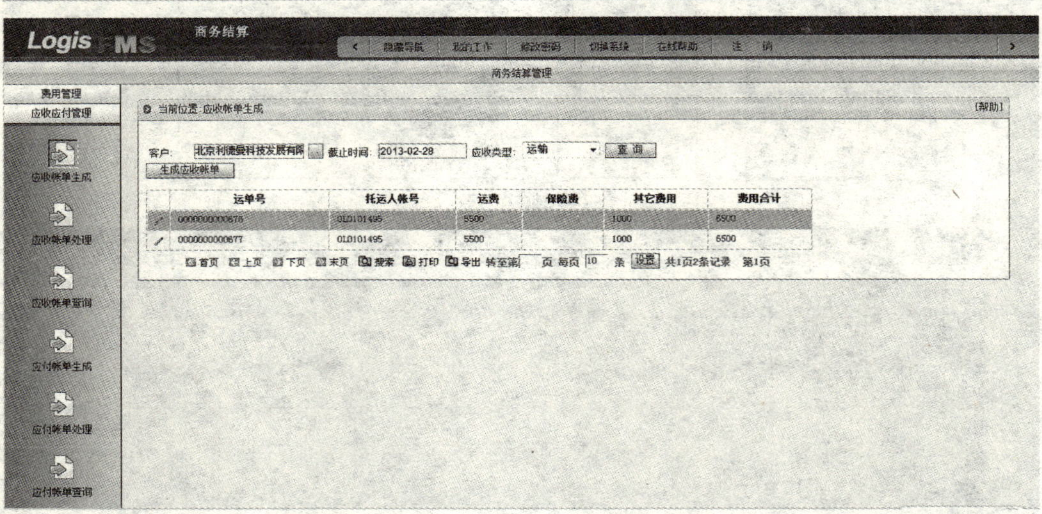

表 3－2－11　　处理应收账单

具体操作
点击"应收应付管理"模块下的"应收账单处理"，进入应收账单处理界面 填选客户及类型，点击"查询"，系统会将账单信息列明 点击"费用确认"，进行应收账单费用确认。若实际收款与账单不符，可在表格内填入实收账款、发票号、收款人等信息。点击"运单客户账单明细表"，可显示此笔账单的明细账目。账单核对无误后，点击提交，系统提示操作完成 返回应收账单处理界面，勾选经过确认无误的账单信息，点击"核销"，进行账单的核销操作
图　　示

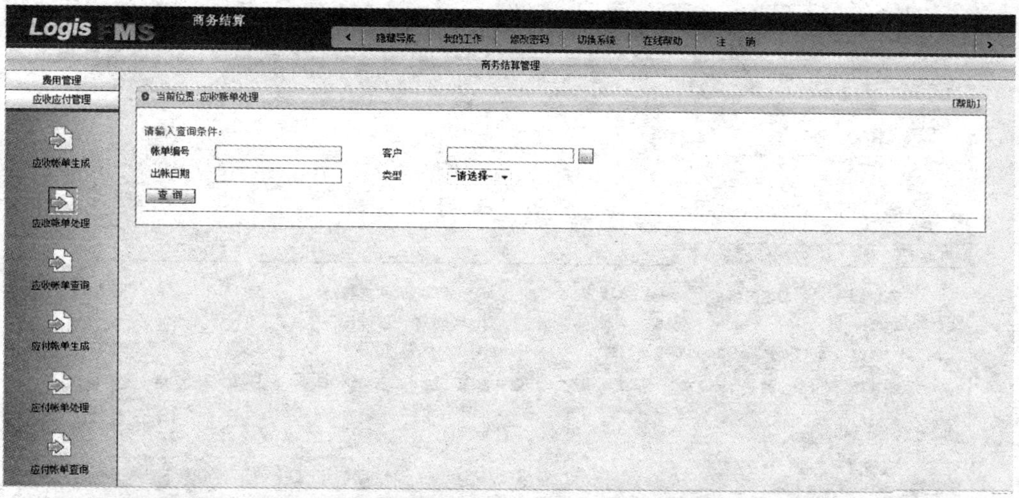

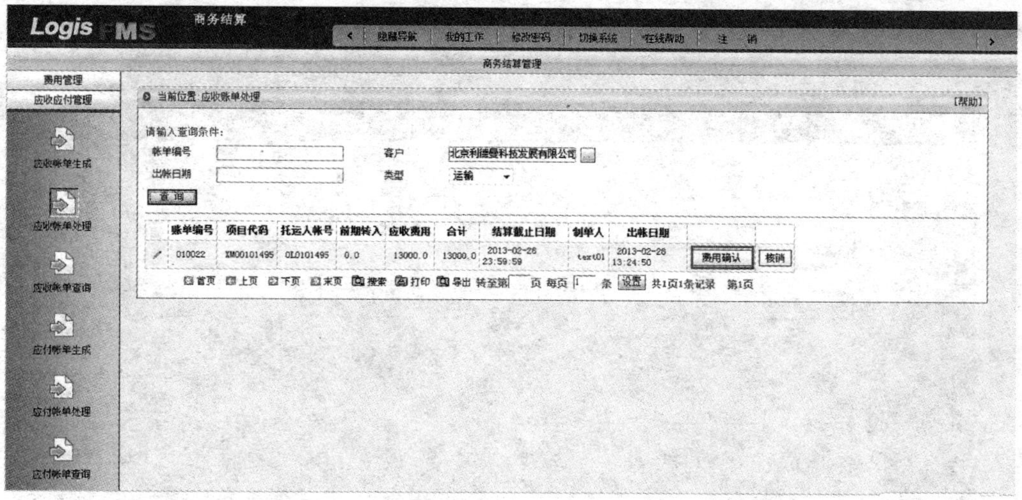

续 表

图　示

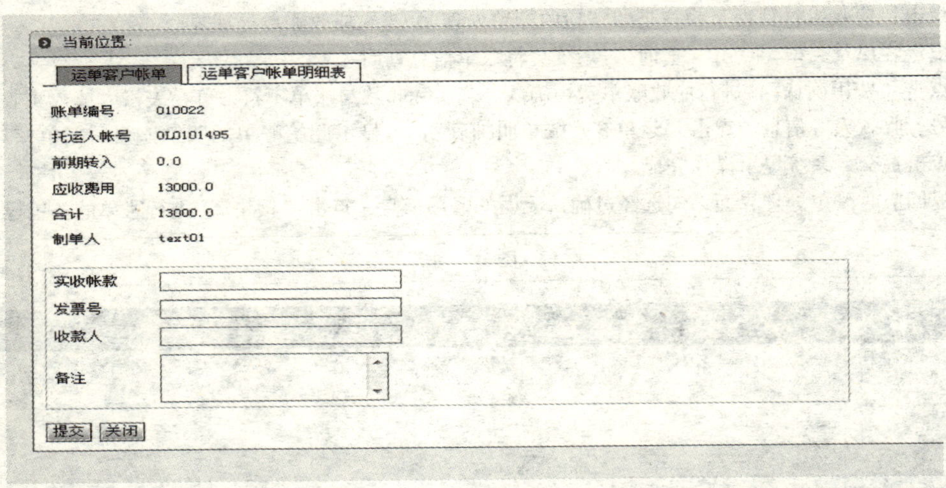
当前位置:
运单客户帐单
运单客户帐单明细表
账单编号 010022
托运人帐号 0L0101495
前期转入 0.0
应收费用 13000.0
合计 13000.0
制单人 text01
实收帐款
发票号
收款人
备注
提交
关闭

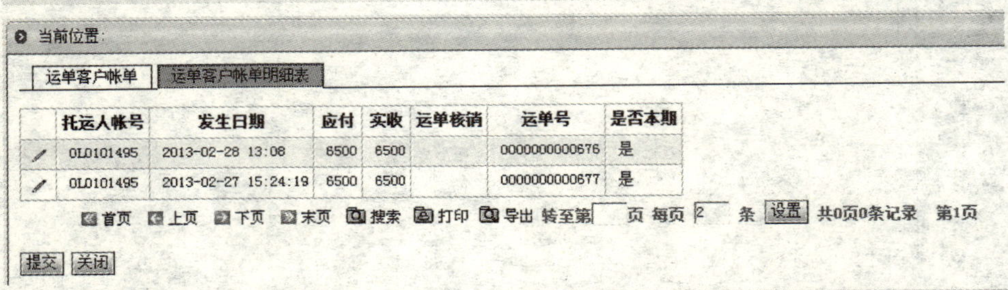
当前位置:
运单客户帐单
运单客户帐单明细表
托运人帐号
发生日期
应付
实收
运单核销
运单号
是否本期
0L0101495
2013-02-28 13:08
6500
6500
0000000000676
是
0L0101495
2013-02-27 15:24:19
6500
6500
0000000000677
是
首页 上页 下页 末页 搜索 打印 导出 转至第 页 每页 2 条 设置 共0页0条记录 第1页
提交
关闭

系统无确认提示
您的操作已经成功

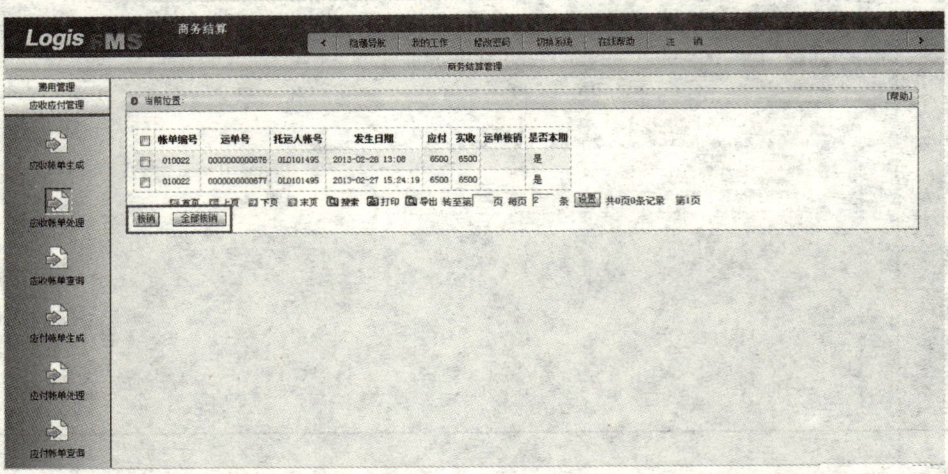
Logis FMS
商务结算
商务结算管理
费用管理
应收应付管理
应收帐单生成
应收帐单处理
应收帐单查询
应付帐单生成
应付帐单处理
应付帐单查询
当前位置:
[帮助]
帐单编号
运单号
托运人帐号
发生日期
应付
实收
运单核销
是否本期
010022
0000000000676
0L0101495
2013-02-28 13:08
6500
6500
是
010022
0000000000677
0L0101495
2013-02-27 15:24:19
6500
6500
是
核销
全部核销

续 表

图 示
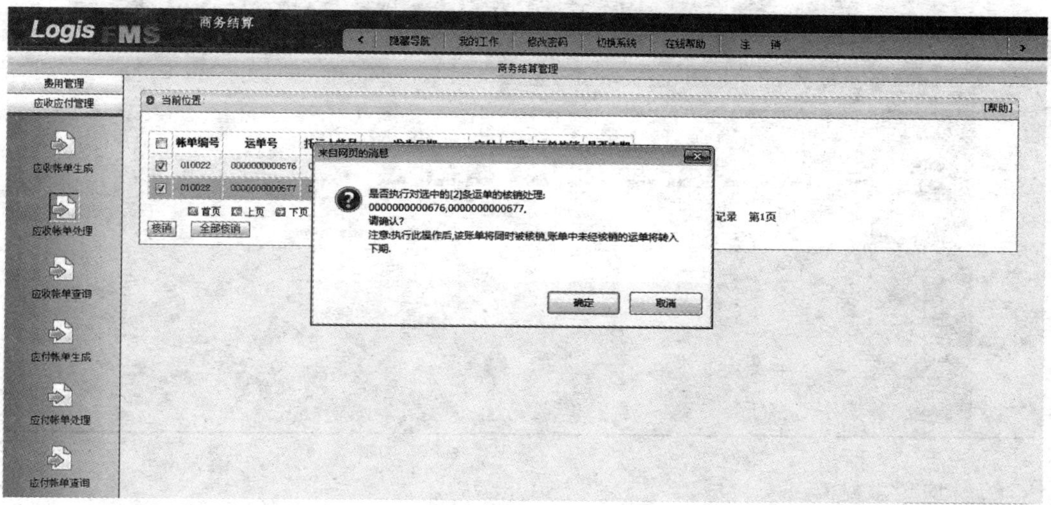

表 3－2－12 查询应收账单

具体操作
点击“应收应付管理”模块下的“应收账单查询”，进入应收账单查询界面。填选客户及类型，点击“确定”，系统会将账单信息列明，可以查看账单详细信息
图 示
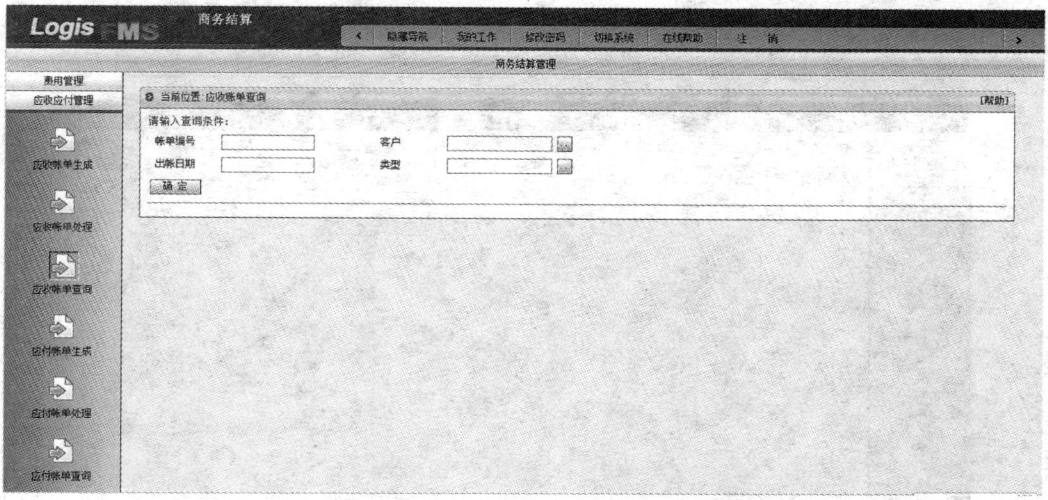

续 表

图 示
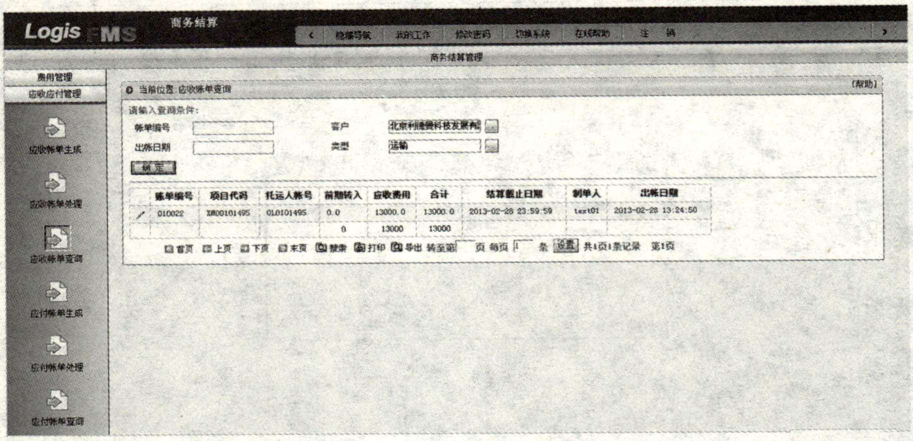

(2) 应付款结算

应付款是应向分供方支付的运输费用，与应收款结算一样，首先须进行运力费用复核。在进行应收账单处理时，已经进行过费用复核，此处不进行再次复核，其具体的结算操作步骤如表 3－2－13 至表 3－2－15 所示。

表 3－2－13　　　　生成应付账单

具体操作
点击“应收应付管理”模块下的“应付账单生成”，进入生成应付账单界面 设置需要生成账单的基本信息，点击“查询”，系统将会显示所有应付账单信息 选择需要处理的应付账单，点击“生成应付账单”按钮，系统将会为此笔应收运费生成相关账单
图 示
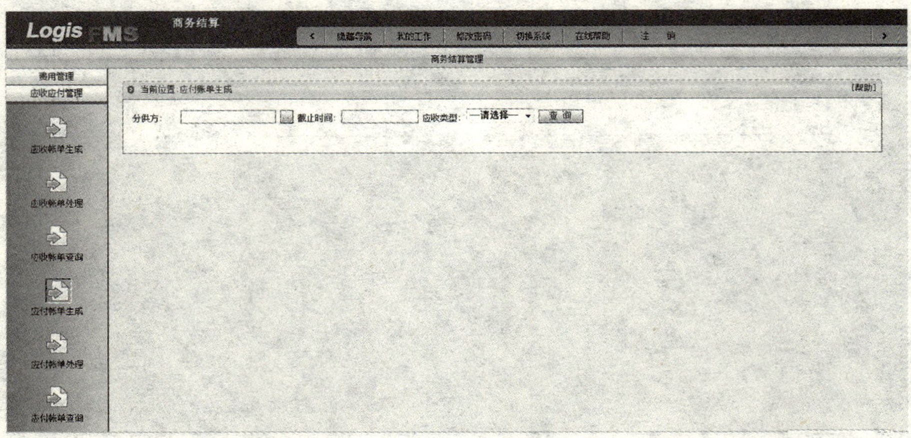

续　表

图　　示

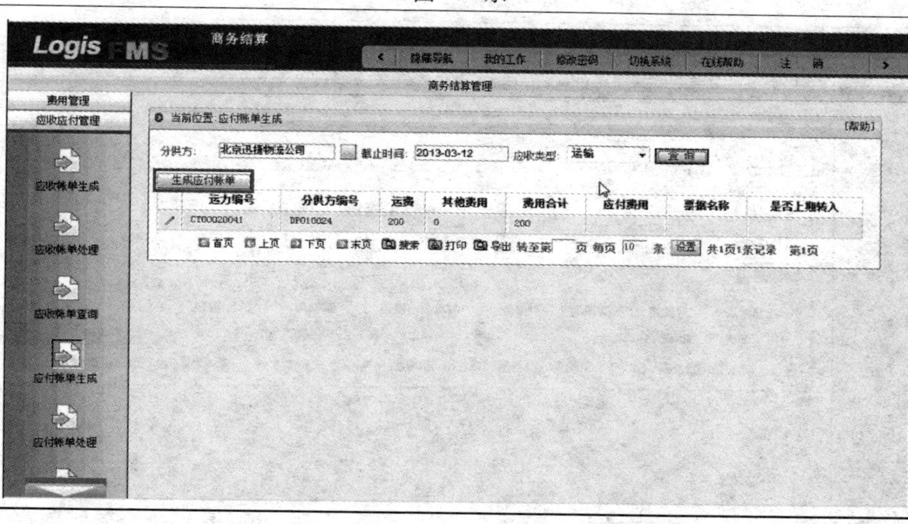

表 3－2－14　　　　**处理应付账单**

具体操作
点击“应收应付管理”模块下的“应付账单处理”，进入应付账单处理界面 填选客户及类型，点击“查询”，系统会将账单信息列明 点击“费用确认”，进行应付账单费用确认。若实际付款与账单不符，可在表格内填入实付账款、发票号、收款人等信息。点击“运单客户账单明细表”，可显示此笔账单的明细账目。账单核对无误后，点击提交，系统提示操作完成 返回应付账单处理界面，勾选经过确认无误的账单信息，点击“核销”，进行账单的核销操作
图　　示

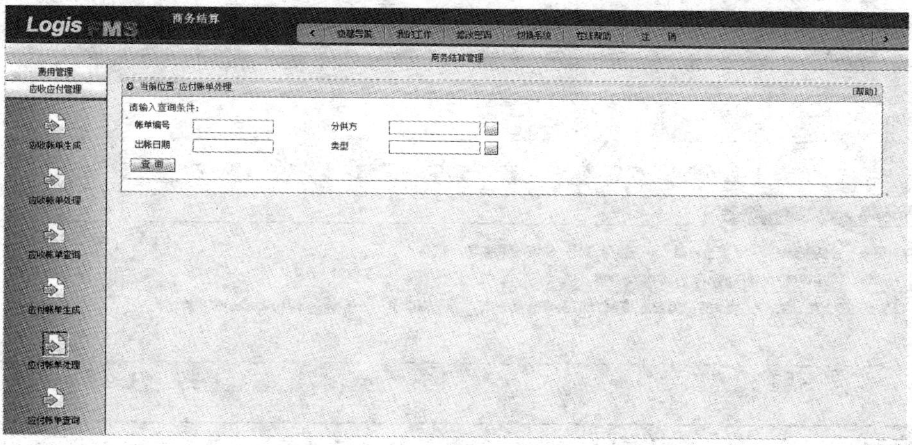

续 表

图 示

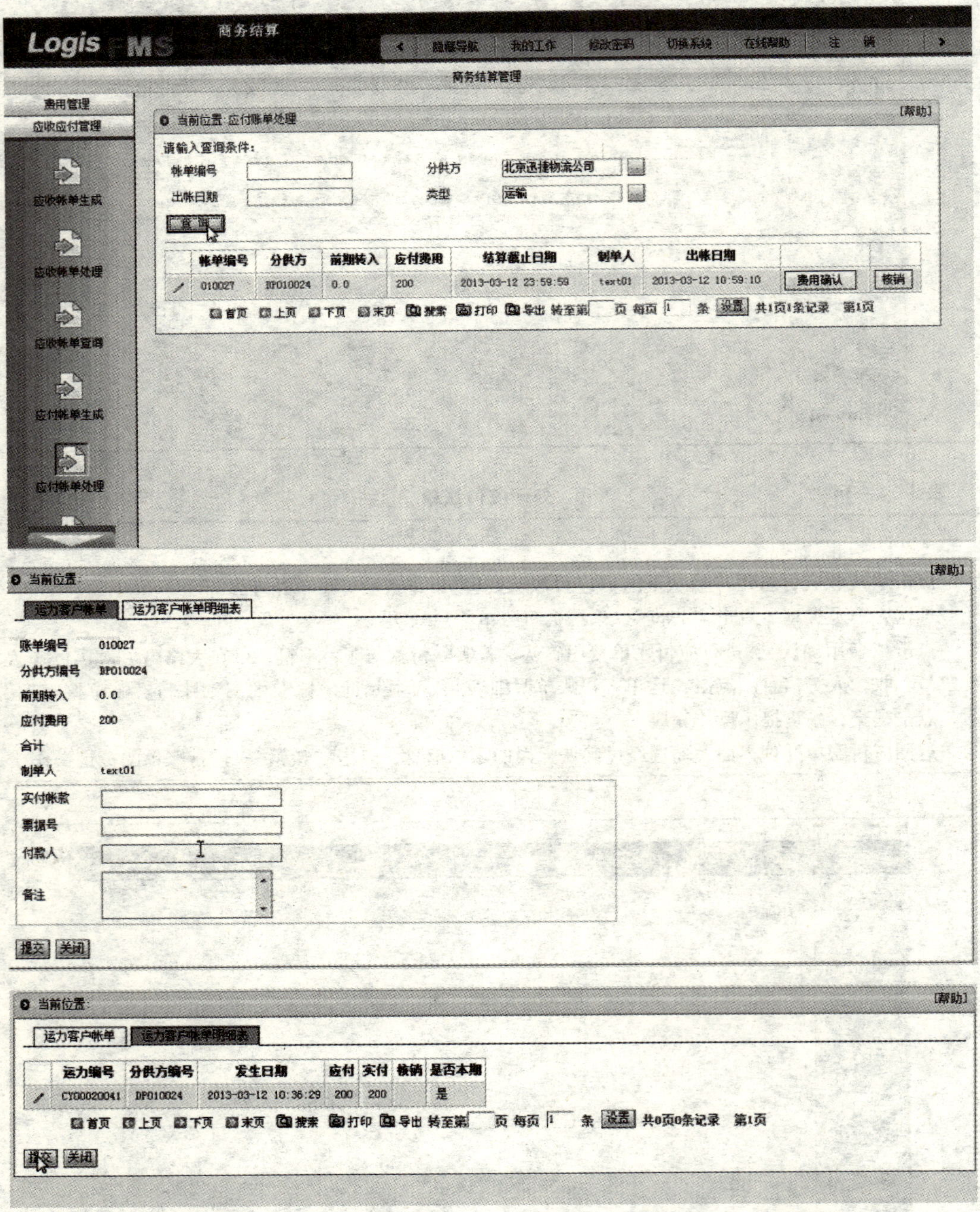
Logis FMS
商务结算
隐藏导航
我的工作
修改密码
切换系统
在线帮助
注 销
商务结算管理
费用管理
应收应付管理
应收帐单生成
应收帐单处理
应收帐单查询
应付帐单生成
应付帐单处理
当前位置:应付账单处理
[帮助]
请输入查询条件:
帐单编号
分供方
北京迅捷物流公司
出帐日期
类型
运输
查 询
帐单编号
分供方
前期转入
应付费用
结算截止日期
制单人
出帐日期
010027
DP010024
0.0
200
2013-03-12 23:59:59
text01
2013-03-12 10:59:10
费用确认
核销
首页 上页 下页 末页 搜索 打印 导出 转至第 页 每页 1 条 设置 共1页1条记录 第1页
当前位置:
[帮助]
运力客户帐单
运力客户帐单明细表
账单编号
010027
分供方编号
DP010024
前期转入
0.0
应付费用
200
合计
制单人
text01
实付帐款
票据号
付款人
备注
提交
关闭
当前位置:
[帮助]
运力客户帐单
运力客户帐单明细表
运力编号
分供方编号
发生日期
应付
实付
核销
是否本期
CY00020041
DP010024
2013-03-12 10:36:29
200
200
是
首页 上页 下页 末页 搜索 打印 导出 转至第 页 每页 1 条 设置 共0页0条记录 第1页
提交
关闭

续　表

图　示
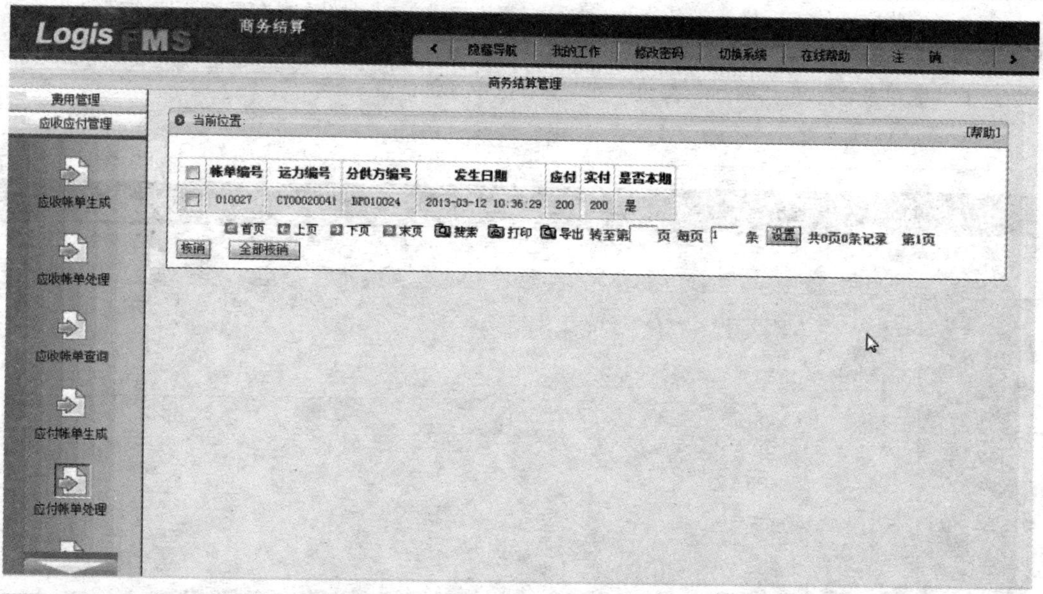 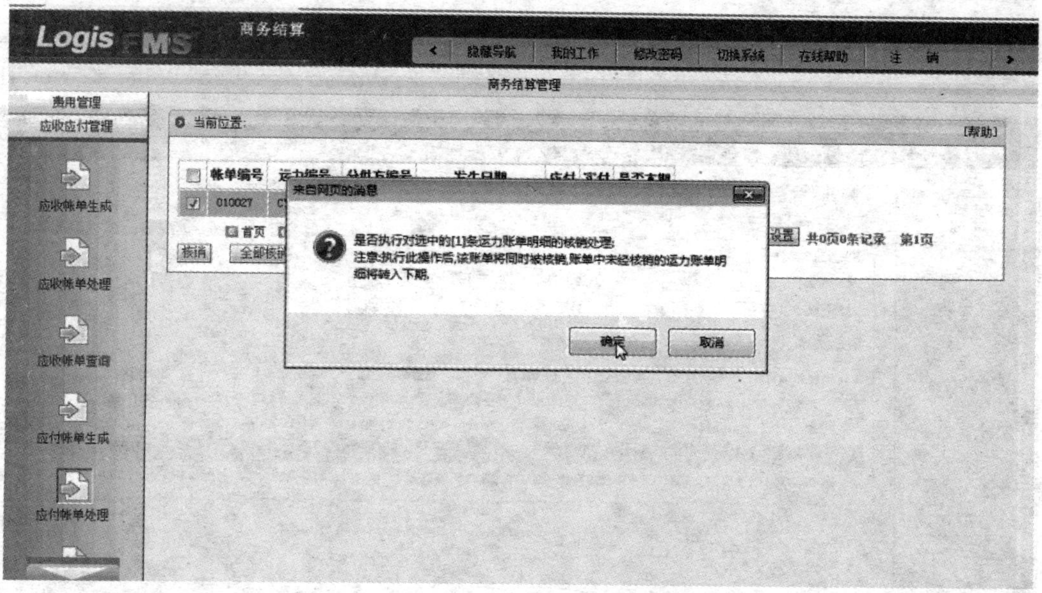

表 3－2－15　查询应付账单

具体操作
点击"应收应付管理"模块下的"应付账单查询"，进入应付账单查询界面。填选客户及类型，点击"确定"，系统会将账单信息列明 点击"账单查看"和"明细"按钮，可以查看账单详细信息
图　示

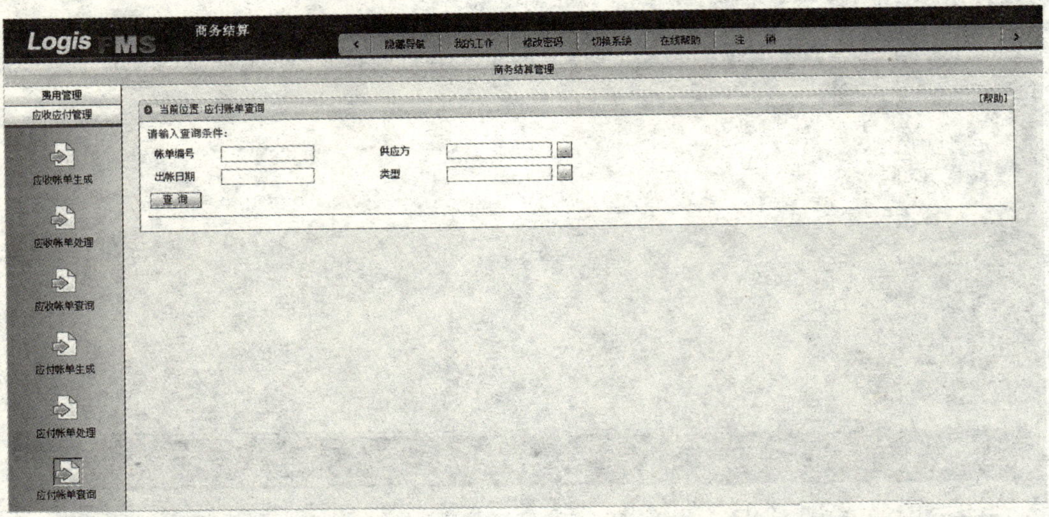

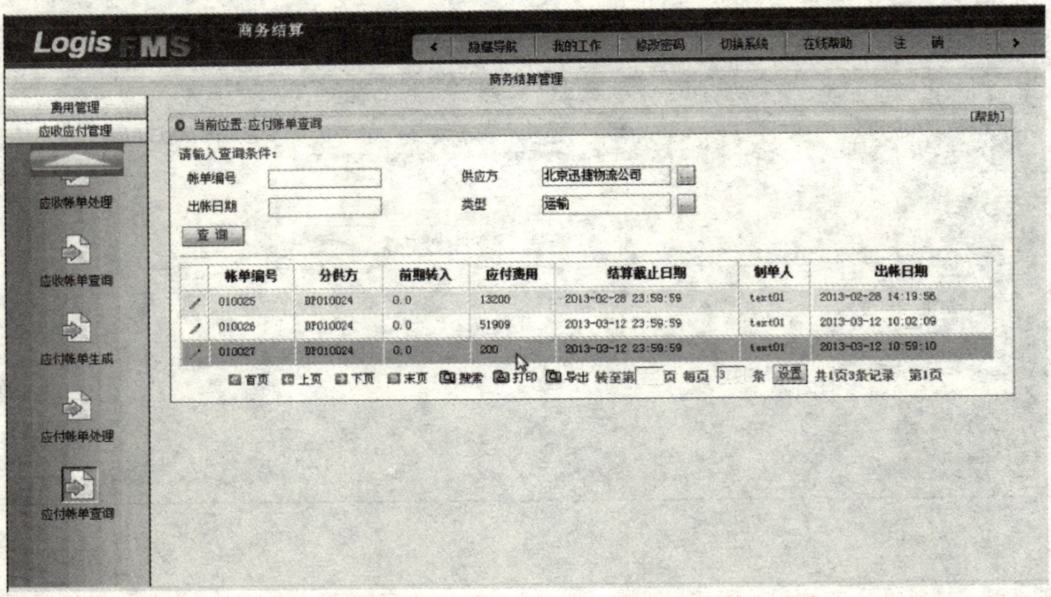

2. 现结现付管理

工作人员接受运输任务后，录入订单时选择支付方式为托运人现结/收货人现结时，如图 3－2－2 所示。

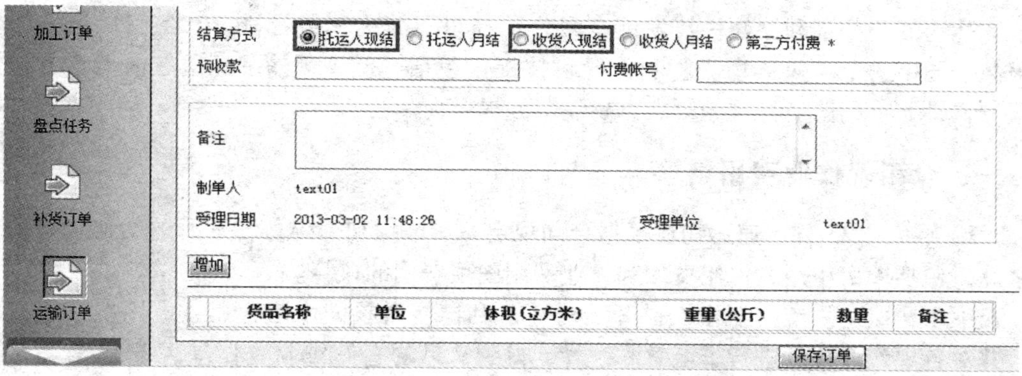

图 3－2－2　结算方式选择

运单签收返单完成后，应进行现结账单的核销处理作业，具体操作步骤如表 3－2－16 所示。

表 3－2－16　　现结账单处理

具体操作
登录到“商务结算”系统，点击“复核管理”模块下的“现结账单”，进入现结账单处理界面 工作人员在确认此笔货款已到账后，点击页面下方的“核销”，则此次作业的运费核销完成
图　　示
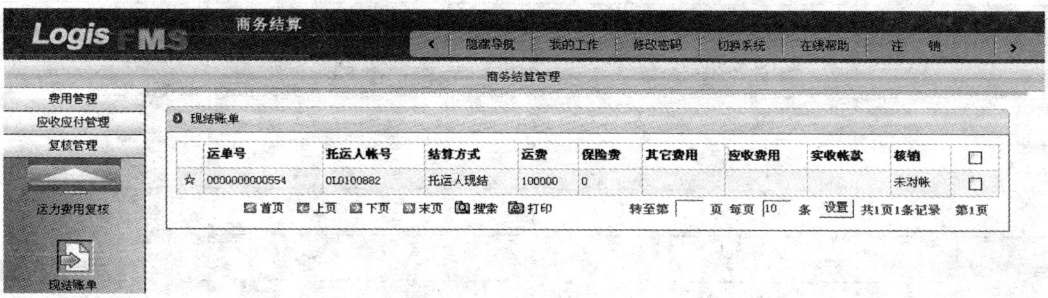

技能训练

速达物流与北京利德曼科技发展有限公司（以下简称利德曼科技）签订的第三方物流服务合同中约定，速达物流为利德曼科技提供包括仓储、运输、配送在内的全方位物流服务，是北京利德曼科技的第三方物流服务提供商。

一、仓租、作业费用结算

2012 年 9 月 25 日，速达物流根据合同规定，对客户利德曼科技 9 月的费用进行统计与结算，包括库房租用、占用费用和作业费用三项费用的核算。

接下来，速达物流的工作人员开始对 9 月利德曼科技的库房租用、占用费用进行核算，并对各项作业任务进行了汇总和统计，得到 9 月的仓储作业内容包括 20 种货物的出库作业，如表 3－2－17 所示。

表 3－2－17　　货品出库信息

序号	名称	单位	产品规格（个）	出库数量
1	文具盒	个	1×5	2
2	削笔器	个	1×5	3
3	剪刀	个	1×5	7
4	胶带	个	1×5	1
5	尺子	个	1×5	8
6	橡皮	个	1×5	4
7	胶水	个	1×5	2
8	文件收纳	个	1×5	3
9	笔筒	个	1×5	1
10	订书器	个	1×5	2
11	笔记本	个	1×5	3
12	计算器	个	1×5	2
13	贝壳袖扣	个	1×5	1
14	钢质袖扣	个	1×5	2
15	珐琅质袖扣	个	1×5	2
16	银质袖扣	个	1×5	2

续　表

序号	名称	单位	产品规格（个）	出库数量
17	玛瑙袖扣	个	1×5	3
18	铜质袖扣	个	1×5	2
19	水晶袖扣	个	1×5	2
20	宝石袖扣	个	1×5	3

核算完成后，速达物流须将核算清单发送至客户利德曼科技处，作为当月物流费用结算的依据。

二、运输费用结算

2012 年 3 月 2 日，速达物流接到客户北京利德曼科技发展有限公司的运输指令，并为其提供了运输服务。

之后，速达物流需针对客户和分供方分别进行运费的结算：应收款是应向客户收取的运输费用，应付款是应向分供方支付的运输费用。

请你以工作人员的身份分别对仓租、作业和运输费用进行结算。

项目四　客户返单处理

实训任务一　运单补录复核与返单处理

任务引入

◉ 任务1：运单补录

2013年2月8日，北京速达物流有限公司客服人员张子若接到客户电话，要求托运一批货物到成都。张子若根据客户描述内容，在第三方物流信息系统内录入运输订单，录入结果如图4-1-1所示，并安排货运员上门取货。

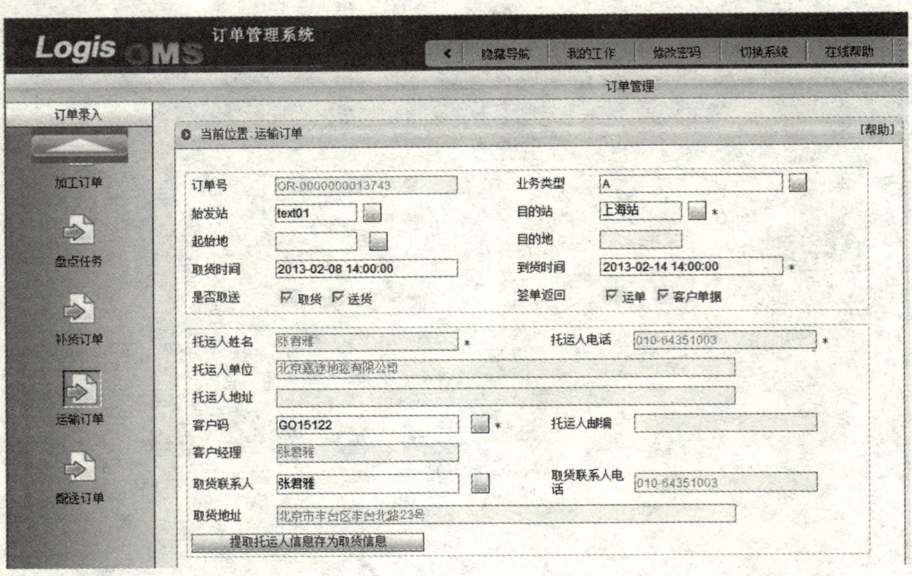

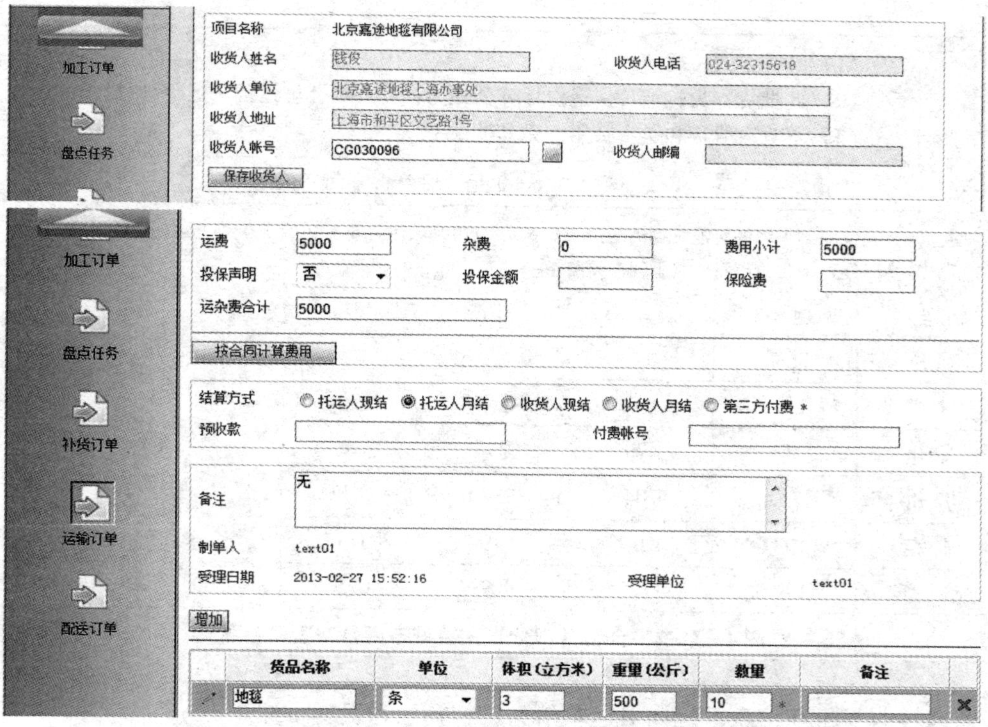

图 4－1－1　运输订单

下午 2 点，货运员取货回来后将客户签字的货运单据和具体托运信息交给客服张子若。张子若查看运单后发现取来的货物与系统已录入的运单信息不一致，因此，需要根据实际取货信息对系统内的运单进行补录操作。客户实际托运信息如表 4－1－1 所示。

表 4－1－1　　客户实际托运信息

托运单号	YD4610000004911	托运人编号：GO15122
托运人	北京嘉途地毯有限公司（联系人：张君雅（经理）；联系电话：010－64351003，地址：北京市丰台区丰台北路 23 号；邮编：100000	
包装方式	纸箱	
货物详情	货物名称：地毯；数量：40 件；总重量：2100 公斤；总体积：11 立方米	
收货人	北京嘉途地毯上海办事处（联系人：钱俊；联系电话：024－32315618，地址：上海市和平区文艺路 1 号；邮编：110000）	
托运要求	（1）要求上门取货和送货，取货地联系信息与托运人联系信息相同，送货地联系信息与收货人联系信息相同 （2）要求 2013 年 2 月 14 日 14 时之前送到目的地 （3）凭客户签字的运单作为回执	

续 表

结算	（1）结算方式：现结 （2）此批货物为轻泡货，运费计算公式为：立方米公里运价×运距×总体积 （3）不收取取货和送货费用，无其他杂费
投保	货物需要投保，投保金额为100000元，保险费率为货值的1%

说明：（1）从北京到上海的轻泡货物的运价为0.6元/立方米公里，重货运价为0.75元/吨公里。
（2）全国（部分）主要城市间公路里程参照图4-1-2。

北京	北京				
上海	1490	上海			
锦州	483	470	锦州		
广州	717	704	234	广州	
长春	1032	1019	549	315	长春
哈尔滨	1392	1726	909	675	360	哈尔滨

图4-1-2 全国（部分）主要城市间公路里程参照

请以客服身份在信息系统内对运单信息进行补录和提交审核。

◉ 任务2：运单复核

北京速达物流有限公司客服人员张子若根据客户托运要求，制作相关货运单提交给财务部门进行审核。客户的托运要求如表4-1-2所示，张子若所编制的公路货物运单如表4-1-3所示。请以财务结算的身份复核运单信息和运费。

表4-1-2 托运要求

托运单号	YD4610000004912	托运人编号：GO15123
托运人	北京昌通商贸有限公司（联系人：刘俊德；联系电话：010-75625733，地址：北京市通州区通马路21号；邮编：101100	
包装方式	纸箱	
货物详情	货物名称：保暖内衣；数量：250件；总重量：3700公斤；总体积：18立方米；	
收货人	北京昌通商贸有限公司哈尔滨办事处（联系人：蔡军；联系电话：0451-24672145，地址：哈尔滨市松北区世贸大道17号；邮编：150000）	
托运要求	（1）要求上门取货和送货，取货地联系信息与托运人联系信息相同，送货地联系信息与收货人联系信息相同 （2）要求2013年1月16日17时之前送到目的地 （3）凭客户签字的运单作为回执	

续　表

结算	（1）结算方式：托运人月结 （2）此批货物为轻泡货，运费计算公式为：立方米公里运价×运距×总体积 （3）取货和送货费用为200元，无其他杂费
投保	此批货物不投保

（1）北京到哈尔滨的轻泡货物的运价为0.7元/立方米公里，重货运价为0.95元/吨公里。

（2）公司现有运力资源如表4－1－3所示 。

表4－1－3　　公司现有运力资源

姓名	车牌号	联系方式	货厢尺寸（立方米）	车容（立方米）	核载（吨）	类型	运作线路
张起麟	京G93939	13000099999	4.2×1.8×1.9	12	3	全厢	市内取货
刘俊峰	京A90591	13288801762	4.2×1.8×1.9	12	3	全厢	北京—上海
郑和天	京A61021	13539974852	5.2×2.15×2.3	22	6.5	全厢	北京—广州
赵迁	京G60761	13760728218	7.2×2.3×2.5	35	10	全厢	北京—哈尔滨

（3）全国（部分）主要城市间公路里程参照图4－1－3。

北京	北京					
天津	118	天津				
锦州	483	470	锦州			
广州	717	704	234	广州		
长春	1032	1019	549	315	长春	
哈尔滨	1392	1726	909	675	360	哈尔滨

图4－1－3　全国（部分）主要城市间公路里程参照

表4－1－4　　公路货物运单

订单号	OR－0000000013742	运单号	YD46100000049
业务类型	A	项目名称	北京昌通商贸有限公司
始发站	北京	目的站	哈尔滨
取货时间	2012－01－12 17:00:00	到货时间	2012－01－16 17:00:00
是否取送	☑取货　☑送货	签单返回	☑运单　☑客户单据
托运人姓名	刘俊德	托运人电话	010－75625733

续 表

托运人单位	北京昌通商贸有限公司				
托运人地址	北京市通州区通马路21号				
客户码	GO15123		托运人邮编	101100	
取货联系人	刘俊德				
取货单位	北京昌通商贸有限公司				
取货地址	北京市通州区通马路21号				
取货联系人电话	010－75625733		取货邮编	101100	
收货人姓名	蔡军		收货人电话	0451－24672145	
收货人单位	北京昌通商贸有限公司哈尔滨办事处				
收货人地址	哈尔滨市松北区世贸大道17号				
收货人账号	BJCTSM023		收货人邮编	150000	
运费(元)	17539	杂费(元)	200	费用小计(元)	17739
投保声明	否	投保金额(元)	0	保险费(元)	0
运杂费合计					
结算方式	托运人月结 ○托运人现结 ○托运人月结 ○收货人现结 ○收货人月结 ○第三方付费				

货品名称	包装方式	件数(件)	重量(公斤)	长(米)	宽(米)	高(米)	体积(立方米)	备注
保暖内衣	纸箱	250	3700				18	

◉ 任务3：运单签收与返单处理

北京嘉途地毯有限公司委托速达物流运输的一批货物到达上海后，北京嘉途地毯上海办事处收货人对货物进行了正常签收。根据客户要求，需要将运单和客户单据返还给北京嘉途地毯有限公司，予以作为费用结算凭证。托运信息如表4－1－5所示。

表4－1－5　　托运信息

托运单号	YD000000000680	托运人编号：GO15122
托运人	北京嘉途地毯有限公司（联系人：张君雅（经理）；联系电话：010－64351003，地址：北京市丰台区丰台北路23号；邮编：100000	
包装方式	纸箱	
货物详情	货物名称：地毯；数量：15件；总重量：700公斤；总体积：4立方米	

续　表

收货人	北京嘉途地毯上海办事处（联系人：钱俊；联系电话：024－32315618，地址：上海市和平区文艺路1号；邮编：110000）
托运要求	（1）要求上门取货和送货，取货地联系信息与托运人联系信息相同，送货地联系信息与收货人联系信息相同 （2）要求2013年2月20日14时之前送到目的地 （3）凭客户签字的运单作为回执
结算	（1）结算方式：现结 （2）此批货物为轻泡货，运费计算公式为：立方米公里运价×运距×总体积 （3）不收取取货和送货费用，无其他杂费
投保	货物需要投保，投保金额为100000元，保险费率为货值的1%

请完成该运单的签收与返单处理。

任务实施

步骤一：运单补录

登录到物流综合业务平台，以给定的账号进入第三方物流信息管理系统中的“运输管理”系统，在“运单管理”模块下的“补录信息”界面进行运单补录操作。

选择需要进行修改的运单点击“修改”，对照实际货运信息和系统内的运单，发现该运单需要进行修改补录的部分包括货品信息、费用信息和结算方式。根据实际货运信息对信息系统内的运单逐一进行修改。

首先根据实际取货信息更改货品情况，系统内现有数据如图4－1－4所示。

图4－1－4　运单货品信息

取货员所取的货物详情为：地毯；数量：40件；总重量：2100公斤；总体积：11立方米；根据实际所取货物详情更改货物信息，如图4－1－5所示。

接下来，更改运费信息，系统内的运费信息，如图4－1－6所示。

该运费数据与实际数据不符，因此需要重新计算运费数据。由于此批货物为轻泡货，

图 4－1－5　货品信息补录

图 4－1－6　运单运费信息

从北京到上海的轻泡货物的立方米公里运价为 0.6 元/立方米公里，通过查看主要城市间公路里程参照表可知，北京到上海的里程为 1490 公里。根据运费计算公式计算货物运费为：

运费＝立方米公里运价×运距×总体积＝0.6×1490×11＝9834（元）

另外，不收取取货和送货费用，无其他杂费；货物需要投保，投保金额为 100000 元，保险费率为货值的 1%，保险公司为中华保险公司。

根据运费信息在系统内进行运单补录，如图 4－1－7 所示。

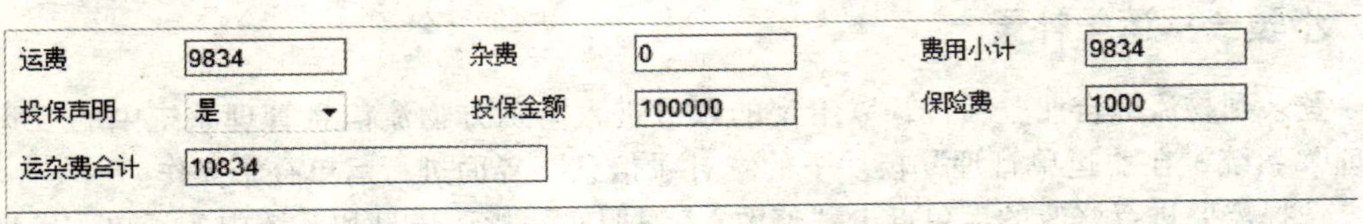

图 4－1－7　运费信息补录

最后，根据客户要求将结算方式更改为：托运人现结，如图 4－1－8 所示。

图 4－1－8　结算方式补录

更改完成后检查一遍是否还存在问题，检查完毕后点击页面左下角“提交”按钮，即完成运单的补录操作，如图 4－1－9 所示。

运单补录完成后，选择需要进行复核的运单，点击页面下方的“提交复核”，即可向财务部门提交运单，由财务部门来进行复核操作。

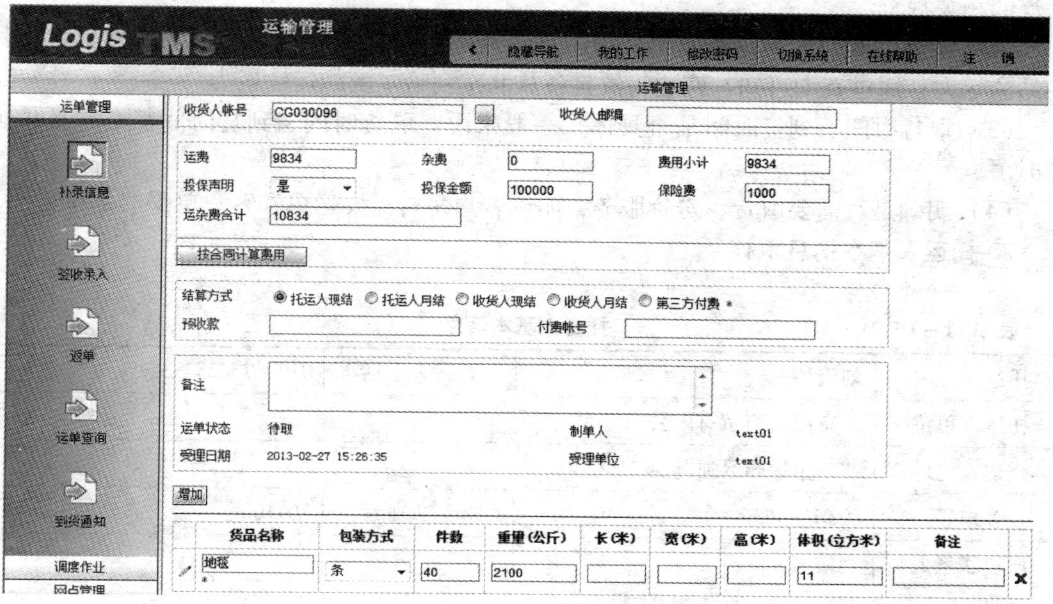

图 4-1-9　运单补录

步骤二：运单复核

运单复核主要目的是复核运单信息是否正确，是否符合相关规定，以及对运费的核算。在进行运单复核时要严格按照运单填写规范进行审核，针对运费复核要按照不同种类货物运费的不同计算方法进行仔细计算核对。

在进行运单复核时，主要从以下内容进行审核。

1. 订单基本信息审核

表 4-1-6　　订单基本信息

订单号	OR-0000000013742	运单号	YD46100000049
业务类型	A	项目名称	北京昌通商贸有限公司
始发站	北京	目的站	哈尔滨
取货时间	2012-01-12　17:00:00	到货时间	2012-01-16　17:00:00
是否取送	☑取货　☑送货	签单返回	☑运单　☑客户单据

此部分审核的主要内容包括：

（1）审核订单号、运单号是否符合公司的规范；该订单的订单号和运单号符合速达物流的相关规范。

（2）始发站到目的站是否属于公司的服务范围，即审核公司是否具备从始发站到目的站的运力；通过查询可知，速达物流具备从北京到哈尔滨的运输运力。

（3）取货时间、到货时间是否具体，一般来说，取货时间、到货时间都必须具体到小时。

（4）明确是否需要取货、送货服务，明确客户是否需要运单和客户单据的签单返回。

2. 托运人基本信息审核

表 4－1－7　托运人基本信息

托运人姓名	刘俊德	托运人电话	010－75625733
托运人单位	北京昌通商贸有限公司		
托运人地址	北京市通州区通马路 21 号		
客户码	OL0101363	托运人邮编	101100
取货联系人	刘俊德		
取货单位	北京昌通商贸有限公司		
取货地址	北京市通州区通马路 21 号		
取货联系人电话	010－75625733	取货邮编	101100

托运人基本信息审核主要是查看托运人、取货联系人的姓名、地址是否填写全称，联系电话是否清楚。

3. 收货人基本信息审核

表 4－1－8　收货人基本信息

收货人姓名	蔡军	收货人电话	0451－24672145
收货人单位	北京昌通商贸有限公司哈尔滨办事处		
收货人地址	哈尔滨市松北区世贸大道 17 号		
收货人账号	BJCTSM023	收货人邮编	150000

收货人基本信息审核与取货人基本信息审核一致，主要是查看收货人的姓名、地址是否填写全称，联系电话是否清楚。

4. 费用审核

表 4－1－9　　　　**费用信息**

运费（元）	17539	杂费（元）	200	费用小计（元）	17739
投保声明	否	投保金额（元）	0	保险费（元）	0
运杂费合计（元）	17739				
结算方式	托运人月结 ○托运人现结　○托运人月结　○收货人现结　○收货人月结 ○第三方付费				

费用审核是运单审核的重要部分，主要审核其运费是否计算正确，投标费用是否填写准确，以及结算方式是否填写正常。

5. 货物审核

表 4－1－10　　　　**货物信息**

货品名称	包装方式	件数（台）	重量（公斤）	长（米）	宽（米）	高（米）	体积（立方米）	备注
3D 电视	纸箱	250	3700				18	

货物审核主要包括以下几个方面：

（1）货物名称、包装、件数、体积、重量是否填写齐全；

（2）填在一张货物运单内的货物是否属于同一托运人；

（3）是否存在易腐蚀货物、易碎货物、易遗漏的液体、危险货物与普通货物以及性质相互抵触、运输条件不同的货物共同托运的情况。

6. 应用物流信息系统进行运单审核

在物流综合业务平台内，结算人员主要针对运费进行复核。登录到物流综合业务平台，以给定的账号进入第三方物流信息管理系统中的“商务结算”系统，在“复核管理”模块下的“运单复核”界面进行运单复核操作，如图 4－1－10 所示。

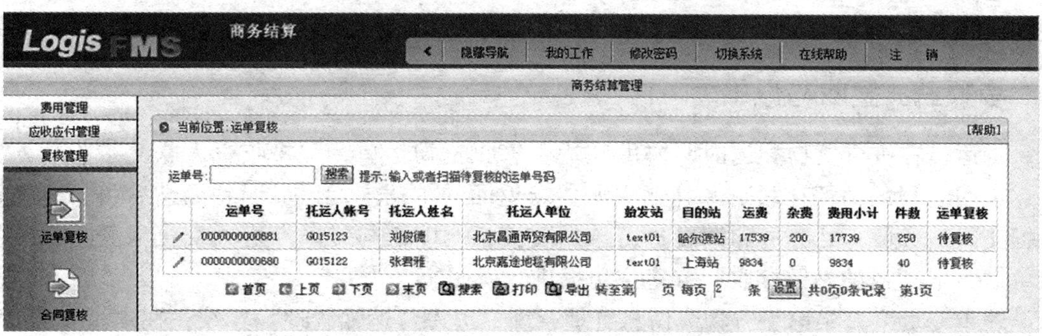

图 4－1－10　运单复核首页

选择要进行复核的运单，点击进入运费复核界面，如图 4－1－11 所示。

保暖内衣属于轻泡货物，采用轻泡货物运输费用计算方式进行计算复核。北京到哈尔滨的轻泡货物的运价为 0.7 元/立方米公里。

通过查看主要城市间公路里程参照表可知，北京到哈尔滨的里程为 1392 公里。根据运费计算公式计算货物运费为：

运费＝立方米公里运价×运距×总体积＝0.7×1392×18＝17539.2（元）

将运费四舍五入取 17539 元，另外，取货和送货费用为 200 元，无其他杂费；此批货物不投保。

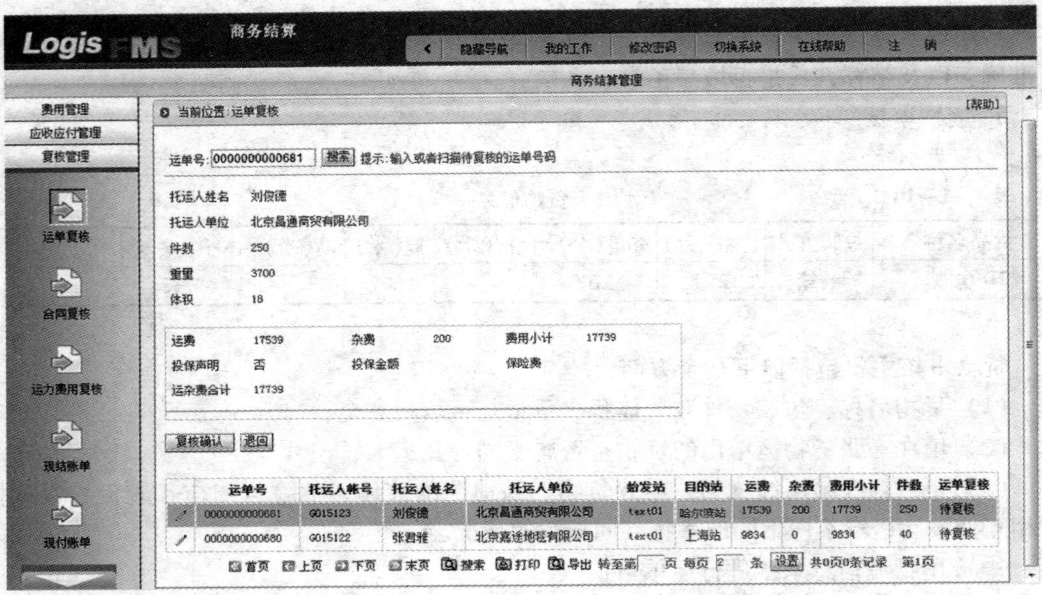

图 4－1－11　运单复核

通过计算可知，该运单货物运费计算正常，因此可以通过复核。点击“复核确认”按钮后在弹出的选择框内选择确定复核，则完成了运单的复核操作。

步骤三：签收与返单

货运员在进行货物配送时，协助收货人签收货物运单，并将收货人联交给收货人保存，带回“目的站留存联”和托运人所要求返回的单据。货运员回到场站后将所有递送单据交回站务员，站务员和调度进行单据交接，调度再与签单专责人交接需要返回的签收单据，把“目的站留存联”和客户单据进行返回。

签单专责人登录第三方物流信息管理系统，进入“运输管理”系统，在“运单管理”模块下的“签收录入”内进行运单签收录入操作。签单专责人根据客户签收的运单信息，将客户的签收信息录入系统，如图 4－1－12 所示。客户签收信息录入完成后，点击“操作”下的图标完成签收录入操作。

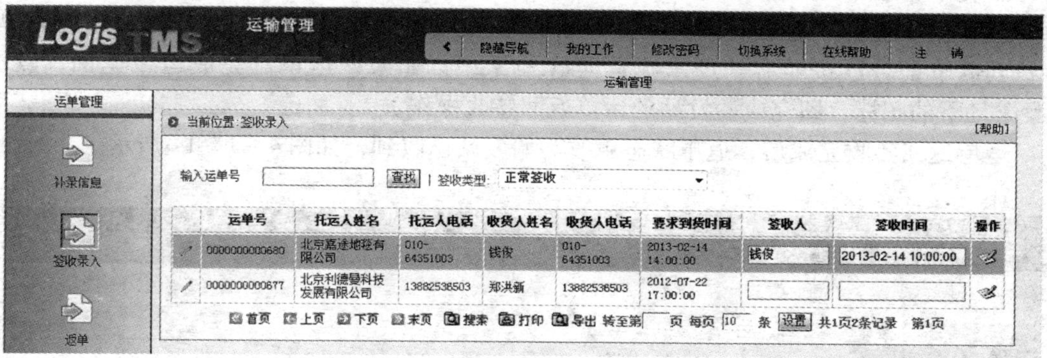

图 4－1－12　目的站签收录入

签收信息录入完成后，目的站签单负责人需要向起始站返回签收信息，在“运单管理”模块下的“返单”内进行返单操作。选择需要进行返单操作的订单，输入返单人和返单时间，如图 4－1－13 所示。返单信息输入完成后，点击“操作”下的图标，即完成目的站的返单操作。

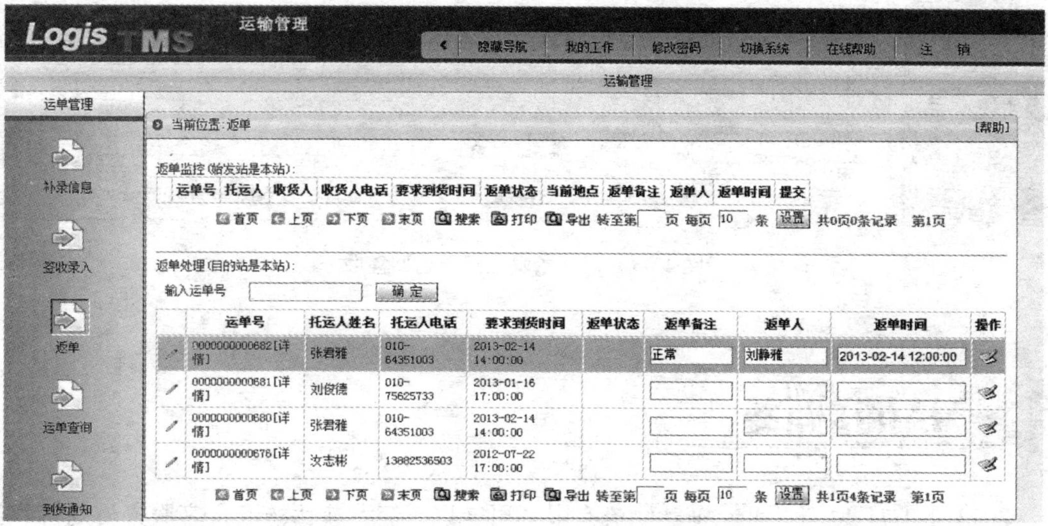

图 4－1－13　目的站返单

在第三方物流信息管理系统内返单完成后，签单专责人需要将签收单据复印备份留存。然后，将需要返回的单据交由跟车送货的货运员或司机返回始发站，始发站签单专责人收到所返回单据后，将需返还的签收单按客户分类整理，安排取派司机将客户所要求的返单派送给客户，并在第三方物流信息管理系统内更新签单返还状态。

始发站签单专责人登录第三方物流信息管理系统，进入“运输管理”系统，在“运单管理”模块下的“返单”内进行运单返回签收操作。查看该页需要进行处理的运单，审核其运单是否已按照客户要求返回至客户手中，如果该运单已完成运单返回，点击“操作”下的图标，即完成始发站的运单返回签收操作。

运单返回签收完成后，返单状态更改为始发站已收到，如图 4－1－14 所示。

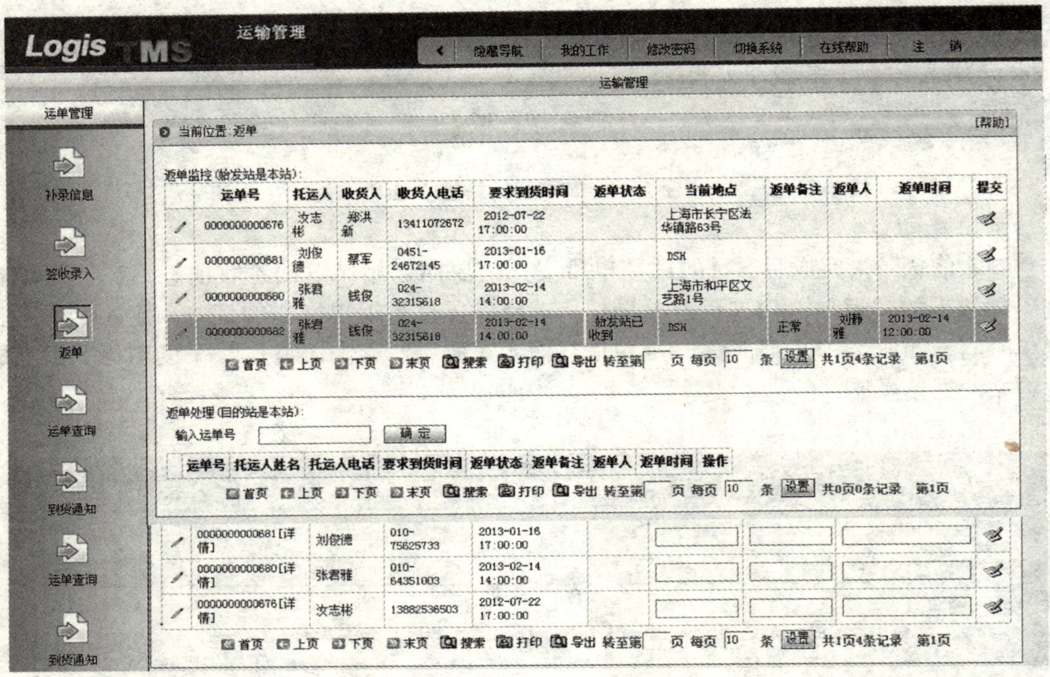

图 4－1－14　始发站运单返回签收

技能训练

2013 年 1 月 20 日，北京速达物流有限公司（以下简称速达物流）客服人员刘柳收到北京万象地毯有限公司（以下简称万象地毯）的发货通知：将一批地毯运至长春办事处。万象地毯北京的地址是北京市昌平区紫荆路北段 1 号，邮编：101100；联系人：张君雅，联系电话：010－34351003。万象地毯长春办事处地址是长春市连云区苍梧路 23 号，联系人：钱俊，联系电话：0411－3872931。托运货物是一批采用纸箱包装的地毯，具体为：

羊毛簇绒地毯 20 箱，总重 1000 公斤，体积 5.6 立方米；尼龙地毯 10 箱，总重 500 公斤，体积 2.8 立方米；拼块地毯 10 箱，总重 600 公斤，体积 2.8 立方米。

要求：上门取货和送货，取货地联系信息与托运人联系信息相同，送货地联系信息与收货人联系信息相同，1 月 25 日 17 时之前送到目的地，客户签字的运单作为回执单，予以结清运费。

此批货物为重货，运费计算公式为：吨公里运价 × 运距 × 总体积；取货和送货费用为 200 元，无其他杂费。

其他：

（1）北京到长春的轻泡货物的运价为 0.7 元/立方米公里，重货运价为 0.95 元/吨公里。

（2）公司现有运力资源如表 4－4－11 所示。

表 4－1－11　　公司现有运力资源

姓名	车牌号	联系方式	货厢尺寸（立方米）	车容（立方米）	核载（吨）	类型	运作线路
张起麟	京 G93939	13000099999	4.2×1.8×1.9	12	3	全厢	市内取货
王友强	京 G87474	13989998888	7.2×2.3×2.5	35	10	全厢	北京—长春
刘俊峰	京 A90591	13288801762	4.2×1.8×1.9	12	3	全厢	北京—上海
郑和天	京 A61021	13539974852	5.2×2.15×2.3	22	6.5	全厢	北京—广州
赵迁	京 G60761	13760728218	7.2×2.3×2.5	35	10	全厢	北京—哈尔滨

（3）全国（部分）主要城市间公路里程参照图 4－1－15。

北京	北京					
天津	118	天津				
锦州	483	470	锦州			
广州	717	704	234	广州		
长春	1032	1019	549	315	长春	
哈尔滨	1392	1726	909	675	360	哈尔滨

图 4－1－15　全部（部分）主要城市间公路里程参照

第三方综合业务平台内已录入的运单信息如表 4－1－12 所示。

表 4－1－12　　　　运单信息

订单号	OR－000000005728	运单号	YD46100000132
业务类型	A	项目名称	
始发站	北京	目的站	长春
取货时间	2012－01－20 14:00:00	到货时间	2012－01－25
是否取送	☑取货 ☑送货	签单返回	☑运单 ☑客户单据
托运人姓名	张君雅	托运人电话	010－34351003
托运人单位	万象地毯		
托运人地址	北京市昌平区紫荆路北段 1 号		
客户码		托运人邮编	
取货联系人	张君雅		
取货单位	万象地毯		
取货地址	北京市昌平区紫荆路北段 1 号		
取货联系人电话	010－34351003	取货邮编	
收货人姓名	钱俊	收货人电话	0411－3872931
收货人单位	长春办事处		
收货人地址	长春市连云区		
收货人账号		收货人邮编	

运费（元）	5500	杂费（元）	1000	费用小计（元）	6500
投保声明	否	投保金额（元）	0	保险费（元）	0
运杂费合计					
结算方式	[托运人月结] ○托运人现结 ○托运人月结 ○收货人现结 ○收货人月结 ○第三方付费				

货品名称	包装方式	件数(张)	重量(公斤)	长(米)	宽(米)	高(米)	体积(立方米)	备注
尼龙地毯	纸箱	10	500				2.8	

请完成以下练习（请教师监督学生对各个题目逐步进行操作，每个小题目操作完成后，需要教师检查后再进行下一个题目的操作）：

（1）根据表 4－1－12 所示内容，进行运单录入操作。

（2）根据题干所示内容，对所录入的运单进行复核，找出其存在错误的地方。

（3）根据题干所示实际货运信息对所录入的运单信息进行补录操作。

（4）运单信息补录完成后，相互之间进行运单的复核操作，如果复核不通过，请详细说明原因并给出正确的答案。

实训任务二　运输残损记录表制作

任务引入

2013 年 2 月 5 日 8:00，北京速达物流有限公司北京站客服李晓云收到北京利德曼科技发展有限公司（运单号 YD201302050123）的一单发货通知：有一批纸箱包装家电从北京工厂发往广州分公司，地址：广州市白云区临江大道 30 号。

美的 JR1093T 饮水机，单件包装尺寸 396×300×400（立方毫米），单件重量 3.95 公斤，数量 20 箱，总体积约 2 立方米；美的 MYK718S－X 饮水机，单件包装尺寸 296×320×841（立方毫米），单件重量 8.58 公斤，数量 10 箱，总体积约 1.5 立方米；格力 GY－WRT5 饮水机，单件包装尺寸 373×333×420（立方毫米），单件重量 2.1 公斤，数量 30 箱，总体积约 2.5 立方米；格力 GY－WRS12X 饮水机，单件包装尺寸 415×375×1010（立方毫米），单件重量 7.5 公斤，数量 20 箱，总体积约 4 立方米。

调度张启阳还收到其他客服发来的三单作业指令：北京瑞华有限公司（运单号 YD201302050101）从北京分公司发纸箱包装 40 箱宣传产品到石家庄办事处，地址：石家庄市永安路 18 号，单件尺寸 30×25×15（立方厘米），单件重量 16 公斤，总体积约 0.5 立方米；北京齐泰科技有限公司（运单号 YD201302050003）从北京分公司发纸箱包装电脑配件 20 箱到武汉分公司，地址：武汉市寿光市临园路东段 23 号，单件尺寸 35×22×14（立方厘米），单件重量 12 公斤，总体积约 1.3 立方米。北京贵龙模具有限公司（运单号 YD201302050325）从北京分公司发纸箱包装 150 箱模具 AK4700 到长沙分公司，地址：长沙市槐荫区工业街 20 号，单件尺寸 80×66×32（立方厘米），单件重量 6 公斤，总体积约 25 立方米。

速达物流北京到广州线的运输路线为：北京—石家庄—北京—武汉—长沙—广州，自有班车信息：班车编号 BC0052，车牌号京 AK8723，车容 39 立方米，载重 10 吨。随车司机是王梁，联系方式 18678923841。

场站调度张启阳安排场站货运员王俊杰接收取回的货物，场站调度张启阳根据实际集货情况编制编号为 YSJHD001 货物运输交接单。

2013 年 2 月 5 日 14:30 装车，由场站货运员王俊杰负责装运发货，此班车共一枚封锁，封号为 FH01。于 15:00 发运出站后，货运员王俊杰回到公司，并告知调度张启阳完成集货作业，无异常情况。

班车 BC0052 于 2013 年 2 月 5 日 15:00 从北京速达物流有限公司北京站准时发车，并于预计时间 2013 年 2 月 6 日 23:00 时到达北京速达物流有限公司广州站，并由北京速达物流有限公司广州站装卸员刘广伦进行卸车作业。

2013 年 2 月 7 日 8:00，利德曼科技发展有限公司广州分公司的收货人李秀娜在对货物进行验收时，发现有 20 箱货物包装被挤压破损，并拍照取证，北京速达物流有限公司广州站货运员王亮通知公司领导到现场了解情况。

2013 年 2 月 7 日 9:00，北京速达物流有限公司广州站主管刘承俊赶到验收现场，与利德曼科技发展有限公司广州分公司负责人沟通后，决定立即对该批货物进行施封检查鉴定。

鉴定结果如下：

(1) 发生残损货物运单号：YD201302050123

(2) 残损货物名称：格力 GY－WRT5 饮水机

(3) 实际残损件数：20 箱

(4) 残损状况：货物损坏，不能正常销售

(5) 残损货物预估价值：6000 元

(6) 残损货物投保情况：已投保

(7) 责任人：刘广伦

(8) 操作环节：卸车作业

(9) 残损原因：装卸员刘广伦进行卸车作业时存在野蛮操作，致货物损坏。

2013 年 2 月 7 日 14:00，刘承俊将结果报告给北京速达物流有限公司广州站客服部李晓云。李晓云根据鉴定结果，作出对应解决措施后，报告并负责处理结果，同时填制编号为 CSJL20130207925 的“残损记录表”。解决措施为对利德曼科技发展有限公司广州分公司赔偿实际损失，处理结果为报保险公司索赔，由广州站主管刘承俊负责实施。

请以客服部李晓云的身份填制编号为 CSJL20130207925 的“残损记录表”。

备注：单据填制过程中，各字段的内容须完全以题干中所提供的信息为准。

任务实施

步骤一：认识残损记录表

调出残损记录表如表 4－2－1 所示。

表 4-2-1　　　　　　　　　　　**残损记录表**

编号：				填报人：				
＊站点		＊运单号		车号		施封检查		
路由		＊发现时间		＊残损件数				
操作环节		预估价值		责任人				
＊货物残损状况								
	报告部门		报告人		接收部门		接收人	
＊解决措施								
	实施部门		负责人		日期			
＊处理结果								
	报告人		负责人		日期			
操作站	站负责人		操作员		调度		承运司机	

“残损记录表”填制相关说明：

（1）站点、路由：站点请填写出发站，如“北京站”；路由填写发货站到收货站，如广州—上海；

（2）发现时间：请填写发现残损货物的具体时间；

（3）运单号：请填写发生残损货物的运单号；

（4）车号：请填写装运残损货物的车辆车牌号；

（5）预估价值、残损件数：请分别填写残损货物的预估价值（举例：300 元）、残损货物的件数（举例：残损 10 件，请填 10，不用带单位）；

（6）操作环节：请填写造成残损原因的物流环节；

（7）填报人、施封检查、责任人：请分别填写残损情况的填报人、到站后的施封检查人、造成残损的责任人；

（8）货物残损状况：请填写货物的具体残损情况；

（9）报告部门、报告人、接收部门、接收人、实施部门、负责人、日期：请分别填写残损情况的报告部门（如北京站）、报告人、接收部门（如北京站）、接收人、残损货物赔偿事宜的实施部门（如北京站）、负责人、具体的编制表单日期；

（10）处理结果栏下报告人、负责人、日期：残损赔偿事宜的报告人、负责办理赔偿事宜的实施人、具体的编制表单日期；

（11）处理结果：请填写残损货负责办理赔偿事宜的处理结果；

（12）操作站、站负责人、操作员、调度、承运司机：不用填写。

步骤二：填制残损记录表

根据任务内容和填写说明进行残损记录表的填写，填写完成后的结果如表 4－2－2 所示。

表 4－2－2　　残损记录表

<table>
<tr><td>编号：</td><td colspan="6">CSJL20130207925</td><td colspan="4">填报人：</td><td colspan="3">李晓云</td></tr>
<tr><td>*站点</td><td>广州站</td><td colspan="2">*运单号</td><td colspan="3">YD201302050123</td><td colspan="2">车号</td><td colspan="2">京 AK8723</td><td colspan="2">施封检查</td><td>刘承俊</td></tr>
<tr><td>路由</td><td>北京—广州</td><td colspan="2">*发现时间</td><td colspan="3">2013 年 2 月 7 日 8：00</td><td colspan="4">*残损件数</td><td colspan="3">20</td></tr>
<tr><td>操作环节</td><td>卸车作业</td><td colspan="2">预估价值</td><td colspan="3">6000 元</td><td colspan="4">责任人</td><td colspan="3">刘广伦</td></tr>
<tr><td rowspan="2">*货物残损状况</td><td colspan="13">货物损坏，不能正常销售</td></tr>
<tr><td>报告部门</td><td>广州站</td><td colspan="2">报告人</td><td>刘承俊</td><td colspan="2">接收部门</td><td colspan="2">广州站</td><td colspan="2">接收人</td><td colspan="2">李晓云</td></tr>
<tr><td rowspan="2">*解决措施</td><td colspan="13">对利德曼科技发展有限公司广州分公司赔偿实际损失</td></tr>
<tr><td>实施部门</td><td colspan="3">广州站</td><td>负责人</td><td colspan="3">刘承俊</td><td colspan="2">日期</td><td colspan="3">2013 年 2 月 7 日</td></tr>
<tr><td rowspan="2">*处理结果</td><td colspan="13">报保险公司索赔</td></tr>
<tr><td>报告人</td><td colspan="4">刘承俊</td><td colspan="2">负责人</td><td colspan="2">刘承俊</td><td colspan="2">日期</td><td colspan="2">2013 年 2 月 7 日</td></tr>
<tr><td>操作站</td><td>站负责人</td><td></td><td colspan="2">操作员</td><td></td><td colspan="2">调度</td><td colspan="2"></td><td colspan="2">承运司机</td><td colspan="2"></td></tr>
</table>

步骤三：相关人员签字

客服人员编制好残损记录表后，需要由本站调度、场站负责人共同签字确认（电子版与手写版共同执行），残损事故处理完成后，对残损记录表（手写版）存档保管。

技能训练

2013 年 1 月 15 日 8:00，北京速达物流有限公司北京站客服张怡收到北京宏图广告印刷有限公司（运单号 YD201301150037）的一单发货通知：将作业本 50 箱送至徐州销售处（徐州市中山南路 10 号，戴晨），重 1000 公斤，体积 1.8 立方米。

速达物流北京到徐州线的运输路线为：北京—徐州，自有班车信息：班车编号 BC0019，车牌号京 HU2930，车容 20 立方米，载重 10 吨。随车司机是王俊德，联系方式：13789471892。

场站调度刘阳安排场站货运员王俊杰将此单货物与其他几单货物拼装运输，于 2013 年 1 月 15 日 10:00 装车发运，此班车共一枚封锁，封号为 FH31。发运出站后，货运员王俊杰回到公司，并告知调度刘阳完成集货作业，无异常情况。

班车 BC0019 于 2013 年 1 月 15 日 10:00 从北京速达物流有限公司北京站准时发车，并于预计时间 2013 年 1 月 15 日 20:00 时到达北京速达物流有限公司徐州站，并由北京速达物流有限公司徐州站装卸员赵俊毅进行卸车作业。

2013 年 1 月 15 日 21:00，宏图广告印刷有限公司徐州分公司的收货人钱莉莉在对货物进行验收时，发现有 10 箱货物淋雨受潮损坏，并拍照取证，北京速达物流有限公司徐州站货运员刘毅通知公司领导到现场了解情况。

2013 年 1 月 15 日 22:00，北京速达物流有限公司徐州站主管李洪波赶到验收现场，与宏图广告印刷有限公司徐州分公司负责人沟通后，决定立即对该批货物进行施封检查鉴定。

鉴定结果如下：

（1）发生残损货物运单号：YD201301150037；

（2）残损货物名称：作业本；

（3）实际残损件数：10 箱；

（4）残损状况：货物受潮损坏，无法正常销售；

（5）残损货物预估价值：600 元；

（6）残损货物投保情况：已投保；

（7）责任人：王俊杰；

（8）操作环节：装车环节；

（9）残损原因：货运员王俊杰未正确放置防雨篷布，致使货物运输过程淋雨受潮损坏。

2013 年 1 月 15 日 23:00，刘承俊将结果报告给北京速达物流有限公司客服部张怡。张怡根据鉴定结果，作出对应解决措施后，报告并负责处理结果，同时填制编号为 CSJL20130115291 的“残损记录表”。解决措施为对宏图广告印刷有限公司徐州分公司赔偿实际损失，处理结果为报保险公司索赔，由徐州站主管李洪波负责实施。

请以客服部张怡的身份填制编号为 CSJL20130115291 的“残损记录表”。

备注：单据填制过程中，各字段的内容须完全以题干中所提供的信息为准。

表 4-2-3　　残损记录表

编号：				填报人：				
站点		运单号		车号		施封检查		
路由		发现时间		残损件数				
操作环节		预估价值		责任人				
货物残损状况								
	报告部门		报告人		接收部门		接收人	
解决措施								
	实施部门		负责人		日期			
处理结果								
	报告人		负责人		日期			
操作站	站负责人		操作员		调度		承运司机	

项目五 物流信息监控

实训任务一 条码数据采集

任务引入

北京速达物流有限公司蓝港1号仓库在公司改革前对仓库管理中的采购入库、物料移库、盘点工作，都是靠人工记录并在Excel表格中汇总，最后再录入到ERP系统中。这样一来，各项操作的数据实时性、准确性、效率都不是非常高。有些数据需要多次录入，既增加的工作量，又增加了输入出错的概率。公司改革后，蓝港1号仓库决定采用条码技术进行数据的采集，可以在入库、盘点、移库、出库等环节使用条码数据采集功能，依靠条码摆脱手工录入，提高工作效率。

2012年5月12日，速达物流的客户北京利德曼科技发展有限公司有货物燕蛋器20箱（货品编号：980101495）须入库到蓝港1号仓库的托盘货架区“A00000”储位，需要运用条码技术进行数据信息采集。

2012年6月25日上午，蓝港1号仓库的货物钻石袖扣1箱须从托盘货架区的“D00102”储位补货至电子拣选区的“A00007”储位，需要运用条码技术进行数据信息采集。

2012年6月28日，仓库蓝港1号需要对托盘货架区进行一次盘点，需要运用条码技术进行数据信息采集。

2012年6月29日，蓝港1号仓库需要从电子拣选区下架贝壳袖扣（储位：A00100）、钢质袖扣（储位：A00101）和珐琅质袖扣（储位：A00102）各2件来进行流通加工作业，组合成2套袖扣低端礼盒后上架到电子拣选区的“A00008”储位上，需要运用条码技术进行数据信息采集。

2012年9月12日，速达物流的客户北京利德曼科技发展有限公司有货物剪刀5箱须从栈板货架区的“A00202”储位出库，需要运用条码技术进行数据信息采集。

任务实施

步骤一：蒸蛋器入库数据采集

系统生成货物蒸蛋器的入库作业订单后，工作人员开始进行货物的入库操作作业。

1. 标签打印

登录到物流综合业务平台，以给定的账号进入第三方物流信息管理系统中的“仓储管理”系统，选择“基础管理”模块下的“打印标签”，进行相关标签的打印。该项操作可以打印的内容包括货品编码、条码或为标签、托盘标签以及自定义打印。具体操作步骤如表5－1－1至表5－1－3所示。

表5－1－1　　货品编码打印

具体操作
按货品归属客户查询并打印。通过单选框，选择客户名称。点击客户筛选列表中的“确定” 再点击“打印标签”页面中的“查询”按钮，就可以查看该客户的产品信息。勾选需要打印的产品，选择打印机的类型，点击“打印” 货物查询方式还可以通过“货品编码”、“条码”进行查询，操作过程与按客户名称查询一致
图　示

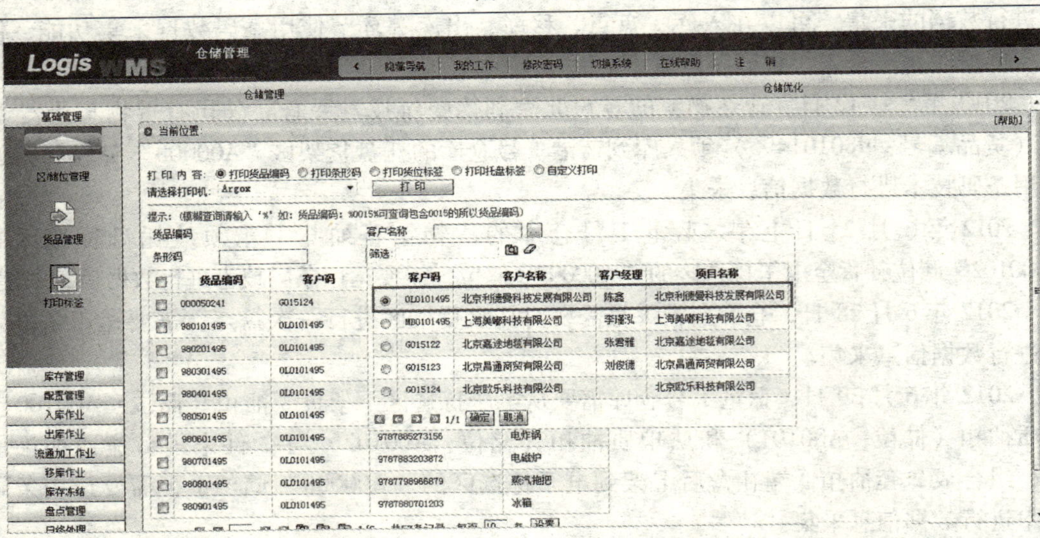

续 表

图 示
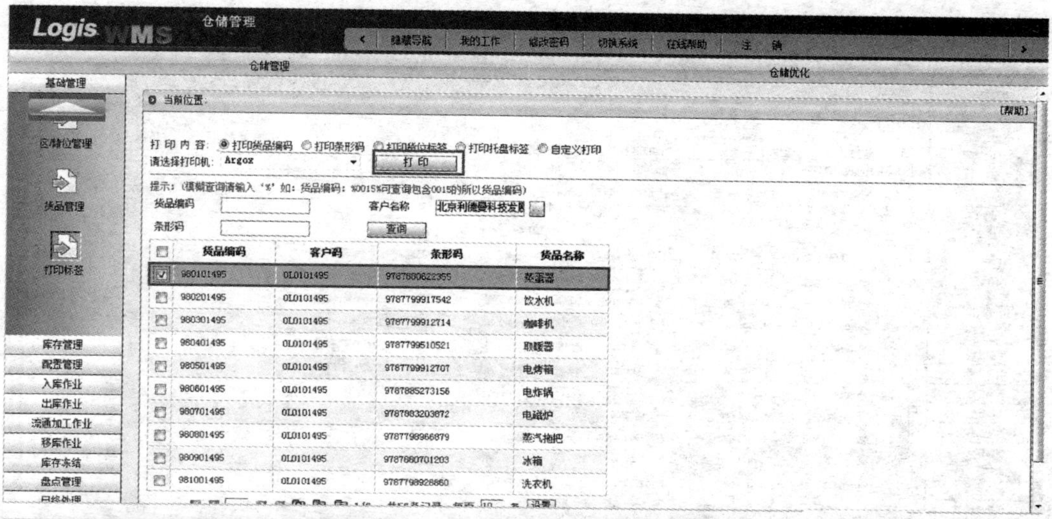 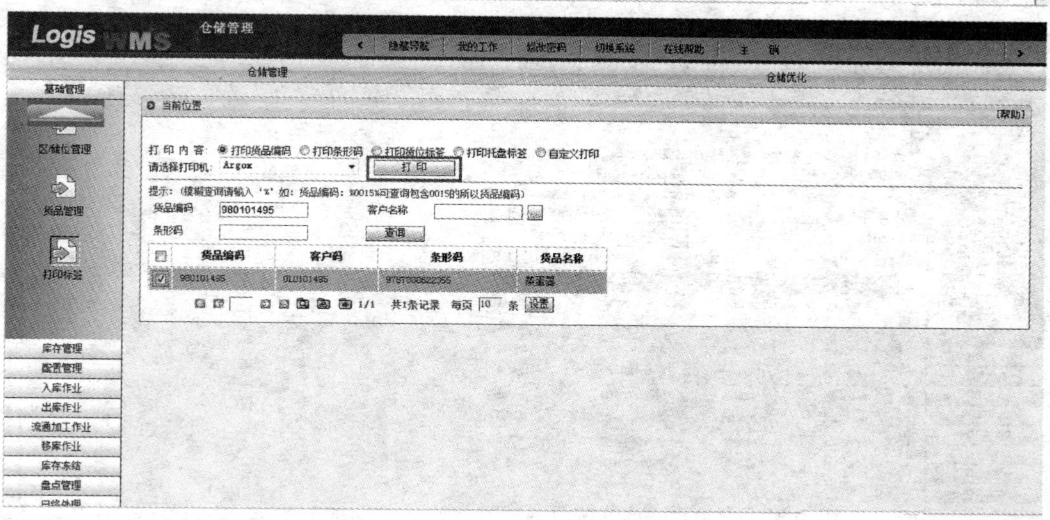

表 5－1－2　　　　条码打印

具体操作
按货品归属客户查询并打印。通过单选框，选择客户名称 点击客户筛选列表中的“确定”，再点击“打印标签”页面中的“查询”按钮，就可以查看该客户的产品信息。勾选需要打印的产品，选择打印机的类型，点击“打印” 货物查询方式还可以通过“货品编码”、“条码”进行查询，操作过程与按客户名称查询一致

续 表

图 示
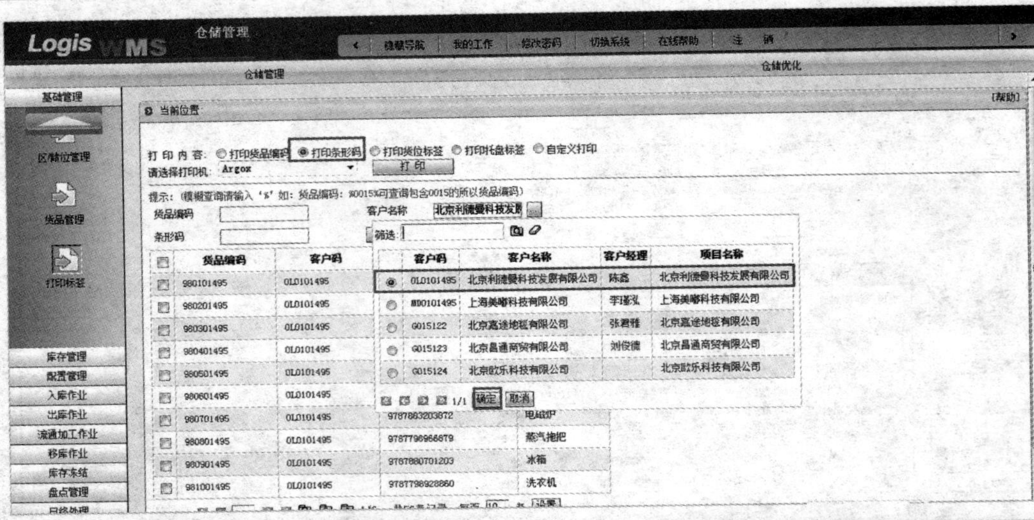 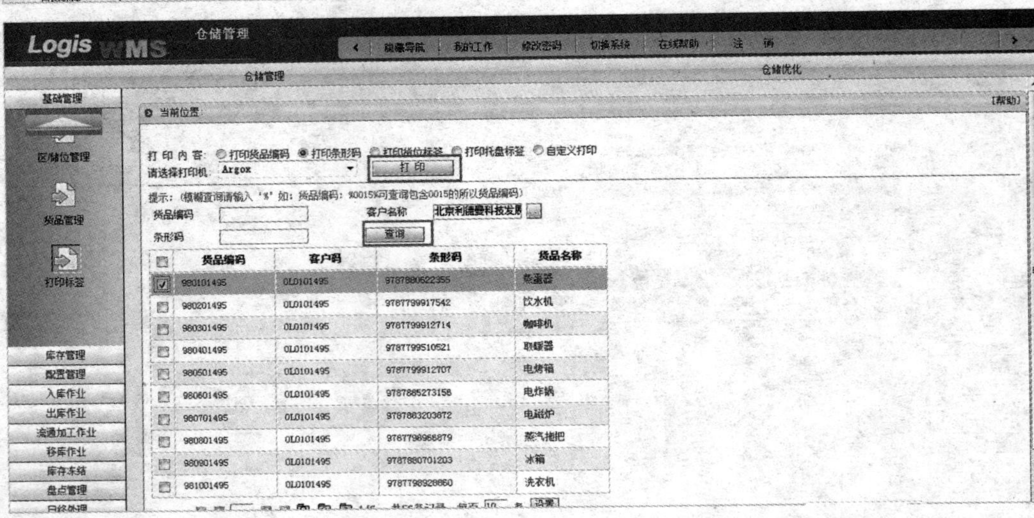

将打印完成后的货品编码及条码贴在货品表面，易于扫描的位置。接下来需打印蒸蛋器存放的货位标签。

续　表

图　　示
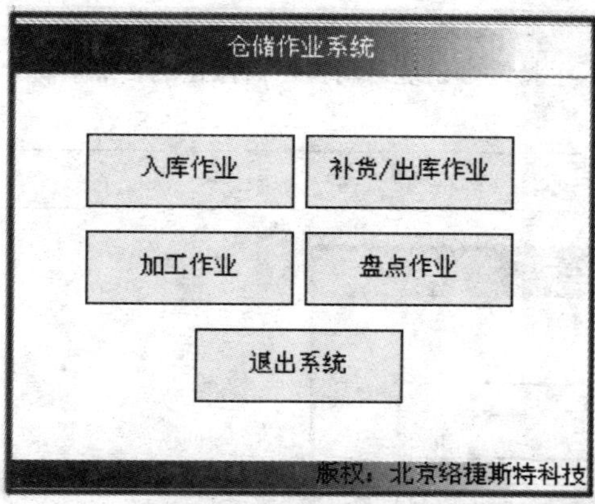 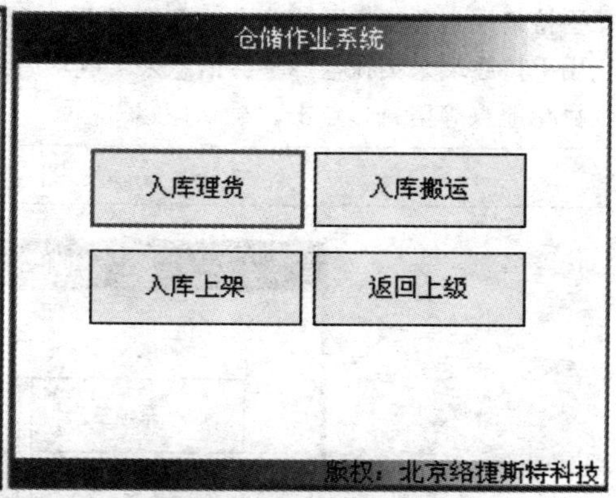 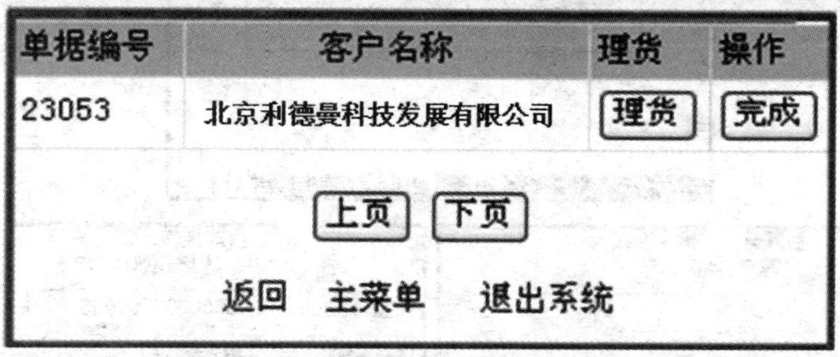 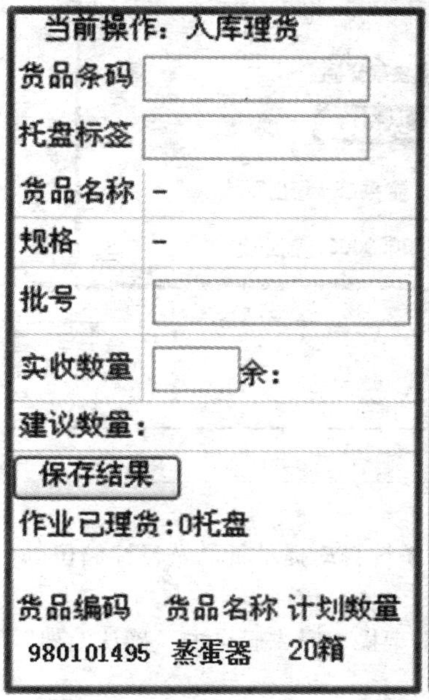  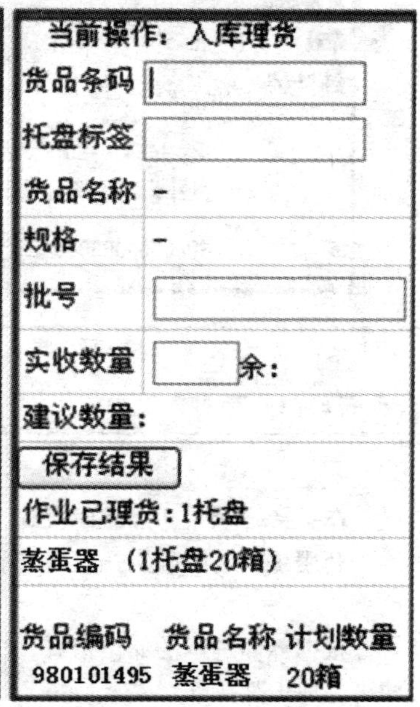

仓储作业系统
入库作业
补货/出库作业
加工作业
盘点作业
退出系统
版权：北京络捷斯特科技

仓储作业系统
入库理货
入库搬运
入库上架
返回上级
版权：北京络捷斯特科技

单据编号　客户名称　理货　操作
23053　北京利德曼科技发展有限公司　理货　完成
上页　下页
返回　主菜单　退出系统

当前操作：入库理货
货品条码
托盘标签
货品名称 -
规格 -
批号
实收数量　余：
建议数量：
保存结果
作业已理货：0托盘
货品编码　货品名称　计划数量
980101495　蒸蛋器　20箱

当前操作：入库理货
货品条码 9787880642365
托盘标签 8000000000005
货品名称 蒸蛋器
规格 1×1
批号 1203001
实收数量 20 余：20
建议数量：20
保存结果　去往[托盘货架区]
作业已理货：0托盘
货品编码　货品名称　计划数量
980101495　蒸蛋器　20箱

当前操作：入库理货
货品条码
托盘标签
货品名称 -
规格 -
批号
实收数量　余：
建议数量：
保存结果
作业已理货：1托盘
蒸蛋器　(1托盘20箱)
货品编码　货品名称　计划数量
980101495　蒸蛋器　20箱

表 5－1－6　　入库搬运

具体操作
在手持终端主功能界面找到“入库搬运”，点击“入库搬运” 利用手持终端采集托盘标签，信息采集成功后，手持终端系统自动提示需搬运的货品名称、货品数量及目标地点等信息，点击“确认搬运”
图　示

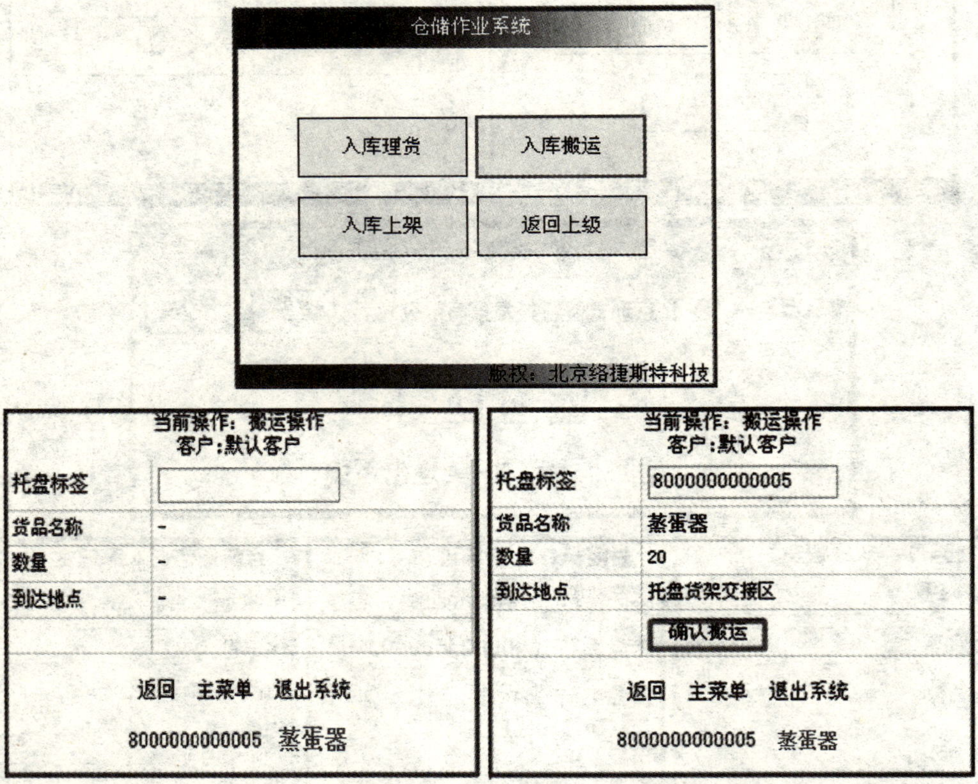

表 5－1－7　　入库上架

具体操作
在手持终端主功能界面找到“入库上架”，点击“入库上架” 利用手持终端采集托盘标签信息，信息采集成功后，手持终端系统自动提示货品及目标储位等信息 根据界面提示的储位信息，扫描储位标签后，进行上架作业，上架操作完成后点击“确认上架”即可完成上架操作

续　表

图　示
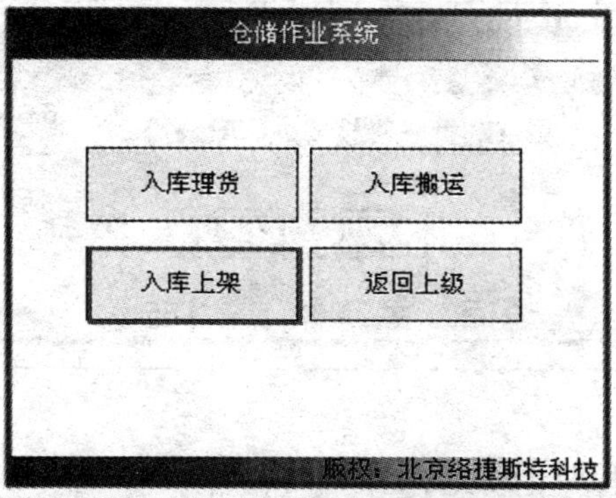 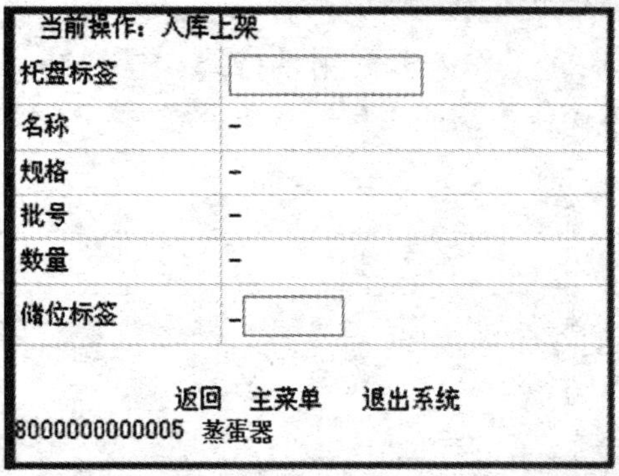 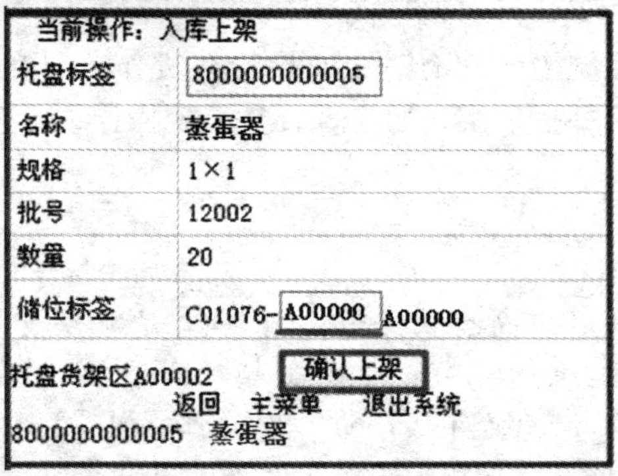

表 5－1－8　　完成入库理货

具体操作
在手持终端主功能界面找到“入库理货”，点击“入库理货”，进入理货界面，点击“完成”就可以完手持终端系统的理货、上架处理操作
图　示
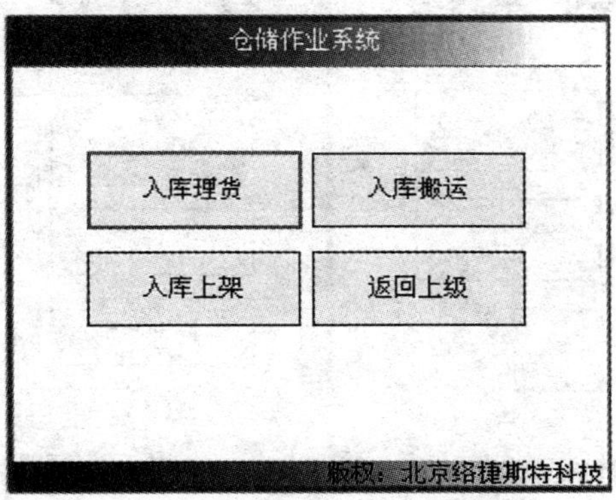

续 表

图　示
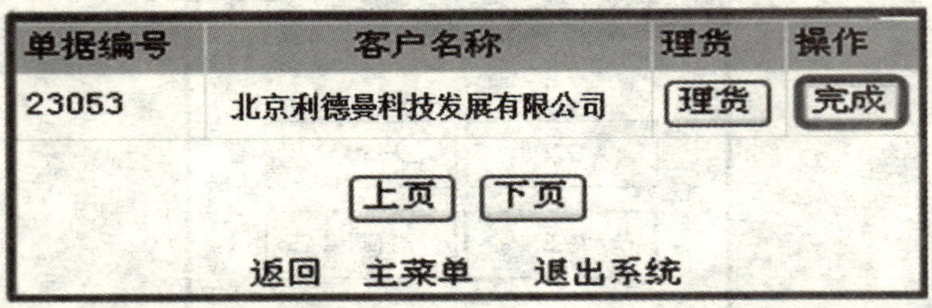

步骤二：钻石袖扣补货数据采集

系统生成货物钻石袖扣的补货作业订单后，工作人员利用手持终端进行补货作业，应进行补货下架、搬运、补货上架操作，具体操作步骤如表 5－1－9 至表 5－1－11 所示。

表 5－1－9　　　　补货下架

具体操作
使用给定的用户名和密码登录手持终端系统，并选择库房名称。登录手持终端系统后，进入应用操作主功能界面 点击“出库作业”，进入出库作业界面 点击“下架作业”。从设备暂存区取出叉车，行驶至托盘货架区。登录手持终端，进入“补货下架”页面。根据手持终端提示采集托盘标签信息 信息采集成功后，手持终端系统自动显示默认拣货数量和储位信息 根据手持终端提示的储位标签，采集储位信息，核对补货下架数量无误后，点击“确认下架”。手持终端中的待下架列表为空，证明货物已经下架完毕
图　示
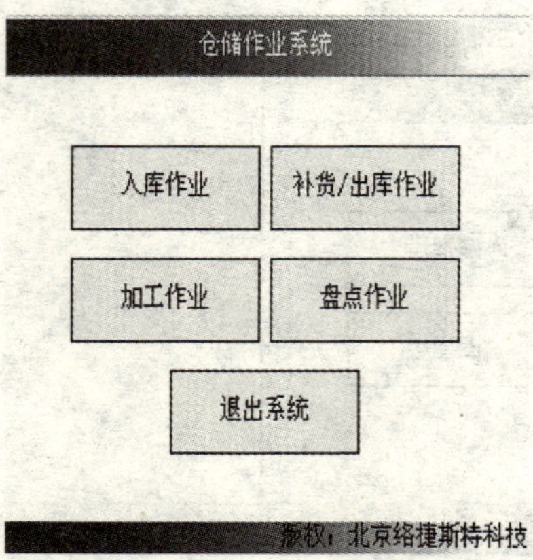 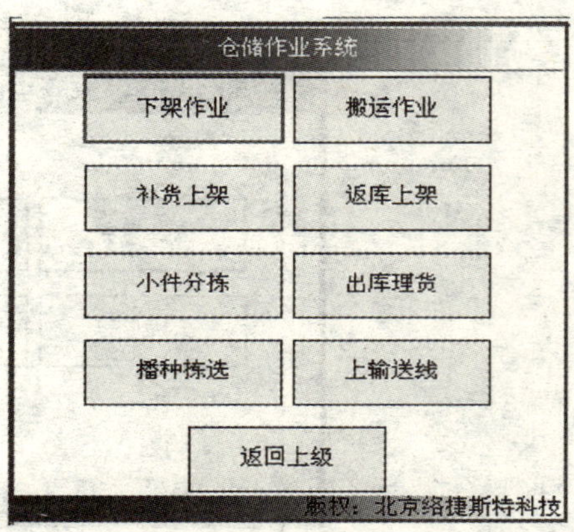

续　表

图　示

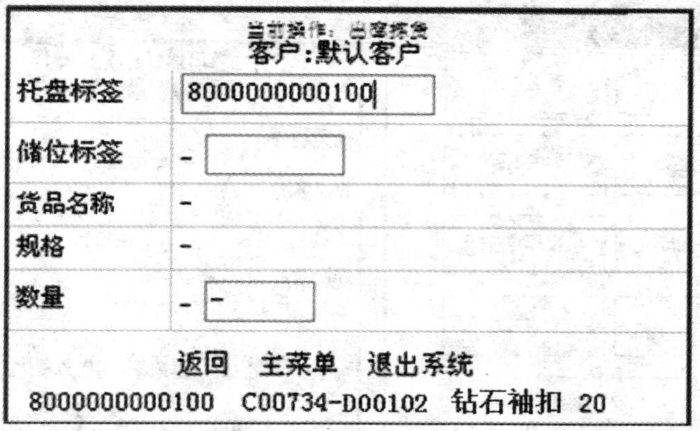

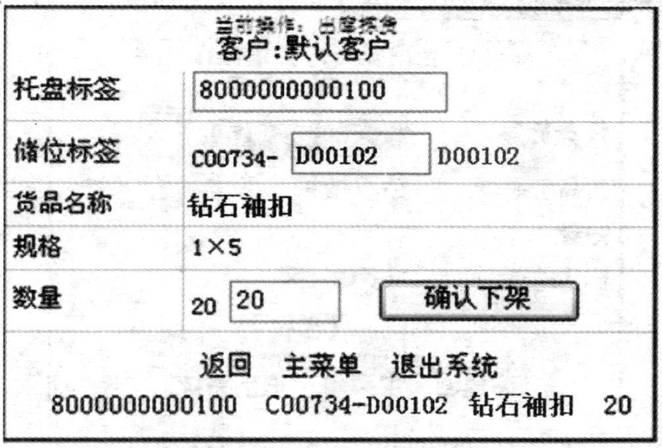

根据手持终端的提示信息，利用叉车将补货下架的货物从正确储存位下架，并等待搬运。

表 5－1－10　　　　搬　运

具体操作
登录手持终端出库作业界面，点击“搬运作业”，进入搬运作业界面 根据手持终端提示，采集托盘标签信息。信息采集成功后，手持终端系统自动显示货品名称、货品数量和到达地点等信息 点击“确认搬运”，完成补货搬运操作

续 表

图示
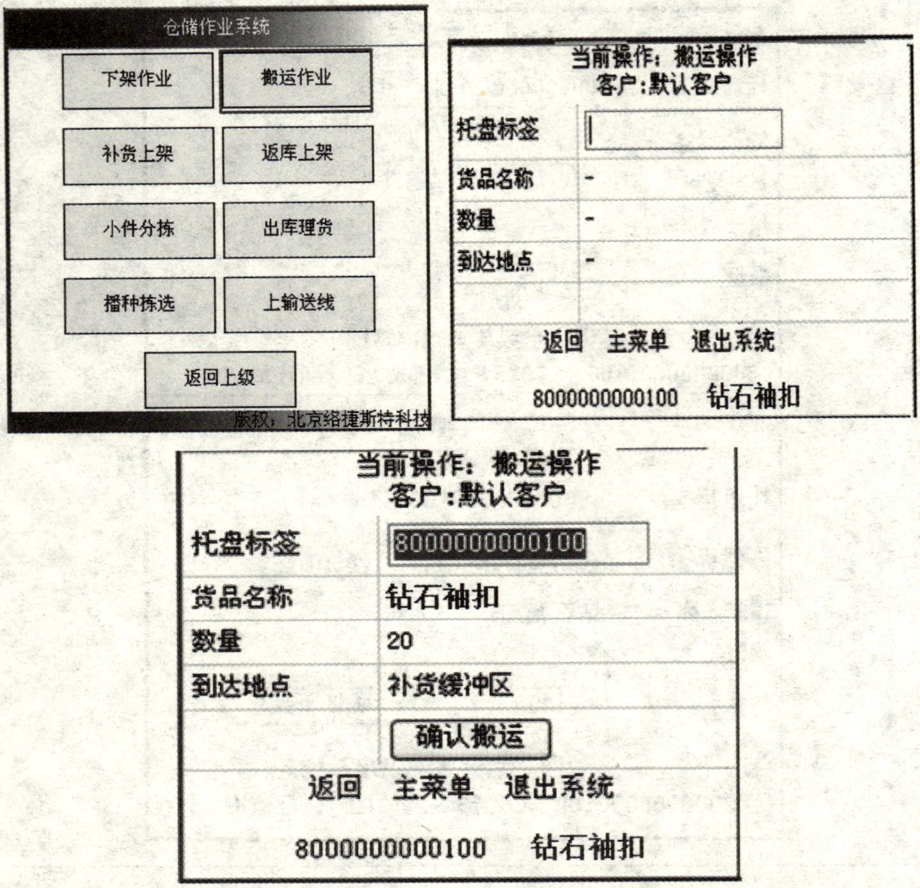

从设备暂存区取出电动搬运车，行驶至托盘货架交接区。根据手持终端提示信息，将托盘货架交接区的货物搬运至补货暂存区。

表 5-1-11 补货上架

具体操作
登录手持终端出库作业界面，点击“补货上架”，进入补货上架界面 利用手持终端扫描货品条码，获取补货详细信息。根据手持终端提示信息，从补货暂存区的整托货物中取一箱货物，将须补货的货物摆放到电子拣选区“A00007”储位上。摆放时须正确、规范操作 进入手持终端补货上架界面，扫描已补货的储位标签，获取补货详细信息 确认补货信息后，点击“确认补货”，补货上架完成

续　表

图　　示

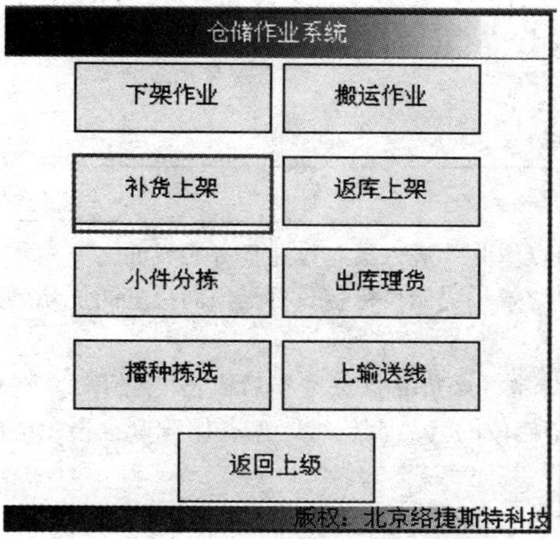
仓储作业系统
下架作业
搬运作业
补货上架
返库上架
小件分拣
出库理货
播种拣选
上输送线
返回上级
版权：北京络捷斯特科技

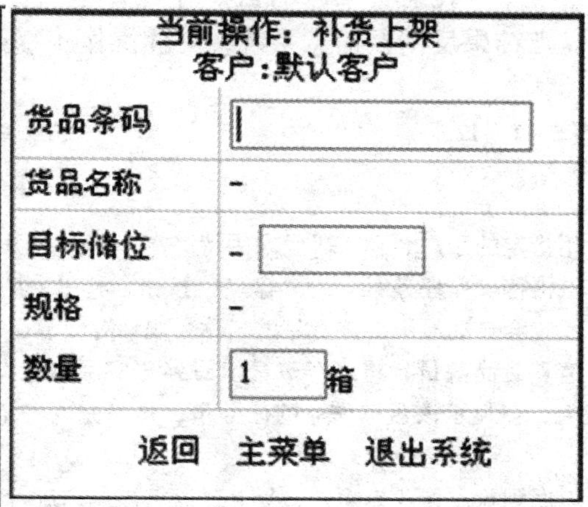
当前操作：补货上架
客户:默认客户
货品条码
货品名称
目标储位
规格
数量
1
箱
返回　主菜单　退出系统

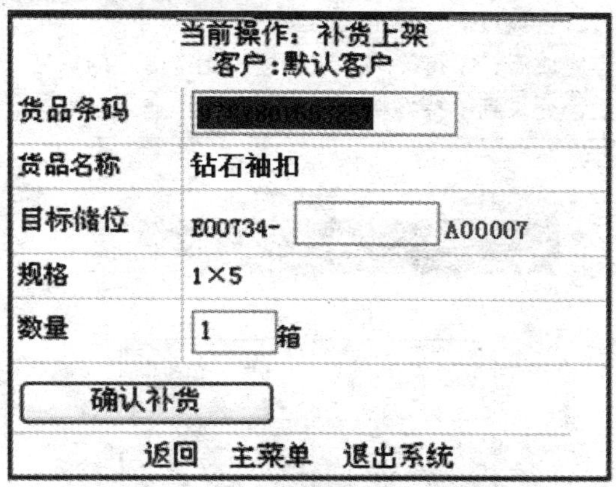
当前操作：补货上架
客户:默认客户
货品条码
货品名称
钻石袖扣
目标储位
E00734-
A00007
规格
1×5
数量
1
箱
确认补货
返回　主菜单　退出系统

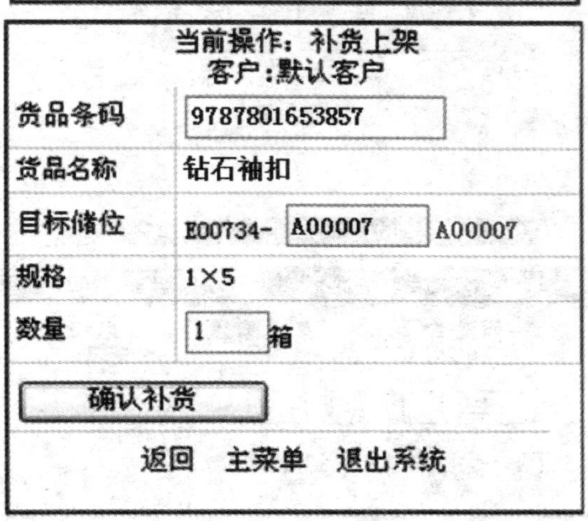
当前操作：补货上架
客户:默认客户
货品条码
9787801653857
货品名称
钻石袖扣
目标储位
E00734-
A00007
A00007
规格
1×5
数量
1
箱
确认补货
返回　主菜单　退出系统

步骤三：托盘货架区盘点数据采集

系统生成托盘货架区的盘点作业订单后，工作人员进行盘点作业时，可利用手持终端将盘点结果反馈至信息系统，具体操作步骤如表 5－1－12 所示。

表 5－1－12　　　　盘　点

具体操作

用指定的用户名和密码登录手持终端，点击“盘点作业”进入盘点作业任务表界面

点击待操作任务对应的“盘点”按钮，利用手持终端扫描储位标签，再扫描储位上的货品条码信息。系统会自动显示出该货品的名称、规格等信息

清点货品数量，将库存数量填写到“实际数量”中，该货品盘点完毕后点击“保存”。在作业界面中，会显示该盘点作业的任务量，每当完成一个储位的货品盘点后，盘点作业量也会相应减少一个

返回到盘点作业界面，重复上述盘点操作，进行其他货位的盘点。如果在某一个货位上没有任何货品，则扫描该储位标签后，直接点击“无货品”即可

待该盘点任务全部盘点完成后，手持终端系统会提示无待盘点的货品

待盘点差异调整处理后，登录到手持终端，进入到盘点作业列表中，点击“完成”

图　示

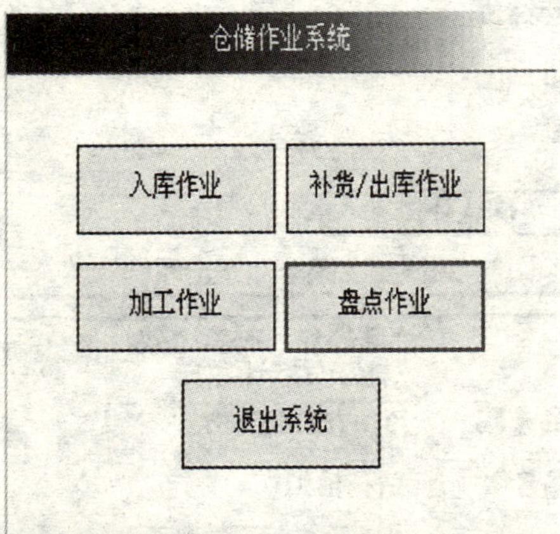

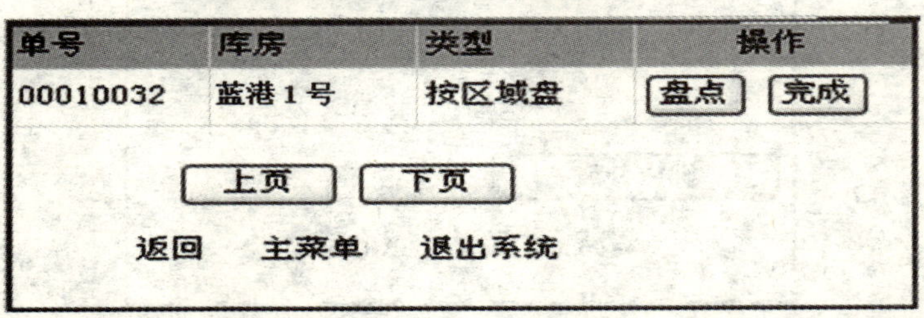

续　表

图　　示

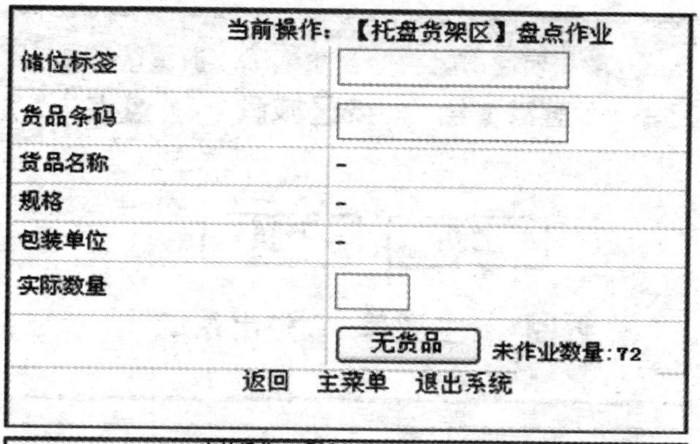
当前操作：【托盘货架区】盘点作业
储位标签
货品条码
货品名称 -
规格 -
包装单位 -
实际数量
无货品
未作业数量:72
返回　主菜单　退出系统

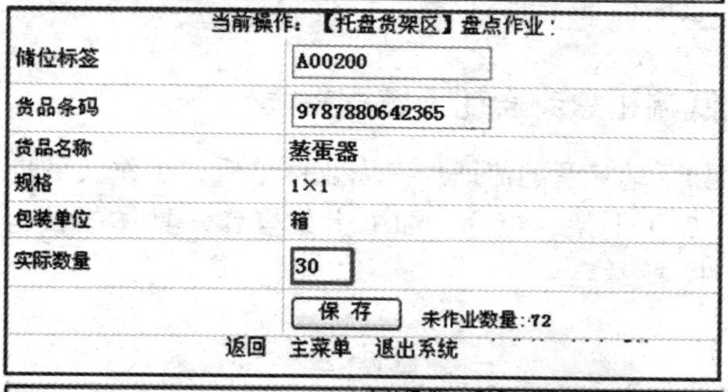
当前操作：【托盘货架区】盘点作业
储位标签 A00200
货品条码 9787880642365
货品名称 蒸蛋器
规格 1×1
包装单位 箱
实际数量 30
保 存
未作业数量:72
返回　主菜单　退出系统

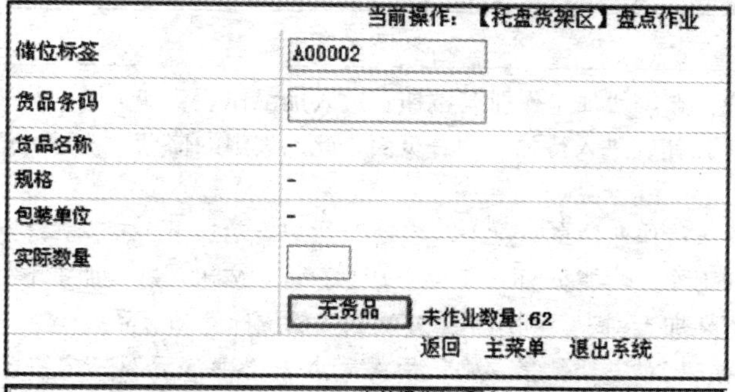
当前操作：【托盘货架区】盘点作业
储位标签 A00002
货品条码
货品名称 -
规格 -
包装单位 -
实际数量
无货品
未作业数量:62
返回　主菜单　退出系统

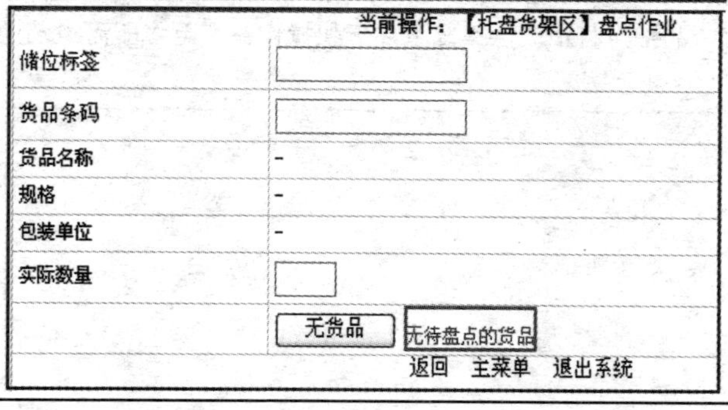
当前操作：【托盘货架区】盘点作业
储位标签
货品条码
货品名称 -
规格 -
包装单位 -
实际数量
无货品
无待盘点的货品
返回　主菜单　退出系统

续 表

图 示
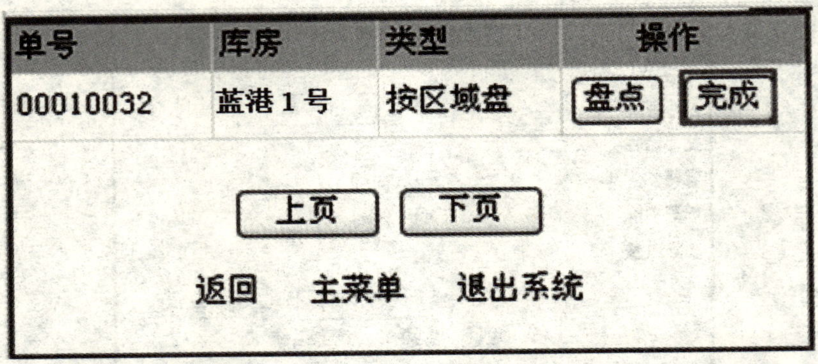

步骤四：袖扣低端礼盒流通加工数据采集

系统生成货物袖扣低端礼盒的流通加工作业订单后，工作人员进行流通加工作业时，应利用手持终端进行加工下架、组合、加工上架操作，具体的数据信息采集步骤如表5－1－13至表5－1－15所示。

表5－1－13　　加工下架

具体操作
登录手持终端系统，点击“加工作业”按钮，进入加工作业管理页面 点击“加工管理”按钮，进入待加工列表页面，此列表中的信息，就是由信息员下达给现场作业人员的指令 在列表中，选择一条待作业信息，点击“启动”按钮启动加工 返回到手持终端加工作业功能页面，点击“加工下架”按钮，进入加工下架页面 根据界面下方待下架加工列表，利用手持终端扫描储位标签和货品条码，系统会自动将该货品信息和下架数量显示出来。核对下架数量，确认无误后点击“确认下架”按钮，货品加工下架操作完毕。在待下架列表中该货品信息将消失。重复上述下架操作，直至将所需组装的材料全部如数下架完毕为止

续 表

图 示

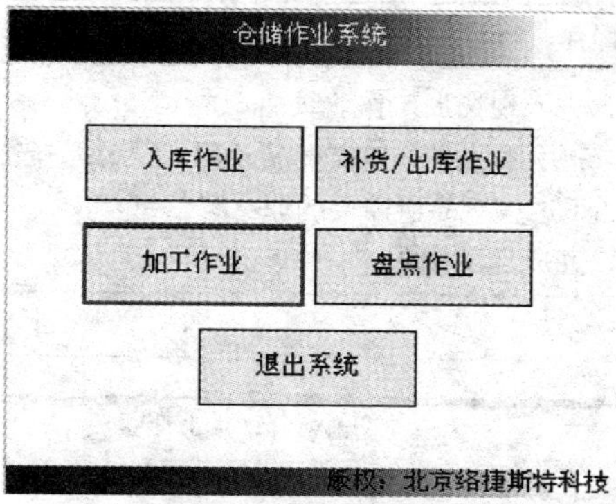
仓储作业系统
入库作业
补货/出库作业
加工作业
盘点作业
退出系统
版权：北京络捷斯特科技

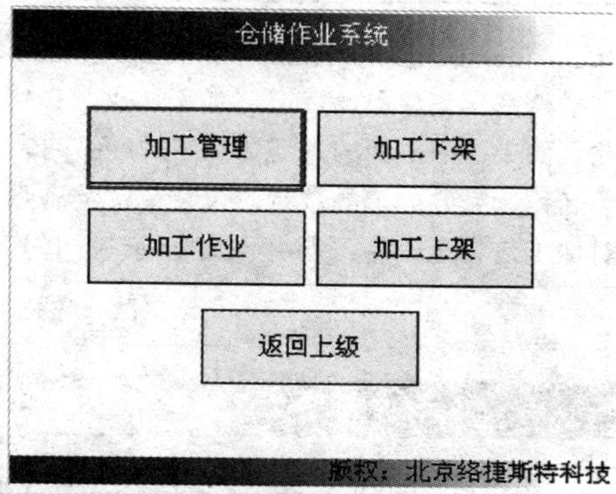
仓储作业系统
加工管理
加工下架
加工作业
加工上架
返回上级
版权：北京络捷斯特科技

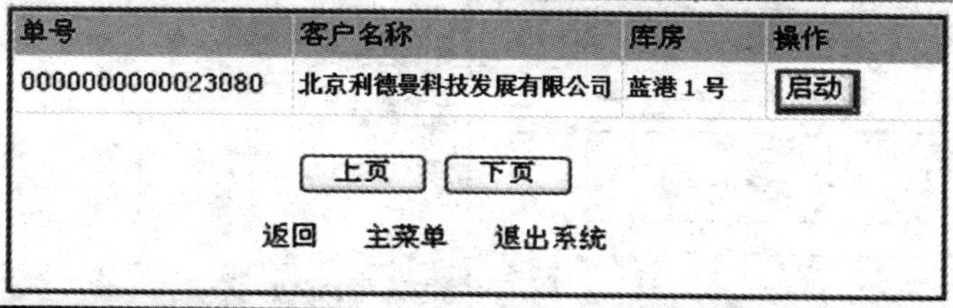
单号
客户名称
库房
操作
0000000000023080
北京利德曼科技发展有限公司
蓝港1号
启动
上页
下页
返回 主菜单 退出系统

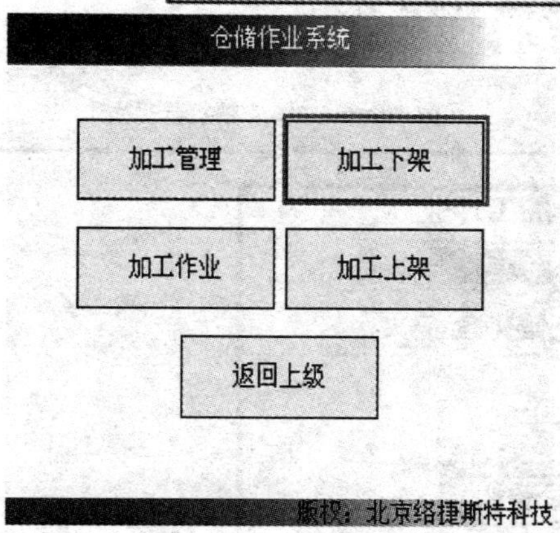
仓储作业系统
加工管理
加工下架
加工作业
加工上架
返回上级
版权：北京络捷斯特科技

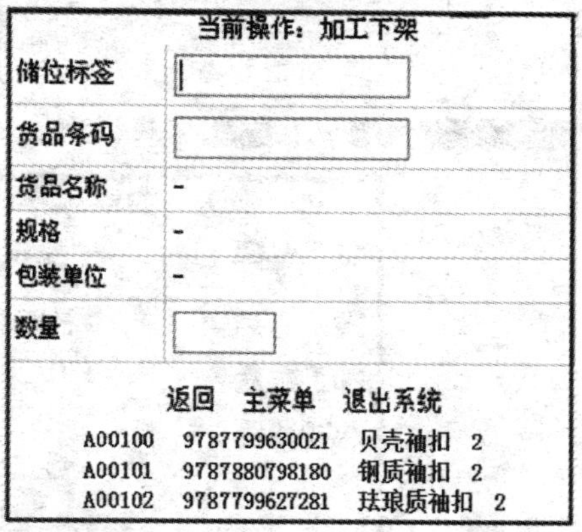
当前操作：加工下架
储位标签
货品条码
货品名称 -
规格 -
包装单位 -
数量
返回 主菜单 退出系统
A00100 9787799630021 贝壳袖扣 2
A00101 9787880798180 铜质袖扣 2
A00102 9787799627281 珐琅质袖扣 2

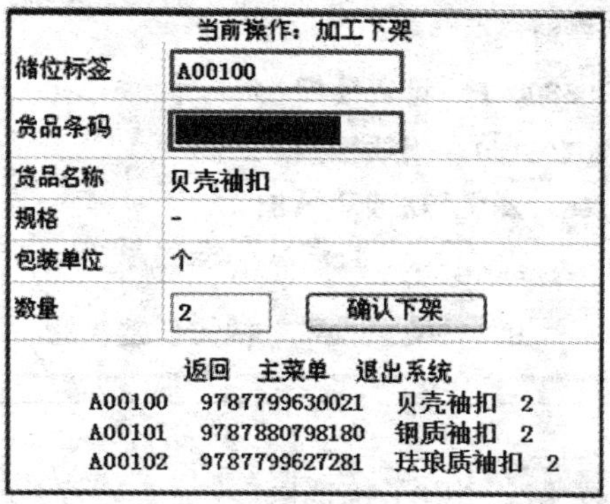
当前操作：加工下架
储位标签 A00100
货品条码
货品名称 贝壳袖扣
规格 -
包装单位 个
数量 2
确认下架
返回 主菜单 退出系统
A00100 9787799630021 贝壳袖扣 2
A00101 9787880798180 铜质袖扣 2
A00102 9787799627281 珐琅质袖扣 2

加工下架操作完成后，就要进行货品加工作业处理。

表 5－1－14　　加工作业

具体操作
返回手持终端主菜单，点击“加工作业”按钮，进入现场加工作业页面 在此页面中，最下面的是需要加工的产品列表，利用手持终端扫描货品条码，此时系统会自动取出货品的名称、需要加工的数量、包装单位及需要加工这种货品所需要的原材料信息 核对加工信息无误后，点击“加工确认”按钮，完成加工作业
图　　示

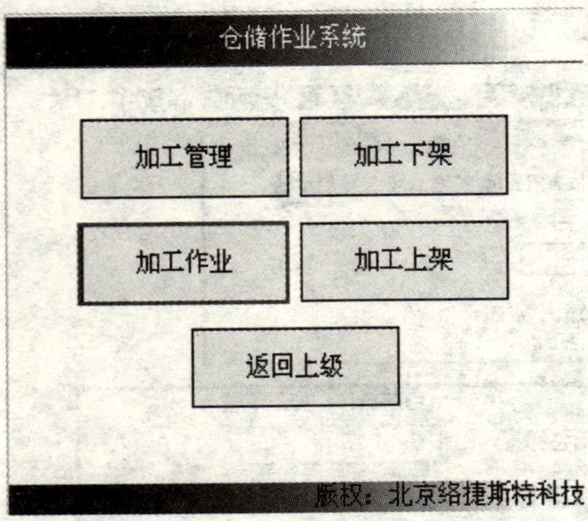

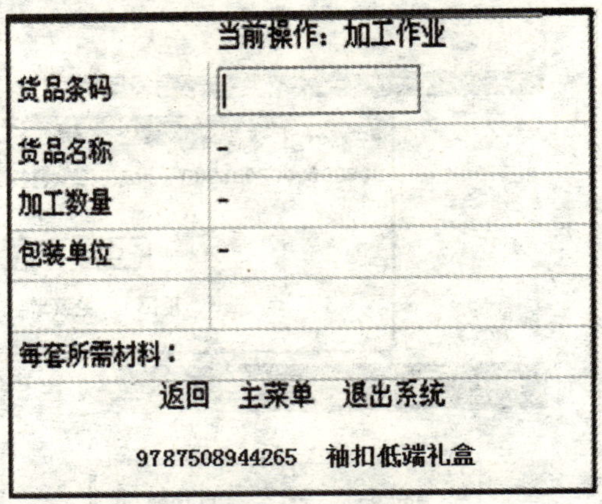

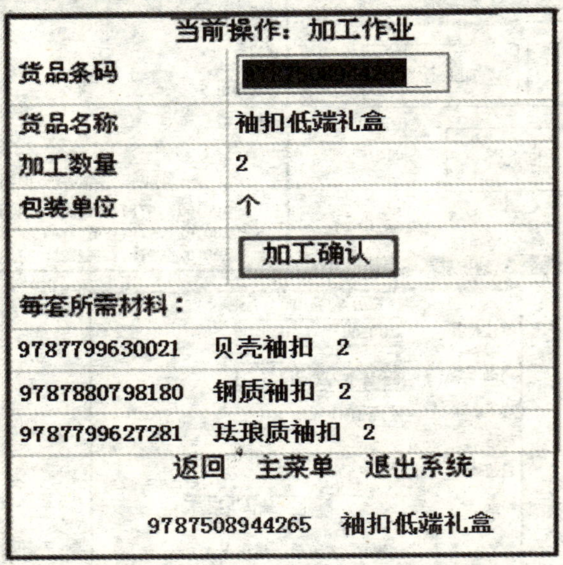

加工完成后的货品还需要上架到电子拣选区。

表 5－1－15　　加工上架

具体操作
返回加工作业主菜单，点击“加工上架”按钮，进入上架操作 利用手持终端扫描待上架货品的货品条码，系统会自动显示出该货品的名称、上架区域、个数等信息。仓管员，根据目标储位信息，将货品放置到相应的储位，扫描储位标签 点击“确认上架”按钮，完成上架操作 返回加工作业主菜单，点击“加工管理”，可以看到加工订单的状态情况，点击“完成”按钮，加工作业完毕
图　　示

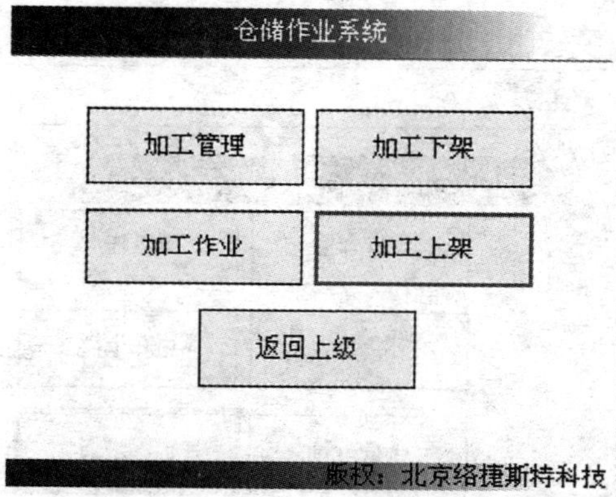

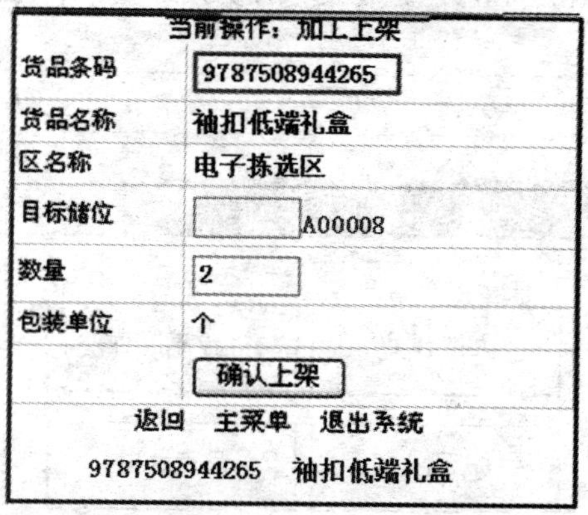

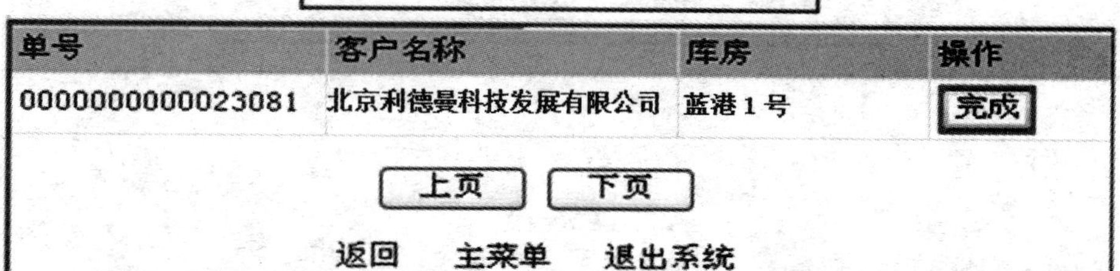

步骤五：剪刀出库数据采集

系统生成货物剪刀的出库作业单后，工作人员开始利用手持终端进行出库理货清点作业，具体操作步骤如表 5－1－16 和表 5－1－17 所示。

表 5－1－16　　出库理货

具体操作
使用给定的用户名和密码登录手持终端系统，进入其应用操作主功能界面。点击“补货/出库作业”，进入出库作业界面 点击“出库理货”，进入理货界面。点击“开始”后，手持终端会向立体仓库发出下架的操作指令
图　　示

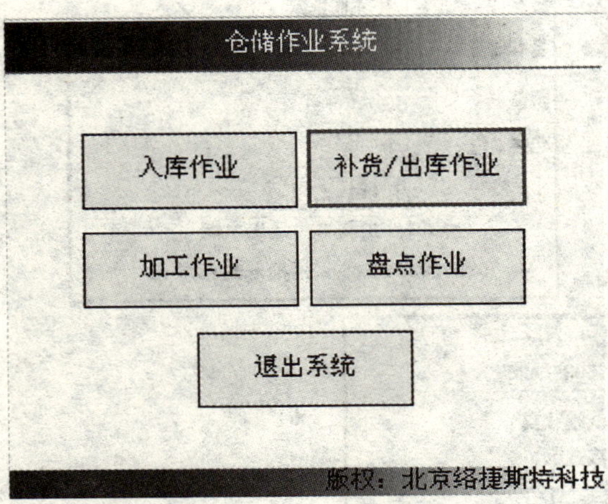

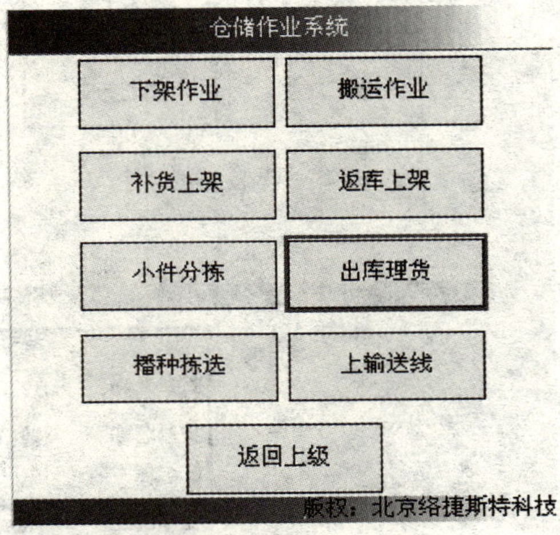

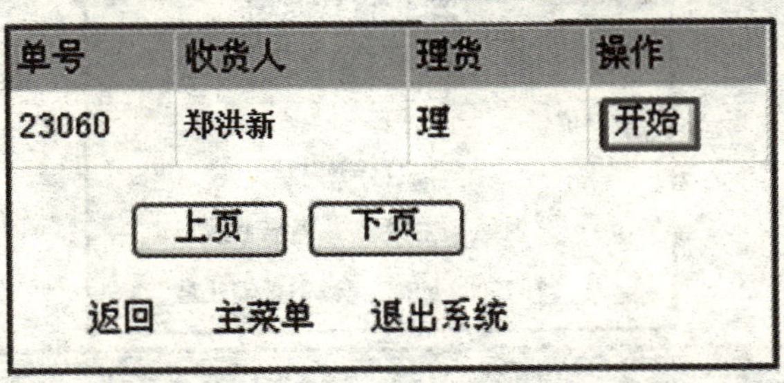

表 5－1－17　出库下架

具体操作
将需要下架的货品下架出库。待货物已经下架，放置在立体仓库出货口后，利用手持终端采集托盘信息 进入到手持终端的“下架作业”界面，手持终端采集到托盘信息后，会自动显示出要下架货品的基本信息，核对下架数量，确认后点击“确认下架” 返回到出库作业功能界面，点击“搬运作业”，采集托盘信息，点击“确认搬运”利用电动搬运车将货物搬运至出库理货区 返回到手持操作终端的“出库理货”界面，点击“理”，核对理货出库的货品、数量信息，确认无误后，点击“保存结果” 当出库理货界面中的提示信息变为“本出库单已理货 1 托盘”，证明出库理货操作完毕。返回出库理货界面，点击“完成”
图　　示

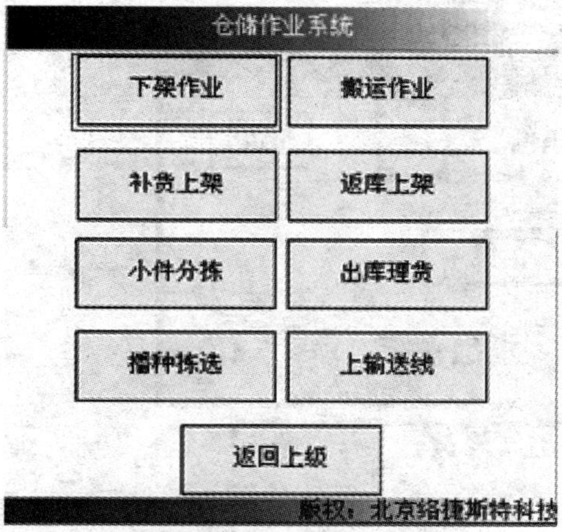

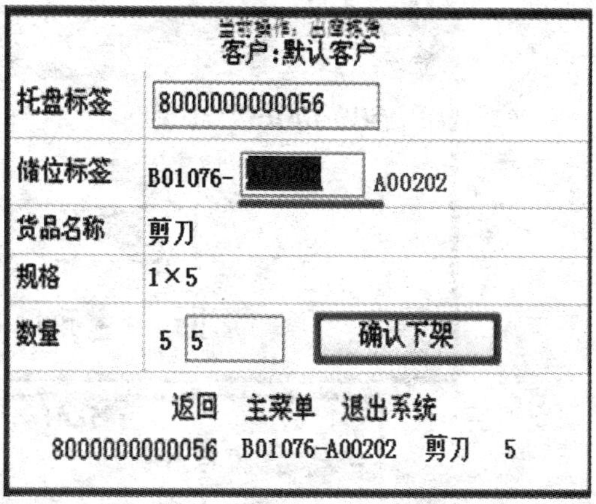

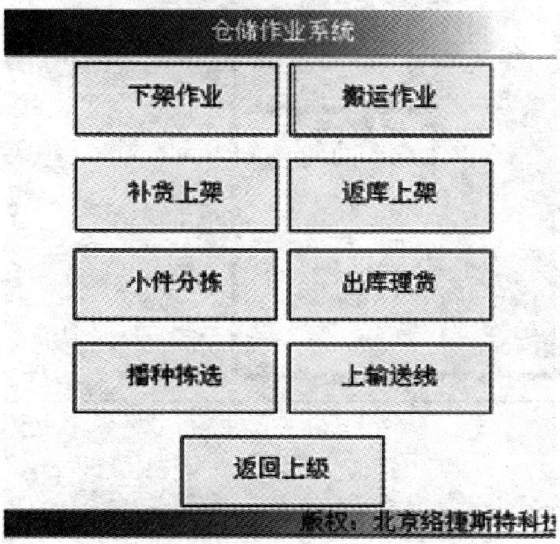

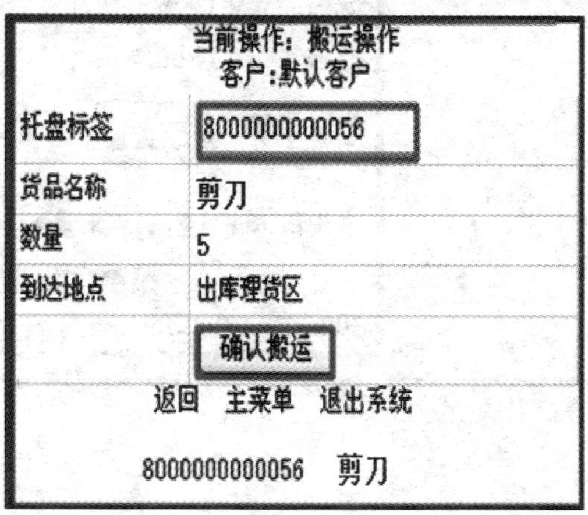

续 表

图 示
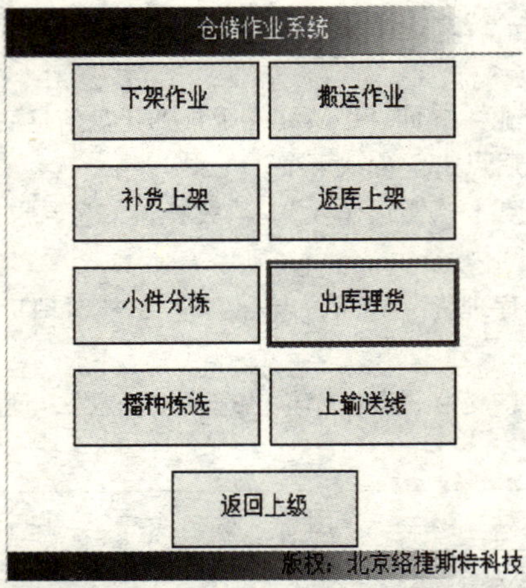 仓储作业系统 下架作业 搬运作业 补货上架 返库上架 小件分拣 出库理货 播种拣选 上输送线 返回上级 版权：北京络捷斯特科技 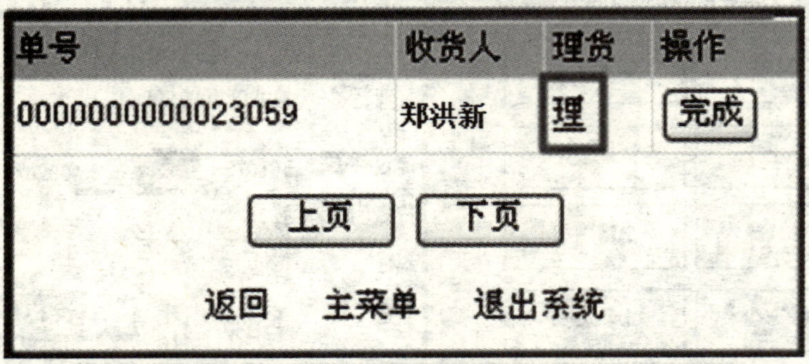 单号 收货人 理货 操作 0000000000023059 郑洪新 理 完成 上页 下页 返回 主菜单 退出系统 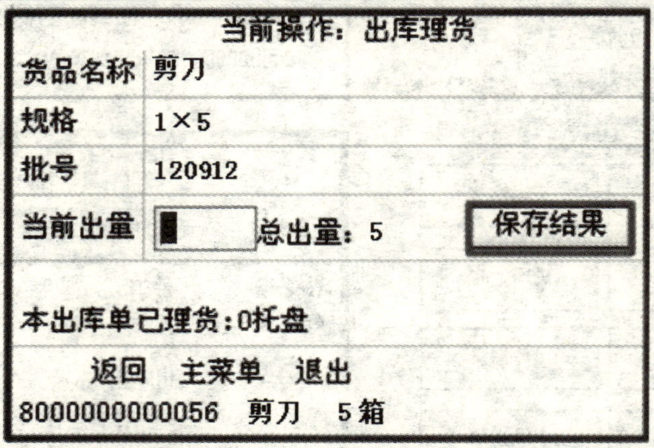 当前操作：出库理货 货品名称 剪刀 规格 1×5 批号 120912 当前出量 总出量：5 保存结果 本出库单已理货:0托盘 返回 主菜单 退出 8000000000056 剪刀 5箱

技能训练

2012年6月12日，速达物流的客户北京利德曼科技发展有限公司有货物取暖器12箱（货品条码：9787799510521）须入库到托盘货架区的“A00003”储位，需要运用条码技术进行数据信息采集。

2012年6月15日上午，蓝港1号仓库的货物文具盒1箱须从托盘货架区的“B00200”储位补货至栈板货架区的“A00000”储位，需要运用条码技术进行数据信息采集。

2012年5月24日，仓库蓝港1号需要对栈板货架区进行一次盘点，需要运用条码技术进行数据信息采集。

2012年5月23日，蓝港1号仓库需要从托盘货架区下架银质袖扣（储位：A00103）、玛瑙袖扣（储位：A00104）和水晶袖扣（储位：A00106）各5件来进行流通加工，组合成5套袖扣中端礼盒，并上架至电子拣选区“A00004”储位上，需要运用条码技术进行数据信息采集。

2012年8月13日，速达物流的客户北京利德曼科技发展有限公司有货物胶带（货品条码：9787885160371）7箱、尺子（货品条码：9787885161057）10箱须分别从托盘货架区的“B00203”储位和“B00204”储位出库，需要运用条码技术进行数据信息采集。

请你简述采用条码数据采集器采集这些数据信息的大致流程。

实训任务二　RFID 数据采集

任务引入

北京速达物流有限公司蓝港 1 号仓库现有的仓储管理系统采用的是条码技术进行货物入库、出库数据的采集和统计，但是使用条码技术进行管理具有一些弊端：条码标签容易复制、不防污、不防潮而且只能近距离读取。

为了解决这些问题，蓝港 1 号仓库引进 RFID 技术对仓储各环节实施全过程控制管理，对入库、出库、盘点等各个环节进行规范化作业，有效地对仓库流程和空间进行管理，实现批次管理、快速出入库和动态盘点；帮助仓库管理人员对库存物品的入库、出库、移动、盘点、配料等操作进行全面的控制和管理，有效地利用仓库存储空间，提高仓库的仓储能力。

2012 年 5 月 12 日，速达物流的客户北京利德曼科技发展有限公司有货物蒸蛋器 20 箱（货品编号：980101495）需入库到蓝港 1 号仓库的托盘货架区“A00000”储位，需要运用 RFID 技术进行数据信息采集。

2012 年 9 月 12 日，速达物流的客户北京利德曼科技发展有限公司有货物剪刀 5 箱需从栈板货架区的“A00202”储位出库，需要运用 RFID 技术进行数据信息采集。

任务实施

步骤一：蒸蛋器入库上架数据采集

1. RFID 标签制作

在货物入库之前，工作人员须制作 RFID 电子标签，对每批（或箱或件）货物都建立 RFID 电子标签来标识。每个电子标签产生唯一的码序列号，每个电子标签对应货物的相关信息，如货物的品名、规格、数量、入库日期、出库日期及保质期等。具体操作步骤如表 5 -2 -1 所示。

表 5－2－1　　　　**RFID 标签制作**

具体操作
登录到物流综合业务平台，以给定的账号进入第三方物流信息管理系统中的“仓储管理”系统，选择“配置管理”模块下的“RFID 配置”，进行 RFID 标签制作 点击“查询货品”，选中客户需要入库的货品条目，并选择使用的 RFID 标签，点击“写入”，将货品信息写入到 RFID 标签中
图　　示
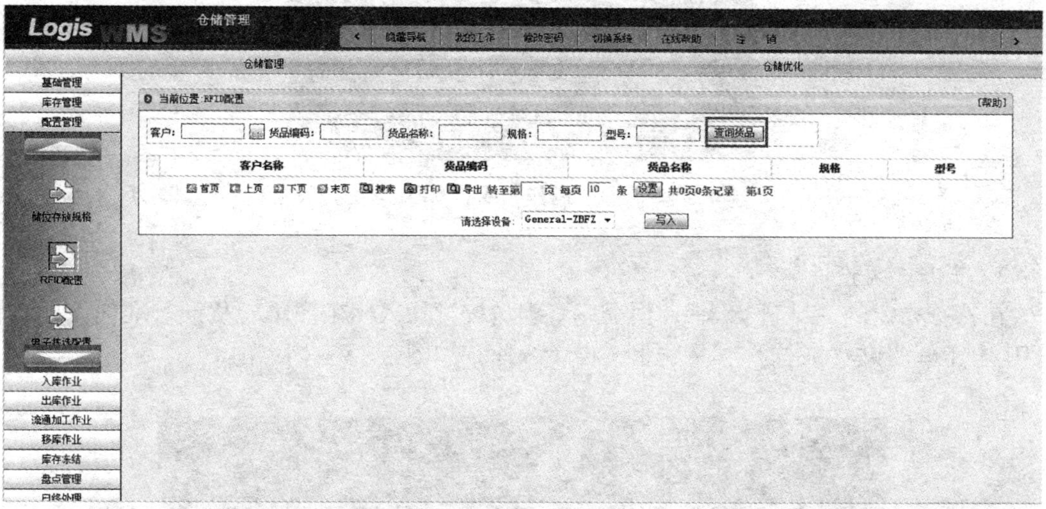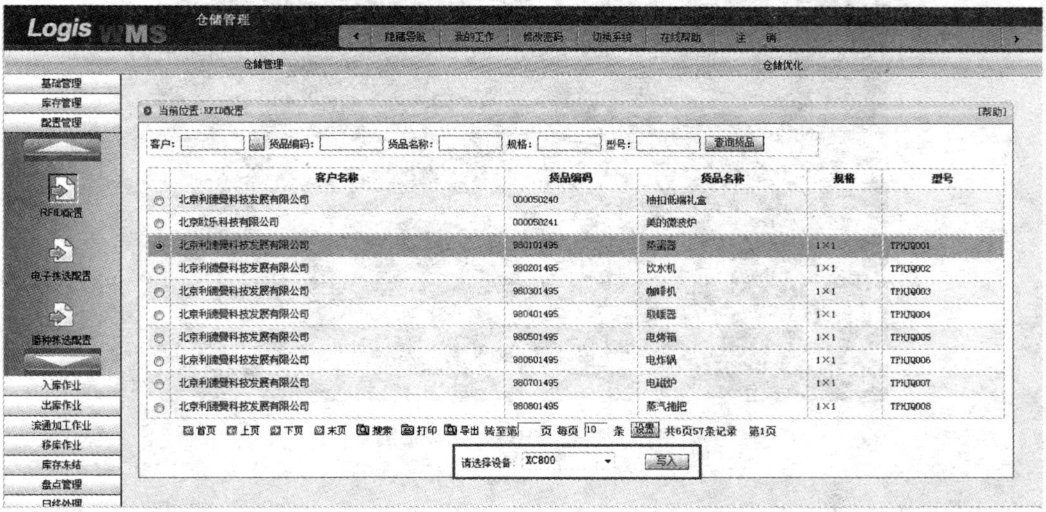

将录入货物信息的 RFID 标签制作成唯一对应的货物 RFID 标签，如图 5－2－1 所示。

图 5-2-1　制作完成的 RFID 标签

2. 准进货区验货

在特殊指定的“准进货区”，由仓库管理员按货物入库单照单验货，若准确无误就将 RFID 电子标签贴（或挂）在货物上，准予入库，如图 5-2-2 所示。

图 5-2-2　RFID 标签粘贴

3. RFID 入库理货

货物准予入库后，工作人员进行入库理货操作，具体操作步骤如表 5-2-2 所示。

表 5－2－2　　RFID 入库理货

具体操作
登录到物流综合业务平台，以给定的账号进入第三方物流信息管理系统中的“仓储管理”系统，选择“入库作业”模块下的“入库反馈”，进行 RFID 入库理货 点击“理货”，进入入库理货界面，选中客户需要入库的货品条目，点击“RFID 扫描”，进行货物入库扫描
图　　示

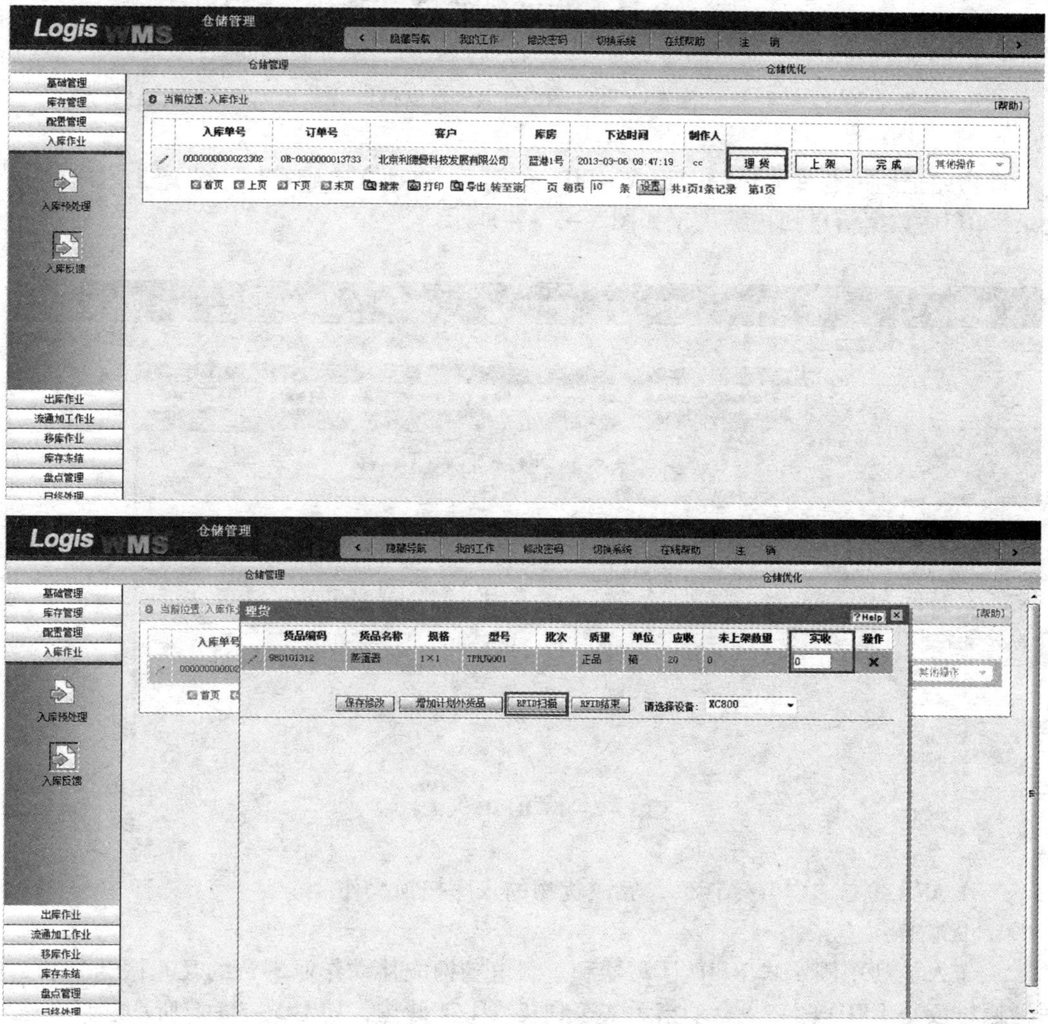

货物通过仓库入口的固定式 RFID 系统时，读写器读入入库货物的 RFID 标签编码，进行 RFID 入库数据信息采集，如图 5－2－3 所示。

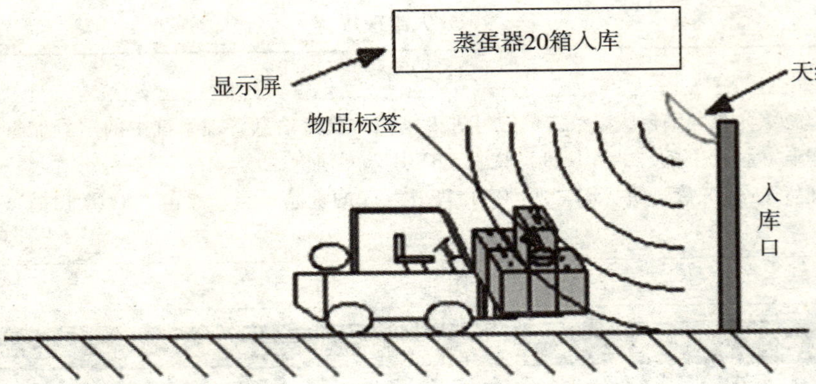

图 5－2－3　RFID 入库数据采集

货物完全通过仓库入口的固定式 RFID 系统后，自动在电脑数据库里产生入库的上架记录，RFID 数据信息扫描结束，如图 5－2－4 所示。

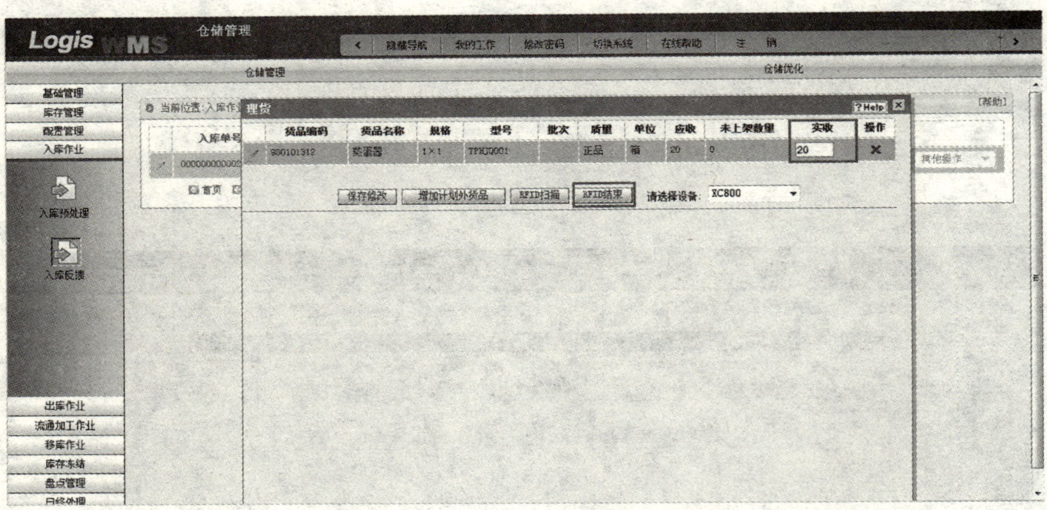

图 5－2－4　RFID 入库扫描

工作人员点击“RFID 结束”，完成货物的入库扫描操作。

4. 货物搬运上架

工作人员利用固定式 RFID 读写器和车载电脑构成移动作业平台的叉车搬运货物，读写器通过读写 RFID 标签，自动指示叉车到货物上架储位，如图 5－2－5 所示。

5. 系统反馈

货物上架完成后，工作人员点击 RFID 入库理货界面的“完成”，证明货物蒸蛋器已入库，如图 5－2－6 所示。

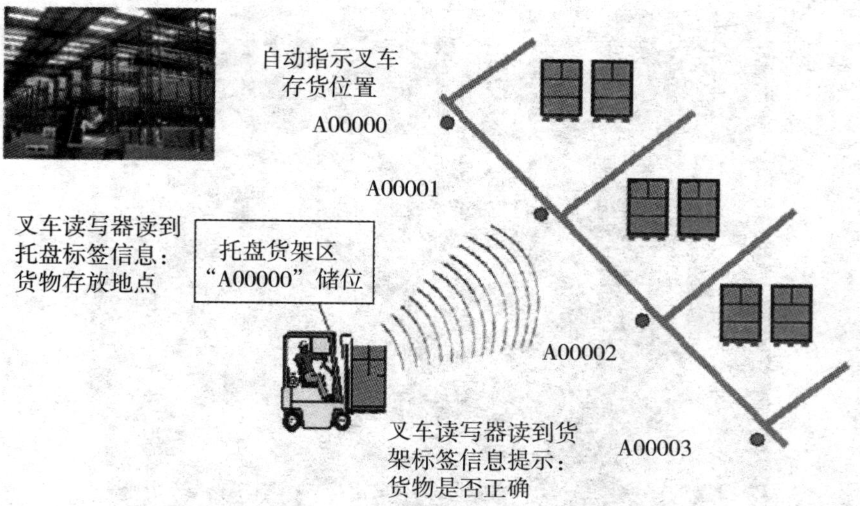

图 5-2-5 货物搬运上架

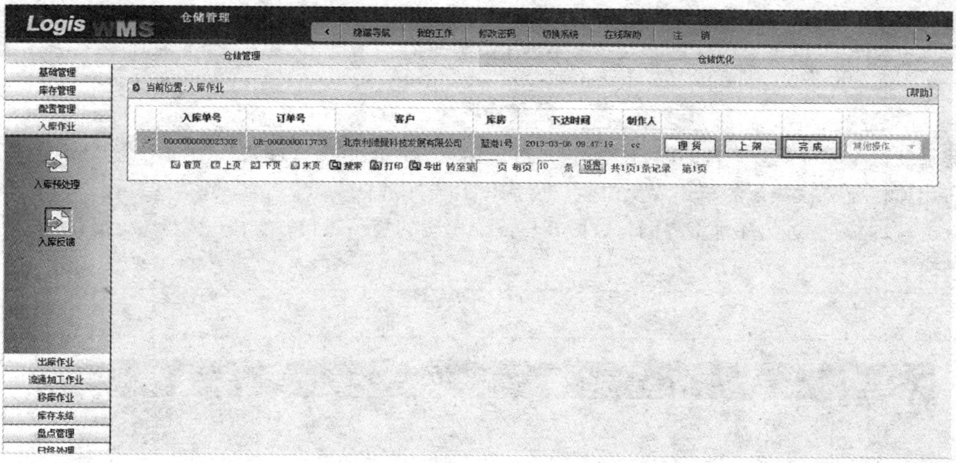

图 5-2-6 系统反馈

步骤二：剪刀拣货出库数据采集

1. 货物下架

仓库管理员在接到货物出库指令后，操作固定式 RFID 读写器和车载电脑构成移动作业平台的叉车，根据 RFID 读写器提示，行驶到货物的仓库储位拣选出货物剪刀 5 箱，如图 5-2-7 所示。

2. RFID 出库理货

货物通过 RFID 拣选下架后，工作人员进行出库理货操作，具体操作步骤如表 5-2-3 所示。

图 5－2－7　货物下架

表 5－2－3　　**RFID 出库理货**

具体操作
登录到物流综合业务平台，以给定的账号进入第三方物流信息管理系统中的“仓储管理”系统，选择“出库作业”模块下的“出库反馈”，进行 RFID 出库理货 点击“理货”，进出库理货界面，选中客户需要出库的货品条目，点击“RFID 扫描”，进行货物出库扫描
图　　示
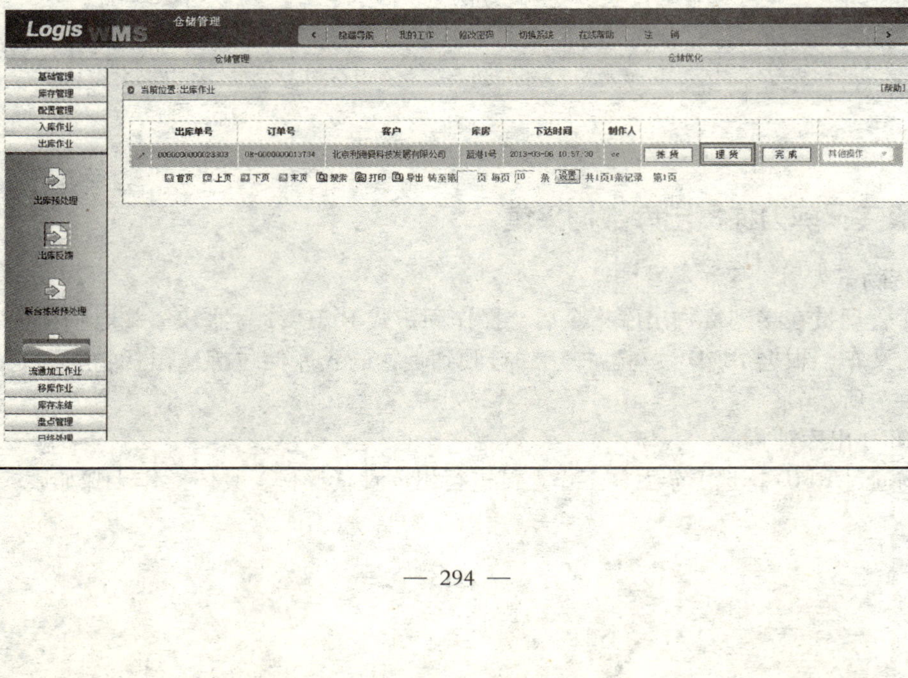

续 表

图 示
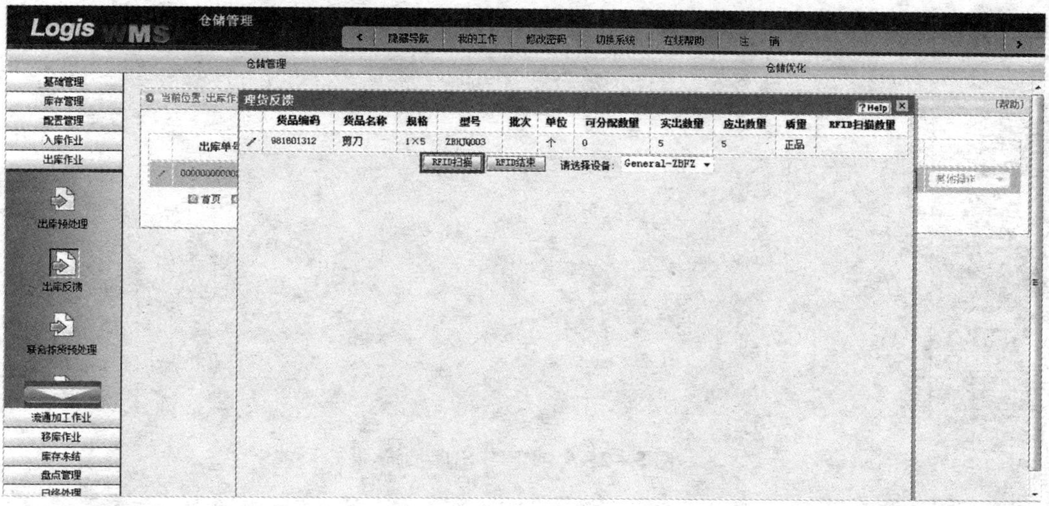

货物通过仓库出口的固定式 RFID 系统时，读写器读入出库货物的 RFID 标签编码，进行 RFID 出库数据信息采集，如图 5－2－8 所示。

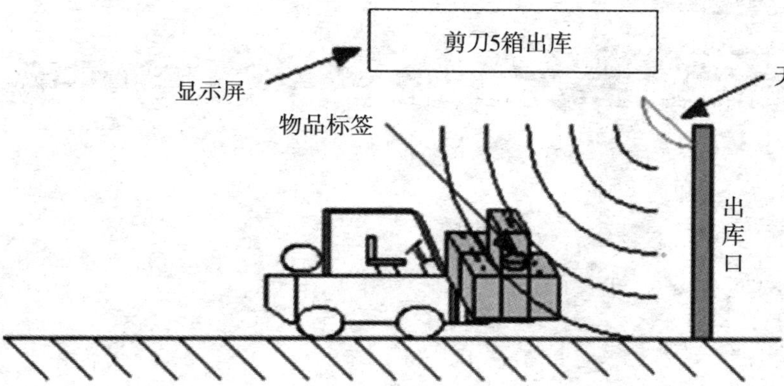

图 5－2－8　RFID 出库数据采集

货物完全通过仓库出口的固定式 RFID 系统后，自动在电脑数据库里产生出库记录，RFID 数据信息扫描结束，如图 5－2－9 所示。

工作人员点击“RFID 结束”，完成货物的出库扫描操作。

3. 系统反馈

货物出库完成后，工作人员点击 RFID 出库理货界面的“完成”，证明货物剪刀已出

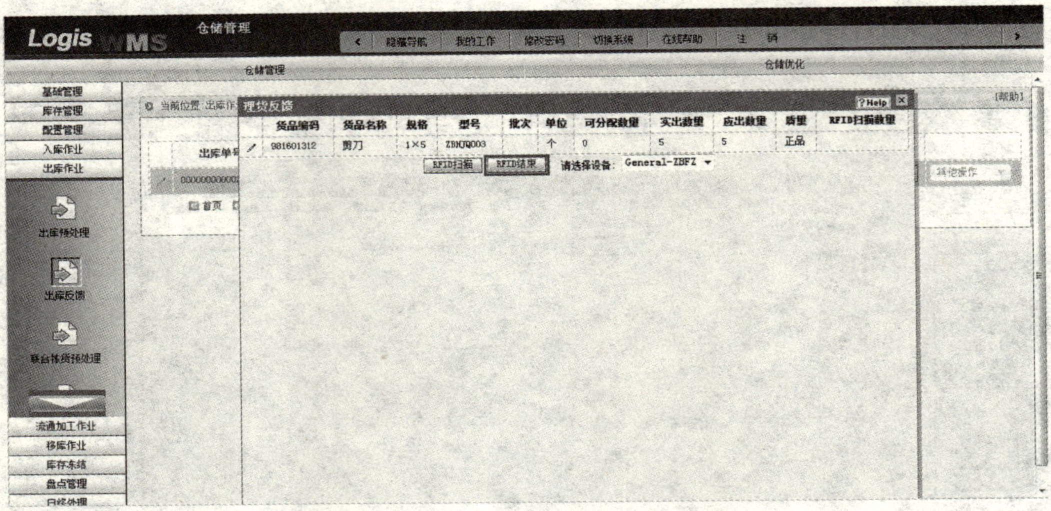

图 5-2-9　RFID 出库扫描

库，如图 5-2-10 所示。

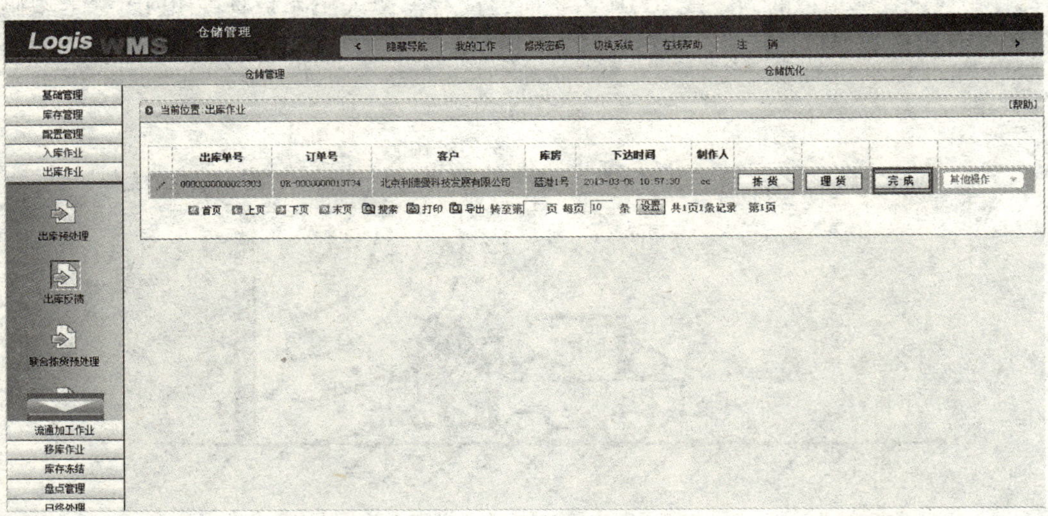

图 5-2-10　系统反馈

4. 准出货区验货

在特殊指定的“准出货区”，由仓库管理员按货物出库领货单照单做最后的验货，以保证发货的准确性，以免造成难以挽回的损失。若发现错误，可及时采取补救措施纠正。若准确无误，就准予出库。

5. RFID 标签回收

当仓库管理员确认发货准确无误时，将贴（或挂）在货物上的 RFID 电子标签收回，以便仓库管理重复使用，如图 5－2－11 所示。

图 5－2－11　RFID 标签回收

技能训练

2012 年 6 月 12 日，速达物流的客户北京利德曼科技发展有限公司有一批货物：取暖器 12 箱（货品条码：9787799510521）须入库到托盘货架区的“A00003”储位，电炸锅 25 箱（货品条码：9787885273156）须入库到托盘货架区的“B00005”储位，电机 20 箱（货品条码：9787538557138）须入库到立库存储区的“B00001”储位，风叶 20 箱（货品条码：9787514600407）须入库到立库存储区的“B00003”储位，洗衣机 2 箱（货品条码：9787798928860）须入库到平堆区的“C00006”储位，需要运用 RFID 技术进行数据信息采集。

2012 年 8 月 13 日，速达物流的客户北京利德曼科技发展有限公司有一批货物：胶带 7 箱（货品条码：9787885160371）须从托盘货架区的“B00203”储位出库，尺子 10 箱（货品条码：9787885161057）须从托盘货架区的“B00204”储位出库，手工皮带扣 5 箱（货品条码：9787543064812）须从托盘货架区的“D00005”储位出库，笔记本 10 箱（货品条码：9787881012322）须从栈板货架区的“B00002”储位出库，计算器 5 箱（货品条码：9787880975901）须从栈板货架区的“B00003”储位出库，需要运用 RFID 技术进行数据信息采集。

请你利用 RFID 技术进行货物的数据采集。

项目六　物流信息系统报表导出

实训任务一　仓库明细表的制作

任务引入

北京祥瑞汽车物流有限公司主要从事汽车零部件入厂物流业务。汽车零部件入厂物流业务的主要业务活动为：

（1）检验、保管从供应商送来的汽车零部件。

（2）根据汽车企业生产厂要求向生产线按时、按量输送需要的汽车零部件。

北京祥瑞汽车物流有限公司零部件拣货工作流程：

（1）计划打单室打单员使用仓储管理系统按生产计划打出投料卡。

（2）保管员班长领投料卡，分发给对应保管员。

（3）保管员根据投料卡拣货，并将零部件放入暂存区。

（4）转运员将放在暂存区的零部件送到汽车生产线并将一联投料卡交给生产车间对应负责人。

2012 年 7 月 18 日上午，北京祥瑞汽车物流有限公司计划打单室赵鑫班长要求打单员张强从仓储系统中导出 2012 年 7 月 18 日出库明细表，并为保管员 WL01B002 制作保管员明细表。

工作前张强已经从仓储管理系统中导出一张包括 2012 年 7 月 18 日所有需要拣货（出库）的零部件明细表，如图 6－1－1 所示。

	投料卡号	出库单号	用料部门	工位	出库类型	应商编	供应商简称	物料号	物料名称	批次号	需求数量	占用数量	拣配数量	出库数量	确认数量	
2	0000008220	JC71605295	总装线边库	ZRFF110	投料卡出库	A1277	山东旭淼	H4101050018A0	动力后悬置右支架	12070900	1	1	0	0	0	4
3	0000008216	JC71609501	总装线边库	ZTDP240	投料卡出库	A0453	霸州北方	H0858020056A0	防钻保护架总成	12062501	13	1	0	0	0	3
4	0000008216	JC71703362	总装线边库	ZTDP240	投料卡出库	A0453	霸州北方	H0858020056A0	防钻保护架总成	12062501	13	6	0	0	0	3
5	0000008216	JC71703362	总装线边库	ZTDP240	投料卡出库	A0453	霸州北方	H0858020056A0	防钻保护架总成	12070900	13	6	0	0	0	3
6	0000008223	PC71600387	总装线边库	ZRDF010	投料卡出库	A1282	青岛众力	1325129581003	平衡轴总成	1207090A	1	1	0	0	0	3
7	0000008222	JC71605574	总装线边库	ZRNS320	投料卡出库	A0745	丹阳新泉	1B22053504055	右角板	12062100	20	20	0	0	0	2
8	0000008217	PC71700449	总装线边库	ZTDP140	投料卡出库	A0256	北京北汽远东	H1220260000A0	传动轴带中间支撑总成	12071700	1	1	0	0	0	6
9	0000008223	PC71500599	总装线边库	ZRWL010	投料卡出库	A0072	山东兴民钢圈	1417031100012	车轮总成(8.0V旋压)	12071004	11	10	0	0	0	2
10	0000008223	PC71500599	总装线边库	ZRWL010	投料卡出库	A0072	山东兴民钢圈	1417031100012	车轮总成(8.0V旋压)	12071502	11	1	0	0	0	2
11	0000008225	PC71700314	总装线边库	ZRDF040	投料卡出库	A1282	青岛众力	H0240010361A0	斯太尔双联后桥(带气室，5.	12071702	1	1	0	0	0	1
12	0000008223	PC71600396	总装线边库	ZRDP140	投料卡出库	A0256	北京北汽远东	1325322080003	后传动轴总成	12062105	1	1	0	0	0	1
13	0000008223	PC71600654	总装线边库	ZRWL010	投料卡出库	A0072	山东兴民钢圈	1417031100012	车轮总成(8.0V旋压)	12071400	13	13	0	0	0	2
14	0000008219	PC71500603	总装线边库	ZTWL010	投料卡出库	A0072	山东兴民钢圈	H0311030008A0	车轮总成(22.5X9.00，12mm	12070902	9	9	0	0	0	3
15	0000008230	JC71705544	总装线边库	ZRDP190	投料卡出库	A0304	水兴塑塑	1325111981224	高位进气管带支架总成	12071703	3	3	0	0	0	1
16	0000008225	PC71700240	总装线边库	ZRDP240	投料卡出库	A0026	海得威机械	1513111147002	350L铝合金方油箱总成	12062500	1	1	0	0	0	7
17	0000008220	JC71604814	总装线边库	ZRDF060	投料卡出库	A0943	协众汽车空调	H4812060007A0	压缩机排气管总成	12070901	1	1	0	0	0	4
18	0000008218	JC71606801	总装线边库	ZTDP170	投料卡出库	A1247	河北华特	H1120080003A0	排气管焊合2	12071301	1	1	0	0	0	5
19	0000008227	PC71800219	总装线边库	ZRDP140	投料卡出库	A0256	北京北汽远东	H1220400000A0	传动轴带中间支撑总成	12071700	1	1	0	0	0	1
20	0000008218	JC71606505	总装线边库	ZTWL020	投料卡出库	A0943	协众汽车空调	1B22081201398	惰轮总成	12070900	5	5	0	0	0	3

图 6－1－1　计划打单明细（2012 年 7 月 18 日）

任务实施

一、系统中导出 2012 年 7 月 18 日出库明细表

从仓库管理系统中导出所需的原始数据，2012 年 7 月 20 日出库表（拣货表）。如图 6－1－2 示。

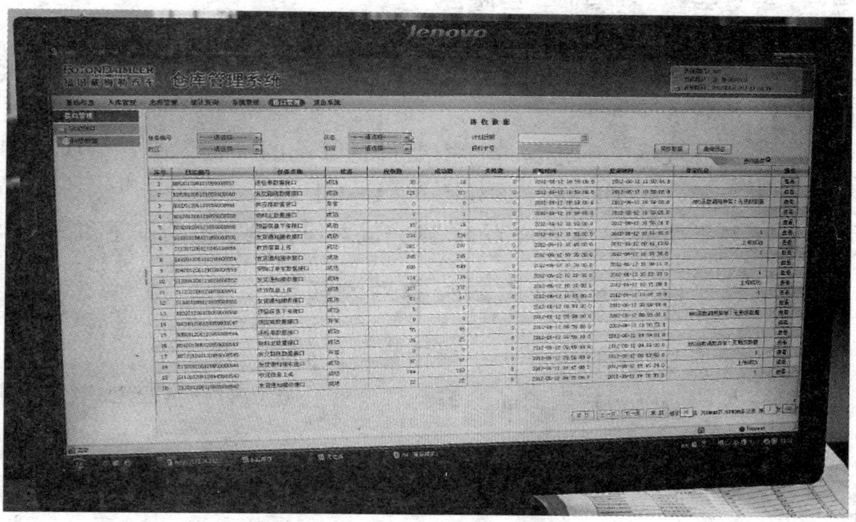

图 6－1－2　原始数据导出

二、删除多余项

打开原始数据我们可以发现，其中数据量非常庞大，数据项非常多。但是其中很多数据都是无用的，因此我们需要将多余项删除。需要保留的列数据包括“编号”、“用料部门”、“工位”、“供应商编码”、“供应商简称”、“物料号”、“物料名称”、“保管员”几项，删除其他不需要的列数据，结果如图 6－1－3 所示。

J9

	A	B	C	D	E	F	G	H
1	编号	用料部门	工位	应商编	供应商简称	物料号	物料名称	保管员
2	1	总装线边库	ZRFF110	A1277	山东旭鑫	H4101050018A0	动力后悬置右支架	WL01B016
3	2	总装线边库	ZTDP240	A0453	霸州北方	H0858020056A0	防钻保护架总成	WL01B029
4	3	总装线边库	ZTDP240	A0453	霸州北方	H0858020056A0	防钻保护架总成	WL01B029
5	4	总装线边库	ZTDP240	A0453	霸州北方	H0858020056A0	防钻保护架总成	WL01B029
6	5	总装线边库	ZRDF010	A1282	青岛众力	1325129581003	平衡轴总成	WL01B047
7	6	总装线边库	ZRNS320	A0745	丹阳新泉	1B22053504055	右角板	WL01B026
8	7	总装线边库	ZTDP140	A0256	北京北汽远东	H1220260000A0	传动轴带中间支撑总成	WL01B012
9	8	总装线边库	ZRWL010	A0072	山东兴民钢圈	1417031100012	车轮总成(8.0V旋压)	WL05B001
10	9	总装线边库	ZRWL010	A0072	山东兴民钢圈	1417031100012	车轮总成(8.0V旋压)	WL05B001
11	10	总装线边库	ZRDF040	A1282	青岛众力	H0240010361A0	斯太尔双联后桥(带气室，5.	WL01B027
12	11	总装线边库	ZRDP140	A0256	北京北汽远东	1325322080003	后传动轴总成	WL01B012
13	12	总装线边库	ZRWL010	A0072	山东兴民钢圈	1417031100012	车轮总成(8.0V旋压)	WL05B001

图 6－1－3　删除多余项

三、对保管员字段进行排序与筛选

按照保管员字段进行排序，点击数据栏目下的排序，设置排序条件为按保管员升序排序，如图 6－1－4 所示。

排序完成后，进行数据的筛选。选择需要进行筛选的区域，保管员所在的列。自定义筛选条件为文本等于“WL01B002”，如图 6－1－5 所示。

排序筛选后的结果如图 6－1－6 所示，则完成对保管员字段的排序和筛选。

四、对物料号排序，合并供应商编码与物料号

由于物料号不能唯一代表商品，为了保证物料号的唯一性，应用 & 合并供应商编码与物料号，得到一种能够唯一代表商品的编码。合并公式为“＝A2&B2”，合并结果如图 6－1－7 所示。

图 6－1－4　排序

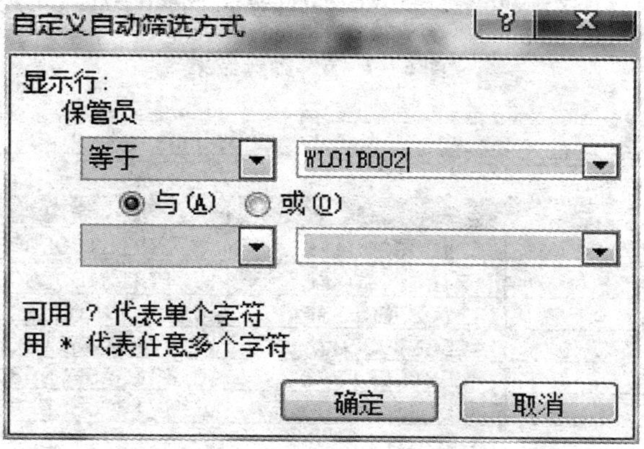

图 6－1－5　筛选条件设置

五、对合并栏排序

选中合并栏为排序的区域，选中按升序自动排序，使 Excel 行排列连续不出现断档，排序后结果如图 6－1－8 所示。

B	C	D	E	F	G	H
用料部门	工位	应商编	供应商简称	物料号	物料名称	保管员
总装线边库	ZRDP210	A0147	南京民光	H1340080004A0	高压油管总成	WL01B002
总装线边库	ZRDP210	A0147	南京民光	H1340080004A0	高压油管总成	WL01B002
总装线边库	ZRDP200	A0147	南京民光	1417035600186	前气室胶管总成	WL01B002
总装线边库	ZRFF060	A0147	南京民光	1418311925038	空压机进气钢管	WL01B002
总装线边库	ZRFF060	A0147	南京民光	1325335681108	钢管总成-空压机至胶管	WL01B002
总装线边库	ZRDP180	A0147	南京民光	1325335681109	钢管总成-干燥器至车架	WL01B002
总装线边库	ZRDP180	A0147	南京民光	1325335681109	钢管总成-干燥器至车架	WL01B002
总装线边库	ZRDP180	A0147	南京民光	1114135600003	橡胶管总成	WL01B002
总装线边库	ZRDP170	A0147	南京民光	1110835600029	高温橡胶管总成	WL01B002
总装线边库	ZRDP180	A0147	南京民光	H1356102001A0	钢管总成-软管至隔直	WL01B002
总装线边库	ZRDP180	A0147	南京民光	1325135602811	钢管总成-后储三通至后储	WL01B002
总装线边库	ZRFF060	A0147	南京民光	1525313303031	组合式冷却水管	WL01B002
总装线边库	ZRCF010	A0147	南京民光	1424135680037	钢管总成-调压阀至干燥筒	WL01B002
总装线边库	ZRCF010	A1245	河北恒业	1110835600008	钢管总成-四回路至储气筒	WL01B002
总装线边库	ZRDP200	A0147	南京民光	1131135602049	钢管总成-前气室胶管至前气	WL01B002
总装线边库	ZRDP200	A1245	河北恒业	H1340240002A0	助力缸油管总成2	WL01B002
总装线边库	ZRFF060	A0147	南京民光	1418311925038	空压机进气钢管	WL01B002
总装线边库	ZRDP180	A0147	南京民光	1327135680010	钢管总成-前储至直通	WL01B002
总装线边库	ZRDP180	A0147	南京民光	1325135602813	钢管总成-四23至隔直角	WL01B002

图 6－1－6　筛选结果

C2　f_x　=A2&B2

	A	B	C
1	供应商编码	物料号	合并供应商编码和物料号
2	A0147	H1340080004A0	A0147H1340080004A0
3	A0147	H1340080004A0	A0147H1340080004A0
4	A0147	1417035600186	A01471417035600186
5	A0147	1418311925038	A01471418311925038
6	A0147	1325335681108	A01471325335681108
7	A0147	1325335681109	A01471325335681109
8	A0147	1325335681109	A01471325335681109
9	A0147	1114135600003	A01471114135600003
10	A0147	1110835600029	A01471110835600029
11	A0147	H1356102001A0	A0147H1356102001A0
12	A0147	1325135602811	A01471325135602811
13	A0147	1525313303031	A01471525313303031
14	A0147	1424135680037	A01471424135680037
15	A1245	1110835600008	A12451110835600008
16	A0147	1131135602049	A01471131135602049
17	A1245	H1340240002A0	A1245H1340240002A0
18	A0147	1418311925038	A01471418311925038
19	A0147	1327135680010	A01471327135680010

图 6－1－7　合并供应商编号和物料号

E1 合并供应商编码和物料号

	A	B	C	D	E	F	G
1	用料部门	工位	供应商编码	物料号	合并供应商编码和物料号	物料名称	保管员
2	总装线边库	ZRDP200	A0147	1106635600521	A01471106635600521	前制动胶管总成	WL01B002
3	总装线边库	ZTDP200	A0147	1106635600521	A01471106635600521	前制动胶管总成	WL01B002
4	总装线边库	ZRDP200	A0147	1106635600521	A01471106635600521	前制动胶管总成	WL01B002
5	总装线边库	ZTDP200	A0147	1106635600521	A01471106635600521	前制动胶管总成	WL01B002
6	总装线边库	ZRDP200	A0147	1106635600521	A01471106635600521	前制动胶管总成	WL01B002
7	总装线边库	ZTCF010	A0147	1110835600008	A01471110835600008	钢管总成-四回路	WL01B002
8	总装线边库	ZTCF010	A0147	1110835600008	A01471110835600008	钢管总成-四回路	WL01B002
9	总装线边库	ZRDP170	A0147	1110835600029	A01471110835600029	高温橡胶管总成	WL01B002
10	总装线边库	ZTDP170	A0147	1110835600029	A01471110835600029	高温橡胶管总成	WL01B002
11	总装线边库	ZTDP170	A0147	1110835600029	A01471110835600029	高温橡胶管总成	WL01B002
12	总装线边库	ZRDP170	A0147	1110835600029	A01471110835600029	高温橡胶管总成	WL01B002
13	总装线边库	ZRDP170	A0147	1110835600029	A01471110835600029	高温橡胶管总成	WL01B002
14	总装线边库	ZRDP180	A0147	1114135600003	A01471114135600003	橡胶管总成	WL01B002
15	总装线边库	ZRDP200	A0147	1131135602049	A01471131135602049	钢管总成-前气室	WL01B002
16	总装线边库	ZRDP200	A0147	1131135602049	A01471131135602049	钢管总成-前气室	WL01B002
17	总装线边库	ZTDP200	A0147	1131135602049	A01471131135602049	钢管总成-前气室	WL01B002
18	总装线边库	ZRDP200	A0147	1131135602049	A01471131135602049	钢管总成-前气室	WL01B002
19	总装线边库	ZRDP200	A0147	1131135602049	A01471131135602049	钢管总成-前气室	WL01B002
20	总装线边库	ZRDP180	A0147	1131713380102	A01471131713380102	组合式冷却水管	WL01B002
21	总装线边库	ZRFF060	A0147	1131735611016	A01471131735611016	钢管总成-空压机	WL01B002
22	总装线边库	ZRDP200	A0147	1138135600056	A01471138135600056	蝶阀橡胶管总成	WL01B002
23	总装线边库	ZRDP200	A0147	1138135600056	A01471138135600056	蝶阀橡胶管总成	WL01B002
24	总装线边库	ZRDP200	A0147	1138135600056	A01471138135600056	蝶阀橡胶管总成	WL01B002
25	总装线边库	ZRDP200	A0147	1138135600056	A01471138135600056	蝶阀橡胶管总成	WL01B002
26	总装线边库	ZRDP200	A0147	1138135600063	A01471138135600063	前气室胶管总成	WL01B002
27	总装线边库	ZRDP200	A0147	1138135600063	A01471138135600063	前气室胶管总成	WL01B002

Sheet1 Sheet2 Sheet3

图 6－1－8 合并栏排序

六、使用逻辑函数 A＝B 判断并删除重复项

使用逻辑函数“A＝B”判断是否存在重复项，判断结果如图 6－1－9 所示。判断结果为 true 则说明其是重复项，结果为 false 则说明不是重复项。

使用筛选条件，选择判断列判断值为“FALSE”的数据，这些数据即为不重复项目，删选设置如图 6－1－10 所示。

筛选出没有重复项的结果如图 6－1－11 所示，至此完成重复数据的判断和删除。

七、通过定位复制剩余项到新表

删除完重复项以后，剩余的可见内容即是需要保存的内容。通过定位的方式复制可见单元格到新表并进行保存。选中所有单元格，设置定位条件为“可见单元格”，并进行复制、粘贴到新的表格，定位条件设置如图 6－1－12 所示。

八、添加编号列保存表格

新建编号列并保存表格，删除不需要的列，则完成了为保管员 WL01B002 制作保管员明细表，如图 6－1－13 所示。

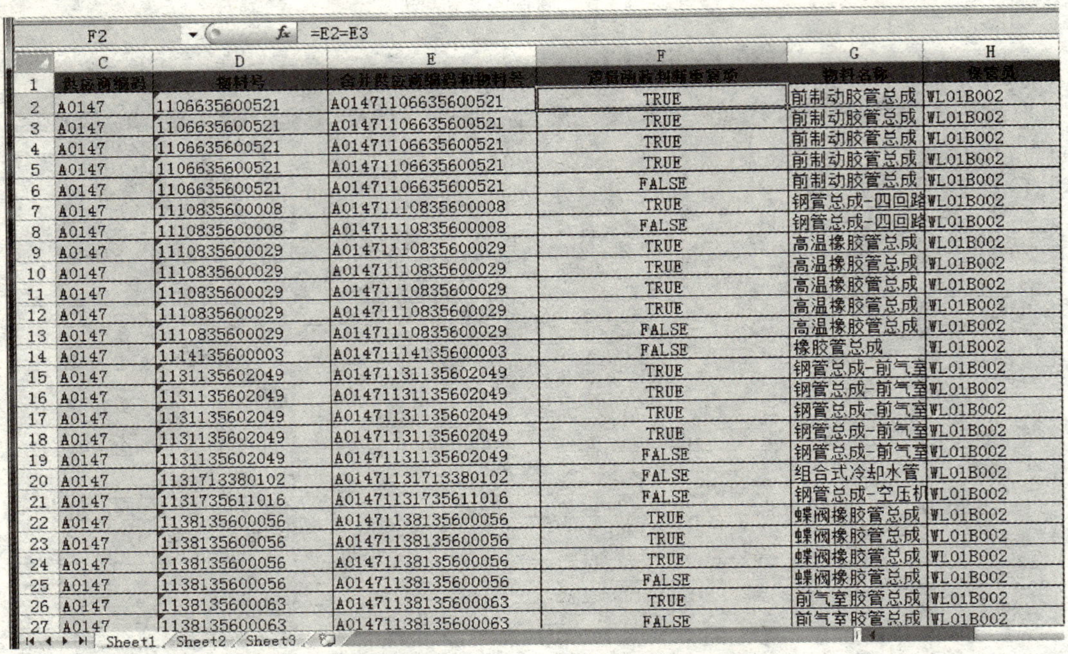

F2 =E2=E3

	C	D	E	F	G	H
1	供应商编码	物料号	合并供应商编码和物料号	逻辑函数判断重复项	物料名称	保管员
2	A0147	1106635600521	A01471106635600521	TRUE	前制动胶管总成	WL01B002
3	A0147	1106635600521	A01471106635600521	TRUE	前制动胶管总成	WL01B002
4	A0147	1106635600521	A01471106635600521	TRUE	前制动胶管总成	WL01B002
5	A0147	1106635600521	A01471106635600521	TRUE	前制动胶管总成	WL01B002
6	A0147	1106635600521	A01471106635600521	FALSE	前制动胶管总成	WL01B002
7	A0147	1110835600008	A01471110835600008	TRUE	钢管总成-四回路	WL01B002
8	A0147	1110835600008	A01471110835600008	FALSE	钢管总成-四回路	WL01B002
9	A0147	1110835600029	A01471110835600029	TRUE	高温橡胶管总成	WL01B002
10	A0147	1110835600029	A01471110835600029	TRUE	高温橡胶管总成	WL01B002
11	A0147	1110835600029	A01471110835600029	TRUE	高温橡胶管总成	WL01B002
12	A0147	1110835600029	A01471110835600029	TRUE	高温橡胶管总成	WL01B002
13	A0147	1110835600029	A01471110835600029	FALSE	高温橡胶管总成	WL01B002
14	A0147	1114135600003	A01471114135600003	FALSE	橡胶管总成	WL01B002
15	A0147	1131135602049	A01471131135602049	TRUE	钢管总成-前气室	WL01B002
16	A0147	1131135602049	A01471131135602049	TRUE	钢管总成-前气室	WL01B002
17	A0147	1131135602049	A01471131135602049	TRUE	钢管总成-前气室	WL01B002
18	A0147	1131135602049	A01471131135602049	TRUE	钢管总成-前气室	WL01B002
19	A0147	1131135602049	A01471131135602049	FALSE	钢管总成-前气室	WL01B002
20	A0147	1131713380102	A01471131713380102	FALSE	组合式冷却水管	WL01B002
21	A0147	1131735611016	A01471131735611016	FALSE	钢管总成-空压机	WL01B002
22	A0147	1138135600056	A01471138135600056	TRUE	蝶阀橡胶管总成	WL01B002
23	A0147	1138135600056	A01471138135600056	TRUE	蝶阀橡胶管总成	WL01B002
24	A0147	1138135600056	A01471138135600056	TRUE	蝶阀橡胶管总成	WL01B002
25	A0147	1138135600056	A01471138135600056	FALSE	蝶阀橡胶管总成	WL01B002
26	A0147	1138135600063	A01471138135600063	TRUE	前气室胶管总成	WL01B002
27	A0147	1138135600063	A01471138135600063	FALSE	前气室胶管总成	WL01B002

图 6-1-9　使用逻辑函数判断重复项

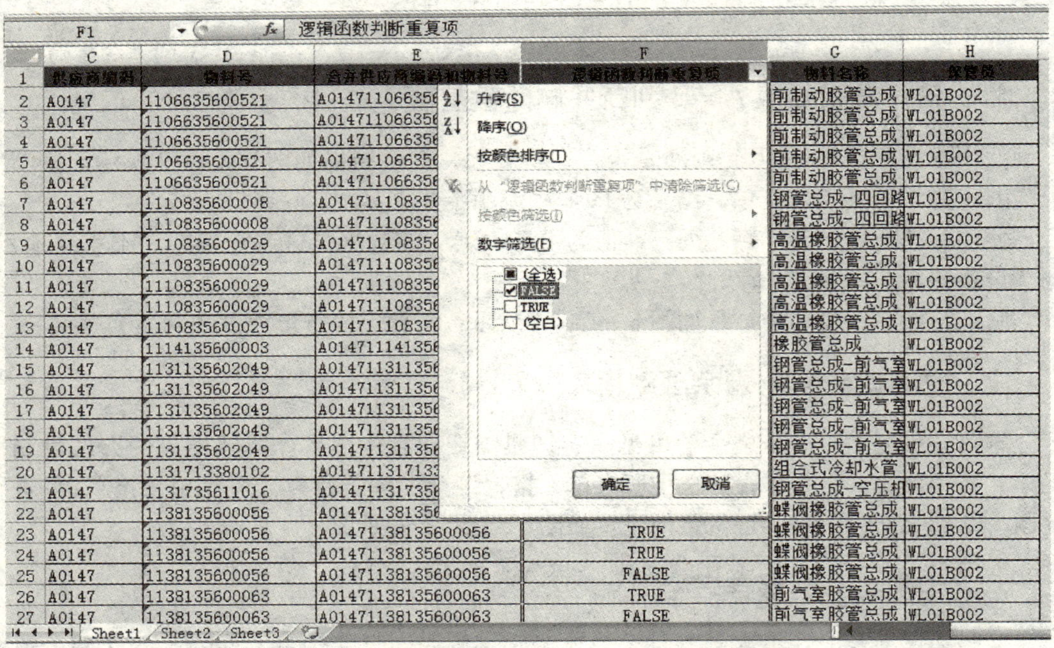

F1 逻辑函数判断重复项

	C	D	E	F	G	H
1	供应商编码	物料号	合并供应商编码和物料号	逻辑函数判断重复项	物料名称	保管员
2	A0147	1106635600521	A014711066356		前制动胶管总成	WL01B002
3	A0147	1106635600521	A014711066356		前制动胶管总成	WL01B002
4	A0147	1106635600521	A014711066356		前制动胶管总成	WL01B002
5	A0147	1106635600521	A014711066356		前制动胶管总成	WL01B002
6	A0147	1106635600521	A014711066356		前制动胶管总成	WL01B002
7	A0147	1110835600008	A014711108356		钢管总成-四回路	WL01B002
8	A0147	1110835600008	A014711108356		钢管总成-四回路	WL01B002
9	A0147	1110835600029	A014711108356		高温橡胶管总成	WL01B002
10	A0147	1110835600029	A014711108356		高温橡胶管总成	WL01B002
11	A0147	1110835600029	A014711108356		高温橡胶管总成	WL01B002
12	A0147	1110835600029	A014711108356		高温橡胶管总成	WL01B002
13	A0147	1110835600029	A014711108356		高温橡胶管总成	WL01B002
14	A0147	1114135600003	A014711141356		橡胶管总成	WL01B002
15	A0147	1131135602049	A014711311356		钢管总成-前气室	WL01B002
16	A0147	1131135602049	A014711311356		钢管总成-前气室	WL01B002
17	A0147	1131135602049	A014711311356		钢管总成-前气室	WL01B002
18	A0147	1131135602049	A014711311356		钢管总成-前气室	WL01B002
19	A0147	1131135602049	A014711311356		钢管总成-前气室	WL01B002
20	A0147	1131713380102	A01471131713		组合式冷却水管	WL01B002
21	A0147	1131735611016	A014711317356		钢管总成-空压机	WL01B002
22	A0147	1138135600056	A014711381356		蝶阀橡胶管总成	WL01B002
23	A0147	1138135600056	A01471138135600056	TRUE	蝶阀橡胶管总成	WL01B002
24	A0147	1138135600056	A01471138135600056	TRUE	蝶阀橡胶管总成	WL01B002
25	A0147	1138135600056	A01471138135600056	FALSE	蝶阀橡胶管总成	WL01B002
26	A0147	1138135600063	A01471138135600063	TRUE	前气室胶管总成	WL01B002
27	A0147	1138135600063	A01471138135600063	FALSE	前气室胶管总成	WL01B002

图 6-1-10　筛选未重复项

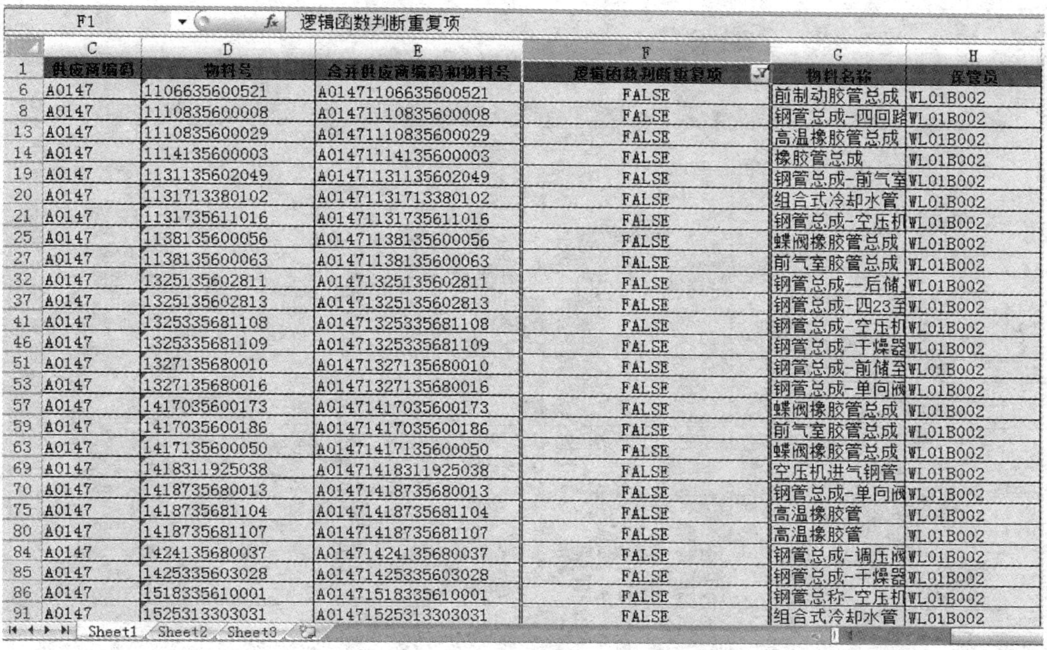

F1 逻辑函数判断重复项

	C	D	E	F	G	H
1	供应商编码	物料号	合并供应商编码和物料号	逻辑函数判断重复项	物料名称	保管员
6	A0147	1106635600521	A01471106635600521	FALSE	前制动胶管总成	WL01B002
8	A0147	1110835600008	A01471110835600008	FALSE	钢管总成-四回路	WL01B002
13	A0147	1110835600029	A01471110835600029	FALSE	高温橡胶管总成	WL01B002
14	A0147	1114135600003	A01471114135600003	FALSE	橡胶管总成	WL01B002
19	A0147	1131135602049	A01471131135602049	FALSE	钢管总成-前气室	WL01B002
20	A0147	1131713380102	A01471131713380102	FALSE	组合式冷却水管	WL01B002
21	A0147	1131735611016	A01471131735611016	FALSE	钢管总成-空压机	WL01B002
25	A0147	1138135600056	A01471138135600056	FALSE	蝶阀橡胶管总成	WL01B002
27	A0147	1138135600063	A01471138135600063	FALSE	前气室胶管总成	WL01B002
32	A0147	1325135602811	A01471325135602811	FALSE	钢管总成—后储	WL01B002
37	A0147	1325135602813	A01471325135602813	FALSE	钢管总成-四23至	WL01B002
41	A0147	1325335681108	A01471325335681108	FALSE	钢管总成-空压机	WL01B002
46	A0147	1325335681109	A01471325335681109	FALSE	钢管总成-干燥器	WL01B002
51	A0147	1327135680010	A01471327135680010	FALSE	钢管总成-前储至	WL01B002
53	A0147	1327135680016	A01471327135680016	FALSE	钢管总成-单向阀	WL01B002
57	A0147	1417035600173	A01471417035600173	FALSE	蝶阀橡胶管总成	WL01B002
59	A0147	1417035600186	A01471417035600186	FALSE	前气室胶管总成	WL01B002
63	A0147	1417135600050	A01471417135600050	FALSE	蝶阀橡胶管总成	WL01B002
69	A0147	1418311925038	A01471418311925038	FALSE	空压机进气钢管	WL01B002
70	A0147	1418735680013	A01471418735680013	FALSE	钢管总成-单向阀	WL01B002
75	A0147	1418735681104	A01471418735681104	FALSE	高温橡胶管	WL01B002
80	A0147	1418735681107	A01471418735681107	FALSE	高温橡胶管	WL01B002
84	A0147	1424135680037	A01471424135680037	FALSE	钢管总成-调压阀	WL01B002
85	A0147	1425335603028	A01471425335603028	FALSE	钢管总成-干燥器	WL01B002
86	A0147	1518335610001	A01471518335610001	FALSE	钢管总称-空压机	WL01B002
91	A0147	1525313303031	A01471525313303031	FALSE	组合式冷却水管	WL01B002

Sheet1 Sheet2 Sheet3

图 6-1-11 筛选出的无重复项结果

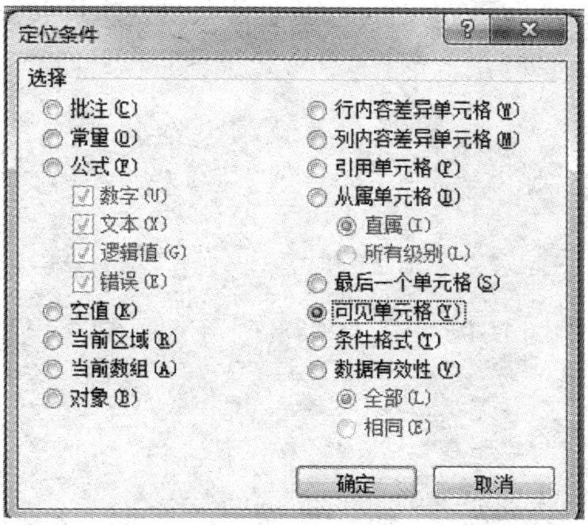

图 6-1-12 定位条件设置

J14

	A	B	C	D	E	F	G	H
1	编号	用料部门	工位	供应商编码	供应商简称	物料号	物料名称	保管员
2	1	总装线边库	ZRDP200	A0147	南京民光	1106635600521	前制动胶管总成	WL01B002
3	2	总装线边库	ZTCF010	A0147	南京民光	1110835600008	钢管总成-四回路至储气	WL01B002
4	3	总装线边库	ZRDP170	A0147	南京民光	1110835600029	高温橡胶管总成	WL01B002
5	4	总装线边库	ZRDP180	A0147	南京民光	1114135600003	橡胶管总成	WL01B002
6	5	总装线边库	ZRDP200	A0147	南京民光	1131135602049	钢管总成-前气室胶管至	WL01B002
7	6	总装线边库	ZRDP180	A0147	南京民光	1131713380102	组合式冷却水管	WL01B002
8	7	总装线边库	ZRFF060	A0147	南京民光	1131735611016	钢管总成-空压机至软管	WL01B002
9	8	总装线边库	ZRDP200	A0147	南京民光	1138135600056	蝶阀橡胶管总成	WL01B002
10	9	总装线边库	ZRDP200	A0147	南京民光	1138135600063	前气室胶管总成	WL01B002
11	10	总装线边库	ZRDP180	A0147	南京民光	1325135602811	钢管总成--后储三通至后	WL01B002
12	11	总装线边库	ZRDP180	A0147	南京民光	1325135602813	钢管总成-四23至隔直角	WL01B002
13	12	总装线边库	ZRFF060	A0147	南京民光	1325335681108	钢管总成-空压机至胶管	WL01B002
14	13	总装线边库	ZRDP180	A0147	南京民光	1325335681109	钢管总成-干燥器至车架	WL01B002
15	14	总装线边库	ZRDP180	A0147	南京民光	1327135680010	钢管总成-前储至直通	WL01B002
16	15	总装线边库	ZTDP180	A0147	南京民光	1327135680016	钢管总成-单向阀至挂车	WL01B002
17	16	总装线边库	ZRDP200	A0147	南京民光	1417035600173	蝶阀橡胶管总成	WL01B002
18	17	总装线边库	ZTDP200	A0147	南京民光	1417035600186	前气室胶管总成	WL01B002
19	18	总装线边库	ZRDP200	A0147	南京民光	1417135600050	蝶阀橡胶管总成	WL01B002
20	19	总装线边库	ZRFF060	A0147	南京民光	1418311925038	空压机进气钢管	WL01B002
21	20	总装线边库	ZRDP180	A0147	南京民光	1418735680013	钢管总成-单向阀至挂车	WL01B002
22	21	总装线边库	ZRDP180	A0147	南京民光	1418735681104	高温橡胶管	WL01B002
23	22	总装线边库	ZRDP180	A0147	南京民光	1418735681107	高温橡胶管	WL01B002
24	23	总装线边库	ZRCF010	A0147	南京民光	1424135680037	钢管总成-调压阀至干燥	WL01B002
25	24	总装线边库	ZRDP180	A0147	南京民光	1425335603028	钢管总成-干燥器至车架	WL01B002
26	25	总装线边库	ZTFF060	A0147	南京民光	1518335610001	钢管总称-空压机至软管	WL01B002
27	26	总装线边库	ZRFF060	A0147	南京民光	1525313303031	组合式冷却水管	WL01B002

图 6－1－13　完成后保管员明细表

技能训练

使用"计划打单出库明细 2012 年 7 月 18 日" Excel 制作 WL01B029 保管员明细表。

实训任务二 物流业务信息统计

任务引入

（1）全顺物流公司人力资源张部长正在完成全顺公司中层干部绩效考核表，请你使用 Excel 相关功能计算总分、平均分和名次，如表 6-2-1 所示。

表 6-2-1　　全顺公司中层干部绩效考核

姓名	出勤	业务拓展	团队合作	业务改进与创新	负责业务量	总分	平均分	名次
李华	90	80	83	58	73			
张怡宁	98	91	93	73	84			
赵新龙	91	57	78	81	95			
张三	75	80	65	78	80			
宁与	73	82	69	63	91			
刘平	66	78	95	80	59			

（2）接近月底全顺物流公司业务部李部长要求库管员小张根据公司 3 月份出货订单（Ei，i=1，2，3，…，n）与每种商品（Ii，i=1，2，3，…，n）出货量计算出 EQ、EN、IQ、IN 四个指标，为合理规划货位提供数据基础，如图 6-2-1 所示。

（3）全顺物流位于马驹桥的配送中心负责销售好意得电子商城家用电器，先将 3 月各产品销量表给出，请信息员小李统计各种家电 3 月销售量与金额，如表 6-2-2 和表 6-2-3 所示。

表 6-2-2　　各种家电 3 月销量统计

负责人	销售日期	产品	数量（台）	单价（元）	金额（元）
李本成	2012/3/2	彩电	12	3000	
王五	2012/3/3	空调	9	1200	

续 表

负责人	销售日期	产品	数量（台）	单价（元）	金额（元）
李开	2012/3/4	电冰箱	12	1100	
黄二	2012/3/5	微波炉	18	500	
张三中	2012/3/6	彩电	17	3000	
黄明	2012/3/7	空调	3	1200	
左拉	2012/3/8	电冰箱	6	1100	
国轲	2012/3/9	微波炉	12	500	

全顺物流配送中心订单的EIQ分析

	I1	I2	I3	I4	I5	I6	I7	I8	I9	I10	I11	I12	I13	I14	I15	I16	EQ	EN
e1	12	3	0	2	4	6	1	27	2	1	14	9	3	13	4	4		
e2	10	8	0	3	3	2	0	14	1	1	0	6	1	5	2	2		
e3	13	17	3	4	4	6	12	30	4	3	0	4	2	2	3	3		
e4	12	11	2	4	4	6	12	30	4	1	7	4	2	8	3	3		
e5	11	8	1	6	6	5	4	25	2	2	7	7	2	8	4	4		
e6	9	1	1	3	3	3	1	6	1	0	6	3	1	7	1	1		
e7	12	8	2	5	5	5	2	25	2	2	7	5	4	11	3	3		
e8	23	11	0	11	11	10	14	27	3	0	9	5	2	12	5	5		
e9	20	9	1	6	6	7	3	30	2	0	4	18	6	12	3	3		
e10	13	9	0	6	6	6	2	29	3	1	0	5	1	9	2	2		
e11	6	5	1	2	2	2	5	14	1	0	4	4	1	3	0	0		
e12	14	9	1	14	14	7	5	23	8	4	9	10	4	10	9	9		
e13	59	9	3	25	25	16	12	44	5	3	13	15	7	17	6	6		
e14	20	6	1	9	9	11	5	13	2	2	5	12	4	3	9	9		
e15	15	1	3	6	6	8	2	12	4	1	8	4	4	2	0	0		
e16	12	11	1	4	4	12	4	24	4	3	11	6	1	7	4	4		
e17	16	7	0	5	5	6	3	14	1	1	7	11	3	6	3	3		
e18	23	13	4	56	34	56	13	46	25	45	68	3	2	36	2	7		
e19	13	6	0	6	6	5	5	14	3	0	5	4	3	2	2	2		
e20	23	14	3	9	9	11	2	35	5	3	14	19	6	16	6	6		
e21	9	8	1	8	9	1	5	29	3	3	12	16	6	19	0	0		
e22	8	3	0	2	2	3	0	7	0	0	0	5	2	4	1	1		
e23	5	0	0	0	0	6	3	13	1	0	9	5	5	12	2	2		
e24	19	10	1	9	9	9	8	28	5	0	8	7	4	16	7	7		
e25	166	12	3	46	46	57	10	84	25	8	15	37	12	44	20	20		
e26	13	7	1	7	7	9	9	24	3	0	2	10	4	10	3	3		
e27	18	3	1	8	8	7	14	18	4	2	2	14	6	3	5	5		
e28	8	5	1	3	3	3	2	11	2	0	5	4	3	5	3	3		
e29	24	11	2	13	13	10	9	25	5	2	9	12	4	10	2	2		
e30	24	6	1	12	12	11	6	25	3	2	4	12	5	6	4	4		
IQ																		
IK																		

图 6－2－1　全顺物流配送中心订单 EIQ 分析

表 6－2－3　　数量和金额的汇总统计

品名	销售总数（台）	总金额（元）
彩电		
空调		
电冰箱		
微波炉		

（4）全顺物流有限公司综合管理部王经理要求小张根据员工资料统计不同组别不同岗位人员总数，如图 6－2－2 所示。

F9			
	A	B	C
1	顺远汽车物流公司员工资料		
2	姓名	组别	岗位
3	李　闯	配送工段	转运工
4	白海楠	综合	理货员
5	卞　冲	大件转运班	转运司机
6	曹　博	大件	理货员
7	曹海军	装卸组	装卸工
8	曹维杰	装卸组	装卸工
9	曹文峰	内饰	保管员
10	曹小利	综合	保管员
11	曹晓慧	内饰	保管员
12	曹友泉	底盘工段	转运工
13	常　凯	内饰	保管员
14	陈彩廷	叉车	叉车司机
15	陈海亮	配送工段	转运工
16	陈晶辉	底盘	理货员
17	陈林林	叉车	叉车司机
18	陈明芳	收货组	收货员
19	陈志刚	叉车	叉车司机
20	池建国	叉车	叉车司机
21	迟秀娟	收货组	收货员

图 6－2－2　顺远汽车物流公司员工信息

（5）全顺物流信息员小张需要统计 2012 年 3 月公司向各门店进行配送的次数合计，原始数据如表 6－2－4 所示。

表 6－2－4　　3 月公司向各门店配送次数统计

门店名称	时间（12年3月）																															
	1	2	3	4	5	6	7	8	9	10	11	12	13	14	15	16	17	18	19	20	21	22	23	24	25	26	27	28	29	30	31	合计
家乐福上海古北店	▲				▲			▲				▲				▲				▲				▲			▲			▲		
百安居上海金桥店		▲				▲			▲				▲				▲				▲					▲			▲			
百安居上海龙阳店	▲		▲				▲			▲				▲					▲			▲						▲			▲	
百安居上海杨浦店			▲		▲			▲				▲			▲					▲			▲				▲			▲		
大润发上海康桥店		▲				▲							▲			▲			▲					▲		▲			▲			
大润发上海杨浦店			▲				▲					▲			▲		▲						▲					▲				
家乐福上海新里程店		▲							▲					▲						▲						▲						
乐购上海锦绣店					▲					▲					▲							▲									▲	
欧尚上海长阳店			▲					▲					▲								▲						▲					
世纪联华浦东御桥店	▲									▲						▲							▲						▲			
世纪联华上海鲁班路店						▲								▲					▲							▲						
乐购上海南汇店							▲															▲									▲	
欧尚上海中原店									▲												▲									▲		
沃尔玛上海五角场店								▲									▲							▲								

▲表示送货一次

任务实施

步骤一：Excel 相关功能的应用

任务要求计算总分、平均分和名次。

表 6-2-5　全顺公司中层干部绩效考核

姓名	出勤	业务拓展	团队合作	业务改进与创新	负责业务量	总分	平均分	名次
李华	90	80	83	58	73			
张怡宁	98	91	93	73	84			
赵新龙	91	57	78	81	95			
张三	75	80	65	78	80			
宁与	73	82	69	63	91			
刘平	66	78	95	80	59			

总分即为每个人各项成绩求和，函数为 sum（B3：F3），计算结果如图 6-2-3 和图 6-2-4 所示。

G3　　=SUM(B3:F3)

	A	B	C	D	E	F	G	H	I
1	全顺公司中层干部绩效考核								
2	姓名	出勤	业务拓展	团队合作	业务改进与创新	负责业务量	总分	平均分	名次
3	李华	90	80	83	58	73	384		
4	张怡宁	98	91	93	73	84			
5	赵新龙	91	57	78	81	95			
6	张三	75	80	65	78	80			
7	宁与	73	82	69	63	91			
8	刘平	66	78	95	80	59			

图 6-2-3　sum 函数应用

G3　　=SUM(B3:F3)

	A	B	C	D	E	F	G	H	I
1	全顺公司中层干部绩效考核								
2	姓名	出勤	业务拓展	团队合作	业务改进与创新	负责业务量	总分	平均分	名次
3	李华	90	80	83	58	73	384		
4	张怡宁	98	91	93	73	84	439		
5	赵新龙	91	57	78	81	95	402		
6	张三	75	80	65	78	80	378		
7	宁与	73	82	69	63	91	378		
8	刘平	66	78	95	80	59	378		

图 6-2-4　sum 函数结果

计算平均数使用函数为 AVERAGE（B3：F3），计算结果如图 6－2－5 和图 6－2－6 所示。

H3　=AVERAGE(B3:F3)

	A	B	C	D	E	F	G	H	I
1	全顺公司中层干部绩效考核								
2	姓名	出勤	业务拓展	团队合作	业务改进与创新	负责业务量	总分	平均分	名次
3	李华	90	80	83	58	73	384	76.8	
4	张怡宁	98	91	93	73	84	439		
5	赵新龙	91	57	78	81	95	402		
6	张三	75	80	65	78	80	378		
7	宁与	73	82	69	63	91	378		
8	刘平	66	78	95	80	59	378		

图 6－2－5　AVERAGE 函数应用

H3　=AVERAGE(B3:F3)

	A	B	C	D	E	F	G	H	I
1	全顺公司中层干部绩效考核								
2	姓名	出勤	业务拓展	团队合作	业务改进与创新	负责业务量	总分	平均分	名次
3	李华	90	80	83	58	73	384	76.8	
4	张怡宁	98	91	93	73	84	439	87.8	
5	赵新龙	91	57	78	81	95	402	80.4	
6	张三	75	80	65	78	80	378	75.6	
7	宁与	73	82	69	63	91	378	75.6	
8	刘平	66	78	95	80	59	378	75.6	

图 6－2－6　AVERAGE 函数结果

名次计算使用排名函数 rank（number，ref，［order］）。其中，number 为需要求排名的那个数值或者单元格名称（单元格内必须为数字），I3 项计算的是 A3 的排名，因此其 number 为 G3；ref 为排名的参照数值区域，设定为＄G＄3：＄G＄8，为防止窜行将其锁定；因为是正排名，则 order 的值设为 0，因为其默认为 0，也可以不用输入。

计算函数为 RANK（G3，＄G＄3：＄G＄8，0），计算结果如图 6－2－7 和图 6－2－8所示。

I3　=RANK(G3,$G$3:$G$8,0)

	A	B	C	D	E	F	G	H	I
1	全顺公司中层干部绩效考核								
2	姓名	出勤	业务拓展	团队合作	业务改进与创新	负责业务量	总分	平均分	名
3	李华	90	80	83	58	73	384	76.8	
4	张怡宁	98	91	93	73	84	439	87.8	
5	赵新龙	91	57	78	81	95	402	80.4	
6	张三	75	80	65	78	80	378	75.6	
7	宁与	73	82	69	63	91	378	75.6	
8	刘平	66	78	95	80	59	378	75.6	

图 6－2－7　RANK 函数应用

I3 =RANK(G3,$G$3:$G$8,0)

全顺公司中层干部绩效考核

姓名	出勤	业务拓展	团队合作	业务改进与创新	负责业务量	总分	平均分	名次
李华	90	80	83	58	73	384	76.8	3
张怡宁	98	91	93	73	84	439	87.8	1
赵新龙	91	57	78	81	95	402	80.4	2
张三	75	80	65	78	80	378	75.6	4
宁与	73	82	69	63	91	378	75.6	4
刘平	66	78	95	80	59	378	75.6	4

图 6-2-8　RANK 函数结果

步骤二：应用 Excel 进行 EIQ 分析

全顺物流配送中心订单的EIQ分析

	I1	I2	I3	I4	I5	I6	I7	I8	I9	I10	I11	I12	I13	I14	I15	I16	EQ	EN
e1	12	3	0	2	4	6	1	27	2	1	14	9	3	13	4	4		
e2	10	8	0	3	3	2	0	14	1	1	0	6	1	5	2	2		
e3	13	17	3	4	4	6	12	30	4	3	0	4	2	2	3	3		
e4	12	11	2	4	4	6	12	30	4	1	7	4	2	8	3	3		
e5	11	8	1	6	6	5	4	25	2	2	7	7	2	8	4	4		
e6	9	1	1	3	3	3	1	6	1	0	6	3	1	7	1	1		
e7	12	8	2	5	5	5	2	25	2	2	7	5	4	11	3	3		
e8	23	11	0	11	11	10	14	27	3	0	9	5	2	12	5	5		
e9	20	9	1	6	6	7	3	30	2	0	4	18	6	12	3	3		
e10	13	9	0	6	6	6	2	29	3	1	0	5	1	9	2	2		
e11	6	5	1	2	2	2	5	14	1	0	4	4	1	3	0	0		
e12	14	9	1	14	14	7	5	23	8	4	9	10	4	10	9	9		
e13	59	9	3	25	25	16	12	44	5	3	13	15	7	17	6	6		
e14	20	6	1	9	9	11	5	13	2	2	5	12	4	3	9	9		
e15	15	1	3	6	6	8	2	12	4	1	8	4	4	2	0	0		
e16	12	11	1	4	4	12	4	24	4	3	11	6	1	7	4	4		
e17	16	7	0	5	5	6	3	14	1	1	7	11	3	6	3	3		
e18	23	13	4	56	34	56	13	46	25	45	68	3	2	36	2	7		
e19	13	6	0	6	6	5	5	14	3	0	5	4	3	2	2	2		
e20	23	14	3	9	9	11	2	35	5	3	14	19	6	16	6	6		
e21	9	8	1	8	9	1	5	29	3	3	12	16	6	19	0	0		
e22	8	3	0	2	2	3	0	7	0	0	0	5	2	4	1	1		
e23	5	0	0	0	0	6	3	13	1	0	9	5	5	12	2	2		
e24	19	10	1	9	9	9	8	28	5	0	8	7	4	16	7	7		
e25	166	12	3	46	46	57	10	84	25	8	15	37	12	44	20	20		
e26	13	7	1	7	7	9	9	24	3	0	2	10	4	10	3	3		
e27	18	3	1	8	8	7	14	18	4	2	2	14	6	3	5	5		
e28	8	5	1	3	3	3	2	11	2	0	5	4	3	5	3	3		
e29	24	11	2	13	13	10	9	25	5	2	9	12	4	10	2	2		
e30	24	6	1	12	12	11	6	25	3	2	4	12	5	6	4	4		
IQ																		
IK																		

图 6-2-9　Excel 进行 EIQ 分析

由图 6-2-9 中数据可知，横坐标代表品项 I，本任务有 I1、I2、I3、…、I15、I16 等 16 种商品；而纵坐标则代表订单，本任务有 E1、E2、E3、…、E29、E30 等 30 个订单；而表格中的数字代表订货数量，可以是以整栈板、整箱或单品等，假设在此的表格是整箱的订货。

根据该表格所给出的数据，可以进行相关的 EIQ 分析。我们以客户 E1 为例说明 EQ、

EN 分析的方法和过程，其他客户以此类推。以品项 I1 为例说明 IQ、IK 分析的方法和过程，其他品项以此类推。

1. EQ 分析

EQ 分析是指每张订单的订货数量分析，即每张订单（E）订货的总数量（Q）的统计分析。则订单 E1 的 EQ = SUM（B3：Q3），从表中可知客户 E1 在品项 I1 订了 12 箱，品项 I2 订了 3 箱，品项 I3 没有订购，……品项 I15 订了 4 箱，品项 I16 订了 4 箱。经过统计可得，客户 E1 总共订了 105 箱，详细的计算结果如图 6 - 2 - 10 所示。

R3　=SUM(B3:Q3)

全顺物流配送中心订单的EIQ分析

	I1	I2	I3	I4	I5	I6	I7	I8	I9	I10	I11	I12	I13	I14	I15	I16	EQ	EN
e1	12	3	0	2	4	6	1	27	2	1	14	9	3	13	4	4	105	
e2	10	8	0	3	3	2	0	14	1	1	0	6	1	5	2	2	58	
e3	13	17	3	4	4	6	12	30	4	3	0	4	2	2	3	3	110	
e4	12	11	2	4	4	6	12	30	4	1	7	4	2	8	3	3	113	
e5	11	8	1	6	6	5	4	25	2	2	7	7	2	8	4	4	102	
e6	9	1	1	3	3	3	1	6	1	0	6	3	1	7	1	1	47	
e7	12	8	2	5	5	5	2	25	2	2	7	5	4	11	3	3	101	
e8	23	11	0	11	11	10	14	27	3	0	9	5	2	12	5	5	148	
e9	20	9	1	6	6	7	3	30	2	0	4	18	6	12	3	3	130	
e10	13	9	0	6	6	6	2	29	3	1	0	5	1	9	2	2	94	
e11	6	5	1	2	2	2	5	14	1	0	4	4	1	3	0	0	50	
e12	14	9	1	14	14	7	5	23	8	4	9	10	4	10	9	9	150	
e13	59	9	3	25	25	16	12	44	5	3	13	15	7	17	6	6	265	
e14	20	6	1	9	9	11	5	13	2	2	5	12	4	3	9	9	120	
e15	15	1	3	6	6	8	2	12	4	1	8	4	4	2	0	0	76	
e16	12	11	1	4	4	12	4	24	4	3	11	6	1	7	4	4	112	
e17	16	7	0	5	5	6	3	14	1	1	7	11	3	6	3	3	91	
e18	23	13	4	56	34	56	13	46	25	45	68	3	2	36	2	7	433	
e19	13	6	0	6	6	5	5	14	3	0	5	4	3	2	2	2	76	
e20	23	14	3	9	9	11	2	35	5	3	14	19	6	16	6	6	181	
e21	9	8	1	8	9	1	5	29	3	3	12	16	6	19	0	0	129	
e22	8	3	0	2	2	3	0	7	0	0	0	5	2	4	1	1	38	
e23	5	0	0	0	0	6	3	13	1	0	9	5	5	12	2	2	63	
e24	19	10	1	9	9	9	8	28	5	0	8	7	4	16	7	7	147	
e25	166	12	3	46	46	57	10	84	25	8	15	37	12	44	20	20	605	
e26	13	7	1	7	7	9	9	24	3	0	2	10	4	10	3	3	112	
e27	18	3	1	8	8	7	14	18	4	2	2	14	6	3	5	5	118	
e28	8	5	1	3	3	3	2	11	2	0	5	4	3	5	3	3	61	
e29	24	11	2	13	13	10	9	25	5	2	9	12	4	10	2	2	153	
e30	24	6	1	12	12	11	6	25	3	2	4	12	5	6	4	4	137	
IQ																		
IK																		

图 6 - 2 - 10　EQ 分析

2. EN 分析

EN 分析是指每张订单的订货品项数量分析，即每张订单（E）订货的品项数量（I）的统计分析。根据任务所给数据可以发现，客户 E1 在 I1、I2、I3、…、I15、I16 等 16 种商品中，品项 I3 没有订购，其他商品均有订购。因此，客户共订购了 15 种商品。

此处使用 COUNTIF 函数进行求解，COUNTIF（B3：Q3，" >0"）为统计 B3 到 Q3 行中，大于 0 的数的个数，大于 0 则表示订购了该品项的货物。经过统计可得，客户 E1 共订购了 15 种货品，详细的计算结果如图 6 - 2 - 11 所示。

S3 =COUNTIF(B3:Q3,">0")

	A	B	C	D	E	F	G	H	I	J	K	L	M	N	O	P	Q	R	S
1				全顺物流配送中心订单的EIQ分析															
2		I1	I2	I3	I4	I5	I6	I7	I8	I9	I10	I11	I12	I13	I14	I15	I16	EQ	EN
3	e1	12	3	0	2	4	6	1	27	2	1	14	9	3	13	4	4	105	15
4	e2	10	8	0	3	3	2	0	14	1	1	0	6	1	5	2	2	58	13
5	e3	13	17	3	4	4	6	12	30	4	3	0	4	2	2	3	3	110	15
6	e4	12	11	2	4	4	6	12	30	4	1	7	4	2	8	3	3	113	16
7	e5	11	8	1	6	6	5	4	25	2	2	7	7	2	8	4	4	102	16
8	e6	9	1	1	3	3	3	1	6	1	0	6	3	1	7	1	1	47	15
9	e7	12	8	2	5	5	5	2	25	2	2	7	5	4	11	3	3	101	16
10	e8	23	11	0	11	11	10	14	27	3	0	9	5	2	12	5	5	148	14
11	e9	20	9	1	6	6	7	3	30	2	0	4	18	6	12	3	3	130	15
12	e10	13	9	0	6	6	6	2	29	3	1	0	5	1	9	2	2	94	14
13	e11	6	5	1	2	2	2	5	14	1	0	4	4	1	3	0	0	50	13
14	e12	14	9	1	14	14	7	5	23	8	4	9	10	4	10	9	9	150	16
15	e13	59	9	3	25	25	16	12	44	5	3	13	15	7	17	6	6	265	16
16	e14	20	6	1	9	9	11	5	13	2	2	5	12	4	3	9	9	120	16
17	e15	15	1	3	6	6	8	2	12	4	1	8	4	4	2	0	0	76	14
18	e16	12	11	1	4	4	12	4	24	4	3	11	6	1	7	4	4	112	16
19	e17	16	7	0	5	5	6	3	14	1	1	7	11	3	6	3	3	91	15
20	e18	23	13	4	56	34	56	13	46	25	45	68	3	2	36	2	7	433	16
21	e19	13	6	0	6	6	5	5	14	3	0	5	4	3	2	2	2	76	14
22	e20	23	14	3	9	9	11	2	35	5	3	14	19	6	16	6	6	181	16
23	e21	9	8	1	8	9	1	5	29	3	3	12	16	6	19	0	0	129	14
24	e22	8	3	0	2	2	3	0	7	0	0	0	5	2	4	1	1	38	11
25	e23	5	0	0	0	0	6	3	13	1	0	9	5	5	12	2	2	63	11
26	e24	19	10	1	9	9	9	8	28	5	0	8	7	4	16	7	7	147	15
27	e25	166	12	3	46	46	57	10	84	25	8	15	37	12	44	20	20	605	16
28	e26	13	7	1	7	7	9	9	24	3	0	2	10	4	10	3	3	112	15
29	e27	18	3	1	8	8	7	14	18	4	2	2	14	6	3	5	5	118	16
30	e28	8	5	1	3	3	3	2	11	2	0	5	4	3	5	3	3	61	15
31	e29	24	11	2	13	13	10	9	25	5	2	9	12	4	10	2	2	153	16
32	e30	24	6	1	12	12	11	6	25	3	2	4	12	5	6	4	4	137	16
33	IQ																		
34	IK																		

图 6-2-11　EN 分析

3. IQ 分析

IQ 分析是指每个单品的订货数量分析，即每个品项的货品被订购的总数量的统计分析。根据任务所给数据可知，品项 I1 在订单 E1 中被订购了 12 箱，在订单 E2 中被订购了 10 箱，在客户 E3 中被订购了 13 箱，……在订单 E29 中被订购了 24 箱，在订单 E30 中被订购了 24 箱。经过统计可得，品项 I1 总共被订够了 630 箱，详细的计算结果如图 6-2-12 所示。

4. IK 分析

IK 分析是指每个单品的订货次数分析，即每个品项（I）被订购的次数（K）的统计分析。根据任务所给数据可以发现，品项 I1 在订单 E1 中被订购了 12 箱，在订单 E2 中被订购了 10 箱，在客户 E3 中被订购了 13 箱，……在订单 E29 中被订购了 24 箱，在订单 E30 中被订购了 24 箱。所有客户都订购了品项 I1，因此品项 I1 一共被订购了 30 次。

此处使用 COUNTIF 函数进行求解，COUNTIF（B3：B32，“ >0”）为统计 B3 到 B32 列中，大于 0 的数的个数。大于 0 则表示该订单订购了品项 I1，经过统计可得，品项 I1 总共被订够了 30 次，详细的计算结果如图 6-2-13 所示。

B33　=SUM(B3:B32)

	A	B	C	D	E	F	G	H	I	J	K	L	M	N	O	P	Q	R	S
1	全顺物流配送中心订单的EIQ分析																		
2		I1	I2	I3	I4	I5	I6	I7	I8	I9	I10	I11	I12	I13	I14	I15	I16	EQ	EN
3	e1	12	3	0	2	4	6	1	27	2	1	14	9	3	13	4	4	105	15
4	e2	10	8	0	3	3	2	0	14	1	1	0	6	1	5	2	2	58	13
5	e3	13	17	3	4	4	6	12	30	4	3	0	4	2	2	3	3	110	15
6	e4	12	11	2	4	4	6	12	30	4	1	7	4	2	8	3	3	113	16
7	e5	11	8	1	6	6	5	4	25	2	2	7	7	2	8	4	4	102	16
8	e6	9	1	1	3	3	3	1	6	1	0	6	3	1	7	1	1	47	15
9	e7	12	8	2	5	5	5	2	25	2	2	7	5	4	11	3	3	101	16
10	e8	23	11	0	11	11	10	14	27	3	0	9	5	2	12	5	5	148	14
11	e9	20	9	1	6	6	7	3	30	2	0	4	18	6	12	3	3	130	15
12	e10	13	9	0	6	6	6	2	29	3	1	0	5	1	9	2	2	94	14
13	e11	6	5	1	2	2	2	5	14	1	0	4	4	1	3	0	0	50	13
14	e12	14	9	1	14	14	7	5	23	8	4	9	10	4	10	9	9	150	16
15	e13	59	9	3	25	25	16	12	44	5	3	13	15	7	17	6	6	265	16
16	e14	20	6	1	9	9	11	5	13	2	2	5	12	4	3	9	9	120	16
17	e15	15	1	3	6	6	8	2	12	4	1	8	4	4	2	0	0	76	14
18	e16	12	11	1	4	4	12	4	24	4	3	11	6	1	7	4	4	112	16
19	e17	16	7	0	5	5	6	3	14	1	1	7	11	3	6	3	3	91	15
20	e18	23	13	4	56	34	56	13	46	25	45	68	3	2	36	2	7	433	16
21	e19	13	6	0	6	6	5	5	14	3	0	5	4	3	2	2	2	76	14
22	e20	23	14	3	9	9	11	2	35	5	3	14	19	6	16	6	6	181	16
23	e21	9	8	1	8	9	1	5	29	3	3	12	16	6	19	0	0	129	14
24	e22	8	3	0	2	2	3	0	7	0	0	0	5	2	4	1	1	38	11
25	e23	5	0	0	0	0	6	3	13	1	0	9	5	5	12	2	2	63	11
26	e24	19	10	1	9	9	9	8	28	5	0	8	7	4	16	7	7	147	15
27	e25	166	12	3	46	46	57	10	84	25	8	15	37	12	44	20	20	605	16
28	e26	13	7	1	7	7	9	9	24	3	0	2	10	4	10	3	3	112	15
29	e27	18	3	1	8	8	7	14	18	4	2	2	14	6	3	5	5	118	16
30	e28	8	5	1	3	3	3	2	11	2	0	5	4	3	5	3	3	61	15
31	e29	24	11	2	13	13	10	9	25	5	2	9	12	4	10	2	2	153	16
32	e30	24	6	1	12	12	11	6	25	3	2	4	12	5	6	4	4	137	16
33	IQ	630	231	38	294	275	306	173	746	133	90	264	276	110	318	118	123		
34	IK																		

图 6－2－12　IQ 分析

B34　=COUNTIF(B3:B32,">0")

	A	B	C	D	E	F	G	H	I	J	K	L	M	N	O	P	Q	R	S
1	全顺物流配送中心订单的EIQ分析																		
2		I1	I2	I3	I4	I5	I6	I7	I8	I9	I10	I11	I12	I13	I14	I15	I16	EQ	EN
3	e1	12	3	0	2	4	6	1	27	2	1	14	9	3	13	4	4	105	15
4	e2	10	8	0	3	3	2	0	14	1	1	0	6	1	5	2	2	58	13
5	e3	13	17	3	4	4	6	12	30	4	3	0	4	2	2	3	3	110	15
6	e4	12	11	2	4	4	6	12	30	4	1	7	4	2	8	3	3	113	16
7	e5	11	8	1	6	6	5	4	25	2	2	7	7	2	8	4	4	102	16
8	e6	9	1	1	3	3	3	1	6	1	0	6	3	1	7	1	1	47	15
9	e7	12	8	2	5	5	5	2	25	2	2	7	5	4	11	3	3	101	16
10	e8	23	11	0	11	11	10	14	27	3	0	9	5	2	12	5	5	148	14
11	e9	20	9	1	6	6	7	3	30	2	0	4	18	6	12	3	3	130	15
12	e10	13	9	0	6	6	6	2	29	3	1	0	5	1	9	2	2	94	14
13	e11	6	5	1	2	2	2	5	14	1	0	4	4	1	3	0	0	50	13
14	e12	14	9	1	14	14	7	5	23	8	4	9	10	4	10	9	9	150	16
15	e13	59	9	3	25	25	16	12	44	5	3	13	15	7	17	6	6	265	16
16	e14	20	6	1	9	9	11	5	13	2	2	5	12	4	3	9	9	120	16
17	e15	15	1	3	6	6	8	2	12	4	1	8	4	4	2	0	0	76	14
18	e16	12	11	1	4	4	12	4	24	4	3	11	6	1	7	4	4	112	16
19	e17	16	7	0	5	5	6	3	14	1	1	7	11	3	6	3	3	91	15
20	e18	23	13	4	56	34	56	13	46	25	45	68	3	2	36	2	7	433	16
21	e19	13	6	0	6	6	5	5	14	3	0	5	4	3	2	2	2	76	14
22	e20	23	14	3	9	9	11	2	35	5	3	14	19	6	16	6	6	181	16
23	e21	9	8	1	8	9	1	5	29	3	3	12	16	6	19	0	0	129	14
24	e22	8	3	0	2	2	3	0	7	0	0	0	5	2	4	1	1	38	11
25	e23	5	0	0	0	0	6	3	13	1	0	9	5	5	12	2	2	63	11
26	e24	19	10	1	9	9	9	8	28	5	0	8	7	4	16	7	7	147	15
27	e25	166	12	3	46	46	57	10	84	25	8	15	37	12	44	20	20	605	16
28	e26	13	7	1	7	7	9	9	24	3	0	2	10	4	10	3	3	112	15
29	e27	18	3	1	8	8	7	14	18	4	2	2	14	6	3	5	5	118	16
30	e28	8	5	1	3	3	3	2	11	2	0	5	4	3	5	3	3	61	15
31	e29	24	11	2	13	13	10	9	25	5	2	9	12	4	10	2	2	153	16
32	e30	24	6	1	12	12	11	6	25	3	2	4	12	5	6	4	4	137	16
33	IQ	630	231	38	294	275	306	173	746	133	90	264	276	110	318	118	123		
34	IK	30	29	22	29	29	30	28	30	29	20	26	30	30	30	27	27		
35																			

图 6－2－13　IK 分析

EIQ 分析最重要的是如何判读与应用，尤其是公司的经营变化可以由 EIQ 分析的图形中识别出来，另外 EQ 分析及 IQ 分析也可以单独应用，例如：EQ 分析可以应用在物流中心的进出货暂存区的规划、包装纸箱大小的决定、拣货顺序的安排、配送路线的安排、客户 ABC 分级及客户情报管理。而 IQ 分析可以应用在物流中心的布置规划、物流设备的选择、批量拣货、商品贩卖情报、商品的营销预测及拣货作业人力的安排。在物流中心的布置规划里，A 类商品应该尽量规划于靠门口及通道的位置，而 C 类商品则规划于角落的位置，而 B 类商品则介于两者之间。另外在料架的陈列上，使用栈板式的料架时 A 类商品规划于第一层容易存取的地方，而 C 类商品则规划料架最高层的地方。

步骤三：SUMIF 函数的应用

要求计算每个人的销售金额，则应该用每个人的销售数量 × 产品单价，函数为 D2 × E2。计算结果如图 6 – 2 – 14 所示。

F2 =D2*E2

	A	B	C	D	E	F
1	负责人	销售日期	产品	数量	单价	金额
2	李本成	2012/3/2	彩电	12	3000	36000
3	王五	2012/3/3	空调	9	1200	10800
4	李开	2012/3/4	电冰箱	12	1100	13200
5	黄二	2012/3/5	微波炉	18	500	9000
6	张三中	2012/3/6	彩电	17	3000	51000
7	黄明	2012/3/7	空调	3	1200	3600
8	左拉	2012/3/8	电冰箱	6	1100	6600
9	国轲	2012/3/9	微波炉	12	500	6000

图 6 – 2 – 14　每人销售金额计算

计算各家电销售的总数量，使用函数 sumif（range，criteria，sum_ range）。要求计算各种家电的销售总数，则需要将各种家电的销售数量分别统计，因此设定条件判断区域为＄C＄2：＄C＄9；判断条件按家电的不同进行分类，因此设定其统计条件分别满足于 I5：I8 的各项，也就是分别按照彩电、空调、电冰箱、微波炉来进行统计；实际求和区域为该种家电的销售数量，则为满足统计条件的＄C＄2：＄C＄9 区域，所对应的＄D＄2：＄D＄9 单元格的数值。

因此，彩电的销售总数 = SUMIF（＄C＄2：＄C＄9，I5，＄D＄2：＄D＄9），其他项以此类推。计算结果如图 6 – 2 – 15 和图 6 – 2 – 16 所示。

计算各家电销售的总金额，使用函数 sumif（range，criteria，sum_ range）。要求计算各种家电的销售金额，则需要将各种家电的销售金额分别统计，因此设定条件判断区域为＄C＄2：＄C＄9；判断条件按家电的不同进行分类，因此设定其统计条件分别满足于 I5：I8 的各项，也就是分别按照彩电、空调、电冰箱、微波炉来进行统计；实际求和区域为该种家电的销售金额，则为满足统计条件的＄C＄2：＄C＄9 区域，所对应的＄F

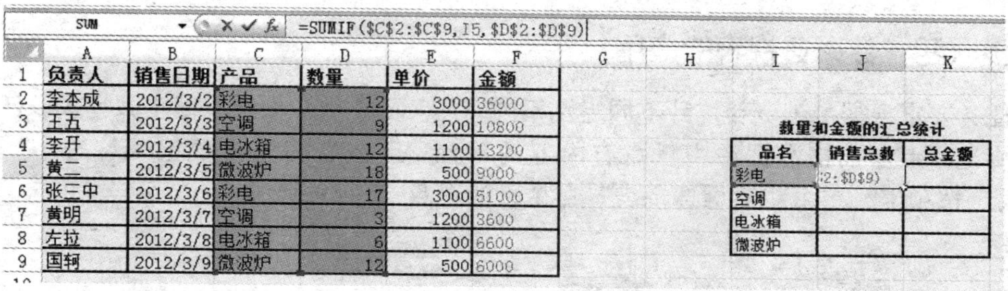

SUM | =SUMIF($C$2:$C$9, I5, $D$2:$D$9)

	A	B	C	D	E	F
1	负责人	销售日期	产品	数量	单价	金额
2	李本成	2012/3/2	彩电	12	3000	36000
3	王五	2012/3/3	空调	9	1200	10800
4	李开	2012/3/4	电冰箱	12	1100	13200
5	黄二	2012/3/5	微波炉	18	500	9000
6	张三中	2012/3/6	彩电	17	3000	51000
7	黄明	2012/3/7	空调	3	1200	3600
8	左拉	2012/3/8	电冰箱	6	1100	6600
9	国轲	2012/3/9	微波炉	12	500	6000

数量和金额的汇总统计

品名	销售总数	总金额
彩电	2:$D$9)	
空调		
电冰箱		
微波炉		

图 6－2－15　家电销售总数计算

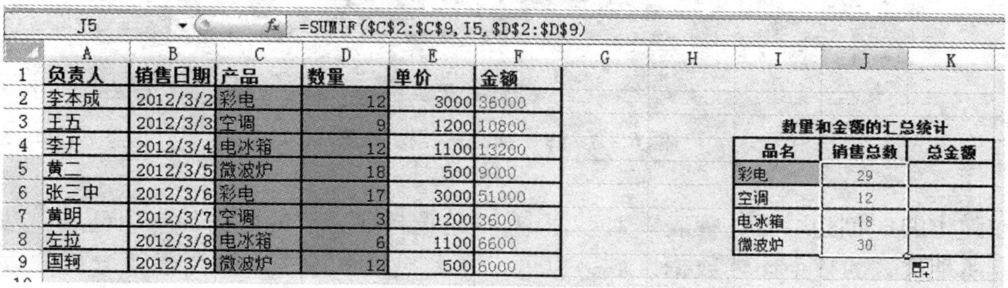

J5 | =SUMIF($C$2:$C$9, I5, $D$2:$D$9)

	A	B	C	D	E	F
1	负责人	销售日期	产品	数量	单价	金额
2	李本成	2012/3/2	彩电	12	3000	36000
3	王五	2012/3/3	空调	9	1200	10800
4	李开	2012/3/4	电冰箱	12	1100	13200
5	黄二	2012/3/5	微波炉	18	500	9000
6	张三中	2012/3/6	彩电	17	3000	51000
7	黄明	2012/3/7	空调	3	1200	3600
8	左拉	2012/3/8	电冰箱	6	1100	6600
9	国轲	2012/3/9	微波炉	12	500	6000

数量和金额的汇总统计

品名	销售总数	总金额
彩电	29	
空调	12	
电冰箱	18	
微波炉	30	

图 6－2－16　家电销售总数计算结果

＄2：＄F＄9 单元格的数值。

因此，彩电的销售金额＝SUMIF（＄C＄2：＄C＄9，I5，＄F＄2：＄F＄9），其他项以此类推。计算结果如图 6－2－17 和图 6－2－18 所示。

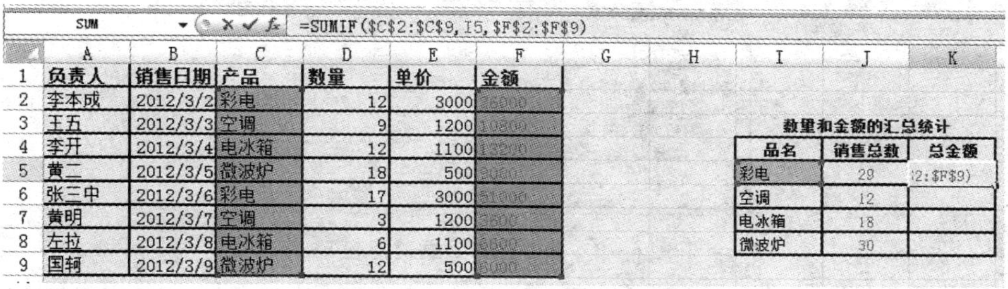

SUM | =SUMIF($C$2:$C$9, I5, $F$2:$F$9)

	A	B	C	D	E	F
1	负责人	销售日期	产品	数量	单价	金额
2	李本成	2012/3/2	彩电	12	3000	36000
3	王五	2012/3/3	空调	9	1200	10800
4	李开	2012/3/4	电冰箱	12	1100	13200
5	黄二	2012/3/5	微波炉	18	500	9000
6	张三中	2012/3/6	彩电	17	3000	51000
7	黄明	2012/3/7	空调	3	1200	3600
8	左拉	2012/3/8	电冰箱	6	1100	6600
9	国轲	2012/3/9	微波炉	12	500	6000

数量和金额的汇总统计

品名	销售总数	总金额
彩电	29	2:$F$9)
空调	12	
电冰箱	18	
微波炉	30	

图 6－2－17　家电销售总金额计算

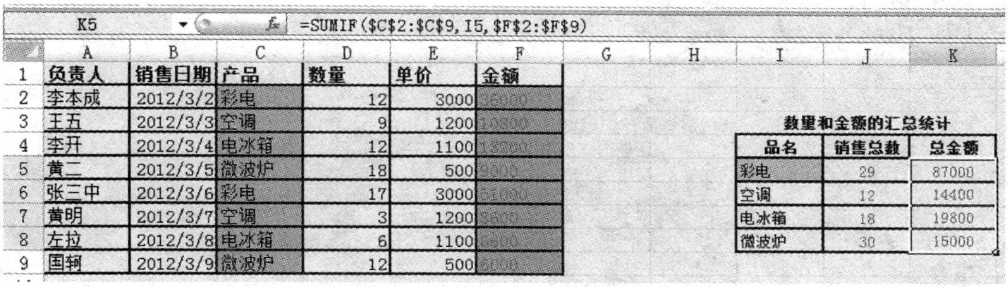

K5 | =SUMIF($C$2:$C$9, I5, $F$2:$F$9)

	A	B	C	D	E	F
1	负责人	销售日期	产品	数量	单价	金额
2	李本成	2012/3/2	彩电	12	3000	36000
3	王五	2012/3/3	空调	9	1200	10800
4	李开	2012/3/4	电冰箱	12	1100	13200
5	黄二	2012/3/5	微波炉	18	500	9000
6	张三中	2012/3/6	彩电	17	3000	51000
7	黄明	2012/3/7	空调	3	1200	3600
8	左拉	2012/3/8	电冰箱	6	1100	6600
9	国轲	2012/3/9	微波炉	12	500	6000

数量和金额的汇总统计

品名	销售总数	总金额
彩电	29	87000
空调	12	14400
电冰箱	18	19800
微波炉	30	15000

图 6－2－18　家电销售总金额计算结果

步骤四：数据透视表的应用

任务要求根据员工资料统计不同组别不同岗位人员总数。按照以下步骤完成该任务。

将光标点在表格数据源中任意有内容的单元格，或者将整个数据区域选中。选择“插入”选项卡，单击“数据透视表”命令，如图 6－2－19 所示。

图 6－2－19　建立数据透视表

在弹出的“创建数据透视表”对话框中，“请选择要分析的数据”一项已经自动选中了光标所处位置的整个连续数据区域，也可以在此对话框中重新选择想要分析的数据区域。“选择放置数据透视表位置”项，可以在新的工作表中创建数据透视表，也可以将数据透视表放置在当前的某个工作表中，如图 6－2－20 所示。

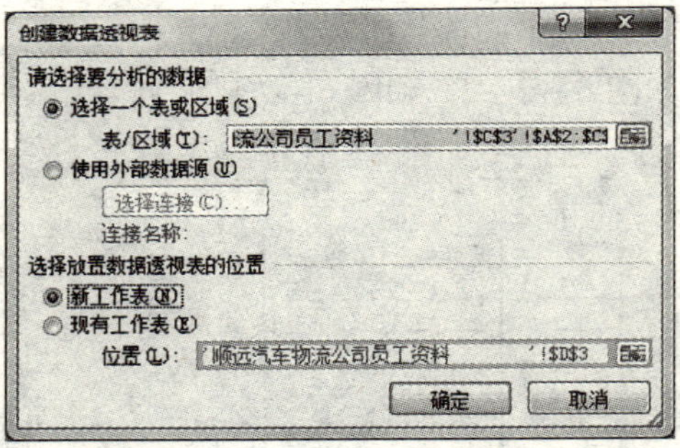

图 6－2－20　创建数据透视表

单击确定，我们将其放在一个新的工作表中，选择我们需要添加的报表字段，如图 6－2－21 所示。

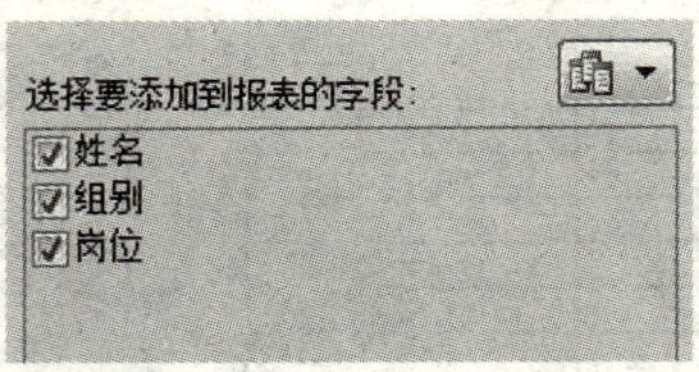

图 6－2－21　报表字段添加

然后根据需要，将相关的字段拖动到需要的位置，我们将岗位设为列标签，组别设为行标签，对姓名项进行计数。字段放置结果如图 6－2－22 所示。

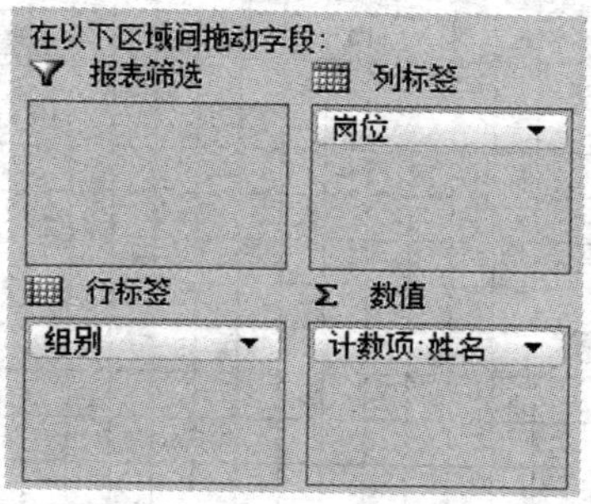

图 6－2－22　报表字段放置

得到按组别岗位的数量透视表，如图 6－2－23 所示。

计数项:姓名	岗位																				
组别	安全员	保管员	保洁员	材料会计	叉车司机	出库员	工艺员	计划打单	理货员	喷漆工	票据员	器具管理	入退库打	设备管理	收货员	统计员	转运工	转运司机	装卸工	综合管理	总计
安全组	5																				5
财务组				15							2										17
叉车					31																31
出库组						9															9
大件		12							16	3											31
大件转运班																		5			5
底盘		17							12												29
底盘工段																	13				13
底盘转运班																		10			10
内饰		36																			36
配送工段																	8				8
收货组															16						16
信息组								6					2								8
装卸组																			14		14
综合		6							11												17
综合组			2				2					2		1		2				1	10
总计	5	71	2	15	31	9	2	6	39	3	2	2	2	1	16	2	21	15	14	1	259

图 6－2－23　按组别岗位的数量透视表

步骤五：COUNTIF 函数的应用

任务要求统计 12 年 3 月公司向各门店进行配送的次数合计。从原始数据可以看出，“▲”表示进行过一次配送，各个门店对应行中“▲”出现的次数即为配送的次数。

采用 COUNTIF 函数进行求解，函数为 COUNTIF（B5：AF5，“▲”）。B5：AF5 为需要进行统计数据个数的区域，“▲”为统计条件，即出现“▲”的单元格才被计算在内。计算结果如图 6－2－24 所示。

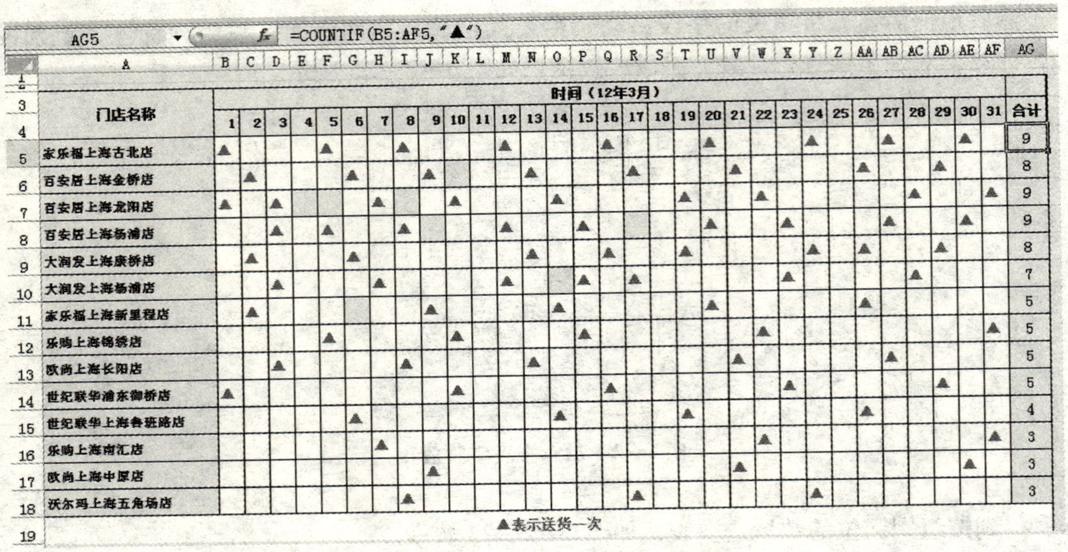

门店名称	1	2	3	4	5	6	7	8	9	10	11	12	13	14	15	16	17	18	19	20	21	22	23	24	25	26	27	28	29	30	31	合计
家乐福上海古北店	▲				▲			▲				▲				▲				▲				▲			▲			▲		9
百安居上海金桥店		▲				▲			▲				▲				▲				▲					▲			▲			8
百安居上海龙阳店	▲		▲				▲			▲				▲					▲			▲						▲			▲	9
百安居上海杨浦店			▲		▲			▲				▲			▲					▲			▲				▲			▲		9
大润发上海康桥店		▲				▲							▲			▲			▲					▲		▲			▲			8
大润发上海杨浦店			▲				▲					▲			▲		▲						▲					▲				7
家乐福上海新里程店		▲							▲					▲						▲						▲						5
乐购上海锦绣店					▲					▲					▲							▲									▲	5
欧尚上海长阳店			▲					▲					▲								▲						▲					5
世纪联华浦东御桥店	▲									▲						▲							▲						▲			5
世纪联华上海鲁班路店						▲								▲					▲							▲						4
乐购上海南汇店							▲															▲									▲	3
欧尚上海中原店									▲												▲									▲		3
沃尔玛上海五角场店								▲									▲							▲								3

▲表示送货一次

图 6－2－24　COUNTIF 函数求解结果

技能训练

表 6－2－6 是某物流企业员工的工资统计表，根据表 6－2－6 统计出以下数据：

（1）计算每位员工的工资总额，并进行排序。

（2）查找总工资大于1000（元）的人数，并计算总工资大于1000（元）的人员的奖金总额。

（3）查找总工资小于500（元）的人数，并计算总工资小于500（元）的人员的基本工资总额。

表 6－2－6　员工工资统计

姓名	职称	基本工资（元）	奖金（元）	补贴（元）	工资总额（元）
金成安	拣货员	315	253	100	
王景灏	拣货员	285	230	100	
刘希敏	仓管员	490	300	200	
李若云	临时工	200	100	0	
陈立新	仓管员	580	320	300	
赵永强	拣货员	390	240	150	
林芳萍	仓管员	500	258	200	

续　表

姓名	职称	基本工资（元）	奖金（元）	补贴（元）	工资总额（元）
吴道临	拣货员	300	230	100	
杨高升	临时工	230	100	0	
郑文杰	仓管员	450	280	200	
徐守敬	临时工	200	100	0	
何建华	技术员	280	220	80	
宋俊平	拣货员	360	240	100	
韩明静	仓管员	612	450	300	
胡敏	仓管员	485	380	200	
郭力峰	拣货员	378	210	120	
伍云召	仓管员	658	400	350	
方心雨	技术员	283	185	80	
戴斌	拣货员	432	240	150	
夏勇	临时工	231	100	0	

实训任务三　物流业务信息查询

任务引入

北京全顺物流有限公司仓储业务部部长交给信息员小李三件工作具体如下。

（1）根据表 6－3－1，制作自动查询功能。使库管员只要输入仓库内某产品名称就能查询到这种商品的本月退货数、盘盈/盘亏和期末库存量三个信息。

表 6－3－1　公司各产品库存信息

产品名称	期初库存量（台）	本月入库数（台）	本月退货数（台）	盘盈/盘亏（台）	期末库存量（台）
12 寸鸿运扇	235	2156	35	3	2359
13 寸鸿运扇	543	5674	56	－2	6159
柜式空调	876	8923	85	－6	9708
1P 窗式空调	986	2315	45	2	3258
2P 窗式空调	84	5678	12	－1	5749
单门冰箱	943	9874	2	0	10815
双门冰箱	426	1235	0	－1	1660

（2）根据表 6－3－2 制作自动查询功能，要求使仓管员通过下拉菜单选择月份和产品等形式就能查询其出货量。

表 6－3－2　各产品每月出货量

月份	1	2	3	4	5	6	7	8	9	10	11	12
产品 A	147	133	149	106	97	53	0	72	56	118	83	138
产品 B	74	0	110	82		145	51	53	83	111	81	98
产品 C	87	0	80	70	136	102	91	0	87	0	95	78
产品 D	59	116	82	138	88	84	0	105	120	114	87	91
产品 E	124	80		136	72	107	64	132	96	58	0	82
产品 F	91	85	135	77		92	103	92	85	105	75	125

（3）根据公司人事信息明细表制作自动查询功能，要求使办公室人员通过下拉菜单选择相应员工编号就能自动查询出此人的姓名、联系电话及岗位。

表 6－3－3　　**公司人力资源信息**

员工编号	姓名	电话	岗位
A01	周成功	13325678902	办公室
A02	张晶	13845643368	人事
A03	郑鹏	13581345678	供应
A04	孙思森	13836356865	销售
A05	孙楠	15336351833	财务
A06	李响	13865268034	工会

任务实施

步骤一：数据录入

根据各个任务的要求，在 Excel 表格中录入相关数据。分别如图 6－3－1 至图 6－3－3 所示。

D13

	A	B	C	D	E	F
1	库存表1					
2	产品名称	期初库存量	本月入库数	本月退货数	盘盈/盘亏	期末库存量
3	12寸鸿运扇	235	2156	35	3	2359
4	13寸鸿运扇	543	5674	56	-2	6159
5	柜式空调	876	8923	85	-6	9708
6	1P窗式空调	986	2315	45	2	3258
7	2P窗式空调	84	5678	12	-1	5749
8	单门冰箱	943	9874	2	0	10815
9	双门冰箱	426	1235	0	-1	1660

图 6－3－1　任务一数据录入

出货库存表2

月份	1	2	3	4	5	6	7	8	9	10	11	12
产品A	147	133	149	106	97	53	0	72	56	118	83	138
产品B	74	0	110	82	0	145	51	53	83	111	81	98
产品C	87	0	80	70	136	102	91	0	87	0	95	78
产品D	59	116	82	138	88	84	0	105	120	114	87	91
产品E	124	80	0	136	72	107	64	132	96	58	0	82
产品F	91	85	135	77	0	92	103	92	85	105	75	125

图 6-3-2　任务二数据录入

公司人事信息明细表

员工编号	姓名	电话	岗位
A01	周成功	13325678902	办公室
A02	张晶	13845643368	人事
A03	郑鹏	13581345678	供应
A04	孙思淼	13836356865	销售
A05	孙楠	15336351833	财务
A06	李响	13865268034	工会

图 6-3-3　任务三数据录入

步骤二：自动查询功能制作

◉ 任务 1：VLOOKUP 函数应用

应用函数 VLOOKUP（查找值，区域，列序号，逻辑值）来进行查找。

查找值设置为输入框内读取到的值；区域选择数据所在的所有区域；列序号根据需要查询的项目所在的列数进行填写，逻辑值为 FALSE，表示返回精确匹配值。

因此，期末库存量查找函数为 VLOOKUP（B12，A3：F9，6，FALSE），查找结果如图 6-3-4 所示。

本月退货数查找函数为 VLOOKUP（B12，A3：F9，4，FALSE），查找结果如图 6-3-5所示。

存货盘盈/盘亏查找函数为 VLOOKUP（B12，A3：F9，5，FALSE），查找结果如图 6-3-6 所示。

F11 =VLOOKUP(B12,A3:F9,6,FALSE)

	A	B	C	D	E	F
1	库存表1					
2	产品名称	期初库存量	本月入库数	本月退货数	盘盈/盘亏	期末库存量
3	12寸鸿运扇	235	2156	35	3	2359
4	13寸鸿运扇	543	5674	56	-2	6159
5	柜式空调	876	8923	85	-6	9708
6	1P窗式空调	986	2315	45	2	3258
7	2P窗式空调	84	5678	12	-1	5749
8	单门冰箱	943	9874	2	0	10815
9	双门冰箱	426	1235	0	-1	1660
10						
11					期末库存量：	3258
12	产品名称	1P窗式空调			本月退货数：	45
13					存货盘盈/盘亏	2

图6-3-4 VLOOKUP应用一

F12 =VLOOKUP(B12,A3:F9,4,FALSE)

	A	B	C	D	E	F
1	库存表1					
2	产品名称	期初库存量	本月入库数	本月退货数	盘盈/盘亏	期末库存量
3	12寸鸿运扇	235	2156	35	3	2359
4	13寸鸿运扇	543	5674	56	-2	6159
5	柜式空调	876	8923	85	-6	9708
6	1P窗式空调	986	2315	45	2	3258
7	2P窗式空调	84	5678	12	-1	5749
8	单门冰箱	943	9874	2	0	10815
9	双门冰箱	426	1235	0	-1	1660
10						
11					期末库存量：	3258
12	产品名称	1P窗式空调			本月退货数：	45
13					存货盘盈/盘亏	2
14						

图6-3-5 VLOOKUP应用二

F13 =VLOOKUP(B12,A3:F9,5,FALSE)

	A	B	C	D	E	F
1	库存表1					
2	产品名称	期初库存量	本月入库数	本月退货数	盘盈/盘亏	期末库存量
3	12寸鸿运扇	235	2156	35	3	2359
4	13寸鸿运扇	543	5674	56	-2	6159
5	柜式空调	876	8923	85	-6	9708
6	1P窗式空调	986	2315	45	2	3258
7	2P窗式空调	84	5678	12	-1	5749
8	单门冰箱	943	9874	2	0	10815
9	双门冰箱	426	1235	0	-1	1660
10						
11					期末库存量：	3258
12	产品名称	1P窗式空调			本月退货数：	45
13					存货盘盈/盘亏	2

图6-3-6 VLOOKUP应用三

◉ 任务 2：HLOOKUP 函数及下拉菜单应用

首先，根据任务要求设置下拉菜单，设置的下拉菜单如图 6－3－7 所示。

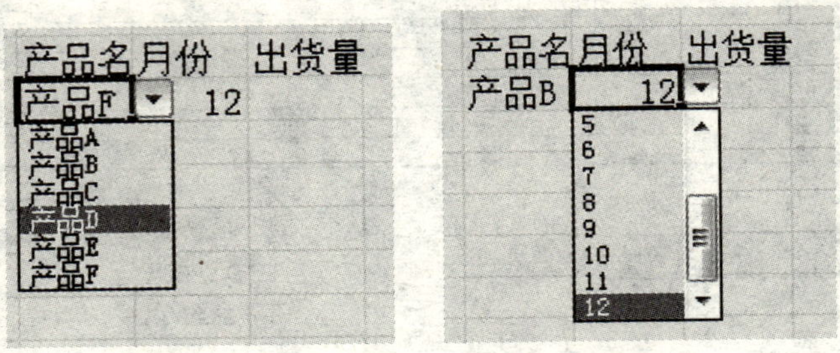

图 6－3－7　下拉菜单设置

设置查询函数，使用 HLOOKUP 函数进行查询。HLOOKUP 函数的作用是在表格或数值数组的首行查找指定的数值，并由此返回表格或数组当前列中指定行处的数值。

根据 HLOOKUP 函数的语法结构：HLOOKUP（lookup_ value，table_ array，row_ index_ num，range_ lookup），设置相关的参数如表 6－3－4 所示。

表 6－3－4　HLOOKUP 函数参数设置

参　数	简单说明	设　置
lookup_ value	要查找的值	在第一行的数值中查找，并满足于与 E12 栏目中的数值一样
table_ array	要查找的区域	区域为整个区域，设置为 A2：M8
row_ index_ num	返回数据在区域的第几行数	使用 match 函数，查找月份值与 D12 栏数值相同的行。返回值为 0，精确性查找
range_ lookup	模糊匹配/精确匹配	FALSE 表示返回精确匹配值

因此，查找函数为 HLOOKUP（E12，A2：M8，MATCH（D12，A2：A8，0），FALSE），查询结果如图 6－3－8 所示。

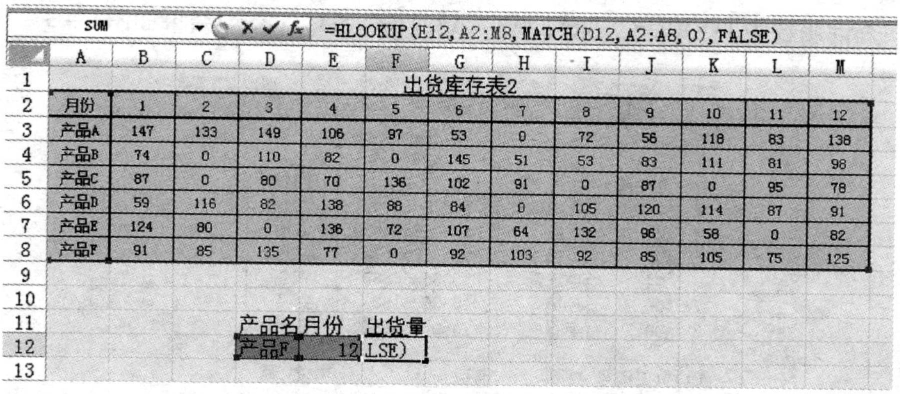

=HLOOKUP(E12, A2:M8, MATCH(D12, A2:A8, 0), FALSE)

出货库存表2

月份	1	2	3	4	5	6	7	8	9	10	11	12
产品A	147	133	149	106	97	53	0	72	56	118	83	138
产品B	74	0	110	82	0	145	51	53	83	111	81	98
产品C	87	0	80	70	136	102	91	0	87	0	95	78
产品D	59	116	82	138	88	84	0	105	120	114	87	91
产品E	124	80	0	136	72	107	64	132	96	58	0	82
产品F	91	85	135	77	0	92	103	92	85	105	75	125

产品名	月份	出货量
产品F	12	LSE)

图 6－3－8　HLOOKUP 函数及下拉列表应用

◉ 任务 3：LOOKUP 函数及下拉菜单应用

首先，根据任务要求设置下拉菜单，设置的下拉菜单如图 6－3－9 所示。

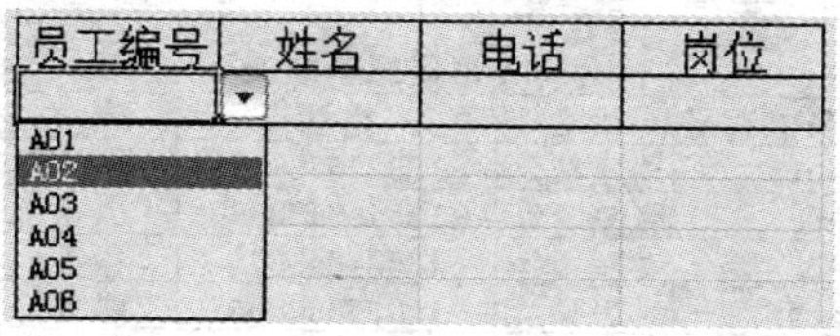

员工编号	姓名	电话	岗位

A01
A02
A03
A04
A05
A06

图 6－3－9　下拉菜单设置

接下来，应用 LOOKUP 函数实现查询功能。

根据要求设定相关函数的参数，姓名查询函数为 LOOKUP（A11，A3：A8，B3：B8），查询结果如图 6－3－10 所示。

=LOOKUP(A11, A3:A8, B3:B8)

公司人事信息明细表

员工编号	姓名	电话	岗位
A01	周成功	13325678902	办公室
A02	张晶	13845643368	人事
A03	郑鹏	13581345678	供应
A04	孙思淼	13836356865	销售
A05	孙楠	15336351833	财务
A06	李响	13865268034	工会

员工编号	姓名	电话	岗位
A01	=LOOKUP(A		

图 6－3－10　员工姓名查询

电话查询函数为 LOOKUP（A11，A3：A8，C3：C8），查询结果如图 6－3－11 所示。

C11 =LOOKUP(A11, A3:A8, C3:C8)

	A	B	C	D	E
1	公司人事信息明细表				
2	员工编号	姓名	电话	岗位	
3	A01	周成功	13325678902	办公室	
4	A02	张晶	13845643368	人事	
5	A03	郑鹏	13581345678	供应	
6	A04	孙思淼	13836356865	销售	
7	A05	孙楠	15336351833	财务	
8	A06	李响	13865268034	工会	
9					
10	员工编号	姓名	电话	岗位	
11	A01	周成功	13325678902		

图 6－3－11　员工电话查询

岗位查询函数为 LOOKUP（A11，A3：A8，D3：D8），查询结果如图 6－3－12 所示。

D11 =LOOKUP(A11, A3:A8, D3:D8)

	A	B	C	D	E
1	公司人事信息明细表				
2	员工编号	姓名	电话	岗位	
3	A01	周成功	13325678902	办公室	
4	A02	张晶	13845643368	人事	
5	A03	郑鹏	13581345678	供应	
6	A04	孙思淼	13836356865	销售	
7	A05	孙楠	15336351833	财务	
8	A06	李响	13865268034	工会	
9					
10	员工编号	姓名	电话	岗位	
11	A01	周成功	13325678902	办公室	

图 6－3－12　员工岗位查询

步骤三：检验自动查询功能

使用自动查询功能，检验其是否能够正确运行。分别如图 6－3－13 至图 6－3－15 所示。

产品名称	单门冰箱
期末库存量：	10815
本月退货数：	2
存货盘盈/盘	0

产品名称	13寸鸿运扇
期末库存量：	6159
本月退货数：	56
存货盘盈/盘	-2

图 6－3－13　任务一自动查询检验

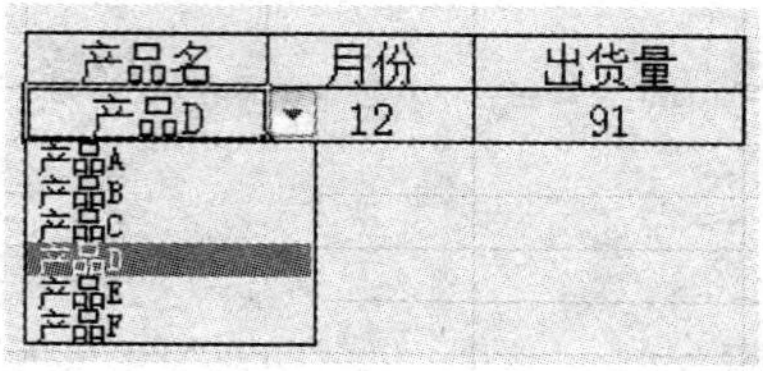

图6－3－14　任务二自动查询检验

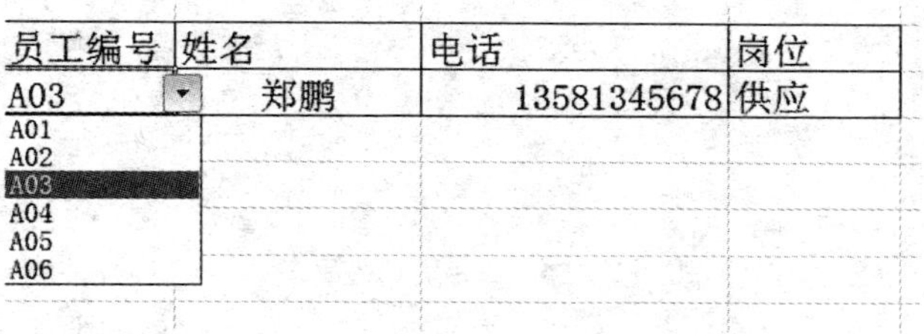

图6－3－15　任务三自动查询检验

技能训练

根据6－3－5制作自动查询功能。使库管员只要输入仓库内某产品名称就能查询到这种商品的本月出库数、盘盈/盘亏和期末库存量三个信息。

表6－3－5　　公司各产品库存情况

产品名称	期初库存量(台)	本月入库数(台)	本月出库数(台)	盘盈/盘亏(台)	期末库存量(台)
冰箱	567	3214	2463	6	1324
电视机	453	4563	3895	－1	1120
洗衣机	235	4563	2136	0	2662
空调	564	4567	2682	3	2452
电风扇	346	1246	674	－3	915
电磁炉	245	3465	237	2	3475
电熨斗	346	3782	456	－3	3669